한국어능력시험

3급에서 6급까지 단계별 딱! 맞춤 시험 대비서

TOPIK II
토픽 II

합격 레시피

실전모의고사

문 제 집

한글파크

한 국 어 능 력 시 험

3급에서 6급까지 단계별 딱! 맞춤 시험 대비서

TOPIK II 토픽 II

합격 레시피

실전모의고사

저자 이태환, 공민정, 이혜진

문 제 집

 한글파크

차 례

3급 1회 실전모의고사

한국어능력시험 II
(중·고급)

| 1교시 | 듣기, 쓰기 |

수험번호(Registration No.)		
이름 (Name)	한국어(Korean)	
	영 어(English)	

유 의 사 항
Information

1. 시험 시작 지시가 있을 때까지 문제를 풀지 마십시오.
   Do not open the booklet until you are allowed to start.

2. 접수번호와 이름은 정확하게 적어 주십시오.
   Write your name and registration number on the answer sheet.

3. 답안지를 구기거나 훼손하지 마십시오.
   Do not fold the answer sheet; keep it clean.

4. 답안지의 이름, 접수번호 및 정답의 기입은 컴퓨터용 펜을 사용하여 주십시오.
   Use the optical mark reader(OMR) pen only.

5. 정답은 답안지에 정확하게 표시하여 주십시오.
   Mark your answer accurately and clearly on the answer sheet.

   marking example ① ● ③ ④

6. 문제를 읽을 때에는 소리가 나지 않도록 하십시오.
   Keep quiet while answering the questions.

7. 질문이 있을 때에는 손을 들고 감독관이 올 때까지 기다려 주십시오.
   When you have any questions, please raise your hand.

듣기 (1번 ~ 20번)

※ [1~3] 다음을 듣고 알맞은 그림을 고르십시오. (각 2점)

1.

①  ②

③  ④

2.

①  ②

③  ④

3.

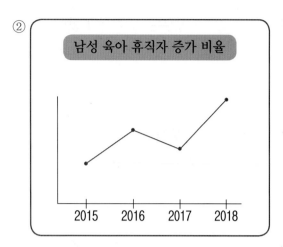

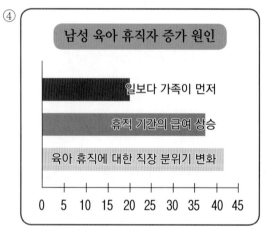

※ [4~8] 다음 대화를 잘 듣고 이어질 수 있는 말을 고르십시오. (각 2점)

4. ① 물을 좀 마셔 봐.
② 그럼 이제 괜찮아진 거야?
③ 그럼 여행을 가는 게 어때?
④ 오늘은 일찍 들어가서 쉬어.

5. ① 그럼 괜찮은 곳 좀 추천해 주세요.
② 가족하고 함께 다녀올 걸 그랬어요.
③ 캠핑은 먼 곳으로 떠나는 게 좋아요.
④ 이렇게 캠핑을 다녀오니까 정말 편리하네요.

6. ① 외국어 공부는 정말 하기 싫어요.   ② 계속하다가 보면 잘할 수 있겠지요.
　　 ③ 이제부터 학원에 꾸준히 다니려고요.   ④ 저도 남들처럼 자기계발 좀 할까 해서요.

7. ① 그럼 이 책 내가 빌려 줄게.   ② 도서관에 갔더니 전부 대출 중이더라고.
　　 ③ 요즘 인터넷 도서 주문은 배송이 빨라.   ④ 인터넷으로 주문하는 게 좋을 것 같아.

8. ① 네. 그럼 이대로 진행하겠습니다.
　　 ② 네. 그럼 바로 보완하도록 하겠습니다.
　　 ③ 잘못된 부분이 없어서 정말 다행입니다.
　　 ④ 회사 소개는 이 정도면 충분할 것 같습니다.

※ **[9~12] 다음 대화를 잘 듣고 여자가 이어서 할 행동으로 알맞은 것을 고르십시오. (각 2점)**

9. ① 해열제를 먹인다.   ② 수건을 가지러 간다.
　　 ③ 아이의 옷을 벗긴다.   ④ 아이의 체온을 잰다.

10. ① 치마를 입어 본다.   ② 주문서에 주소를 쓴다.
　　　 ③ 다른 치마를 구경한다.   ④ 치마의 사이즈를 확인한다.

11. ① 만두를 만든다.   ② 만두를 먹는다.
　　　 ③ 양념 간장을 만든다.   ④ 간장을 사러 간다.

12. ① 메일을 보낸다.   ② 내용을 편집한다.
　　　 ③ 현수막 크기를 잰다.   ④ 현수막을 제작한다.

※ [13~16] 다음을 듣고 내용과 일치하는 것을 고르십시오. (각 2점)

13. ① 두 사람은 지금 테니스장에 있다.

② 여자는 주말마다 테니스를 치러 다닌다.

③ 남자는 테니스를 치러 갈 때 할인을 받는다.

④ 여자는 테니스장 이용 요금이 싸다고 생각한다.

14. ① 전자 정보 자료는 계속 열람할 수 있다.

② 청소 기간 동안 3층에 출입할 수 없다.

③ 전자 정보 열람실에 컴퓨터 설치 공사를 한다.

④ 내일부터 2일 동안 도서관 전체를 이용하지 못한다.

15. ① 산불 진화 후 주민들은 집으로 돌아갔다.

② 산불은 발생한 지 나흘 만에 진화되었다.

③ 정부는 정확한 산불 피해 정도를 확인했다.

④ 피해 주민은 체육관에서 임시로 지내고 있다.

16. ① 아이와 함께 온 가족들에게 인기가 많다.

② 사람들이 도구를 이용해 물고기를 잡는다.

③ 맨손으로 물고기를 잡는 방법을 가르쳐 준다.

④ 물고기를 가장 많이 잡은 사람에게 상을 준다.

17. ① 다른 사람의 의견을 비웃으면 안 된다.

② 자기의 의견을 분명하게 말하는 것이 좋다.

③ 평범하게 보이는 것이 항상 나쁜 건 아니다.

④ 대화를 할 때는 남의 말을 잘 들어주어야 한다.

18. ① 스마트폰으로 라디오를 듣고 볼 수 있어서 좋다.

② 라디오를 들으면 많은 것을 상상할 수 있어서 좋다.

③ 최근 보이는 라디오가 사람들에게 인기를 끌고 있다.

④ 소리와 영상을 동시에 즐기는 사람이 늘어나고 있다.

19. ① 명함은 무엇보다도 디자인이 중요하다.

② 선거 홍보 명함의 정보량이 적당했으면 좋겠다.

③ 명함은 개인의 이력을 자세히 나타내는 것이 좋다.

④ 선거 홍보 명함은 자기 홍보 효과가 뛰어나야 한다.

20. ① 대중교통을 이용하기 위해서는 건강해야 한다.

② 건강을 지키기 위한 자신만의 비결이 있어야 한다.

③ 매일 꾸준히 걷는 것이 건강을 지키는 데 도움이 된다.

④ 나이가 많아도 변함없이 할 수 있는 일을 찾아야 한다.

※ [51~52] 다음을 읽고 ㉠과 ㉡에 들어갈 말을 각각 한 문장으로 쓰시오. (각 10점)

51.

민정 씨, 집들이는 잘 했는지 궁금합니다.
집들이에 초대 받았는데 제가 급한 일이 생겨서 집들이에 (㉠   ).
그래서 많이 아쉽습니다. 대신 선물로 화분을 하나 준비했습니다.
제가 준비한 선물이 민정 씨 마음에 (㉡   ).

김준기 드림.

㉠ _____

㉡ _____

52.

　　사람들은 보통 모든 개미들이 열심히 일을 한다고 생각한다. 그러나 (㉠   ).
개미는 하루에 여섯 시간 정도 일하는데 먹이를 먹기 위해 일하는 개미는 전체 개미의
20%에 불과하다. 다시 말해 개미의 80%는 일하지 않고 그냥 노는 것이다. 더욱 흥미로운
사실은 일하는 개미만을 뽑아 새로운 집단을 구성해 주면 이 중 80%는 (㉡   )
점이다.

㉠ _____

㉡ _____

53. 다음을 참고하여 '쓰레기 소각장 설치'에 대한 글을 200~300자로 쓰시오. 단, 글의 제목을 쓰지 마시오. (30점)

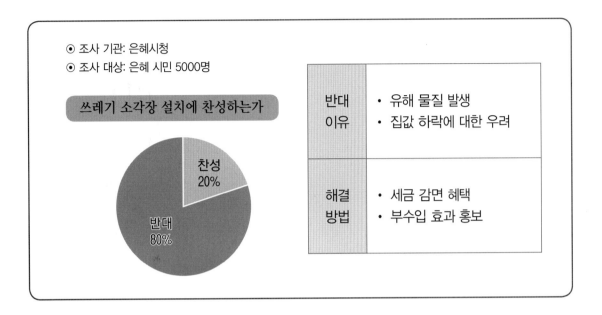

* 원고지 쓰기의 예

	사	람	들	은		보	통		모	든		개	미	들	이		열	심	히
일	을		한	다	고		생	각	한	다	.	개	미	는		하	루	에	

3급 1회
실전모의고사

한국어능력시험 II
(중 · 고급)

| 2교시 | 읽기 |

수험번호(Registration No.)		
이름 (Name)	한국어(Korean)	
	영 어(English)	

유 의 사 항
Information

1. 시험 시작 지시가 있을 때까지 문제를 풀지 마십시오.
   Do not open the booklet until you are allowed to start.

2. 접수번호와 이름은 정확하게 적어 주십시오.
   Write your name and registration number on the answer sheet.

3. 답안지를 구기거나 훼손하지 마십시오.
   Do not fold the answer sheet; keep it clean.

4. 답안지의 이름, 접수번호 및 정답의 기입은 컴퓨터용 펜을 사용하여 주십시오.
   Use the optical mark reader(OMR) pen only.

5. 정답은 답안지에 정확하게 표시하여 주십시오.
   Mark your answer accurately and clearly on the answer sheet.

   marking example | ① ● ③ ④ |

6. 문제를 읽을 때에는 소리가 나지 않도록 하십시오.
   Keep quiet while answering the questions.

7. 질문이 있을 때에는 손을 들고 감독관이 올 때까지 기다려 주십시오.
   When you have any questions, please raise your hand.

※ [1~2] ( )에 들어갈 가장 알맞은 것을 고르십시오. (각 2점)

1. 외국에 살다 보니 시간이 ( ) 고향에 계신 부모님이 그리워진다.
① 지나려면   ② 지나고자   ③ 지날수록   ④ 지나든지

2. 버스에서 졸다가 하마터면 내려야 할 곳을 ( ).
① 지나칠 뻔했다   ② 지나쳐 버렸다   ③ 지나치곤 했다   ④ 지나치려고 했다

※ [3~4] 다음 밑줄 친 부분과 의미가 비슷한 것을 고르십시오. (각 2점)

3. 약속을 잊어버리지 않게 수첩에 메모해 두었다.
① 잊어버리지 않도록   ② 잊어버리지 않기로
③ 잊어버리지 않거나   ④ 잊어버리지 않아도

4. 오늘까지 끝내야 하는 일이 있어서 늦게 퇴근할지도 모른다.
① 퇴근한 적이 있다   ② 퇴근할 리가 없다   ③ 퇴근할 수도 있다   ④ 퇴근할 수밖에 없다

※ [5~8] 다음은 무엇에 대한 글인지 고르십시오. (각 2점)

5.

바쁜 아침, 밥 대신 든든하게!

유기농 밀가루로 건강하게 만들었습니다.

① 빵   ② 껌   ③ 주스   ④ 우유

6.

신간 도서 10% 할인 이벤트!
국내 · 외 도서는 물론, 문구 용품까지 모두 한 곳에~

① 서점　　　　② 학원　　　　③ 도서관　　　　④ 문구점

7.

여름철 실내 온도, 1℃만 높이세요.
지구의 **미래**가 달라집니다.

① 안전 규칙　　　② 화재 예방　　　③ 날씨 정보　　　④ 에너지 절약

8.

　✔ 카드를 넣으십시오.
　✔ 충전을 원하는 금액을 입력하십시오.
　✔ 충전이 끝난 후 카드를 가져가십시오.

① 이용 순서　　　② 주의 사항　　　③ 교통 안전　　　④ 접수 방법

9.

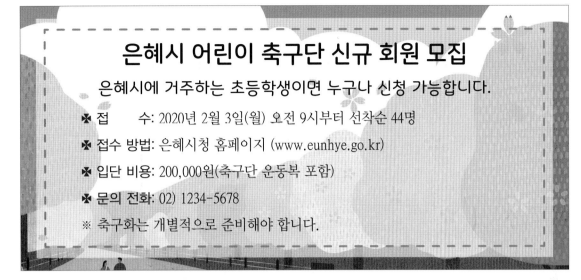

① 접수는 전화로 할 수 있다.

② 은혜 시민이면 누구든지 신청할 수 있다.

③ 입단 비용에 축구화 비용이 포함되어 있다.

④ 축구단 회원이 되면 운동복을 받을 수 있다.

10.

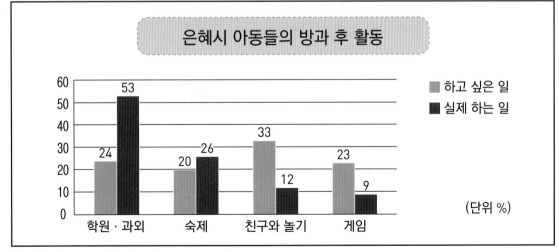

① 학원이나 과외를 하는 아동이 제일 적다.

② 아동들은 숙제보다 게임을 더 많이 한다.

③ 친구와 놀고 싶어 하는 아동이 가장 많다.

④ 아동들은 학원이나 과외보다 게임을 더 희망한다.

11.

　은혜시의 공무원들은 올 여름부터 일주일에 한 번 반바지를 입고 출근을 할 수 있게 됐다. 여름철 실내 온도를 28도로 맞춰야 하는 공공 기관에서 정장을 입고 근무하는 것은 불편하다는 의견이 있었기 때문이다. 이 정책은 특히 20-30대 젊은 공무원들에게 많은 호응을 얻고 있다. 반바지 근무가 허용되면 좀 더 자유로운 분위기에서 일을 할 수 있게 되어 업무 효율도 높아질 것으로 기대하고 있다.

① 반바지 근무가 허용되고 업무 효율이 많이 높아졌다.
② 여름철 공공 기관에서는 실내 온도를 25도로 맞춰야 한다.
③ 공무원들은 일주일에 두 번 반바지를 입고 일할 수 있다.
④ 20-30대 공무원들은 반바지를 입고 근무하는 것을 좋아한다.

12.

　맥주는 개봉하고 바로 마시지 않으면 탄산이 빠져나가서 다시 마시기가 쉽지 않다. 그래서 대부분 마시다 남은 맥주를 버리게 된다. 하지만 남은 맥주를 활용할 수 있는 방법이 있다. 맥주를 컵에 따라서 냉장고 안에 넣어 두면 냉장고 안의 냄새를 제거하는 데 효과적이다. 또한 요리할 때 가스레인지에 튀는 기름도 맥주를 이용하면 깨끗하게 닦을 수 있다.

① 맥주는 냉장고 안의 냄새를 없애 준다.
② 가스레인지에 묻은 기름은 맥주로 닦이지 않는다.
③ 맥주는 개봉한 후에도 탄산이 그대로 남아 있다.
④ 대부분의 사람들은 남은 맥주를 버리지 않고 냉장고에 보관한다.

13.

> (가) 재채기를 할 때 자신도 모르게 눈을 감는 것은 숨의 속도, 압력과 관련이 있다.
>
> (나) 또한 재채기를 할 때 나오는 분비물이나 세균이 눈에 들어가지 않는 효과도 있다.
>
> (다) 이 압력이 눈에 전달되는데 눈알이 튀어나오는 것을 막기 위해 눈을 감는 것이다.
>
> (라) 재채기를 할 때 숨의 속도는 시속 160~320km이고 압력도 매우 강하다.

① (가)-(다)-(나)-(라) ② (가)-(라)-(다)-(나)
③ (라)-(가)-(나)-(다) ④ (라)-(나)-(다)-(가)

14.

> (가) 그러자 원님은 못된 농부에게 착한 농부에게서 받은 큰 무를 선물로 주었다.
>
> (나) 옛날에 착한 농부가 밭에서 아주 큰 무를 재배하였는데 그 무를 원님에게 선물하였다.
>
> (다) 이 소식을 들은 마음씨 못된 농부는 더 큰 선물을 받고 싶어서 큰 황소를 원님에게 주었다.
>
> (라) 원님은 농부의 마음씨가 착하다면서 큰 황소를 선물로 주었다.

① (나)-(가)-(다)-(라) ② (나)-(라)-(다)-(가)
③ (라)-(나)-(가)-(다) ④ (라)-(다)-(가)-(나)

15.

> (가) 그래서 어쩔 수 없이 필요 이상으로 물건을 사게 될 때가 많다.
>
> (나) 반면에 대형 마트에는 할인하는 물건을 여러 개 묶어서 파는 경우가 대부분이다.
>
> (다) 내가 전통 시장에 가는 이유는 필요한 만큼만 살 수 있기 때문이다.
>
> (라) 나는 대형 마트보다 전통 시장을 자주 이용한다.

① (다)-(가)-(나)-(라) ② (다)-(나)-(라)-(가)
③ (라)-(가)-(다)-(나) ④ (라)-(다)-(나)-(가)

16.

여름철에 운전을 할 때 선글라스를 착용하는 사람들이 많다. 사람들은 보통 운전을 마치면 선글라스를 차량 안에 있는 안경 보관함에 둔다. 하지만 뜨거운 여름에 선글라스를 차 안에 두면 렌즈가 ( ). 왜냐하면 선글라스는 열에 약해서 렌즈의 표면이 손상된다. 이렇게 손상된 선글라스를 쓰게 되면 시력이 나빠질 수도 있다.

① 뒤틀리기 쉽다   ② 얇아지기 쉽다
③ 빠지기 십상이다   ④ 망가지기 십상이다

17.

마트에서는 주로 수익이 많이 나는 상품을 진열대의 오른쪽에 배치한다. 이는 소비자가 수익이 높은 ( ) 유도하기 위해서이다. 사람의 시선은 대개 왼쪽에서 오른쪽으로 이동한다. 그래서 소비자들은 상대적으로 진열대 왼쪽보다는 오른쪽에 있는 상품이 더 눈에 띄어 해당 물건을 사게 되는 경우가 많다.

① 매장에 가지 않도록   ② 매장을 알 수 있도록
③ 상품에 관심을 갖도록   ④ 상품을 눈치 못 채도록

18.

영화에서 배경음악은 분위기를 연출하는 데 중요한 역할을 한다. 예를 들어 남녀 주인공이 이별하는 장면에서 슬픈 음악이 나오면 관객들의 감정을 뒤흔든다. 또 쫓고 쫓기는 장면에서 속도감 있는 음악이 나오면 관객들에게 긴장감을 함께 느끼게 해 준다. 이처럼 영화 장면에서 ( ) 영화의 분위기와 관객이 느끼는 감정의 정도가 달라진다.

① 배우들의 연기력에 따라   ② 어떤 음악이 나오느냐에 따라
③ 감독이 어떻게 연출하느냐에 따라 ④ 어느 촬영지를 선정하느냐에 따라

> 비누는 때를 씻어 낼 때 쓰는 물건으로 일상생활에 없어서는 안 되는 물건이다. (   ) 인류가 비누를 사용하게 된 것은 우연한 계기를 통해서이다. 고대 로마인들은 종교 의식 때 신에게 제물로 동물을 바쳤다. 이 의식은 동물을 태우는 행위였는데 이때 동물의 기름이 나뭇재에 떨어져 응고된 것이 남게 되었다. 이것들이 빗물에 씻겨 내려가 강둑에 모이게 되었는데 로마의 여성들이 비가 내린 후 이곳에서 빨래를 하면 더 깨끗이 빨린다는 것을 발견하게 되었다. 이렇게 사용한 것이 최초 비누의 기원이라고 전해진다.

19. (   )에 들어갈 알맞은 것을 고르십시오.

① 그런데

② 이처럼

③ 그러나

④ 따라서

20. 위 글의 내용과 같은 것을 고르십시오.

① 나뭇재는 때를 씻어 내는 데 효과적이다.

② 인류 최초의 비누는 기름과 나뭇재가 재료였다.

③ 로마인은 깨끗하게 빨래하기 위하여 비누를 만들었다.

④ 인류는 수많은 노력 끝에 비누를 제조하는 데 성공했다.

한·국·어·능·력·시·험·T·O·P·I·K

3급 2회
실전모의고사

한국어능력시험 II
(중·고급)

| 1교시 | 듣기, 쓰기 |

수험번호(Registration No.)		
이름 (Name)	한국어(Korean)	
	영　어(English)	

유 의 사 항
Information

1. 시험 시작 지시가 있을 때까지 문제를 풀지 마십시오.
   Do not open the booklet until you are allowed to start.

2. 접수번호와 이름은 정확하게 적어 주십시오.
   Write your name and registration number on the answer sheet.

3. 답안지를 구기거나 훼손하지 마십시오.
   Do not fold the answer sheet; keep it clean.

4. 답안지의 이름, 접수번호 및 정답의 기입은 컴퓨터용 펜을 사용하여 주십시오.
   Use the optical mark reader(OMR) pen only.

5. 정답은 답안지에 정확하게 표시하여 주십시오.
   Mark your answer accurately and clearly on the answer sheet.

   marking example ① ● ③ ④

6. 문제를 읽을 때에는 소리가 나지 않도록 하십시오.
   Keep quiet while answering the questions.

7. 질문이 있을 때에는 손을 들고 감독관이 올 때까지 기다려 주십시오.
   When you have any questions, please raise your hand.

※ [1~3] 다음을 듣고 알맞은 그림을 고르십시오. (각 2점)

1.
①
②
③
④

2.
①
②
③
④

3.

①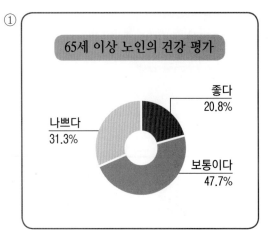

②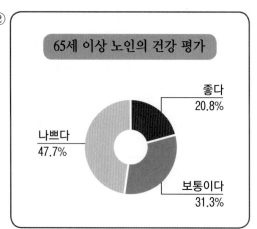

③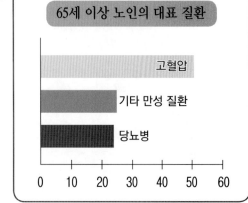

④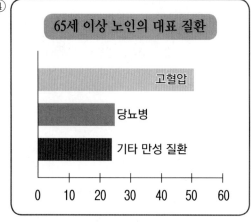

※ **[4~8] 다음 대화를 잘 듣고 이어질 수 있는 말을 고르십시오. (각 2점)**

4.　① 내일 집들이에 올 수 있을까요?

　　② 집들이 선물로 뭘 준비하면 될까요?

　　③ 일이 좀 생겨서 고향에 내려가야 해요.

　　④ 먼저 가서 집들이 준비를 도와주려고요.

5.　① 좋아. 커피 마시러 가자.

　　② 그래. 도서관에서 이따 봐.

　　③ 응. 자료 복사는 내가 할게.

　　④ 아니. 커피숍은 시끄러워서 싫어.

6. ① 클래식 음악을 좋아한다고요?

② 오늘 공연 정말 감동적이었어요.

③ 저한테 표가 생겼는데 같이 갈래요?

④ 클래식 음악은 좀 별로인 것 같아요.

7. ① 공사를 언제부터 시작한대요? ② 공사 때문에 시끄러울 거예요.

③ 공사가 빨리 끝났으면 좋겠어요. ④ 그럼 창문 좀 열어 놓는 게 어때요?

8. ① 너무 서두르는 것 같은데요. ② 미리 해 놓으면 좋지 않겠어요?

③ 듣고 보니 하지 않는 게 좋겠어요. ④ 벌써 보고서를 다 마무리했다고요?

※ **[9~12] 다음 대화를 잘 듣고 <u>여자</u>가 이어서 할 행동으로 알맞은 것을 고르십시오. (각 2점)**

9. ① 생일 파티에 간다. ② 생일 카드를 쓴다.

③ 친구에게 전화한다. ④ 남자와 선물을 사러 간다.

10. ① 노래방에 간다. ② 수업을 들으러 간다.

③ 대회에서 부를 노래를 고른다. ④ 대회에서 부를 노래를 연습한다.

11. ① 신청서를 쓴다. ② 신청서를 준다.

③ 번호표를 뽑는다. ④ 순서를 기다린다.

12. ① 다른 강사를 찾아본다. ② 특강 자료를 출력한다.

③ 고객 심리 책을 구입한다. ④ 교수에게 특강을 부탁한다.

※ **[13~16] 다음을 듣고 내용과 일치하는 것을 고르십시오. (각 2점)**

13. ① 남자는 할 일이 많아서 일찍 잘 수 없다.

② 남자는 내일 일찍 일어나지 않아도 된다.

③ 남자는 잠을 잘 자기 위해 노력하고 있다.

④ 남자는 여자가 일을 끝낼 때까지 기다려야 한다.

14. ① 대기업 사장 출신 전문가가 특강을 한다.

② 미리 신청해야 특강과 상담을 받을 수 있다.

③ 취업 특강과 상담은 취업박람회에서 열린다.

④ 특강과 상담은 다음 주에 3일 동안 진행된다.

15. ① 불조심 강조 기간은 두 달 동안이다.

② 11월에는 전열 기구의 판매가 늘어난다.

③ 10월이 되면서 건조한 날씨가 이어지고 있다.

④ 산불 취약 지역에 화재 예방 감시원이 투입된다.

16. ① 이곳은 현재 청소년들이 거의 방문하지 않는다.

② 이곳에 가면 청소년 해설사의 설명을 들을 수 있다.

③ 이곳을 방문한 학부모들에게 많은 도움이 되고 있다.

④ 이곳에서는 1년 후에 청소년 해설사를 모집할 계획이다.

17. ① 숙소 근처 교통편을 확인해야 한다.

② 숙박비가 싼 호텔을 알아봐야 한다.

③ 여행 경비를 미리 계산해 봐야 한다.

④ 교통이 편리한 숙소를 예약해야 한다.

18. ① 자녀의 책은 직접 본 후에 사야 한다.

② 인터넷 서점은 책을 비교해 볼 수 있다.

③ 자녀의 책은 인터넷으로 사면 편리하다.

④ 인터넷으로 책을 주문하면 빨리 받을 수 있다.

19. ① 자원봉사 참여는 새롭고 좋은 경험이 된다.

② 다양한 분야에서 봉사 활동이 이루어지고 있다.

③ 자원봉사는 기회가 생기는 대로 하는 것이 좋다.

④ 연말에 자원봉사를 하는 것이 가장 의미가 있다.

20. ① 체육 활동은 아이들의 집중력을 기르는 데 도움이 된다.

② 어린아이에게는 가벼운 운동을 가르치는 것이 좋다.

③ 아이에게 독서의 중요성을 알려 주어야 한다.

④ 아이에게 부모의 요구를 강요해서는 안 된다.

※ [51~52] 다음을 읽고 ⊙과 ⓒ에 들어갈 말을 각각 한 문장으로 쓰시오. (각 10점)

51.

요청 게시판
< 목록보기

제목: 세면기 물이 이상해요.   작성자: 왕보하

기숙사 510호에 사는 학생입니다.
방에 있는 세면기 수돗물이 이상합니다.
물 색깔이 갈색이라서 물을 (⊙   ).
그리고 이상한 냄새도 나는 것 같습니다.
물을 사용할 수 없어 불편하니 빨리 수도를 (ⓒ   ).

⊙ _____

ⓒ _____

52.

비타민 C는 언제 먹는 것이 효과적일까? 먹는 시간에 대한 사람들의 의견은 매우 다양하다. 그러나 우리가 일반적으로 먹는 비타민 C는 물에 잘 녹는 '수용성' 비타민이기 때문에 (⊙   ). 왜냐하면 아침이나 낮에 먹으면 오줌이 되어 몸 밖으로 (ⓒ   ). 그렇지만 잠을 자기 전에 먹으면 밤새 화장실에 가는 일이 적기 때문에 비타민 C가 오줌으로 빠져나가는 일을 막을 수 있다.

⊙ _____

ⓒ _____

53. 다음 자료를 참고하여 '은혜시의 출산율 변화'에 대한 글을 200~300자로 쓰시오. 단, 글의 제목을 쓰지 마시오. (30점)

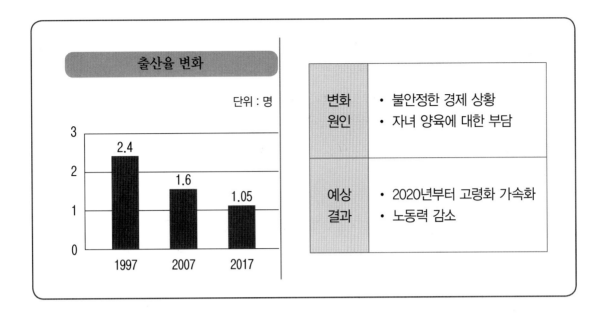

출산율 변화		
단위 : 명		

변화 원인	• 불안정한 경제 상황 • 자녀 양육에 대한 부담
예상 결과	• 2020년부터 고령화 가속화 • 노동력 감소

* 원고지 쓰기의 예

	비	타	민		C	는		언	제		먹	는		것	이		효	과	적
일	까	?		먹	는		시	간	에		대	한		사	람	들	의		의

3급 2회
실전모의고사

한국어능력시험 Ⅱ
(중·고급)

2교시	읽기

수험번호(Registration No.)	
이름 (Name) 한국어(Korean)	
영 어(English)	

유 의 사 항
Information

1. 시험 시작 지시가 있을 때까지 문제를 풀지 마십시오.
   Do not open the booklet until you are allowed to start.

2. 접수번호와 이름은 정확하게 적어 주십시오.
   Write your name and registration number on the answer sheet.

3. 답안지를 구기거나 훼손하지 마십시오.
   Do not fold the answer sheet; keep it clean.

4. 답안지의 이름, 접수번호 및 정답의 기입은 컴퓨터용 펜을 사용하여 주십시오.
   Use the optical mark reader(OMR) pen only.

5. 정답은 답안지에 정확하게 표시하여 주십시오.
   Mark your answer accurately and clearly on the answer sheet.

marking example

6. 문제를 읽을 때에는 소리가 나지 않도록 하십시오.
   Keep quiet while answering the questions.

7. 질문이 있을 때에는 손을 들고 감독관이 올 때까지 기다려 주십시오.
   When you have any questions, please raise your hand.

읽기 (1번 ~ 20번)

※ [1~2] (   )에 들어갈 가장 알맞은 것을 고르십시오. (각 2점)

1. 이번 어머니 생신에는 케이크를 직접 (   ) 드릴 예정이다.
① 만들고   ② 만들면   ③ 만들어서   ④ 만들어야

2. 저 식당은 사람이 많은 걸 보니까 음식이 (   ).
① 맛있나 보다   ② 맛있어 보인다   ③ 맛있으면 된다   ④ 맛있는 편이다

※ [3~4] 다음 밑줄 친 부분과 의미가 비슷한 것을 고르십시오. (각 2점)

3. 비싸긴 하지만 다른 가게에 가 봐야 가격은 다 비슷할 것 같다.
① 가 보려면   ② 가 볼 텐데   ③ 가 봐서   ④ 가 봐도

4. 급한 일이 있을 때마다 항상 도와줘서 고마울 뿐이다.
① 고마운 셈이다   ② 고마운 척한다   ③ 고맙기 마련이다   ④ 고마울 따름이다

※ [5~8] 다음은 무엇에 대한 글인지 고르십시오. (각 2점)

5.

얇고 가벼운 디자인!
더 빨라진 속도!

화면은 키우고 무게는 줄였습니다.

① 운동복   ② 노트북   ③ 자동차   ④ 자전거

6.

깨끗하고 편안한 주거 환경!

세탁실, 매점 등 다양한 편의시설 완비

① 호텔　　　② 병원　　　③ 부동산　　　④ 기숙사

7.

졸리면 위험합니다.

단 한 번의 졸음으로 모든 것이 사라집니다.

① 안전 운전　　　② 환경 보호　　　③ 자리 양보　　　④ 건강 관리

8.

☒ 공연이 시작되면 입장이 불가능합니다.

☒ 음식물은 가지고 들어가실 수 없습니다.

① 관람 안내　　　② 수업 안내　　　③ 행사 초대　　　④ 장소 문의

※ [9~12] 다음 글 또는 그래프의 내용과 같은 것을 고르십시오. (각 2점)

9.

제22회 심청 효행 대상 전국 공모
효도하는 당신을 응원합니다.

✻ 추 천 인: 각 급 학교장
✻ 추천 대상: 한국 국적으로 만 7~18세
　　　　　　 각 급 학교에 재학 중인 여학생
✻ 발표 일자: 2020년 11월~12월 중 발표
✻ 시상 내역: 상금 1,000만 원 및 특전
✻ 접수 기간: 2020년 9월 1일(화) ~ 9월 18일(금)
✻ 접수 방법: 가천문화재단 홈페이지 및 우편 이용

① 접수는 우편으로만 할 수 있다.

② 각 학교의 담임 선생님이 추천해야 한다.

③ 한국 사람이면 누구나 추천을 받을 수 있다.

④ 이 상을 받으려면 학교에 다니고 있어야 한다.

10.

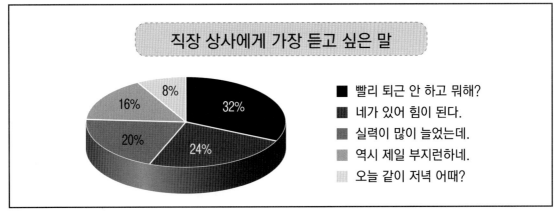

① 힘이 된다는 말과 실력이 늘었다는 말을 듣고 싶어 하는 직장인의 비율은 같다.

② 실력이 많이 늘었다는 말을 듣고 싶어 하는 직장인들이 가장 적다.

③ 직장인들의 절반 이상은 부지런하다는 말을 듣고 싶어 한다.

④ 빨리 퇴근하라는 말을 듣고 싶어 하는 직장인들이 가장 많다.

11.

최근 혼자 밥을 먹는 사람들이 많아지면서 대학교 학생 식당에도 1인 좌석이 등장하고 있다. 1인 좌석을 이용하는 학생들은 다른 사람의 눈치를 보지 않고 혼자 식사를 할 수 있어 편하다고 말한다. 현재 1인 좌석은 대학생들로부터 좋은 반응을 얻고 있어 앞으로 1인 좌석을 설치한 학생 식당은 더 늘어날 전망이다.

① 혼자 식사를 하는 사람들이 줄어들고 있다.
② 대학교 학생 식당에도 1인 좌석을 설치했다.
③ 1인 좌석은 앞으로 사라질 것으로 예상된다.
④ 1인 좌석에 대한 학생들의 평가가 좋지 않다.

12.

요리를 하다가 보면 종종 냄비를 새까맣게 태우게 될 때가 있다. 아무리 여러 번 닦아도 냄비가 깨끗해지지 않는다. 그럴 때는 사과 껍질과 식초가 도움이 된다. 먼저 탄 냄비에 사과 껍질과 식초 반 컵을 넣은 다음 물을 붓고 강한 불로 끓인다. 물이 서서히 끓어오를 때 뚜껑을 닫고 중간 불이나 약한 불에 5분 정도 더 끓인 후에 닦으면 냄비가 깨끗해진다.

① 탄 냄비를 5분 동안 강한 불로 끓이면 깨끗해진다.
② 탄 냄비를 깨끗하게 하는 데에 사과 껍질이 도움이 된다.
③ 탄 냄비에 물을 끓인 후 사과 껍질과 식초를 넣으면 된다.
④ 탄 냄비를 식초에 5분 정도 담가 두었다가 설거지를 하면 된다.

13.

> (가) 안경을 오래 쓰는 이유는 큰 불편함이 없고 시력도 변화가 없다고 믿기 때문이다.
> (나) 안경을 착용하는 성인들은 안경을 한번 구매하면 3년이 넘게 착용하는 것으로 조사되었다.
> (다) 하지만 사람의 시력은 변하기 때문에 6개월에 한 번씩은 시력 검사를 하는 것이 좋다.
> (라) 시력 검사를 하지 않으면 안경과 변화된 시력이 맞지 않아 눈이 더 나빠질 수 있다.

① (가)-(나)-(라)-(다) ② (가)-(라)-(나)-(다)
③ (나)-(가)-(다)-(라) ④ (나)-(다)-(가)-(라)

14.

> (가) 뼈다귀를 놓친 강아지는 물속에 있던 강아지가 바로 자신이었다는 것을 깨닫고 후회했다.
> (나) 강아지는 우연히 물속에서 자기보다 더 큰 뼈다귀를 물고 있는 강아지를 보게 되었다.
> (다) 어느 날 욕심 많은 강아지가 큰 뼈다귀를 입에 물고 다리를 건너고 있었다.
> (라) 더 큰 뼈다귀를 갖고 싶었던 강아지는 큰 소리로 짖다가 자기의 뼈다귀를 놓치고 말았다.

① (나)-(가)-(다)-(라) ② (나)-(다)-(가)-(라)
③ (다)-(나)-(라)-(가) ④ (다)-(라)-(나)-(가)

15.

> (가) 남자들이 하이힐을 신었던 이유는 하이힐의 굽이 높아서 말을 탈 때 편하기 때문이다.
> (나) 또한 당시에는 길거리에 사람과 동물의 오물이 넘쳐나 이를 피하기 위해 신었다고도 한다.
> (다) 오늘날 많은 여성들은 자신을 아름답게 가꾸기 위해 하이힐을 신는다.
> (라) 하지만 예전에는 주로 남자들이 하이힐을 신었다.

① (나)-(가)-(라)-(다) ② (나)-(라)-(가)-(다)
③ (다)-(가)-(라)-(나) ④ (다)-(라)-(가)-(나)

16.

　　마시던 콜라를 냉장고에 오래 보관하면 탄산이 빠져나가서 맛이 변한다. 하지만 콜라의 탄산을 그대로 유지한 채 오랫동안 보관할 수 있는 방법이 있다. 그 방법은 콜라병을 (   )이다. 이렇게 하면 콜라 안에 탄산이 그대로 남아 있어서 시간이 오래 지나도 본래의 맛을 느낄 수 있다. 그러므로 콜라를 오래 보관하고 싶다면 냉장고에 넣을 때 병을 뒤집어 놓아야 한다.

① 따뜻한 곳에 두는 것　　　　② 흔든 후 보관하는 것
③ 냉동실에 넣는 것　　　　　　④ 거꾸로 놓는 것

17.

　　조선 시대의 아이들은 본명 이외에 아이일 때 부르는 이름인 아명이 있었다. 아명은 똥이나 뺑이 들어간 이름으로 지었는데 그 이유가 있다. 그것은 똥이나 뺑이라는 글자가 한자에 없기 때문이었다. 죽은 사람을 데리러 오는 저승사자가 한자로 쓰인 명부에서 (   ) 그냥 지나가 오래 살 수 있다는 믿음이 있었기 때문이다. 이는 어린아이들을 위험으로부터 지키고 싶어 했던 선조들의 마음이 이름에 반영된 것이라 할 수 있다.

① 이름을 찾을 수 없어서　　　② 한자를 잘 몰라서
③ 이름이 헷갈려서　　　　　　④ 똥을 싫어해서

18.

　　사람의 머리는 여러 개의 뼈로 둘러싸여 있다. 그 중에서 머리를 싸고 있는 뼈를 두개골이라고 한다. 두개골은 눈, 귀, 코, 입 등의 기관이 들어갈 공간을 마련해 주고 뇌를 보호해 준다. 두개골은 매우 단단하기 때문에 외부에서 가해지는 힘을 견디고 쉽게 부서지지 않는다. 만약 두개골이 없었다면 (   ) 뇌가 손상을 입게 되었을 것이다.

① 작은 외부 충격에도　　　　② 윗부분이 가벼워져서
③ 신체 내부의 진동에도　　　④ 걷는 것이 불가능해져서

혈액이 굳는 것을 방지하는 약 '와파린'은 원래 쥐를 퇴치하기 위해 사용하던 것이었다. 이 약은 먹으면 출혈이 멈추지 않아 아주 위험한 약으로 알려져 있었다. 그런데 이 약을 대량으로 복용하여 자살을 시도한 군인들이 모두 살아남는 일이 있었다. 이 일을 계기로 안전성이 검증되어 약의 효능에 대한 본격적인 연구가 시작되었다. 현재 이 약은 원래의 용도였던 쥐 퇴치제보다 (　　　　　) 뇌경색 등의 병을 치료하는 치료제로 널리 알려져 있다.

19. (　　　　)에 들어갈 알맞은 것을 고르십시오.

① 드디어

② 그러나

③ 그리고

④ 오히려

20. 위 글의 내용과 같은 것을 고르십시오.

① 이 약을 복용한 군인들은 모두 사망하였다.

② 이 약은 처음에 쥐를 없애기 위해 판매되었다.

③ 이 약을 찾는 뇌경색 환자들이 줄어들고 있다.

④ 이 약은 동물의 질병을 치료하기 위해 사용된다.

4급 1회 실전모의고사

한국어능력시험 II
(중·고급)

| 1교시 | 듣기 |

수험번호(Registration No.)	
이름 (Name) 한국어(Korean)	
영 어(English)	

유 의 사 항
Information

1. 시험 시작 지시가 있을 때까지 문제를 풀지 마십시오.
   Do not open the booklet until you are allowed to start.

2. 접수번호와 이름은 정확하게 적어 주십시오.
   Write your name and registration number on the answer sheet.

3. 답안지를 구기거나 훼손하지 마십시오.
   Do not fold the answer sheet; keep it clean.

4. 답안지의 이름, 접수번호 및 정답의 기입은 컴퓨터용 펜을 사용하여 주십시오.
   Use the optical mark reader(OMR) pen only.

5. 정답은 답안지에 정확하게 표시하여 주십시오.
   Mark your answer accurately and clearly on the answer sheet.

marking example

6. 문제를 읽을 때에는 소리가 나지 않도록 하십시오.
   Keep quiet while answering the questions.

7. 질문이 있을 때에는 손을 들고 감독관이 올 때까지 기다려 주십시오.
   When you have any questions, please raise your hand.

※ **[21~22] 다음을 듣고 물음에 답하십시오. (각 2점)**

21. 여자의 중심 생각으로 맞는 것을 고르십시오.

① 직원을 채용하는 방식을 바꾸는 것이 좋다.

② 지원자의 자격 기준을 강화할 필요가 있다.

③ 채용 단계를 더 세분화하여 직원을 채용해야 한다.

④ 직원이 필요할 때마다 공고를 내는 것이 바람직하다.

22. 들은 내용으로 맞는 것을 고르십시오.

① 이 회사는 인력풀제를 도입하였다.

② 인력풀제를 활용하는 회사가 늘었다.

③ 남자는 인력풀제를 도입할 것을 건의했다.

④ 여자는 인력풀제의 단점을 우려하고 있다.

※ **[23~24] 다음을 듣고 물음에 답하십시오. (각 2점)**

23. 남자가 무엇을 하고 있는지 고르십시오.

① 양로원의 위치를 알아보고 있다.

② 봉사 활동을 구체적으로 소개하고 있다.

③ 양로원에서 봉사를 하려고 문의하고 있다.

④ 봉사 활동에 참여해 줄 것을 요청하고 있다.

24. 들은 내용으로 맞는 것을 고르십시오.

① 이 센터에서는 기부를 받지 않는다.

② 남자는 센터를 통해 후원금을 보낼 것이다.

③ 양로원은 한 달에 두 번씩 방문할 수 있다.

④ 남자는 매달 양로원에서 봉사 활동을 한다.

25. 남자의 중심 생각으로 알맞은 것을 고르십시오.

① 장애인의 자립심을 키워 줘야 한다.

② 장애인을 고용하는 기업이 더욱 많아져야 한다.

③ 장애인을 위한 편의 시설이 더욱 늘어나야 한다.

④ 장애인에게 자신의 능력을 증명할 기회를 주어야 한다.

26. 들은 내용으로 맞는 것을 고르십시오.

① 이 빵집은 음악을 틀지 않는다.

② 이 빵집은 주문을 할 때 메모를 이용한다.

③ 이 빵집은 청각 장애인들이 창업을 하였다.

④ 이 빵집은 주문과 계산에 걸리는 시간이 짧다.

27. 여자가 남자에게 말하는 의도를 고르십시오.

① 강아지를 키우는 것을 권유하기 위해

② 애완견 훈련소의 효과를 설명하기 위해

③ 훈련된 강아지를 구할 수 있는지 묻기 위해

④ 강아지가 말을 잘 듣는 방법을 알아보기 위해

28. 들은 내용으로 맞는 것을 고르십시오.

　　① 여자는 강아지 때문에 고민이 있다.

　　② 여자는 강아지가 아파서 병원에 갔다.

　　③ 여자는 애완견 훈련소에서 상담을 했다.

　　④ 여자는 강아지가 말썽을 부려도 혼을 안 낸다.

※　[29~30] 다음을 듣고 물음에 답하십시오. (각 2점)

29. 남자는 누구인지 고르십시오.

　　① 원두를 재배하는 사람

　　② 원두를 판매하는 사람

　　③ 커피 메뉴를 개발하는 사람

　　④ 커피의 등급을 판별하는 사람

30. 들은 내용으로 맞는 것을 고르십시오.

　　① 남자는 커피를 가끔 마시는 편이다.

　　② 남자는 커피 원산지에 대해 잘 모른다.

　　③ 원두의 특성에 따라 커피 맛이 달라진다.

　　④ 원두 재배 방식은 커피의 맛과 관계가 없다.

4급 1회
실전모의고사

한국어능력시험 II
(중·고급)

| 2교시 | 읽기 |

수험번호(Registration No.)		
이름 (Name)	한국어(Korean)	
	영 어(English)	

유 의 사 항
Information

1. 시험 시작 지시가 있을 때까지 문제를 풀지 마십시오.
   Do not open the booklet until you are allowed to start.

2. 접수번호와 이름은 정확하게 적어 주십시오.
   Write your name and registration number on the answer sheet.

3. 답안지를 구기거나 훼손하지 마십시오.
   Do not fold the answer sheet; keep it clean.

4. 답안지의 이름, 접수번호 및 정답의 기입은 컴퓨터용 펜을 사용하여 주십시오.
   Use the optical mark reader(OMR) pen only.

5. 정답은 답안지에 정확하게 표시하여 주십시오.
   Mark your answer accurately and clearly on the answer sheet.

   marking example   ① ● ③ ④

6. 문제를 읽을 때에는 소리가 나지 않도록 하십시오.
   Keep quiet while answering the questions.

7. 질문이 있을 때에는 손을 들고 감독관이 올 때까지 기다려 주십시오.
   When you have any questions, please raise your hand.

※ **[21~22] 다음을 읽고 물음에 답하십시오. (각 2점)**

> 일상생활에서 하는 가벼운 대화는 쓸데없는 수다나 잡담으로 생각하는 사람이 많다. 그러나 이러한 대화는 분위기를 부드럽게 만들고 어색한 사람들 사이에 (   ) 친밀감을 형성하는 데 도움이 되기도 한다. 가벼운 대화를 하는 것은 상대방에 대해 알고 싶다거나 친해지고 싶다는 의도를 갖고 있다. 또 대화를 통해 자신과 타인의 공통점을 찾으려는 것이다. 왜냐하면 사람은 공통점을 찾았을 때 금세 친밀감을 느끼게 되기 때문이다.

21. (   )에 들어갈 알맞은 것을 고르십시오.

① 눈길을 끌게 하여

② 손을 벌리게 하여

③ 마음을 열게 하여

④ 귀를 기울이게 하여

22. 위 글의 중심 생각을 고르십시오.

① 대화를 할 때는 분명한 목적이 있어야 한다.

② 수다와 잡담은 상대와 친해지기 위한 방법이다.

③ 대화의 방법은 상대방이 누구냐에 따라 달라진다.

④ 가벼운 대화를 통해 상대방과의 공통점을 찾는 것이 좋다.

> 갑자기 급한 일이 생겨 다섯 살 난 아들을 데리고 외출을 할 수밖에 없었다. 아이와 함께 처음으로 시내버스를 타고 나가는 것이라 신경이 많이 쓰였다. 아이에게 집 주소, 전화번호를 다시 한 번 외우게 해 보고, 낯선 사람을 봐도 절대로 따라 가지 말라는 말도 다시 한 번 강조해 주었다. 집에서 다섯 정거장 떨어진 곳으로 아이와 함께 일을 보러 갔다. 일을 보는 중에 잠깐 아이의 손을 놓았다. 그런데 일을 마치고 나서 보니 아이가 없었다. 주변을 아무리 둘러봐도 아이를 찾을 수 없었다. 그렇게 서너 시간 아이를 찾았지만 결국 찾지 못했다. 경찰서에 신고를 하고 일단 집에 가서 연락을 기다려 보기로 했다. 걱정스러운 마음에 집으로 돌아오는데 아이가 집 앞에서 친구들과 놀고 있는 모습이 보였다. <u>나는 순간 온몸의 힘이 쑥 빠지는 것 같았다.</u> 얼른 달려가서 아이를 붙들고 어떻게 집에 왔냐고 물었다. 아이는 웃으며 엄마를 못 찾아서 어떤 아저씨에게 집에 가는 버스를 물어본 후 혼자 왔다는 것이었다.

23. 밑줄 친 부분에 나타난 '나'의 심정으로 알맞은 것을 고르십시오.

① 마음이 놓이다

② 마음이 상하다

③ 마음이 통하다

④ 마음이 돌아서다

24. 위 글의 내용과 같은 것을 고르십시오.

① 아이는 집 앞에서 놀고 있었다.

② 엄마는 집에서 아이의 전화를 기다렸다.

③ 엄마는 버스에 아이를 두고 혼자 내렸다.

④ 아이는 엄마를 찾지 못해 경찰서에 혼자 갔다.

25.

| 대학 병원 찾는 경증 환자, 진료비 부담 커져 |

① 대학 병원의 진료비가 올라 환자들의 부담이 커지고 있다.
② 대학 병원에서는 진료비 부담을 줄이기 위해 노력해야 한다.
③ 진료비가 올랐지만 여전히 대학 병원을 이용하는 사람들이 많다.
④ 가벼운 증상으로 대학 병원을 찾는 환자들은 진료비를 많이 내야 한다.

26.

| 영업 실적 악화, 내년 성과급 '반 토막' 예상 |

① 매출이 증가하여 내년 성과급이 인상될 것으로 예상된다.
② 물건을 많이 팔기 위해 내년 성과급을 절반으로 줄일 것이다.
③ 매출이 감소하였지만 내년 성과급을 절반 정도 인상하기로 하였다.
④ 물건을 많이 팔지 못해 내년 성과급이 다른 해의 절반 정도로 줄어들 전망이다.

27.

| 가뭄으로 농산물 가격 폭등, 시민들 울상 |

① 오랜만에 비가 내렸지만 가뭄을 해결하기에는 부족하다.
② 메마른 날씨 탓에 농산물 가격이 올라 시민들이 걱정한다.
③ 시민들의 걱정에도 불구하고 비가 오랫동안 내리지 않는다.
④ 기다리던 비가 내려서 농산물 가격이 내려 시민들이 좋아한다.

※ [28~31] 다음을 읽고 ( )에 들어갈 내용으로 가장 알맞은 것을 고르십시오. (각 2점)

28.

어두운 영화관에 들어갔을 때 누구나 잠시 앞이 잘 보이지 않는 경험을 한 적이 있을 것이다. 이것은 우리 눈 안에 동공이 있기 때문이다. 밝은 곳에서는 ( ) 빛이 적게 들어오는 반면에 어두운 곳에서는 동공이 확대되어 많은 빛이 들어온다. 때문에 동공이 작아진 상태에서 어두운 영화관 안으로 들어가면 빛이 거의 들어오지 않아 일시적으로 앞이 잘 보이지 않는 것이다.

① 시야가 넓어져
② 햇빛이 강해서
③ 동공이 축소되어
④ 앞이 잘 보여서

29.

박쥐는 어두운 동굴에서 사는 야행성 동물이다. 박쥐가 어두운 공간에서 ( ) 것은 초음파를 이용하기 때문이다. 하지만 초음파를 이용하기 위해 진화를 하면서 다른 감각 기관이 퇴화할 수밖에 없었다. 실제로 박쥐는 눈이 거의 퇴화된 상태이기 때문에 눈으로는 물체를 직접 분간하기 어렵다. 그래서 박쥐는 어두운 공간에서 시력 대신에 초음파로 거리를 측정하고 방향을 탐색한다.

① 날지 못하는
② 활동할 수 있는
③ 거꾸로 매달리는
④ 짝짓기를 할 수 있는

30.

　　연구 결과에 따르면 직원들이 직장에서 자신의 의견을 자유롭게 제시할 수 있을 때 업무 성과가 향상된다고 한다. 그러나 자유롭게 의견을 낼 수 있는 분위기를 만드는 것은 쉽지 않다. 부하 직원의 입장에서 보면 말실수를 할 경우 자신에게 피해가 생길지도 모른다는 두려움 때문에 입을 다물게 된다. 따라서 업무 성과를 높이기 위해서는 상사가 먼저 (　　　　) 편안한 분위기를 만들어야 할 것이다.

① 실수를 예방할 수 있도록

② 인재를 선발할 수 있도록

③ 책임감을 길러 줄 수 있도록

④ 직원들과 생각을 나눌 수 있도록

31.

　　조선 후기 국제 무역의 중심에는 '만상'이 있었다. '만상'이란 국경 도시인 의주에서 중국과 무역 활동을 하던 상인으로 '의주 상인'이라고도 한다. 조선 전기까지는 무역에 대한 정부의 통제가 심했기 때문에 소규모 무역에 머물렀다. 하지만 조선 후기 국가의 통제를 받지 않게 되면서 개인적인 무역이 활발해짐에 따라 (　　　　). 이들은 주로 금, 은, 인삼을 수출하였고 비단, 약재를 수입함으로써 부를 축적해 갔다.

① 수입을 시작했다

② 규모가 커져 갔다

③ 지역이 확대되었다

④ 국제 무역을 금지했다

4급 2회
실전모의고사

한국어능력시험 II
(중·고급)

| 1교시 | 듣기 |

수험번호(Registration No.)		
이름 (Name)	한국어(Korean)	
	영 어(English)	

유 의 사 항
Information

1. 시험 시작 지시가 있을 때까지 문제를 풀지 마십시오.
   Do not open the booklet until you are allowed to start.

2. 접수번호와 이름은 정확하게 적어 주십시오.
   Write your name and registration number on the answer sheet.

3. 답안지를 구기거나 훼손하지 마십시오.
   Do not fold the answer sheet; keep it clean.

4. 답안지의 이름, 접수번호 및 정답의 기입은 컴퓨터용 펜을 사용하여 주십시오.
   Use the optical mark reader(OMR) pen only.

5. 정답은 답안지에 정확하게 표시하여 주십시오.
   Mark your answer accurately and clearly on the answer sheet.

   marking example ① ● ③ ④

6. 문제를 읽을 때에는 소리가 나지 않도록 하십시오.
   Keep quiet while answering the questions.

7. 질문이 있을 때에는 손을 들고 감독관이 올 때까지 기다려 주십시오.
   When you have any questions, please raise your hand.

듣기 (21번 ~ 30번)

※ [21~22] 다음을 듣고 물음에 답하십시오. (각 2점)

21. 남자의 중심 생각으로 알맞은 것을 고르십시오.

① 여성 회원 관리에 신경을 썼으면 좋겠다.

② 회원을 모집하려면 신문을 통해 홍보해야 한다.

③ 회원들을 위한 다양한 서비스를 제공해야 한다.

④ 다이어트를 위한 복싱 강좌를 개설할 필요가 있다.

22. 들은 내용으로 맞는 것을 고르십시오.

① 여름에는 문화센터 회원이 줄어든다.

② 이 문화센터는 복싱 수업을 새로 개설했다.

③ 요가나 발레 수업은 회원들에게 인기가 많다.

④ 남자는 다이어트 복싱에 대한 기사를 본 적이 없다.

※ [23~24] 다음을 듣고 물음에 답하십시오. (각 2점)

23. 남자가 무엇을 하고 있는지 고르십시오.

① 경찰서의 위치를 알아보고 있다.

② 범칙금이 얼마인지 안내하고 있다.

③ 범칙금 납부 방법을 확인하고 있다.

④ 범칙금 납부 기간을 문의하고 있다.

24. 들은 내용으로 맞는 것을 고르십시오.

① 남자는 신호 위반으로 스티커를 떼였다.

② 남자는 열흘 전에 교통법규를 위반하였다.

③ 경찰서에서는 고지서를 재발급하지 않는다.

④ 경찰서에 가지 않고도 범칙금을 낼 수 있다.

※ **[25~26] 다음을 듣고 물음에 답하십시오. (각 2점)**

25. 남자의 중심 생각으로 알맞은 것을 고르십시오.

① 배우의 연기력이 좋아야 사랑을 받을 수 있다.

② 예측 가능한 틀에서 벗어나지 못한 영화가 많다.

③ 가난한 사람들의 삶이 반영된 영화가 많아져야 한다.

④ 색다른 줄거리가 인기를 얻는 중요한 요인이 되었다.

26. 들은 내용으로 맞는 것을 고르십시오.

① 이 남자는 대중들이 줄거리를 쉽게 예측할 수 있는 영화를 추구한다.

② 이 영화를 제작하기 위해 900명 이상의 사람들이 동원되었다.

③ 이 영화는 관객들로부터 주목받지 못하고 있다.

④ 이 남자는 국제 영화제에서 인정을 받았다.

※ **[27~28] 다음을 듣고 물음에 답하십시오. (각 2점)**

27. 여자가 남자에게 말하는 의도를 고르십시오.

① 전동 킥보드 전용 도로의 도입을 강조하려고

② 전동 킥보드와 관련된 방송 내용을 소개하려고

③ 전동 킥보드 인도 진입 규제 강화를 주장하려고

④ 전동 킥보드 관련 안전 교육의 필요성을 제기하려고

28. 들은 내용으로 맞는 것을 고르십시오.

① 인도에서 전동 킥보드를 타는 사람이 없다.

② 전동 킥보드를 타는 사람이 점점 많아지고 있다.

③ 남자는 신문에서 전동 킥보드 관련 내용을 봤다.

④ 여자는 전동 킥보드를 타다가 다른 사람과 부딪혔다.

※ **[29~30] 다음을 듣고 물음에 답하십시오. (각 2점)**

29. 남자는 누구인지 고르십시오.

① 반려동물을 돌보는 사람

② 반려동물을 판매하는 사람

③ 반려동물을 치료하는 사람

④ 반려동물을 훈련시키는 사람

30. 들은 내용으로 맞는 것을 고르십시오.

① 모든 동물들은 비슷한 특성을 가지고 있다.

② 이 남자는 펫시터가 되기 위해 자격증을 준비했다.

③ 오랫동안 집을 비울 때 반려동물을 맡길 수 있는 곳이 없다.

④ 애견호텔은 이곳보다 넓어서 반려동물들이 편하게 생활할 수 있다.

4급 2회
실전모의고사

한국어능력시험 II

(중 · 고급)

| 2교시 | 읽기 |

수험번호(Registration No.)		
이름 (Name)	한국어(Korean)	
	영 어(English)	

유 의 사 항
Information

1. 시험 시작 지시가 있을 때까지 문제를 풀지 마십시오.
   Do not open the booklet until you are allowed to start.

2. 접수번호와 이름은 정확하게 적어 주십시오.
   Write your name and registration number on the answer sheet.

3. 답안지를 구기거나 훼손하지 마십시오.
   Do not fold the answer sheet; keep it clean.

4. 답안지의 이름, 접수번호 및 정답의 기입은 컴퓨터용 펜을 사용하여 주십시오.
   Use the optical mark reader(OMR) pen only.

5. 정답은 답안지에 정확하게 표시하여 주십시오.
   Mark your answer accurately and clearly on the answer sheet.

   marking example | ① ● ③ ④

6. 문제를 읽을 때에는 소리가 나지 않도록 하십시오.
   Keep quiet while answering the questions.

7. 질문이 있을 때에는 손을 들고 감독관이 올 때까지 기다려 주십시오.
   When you have any questions, please raise your hand.

※ **[21~22] 다음을 읽고 물음에 답하십시오. (각 2점)**

> 다리가 불편한 휠체어 이용자들을 위해 도심 곳곳에는 경사로가 설치되어 있다. 그런데 경사로의 기울기가 너무 심해 제 역할을 하지 못하는 곳이 많다. 경사로가 너무 가파르면 혼자서는 경사로를 이용할 수 없어 그대로 (   ) 된다. 또한 경사로에 다른 구조물이 세워져 있어서 이용하기가 불편한 경우도 많다. 관계 기관은 이러한 문제점들을 파악하고 휠체어 이용자들이 안전하게 이동할 수 있도록 더욱 관심을 기울여야 할 것이다.

21. (   )에 들어갈 알맞은 것을 고르십시오.

① 손을 놓게

② 발이 묶이게

③ 고개를 숙이게

④ 귀가 솔깃하게

22. 위 글의 중심 생각을 고르십시오.

① 경사로의 설치를 더욱 늘려야 한다.

② 경사로는 시민들의 보행을 방해한다.

③ 경사로를 설치할 때 세심한 배려가 필요하다.

④ 경사로에 구조물을 두면 벌금을 부과해야 한다.

> 대학에 입학한 지 얼마 안 되었을 무렵 아버지 사업이 실패하면서 우리 집안 형편은 매우 어려워졌다. 하루 세끼를 챙겨 먹는 건 내게 사치일 정도였다. 아침은 거의 먹지 못했고 저녁은 빵으로 간단하게 해결해야만 했다. 유일한 친구였던 룸메이트는 내 힘든 사정을 눈치 채고 날 챙겨 주려고 애썼다. 당시 학교 근처의 시장에서 팔던 우동이 정말 맛있었는데 룸메이트는 어떻게 내 마음을 알았는지 시장에 다녀올 때마다 우동을 한 그릇씩 사 왔다. "같이 간 친구가 약속이 있다면서 먼저 가 버렸지 뭐야. 그래서 포장해 왔는데 난 배부르니까 너 먹을래?" 혹시나 자신의 행동이 나에게 상처를 주지 않을까 염려하며 매번 다른 핑계를 댔다. 나는 지금도 그때를 떠올릴 때마다 <u>눈시울이 뜨거워진다</u>.

23. 밑줄 친 부분에 나타난 '나'의 심정으로 알맞은 것을 고르십시오.

① 고맙다

② 아쉽다

③ 뿌듯하다

④ 억울하다

24. 위 글의 내용과 같은 것을 고르십시오.

① 나는 대학에 입학한 후 경제적으로 힘들었다.

② 나는 대학시절에 좋은 친구들을 많이 사귀었다.

③ 룸메이트는 매일 학교 근처 시장에서 우동을 먹었다.

④ 룸메이트는 약속이 취소될 때마다 우동을 포장해 왔다.

[25~27] 다음 신문 기사의 제목을 가장 잘 설명한 것을 고르십시오. (각 2점)

25.

> 축구 대표팀 골 가뭄 지속, 감독 교체 요구 높아

① 경기력을 높이기 위해 축구 대표팀의 감독을 교체했다.

② 감독을 교체한 이후 축구 대표팀의 경기력이 향상되었다.

③ 축구 대표팀이 지속적으로 골을 넣자 감독을 교체하라는 요구가 줄어들고 있다.

④ 축구 대표팀의 성적 부진이 이어지자 감독을 교체하라는 목소리가 커지고 있다.

26.

> 서울 첫 얼음, 난방용품 '불티'

① 서울 날씨가 추워지면서 화재 사고가 잇따르고 있다.

② 서울 날씨가 추워졌지만 난방용품을 구하기가 어렵다.

③ 서울에 처음으로 얼음이 얼면서 난방용품의 판매가 증가하였다.

④ 서울에 처음으로 얼음이 얼었지만 기온이 크게 떨어지지 않았다.

27.

> 물에 빠진 20대 남성, 익사 직전 구조

① 20대 남성이 물에 빠져서 목숨을 잃었다.

② 20대 남성이 물에 빠져 죽기 전에 구조됐다.

③ 20대 남성이 물에 빠진 사람을 직접 구해 냈다.

④ 20대 남성이 물에 빠진 사람을 보고 구조대에 신고했다.

※ [28~31] 다음을 읽고 (   )에 들어갈 내용으로 가장 알맞은 것을 고르십시오. (각 2점)

28.

> 여름이 되면 햇빛을 피하기 위해 양산을 쓰는 사람들이 많다. 특히 빛을 반사하는 특성을 가진 흰색 양산이 인기가 많다. 하지만 흰색 양산은 햇빛뿐만 아니라 땅에서 올라오는 열까지 반사시켜 사람에게 열이 전달되기 때문에 온도가 더 올라간다. 반면에 흡수율이 좋은 검은색 양산은 땅에서 올라오는 열을 모두 흡수해서 (   ) 준다. 그러므로 검은색 양산을 쓸 때 더 시원하게 느껴지는 것이다.

① 온도를 떨어뜨려
② 햇빛을 반사시켜
③ 양산의 가격을 줄여
④ 사람에게 열을 전달해

29.

> 쇼트트랙 선수들은 경기를 할 때 왼손에 특이한 모양의 장갑을 낀다. '개구리 장갑'이라고 불리는 이 장갑은 선수들의 경기력을 높이는 데 중요한 역할을 한다. 쇼트트랙 선수들은 곡선 주로를 돌 때 넘어지지 않기 위해 왼손으로 빙판을 짚는다. 이때 마찰력이 생겨 순간적으로 속도가 줄어들게 된다. 그러나 왼손에 이 장갑을 착용하면 장갑의 끝부분에 (   ) 물질이 붙어 있어 선수들은 속도를 유지하면서 곡선 주로를 돌 수 있게 된다.

① 속도를 올려주는
② 방향을 조절하는
③ 체온을 유지하는
④ 마찰력을 줄여 주는

30.

　　우유는 영양이 풍부해서 성인들도 즐겨 마시는 식품이다. 그런데 우유만 마셨다 하면 배가 아파서 화장실을 찾는 사람들이 있다. 이런 증상은 우유에 들어 있는 유당을 소화하지 못하기 때문에 생긴다. 그렇다고 해서 우유를 평생 마실 수 없는 것은 아니다. 이런 사람들은 유당을 소화할 수 있는 능력을 기르면 된다. 우유를 마실 때 다른 식품과 함께 섭취하거나 따뜻하게 데워 마시면 (　　　　　). 또는 우유 대신 우유를 유산균으로 발효시킨 요거트를 마시면 우유에 대한 적응력을 기를 수 있다.

① 영양이 손실되지 않는다

② 소화 기관을 자극한다

③ 아무런 문제가 없다

④ 증상이 덜해진다

31.

　　기업들은 판매량을 늘리기 위해 여러 전략을 세운다. 그중 한 가지 방법이 판매 시간을 짧게 하는 것이다. 이는 구입할 수 있는 시간이 얼마 남지 않았음을 강조해서 소비자들의 구매를 유도하는 방법이다. 그러나 부적절하게 이런 전략을 사용해서는 안 된다. 일주일간 판매한다고 했던 물건을 판매 종료 후 얼마 지나지 않아 다시 판매하고 있다면 기존 고객은 (　　　　　) 이 사실에 대한 소문이 널리 퍼져 결국 회사의 이미지에 악영향을 주게 될 것이다.

① 믿음을 가지게 되고

② 배신감을 느끼게 되고

③ 물건을 다시 구매하게 되고

④ 부적절하게 전략을 사용하게 되고

5급 1회
실전모의고사

한국어능력시험 II
(중 · 고급)

| 1교시 | 듣기 |

수험번호(Registration No.)		
이름 (Name)	한국어(Korean)	
	영 어(English)	

유 의 사 항
Information

1. 시험 시작 지시가 있을 때까지 문제를 풀지 마십시오.
   Do not open the booklet until you are allowed to start.

2. 접수번호와 이름은 정확하게 적어 주십시오.
   Write your name and registration number on the answer sheet.

3. 답안지를 구기거나 훼손하지 마십시오.
   Do not fold the answer sheet; keep it clean.

4. 답안지의 이름, 접수번호 및 정답의 기입은 컴퓨터용 펜을 사용하여 주십시오.
   Use the optical mark reader(OMR) pen only.

5. 정답은 답안지에 정확하게 표시하여 주십시오.
   Mark your answer accurately and clearly on the answer sheet.

   marking example ① ● ③ ④

6. 문제를 읽을 때에는 소리가 나지 않도록 하십시오.
   Keep quiet while answering the questions.

7. 질문이 있을 때에는 손을 들고 감독관이 올 때까지 기다려 주십시오.
   When you have any questions, please raise your hand.

듣기 (31번 ~ 40번)

※ **[31~32] 다음을 듣고 물음에 답하십시오. (각 2점)**

31. 남자의 생각으로 알맞은 것을 고르십시오.
① 개량 한복을 입을 기회가 많아져야 한다.
② 한복에 차별을 두는 것은 바람직하지 않다.
③ 개량 한복을 입은 사람은 무료관람을 제한해야 한다.
④ 문제를 해결하기 위해서는 무료관람을 없애야 한다.

32. 남자의 태도로 알맞은 것을 고르십시오.
① 상대방에게 동의를 구하고 있다.
② 문제 해결 방안을 제시하고 있다.
③ 현재 문제에 대한 책임을 묻고 있다.
④ 자신의 의견을 일관되게 주장하고 있다.

※ **[33~34] 다음을 듣고 물음에 답하십시오. (각 2점)**

33. 무엇에 대한 내용인지 맞는 것을 고르십시오.
① 태양과 식물과의 관계
② 태양이 기후에 미치는 영향
③ 태양광을 활용한 산업 분야
④ 태양이 사라지면 생기는 현상

34. 들은 내용으로 맞는 것을 고르십시오.

① 식물은 광합성을 통해 산소를 만든다.

② 기후 변화가 멈추면 생물체가 사라진다.

③ 바람이 불어야 바닷물을 증발시킬 수 있다.

④ 공기는 차가운 쪽에서 뜨거운 쪽으로 이동한다.

※ **[35~36] 다음을 듣고 물음에 답하십시오. (각 2점)**

35. 남자는 무엇을 하고 있는지 고르십시오.

① 선배에 대한 지지를 부탁하고 있다.

② 선배를 잃은 슬픔을 이야기하고 있다.

③ 정치인으로서의 각오를 밝히고 있다.

④ 인생을 사는 자세에 대해 강조하고 있다.

36. 들은 내용으로 맞는 것을 고르십시오.

① 선배는 수많은 책을 출판하였다.

② 선배는 30대부터 정치를 시작했다.

③ 선배는 은퇴 후 복지 재단을 만들었다.

④ 선배는 국회의원에 다섯 차례 당선됐다.

※ **[37~38] 다음은 교양프로그램입니다. 잘 듣고 물음에 답하십시오. (각 2점)**

37. 남자의 중심 생각으로 맞는 것을 고르십시오.

① 건강을 위해 육식보다 채식을 해야 한다.

② 채소는 익히지 않고 생으로 먹는 것이 좋다.

③ 비타민은 음식만으로 충분히 섭취할 수 없다.

④ 비타민을 섭취하려면 채소를 충분히 먹어야 한다.

38. 들은 내용과 같은 것을 고르십시오.

① 채소를 먹는 이유는 수분 섭취 때문이다.

② 채식을 선호하는 사람들이 늘어나고 있다.

③ 채소는 생으로 먹어야 많이 먹을 수 있다.

④ 채소를 익히면 비타민이 파괴된다는 사람도 있다.

※ **[39~40] 다음은 대담입니다. 잘 듣고 물음에 답하십시오. (각 2점)**

39. 이 담화 앞의 내용으로 알맞은 것을 고르십시오.

① 영화에 사용된 그래픽 기술이 매우 정교해졌다.

② 컴퓨터 그래픽 사용 시 주의해야 할 점이 있다.

③ 컴퓨터 기술과 관련된 영화가 인기를 끌고 있다.

④ 영화 제작사 간의 기술 경쟁이 더욱 치열해졌다.

40. 들은 내용과 일치하는 것을 고르십시오.

① 영화 포스터에 나오는 배우들은 모두 실제 배우들이다.

② 가상으로 재현된 배우들의 연기가 실제 배우만큼 훌륭했다.

③ 영화팬들은 가상으로 재현된 배우의 등장에 관심을 가졌다.

④ 실제 배우들이 연기한 부분의 몰입도가 상대적으로 떨어졌다.

한 · 국 · 어 · 능 · 력 · 시 · 험 · T · O · P · I · K

5급 1회
실전모의고사

한국어능력시험 II
(중 · 고급)

| 2교시 | 읽기 |

수험번호(Registration No.)		
이름 (Name)	한국어(Korean)	
	영 어(English)	

유 의 사 항
Information

1. 시험 시작 지시가 있을 때까지 문제를 풀지 마십시오.
   Do not open the booklet until you are allowed to start.

2. 접수번호와 이름은 정확하게 적어 주십시오.
   Write your name and registration number on the answer sheet.

3. 답안지를 구기거나 훼손하지 마십시오.
   Do not fold the answer sheet; keep it clean.

4. 답안지의 이름, 접수번호 및 정답의 기입은 컴퓨터용 펜을 사용하여 주십시오.
   Use the optical mark reader(OMR) pen only.

5. 정답은 답안지에 정확하게 표시하여 주십시오.
   Mark your answer accurately and clearly on the answer sheet.

   marking example　① ● ③ ④

6. 문제를 읽을 때에는 소리가 나지 않도록 하십시오.
   Keep quiet while answering the questions.

7. 질문이 있을 때에는 손을 들고 감독관이 올 때까지 기다려 주십시오.
   When you have any questions, please raise your hand.

※ [32~34] 다음을 읽고 내용이 같은 것을 고르십시오. (각 2점)

32.

> 유통 기한은 식품을 만들고 나서 유통할 수 있는 기간을 말한다. 그런데 소비자들은 유통 기한까지 그 식품을 반드시 먹어야 한다고 생각하거나 그냥 버려야 한다고 생각한다. 하지만 정확한 유통 기한의 뜻은 먹는 기간이 아니라 소비자에게 제품을 팔 수 있는 기간이다. 소비자에게 중요한 것은 유통 기한이 아니라 소비 기한이다. 소비 기한은 식품을 먹어도 안전하다고 판단되는 기한을 말한다. 식품에 따라 소비 기한이 다르지만 알아둔다면 무조건 버리는 일은 없을 것이다. 다만 소비 기한의 경우 보관법을 엄격하게 지켜야 한다.

① 식품은 소비 기한과 유통 기한이 일치한다.
② 유통 기한이 지난 식품은 반드시 버려야 한다.
③ 소비 기한은 식품의 보관법을 잘 지켜야 한다.
④ 유통 기한이 지난 식품은 싸게 구입할 수 있다.

33.

> 광고의 기법 중 이성적 광고는 제품에 대한 정보를 소비자에게 효과적으로 전달하는 데 초점을 맞춘다. 그리고 언어 기호 즉, 광고 문구나 사실주의적 이미지에 중점에 둔다. 광고가 성공하면 장기간 이미지를 굳힐 수 있지만 성공하기까지 비용과 시간이 오래 소요된다. 반면 감성적 광고는 소비자의 정서적 반응을 유발하는 데 초점을 맞춘다. 그리고 비언어적 시각 기호 즉, 사진이나 일러스트에 중점을 둔다. 이성적 광고보다 홍보 효과가 빨라서 요즘은 사람들의 감성에 호소하는 광고가 주를 이룬다.

① 이성적 광고는 비언어적 기호를 활용한다.
② 감성적 광고는 광고 문구를 통해 제품을 광고한다.
③ 이성적 광고가 감성적 광고에 비해 광고 효과가 더 느리다.
④ 감성적 광고는 성공하기까지 비용과 시간이 많이 걸린다.

34.

　　'동의보감'은 조선 시대 의원 허준이 총 230여 권의 각종 의학 관련 책을 모아 정리한 의서이다. 당시에는 조선 의학과 명나라를 통해 들어온 중국 의학이 혼재되어 있었다. 허준은 이런 의서들을 통일된 시각에서 정리하여 통합적 의학 체계를 만들었다. 특히 다른 의서들과 달리 책의 독자층이 다양하고 넓었다. 이는 의학 지식뿐만 아니라 민간에서 쉽게 구할 수 있는 재료를 이용하여 백성들 스스로 쉽게 병을 치료할 수 있도록 배려했기 때문이다.

① 동의보감은 당시 중국 의학의 영향을 받았다.
② 동의보감은 국내외 의학을 통합한 의학책이다.
③ 동의보감은 일반 백성들이 활용하기에 어려웠다.
④ 동의보감은 널리 알려지지 않은 재료가 소개되어 있다.

※　[35~38] 다음 글의 주제로 가장 알맞은 것을 고르십시오. (각 2점)

35.

　　배낭여행을 갈 때 짐이 많으면 여행이 힘들어질 수밖에 없다. 그렇다면 어떻게 짐을 싸면 효과적일까? 사람들은 보통 무거운 짐을 가장 아래쪽에 넣고 가벼운 짐을 위쪽에 넣는다. 하지만 이렇게 짐을 싸면 훨씬 더 무겁게 느껴져서 허리를 더 많이 숙이게 된다. 이렇게 되면 허리와 무릎에 무리가 가게 된다. 따라서 무거운 짐은 척추와 가장 가깝게 두는 것이 안정적이다. 다시 말해 등쪽으로 무거운 짐을 두어야 무게를 분산시킬 수 있는 것이다.

① 배낭여행을 갈 때 짐을 최대한 줄여야 한다.
② 배낭이 무거우면 척추 건강에 악영향을 미친다.
③ 배낭을 쌀 때 무거운 짐을 등쪽에 두어야 한다.
④ 배낭의 아래쪽이 무거우면 무릎에 무리가 생긴다.

36.

　　최근 수소차에 대한 관심이 뜨겁다. 정부는 앞으로 버스와 택시 등을 수소차로 대체하고 향후 2-3년 안에 획기적으로 늘리겠다는 계획을 발표했다. 수소는 온실가스와 대기 오염 물질을 만들지 않아 화석 연료를 대체할 친환경적인 에너지원으로 평가 받고 있다. 또한 일반 전기차는 충전 시간이 8시간 정도 소요되지만 수소차는 5분 충전으로 600km 이상을 달릴 수 있어 효율성이 높다. 앞으로 충전소 확충 등의 문제가 잘 해결된다면 수소차는 미래의 교통수단으로 자리 잡게 될 것이다.

① 수소차는 일반 전기차에 비해 에너지 효율이 높다.
② 수소차는 온실가스를 만들어 내지 않아 친환경적이다.
③ 수소차 상용화를 위해서는 충분한 충전소가 마련되어야 한다.
④ 친환경적이고 효율적인 미래의 교통수단으로 수소차가 주목받고 있다.

37.

　　일을 진행하다가 만족스러운 결과가 예상되지 않아도 그동안 투자한 시간이나 노력이 아까워서 포기하지 못하고 결국 손해를 보는 경우가 있다. 이러한 피해를 줄이고 합리적인 결정을 하기 위해서는 자신이 잘못 판단한 부분을 빠르게 인정하고 목표를 다시 설정해야 한다. 때로는 현실을 인정하고 빠르게 포기하는 것이 도움이 된다. 그러므로 처음 세운 목표를 무조건 고집하기보다는 상황에 맞게 목표를 바꿀 수 있어야 한다.

① 처음 세운 목표를 향해 끊임없이 노력해야 한다.
② 합리적인 결정을 하기 위해서는 심사숙고해야 한다.
③ 투자한 시간과 노력을 생각하며 끝까지 도전해야 한다.
④ 부정적인 결과가 예상되면 진행을 중단하고 목표를 재설정해야 한다.

38.

　　남성의 뇌는 여성에 비해 정보를 받아들이고 명령을 내리는 구조가 단순하다. 그래서 한 가지 일에 집중해 이를 짧은 시간에 해결하는 능력이 뛰어나다. 반면 여성의 뇌는 남성보다 훨씬 복잡한 과정을 거쳐 정보 전달이 이루어진다. 이 때문에 상황을 파악하고 그에 맞는 명령을 수행하기까지 긴 시간이 걸린다. 흔히 평균적으로 남성 운전자들의 주차 속도가 여성에 비해 더 빠르다는 것도 이러한 뇌 구조에서 오는 차이 때문이라고 한다.

① 여성의 정보 전달 과정이 남성에 비해 복잡하다.

② 남성과 여성의 뇌는 정보를 처리하는 방식이 다르다.

③ 남성과 여성이 주차할 때 걸리는 시간은 차이가 있다.

④ 남성의 뇌는 정보를 받아들이는 데 시간이 많이 걸린다.

※ **[39~41] 다음 글에서 〈보기〉의 문장이 들어가기에 가장 알맞은 곳을 고르십시오. (각 2점)**

39.

　　대나무 그물은 500여 년의 역사를 가진 전통적인 멸치잡이 도구이다. (㉠) 대나무 그물은 멸치가 바닷물에 휩쓸려 들어오게 하기 위해 물살이 거세고 빠른 곳에 설치한다. (㉡) 이 도구는 밀물에 열리고 썰물에 닫히도록 설계되어 물살에 흘러 들어온 멸치들을 꼼짝없이 가둔다. (㉢) 이렇게 건져 올린 멸치는 육질이 단단하고 그물을 직접 던져 잡지 않기 때문에 상처가 거의 나지 않는다. (㉣) 뿐만 아니라 워낙 소량만 잡히기 때문에 상품 가치가 높다.

┌─── 보기 ───┐

　　그물에 갇힌 멸치는 하루에 서너 번 배를 타고 들어가 뜰채로 건져 올린다.

└─────────┘

① ㉠　　　　　　② ㉡　　　　　　③ ㉢　　　　　　④ ㉣

40.

한반도의 분단 흔적이자 생태계의 보고인 비무장지대를 남북 공동의 세계유산으로 등재하기 위해 남북이 협의 중이다. (㉠) 또한 비무장지대의 세계유산으로서의 가치를 찾기 위한 학술 연구도 기획하고 있다. (㉡) 비무장지대는 한국전쟁 이후 인간의 손길이 닿지 않아 생태계가 보존되어 있다는 점에서 그 가치를 높이 평가받고 있다. (㉢) 뿐만 아니라 한국 전쟁의 흔적이 남아 있어 역사 유적지로서의 의미도 크다. (㉣)

＜보기＞

이를 위해 한국 측에서는 먼저 비무장지대 관련 문헌 및 실태 조사를 할 예정이다.

① ㉠　　　　② ㉡　　　　③ ㉢　　　　④ ㉣

41.

요리와 관련된 연극은 매우 흥미진진한 요소를 지니고 있다. (㉠) 코를 자극하는 맛있는 냄새와 먹음직스러운 시각적인 효과는 우리의 가장 원초적인 본능을 자극한다. (㉡) 하지만 연극『상주국수집』은 제목과는 다른 이야기가 전개된다. 몇 시간을 우려낸 멸치 국물 냄새도, 맛있게 먹을 만한 면발도 없다. (㉢) 느린 진행 속에서 모녀의 가족 관계 속으로 들어가다 보면 어느새 관객도 한 공간에서 함께하는 연극의 일부가 된다. (㉣)

＜보기＞

그 대신 20년이라는 기억과 지치도록 싸우는 모녀의 공간이 느리게 표현된다.

① ㉠　　　　② ㉡　　　　③ ㉢　　　　④ ㉣

5급 2회
실전모의고사

한국어능력시험 II
(중 · 고급)

| 1교시 | 듣기 |

수험번호(Registration No.)		
이름 (Name)	한국어(Korean)	
	영 어(English)	

유 의 사 항
Information

1. 시험 시작 지시가 있을 때까지 문제를 풀지 마십시오.
   Do not open the booklet until you are allowed to start.

2. 접수번호와 이름은 정확하게 적어 주십시오.
   Write your name and registration number on the answer sheet.

3. 답안지를 구기거나 훼손하지 마십시오.
   Do not fold the answer sheet; keep it clean.

4. 답안지의 이름, 접수번호 및 정답의 기입은 컴퓨터용 펜을 사용하여 주십시오.
   Use the optical mark reader(OMR) pen only.

5. 정답은 답안지에 정확하게 표시하여 주십시오.
   Mark your answer accurately and clearly on the answer sheet.

   marking example ① ● ③ ④

6. 문제를 읽을 때에는 소리가 나지 않도록 하십시오.
   Keep quiet while answering the questions.

7. 질문이 있을 때에는 손을 들고 감독관이 올 때까지 기다려 주십시오.
   When you have any questions, please raise your hand.

듣기 (31번 ~ 40번)

※ **[31~32] 다음을 듣고 물음에 답하십시오. (각 2점)**

31. 남자의 생각으로 알맞은 것을 고르십시오.
   ① 정장형 교복에서 편한 교복으로 바꾸어야 한다.
   ② 정장형 교복이 학생다움을 표현하는 데 더 좋다.
   ③ 학생들이 학교에서 머무는 시간을 줄일 필요가 있다.
   ④ 학생들의 만족을 위해 유행에 따라 디자인 되어야 한다.

32. 남자의 태도로 알맞은 것을 고르십시오.
   ① 상대방의 의견에 단호하게 대응하고 있다.
   ② 상대방의 의견에 절충안을 모색하고 있다.
   ③ 상대방의 의견에 부분적으로 동의하고 있다.
   ④ 상대방의 의견을 적극적으로 지지하고 있다.

※ **[33~34] 다음을 듣고 물음에 답하십시오. (각 2점)**

33. 무엇에 대한 내용인지 맞는 것을 고르십시오.
   ① 꽃이 향기를 풍기는 목적
   ② 꽃이 향기를 내뿜는 과정
   ③ 곤충이 꽃을 좋아하는 이유
   ④ 곤충이 좋아하는 꽃의 향기

34. 들은 내용으로 맞는 것을 고르십시오.

① 나방을 유혹하려는 꽃은 냄새를 멀리 내뿜는다.

② 나비는 불쾌한 냄새의 꽃을 좋아한다.

③ 벌은 달콤한 향기의 꽃을 싫어한다.

④ 대부분의 벌레는 밤에 활동한다.

※ **[35~36] 다음을 듣고 물음에 답하십시오. (각 2점)**

35. 남자는 무엇을 하고 있는지 고르십시오.

① 시의 정책에 대해 공개적으로 질문하고 있다.

② 시에서 만든 하천 관련 시설을 소개하고 있다.

③ 시장에 당선된 것에 대해 감사의 인사를 하고 있다.

④ 시의 발전을 위해 자신을 지지해 달라고 호소하고 있다.

36. 들은 내용으로 맞는 것을 고르십시오.

① 남자는 이번에 처음으로 시장에 출마했다.

② 남자는 추진 중이던 정책을 모두 마무리했다.

③ 이 도시는 선거에서 누가 당선되어도 상관없다.

④ 이 도시는 다른 도시보다 경기가 침체되어 있다.

※ **[37~38] 다음은 교양프로그램입니다. 잘 듣고 물음에 답하십시오. (각 2점)**

37. 남자의 중심 생각으로 알맞은 것을 고르십시오.

① 숙면을 취하기 위한 방법을 찾는 것이 중요하다.

② 잠을 자기 전 스마트폰 보는 일을 피해야 한다.

③ 뇌의 자극을 줄이기 위한 스마트폰 개발이 필요하다.

④ 스마트폰이 뇌에 미치는 영향에 대한 연구를 진행해야 한다.

38. 들은 내용과 일치하는 것을 고르십시오.

① 잠을 잘 자려면 준비 운동을 해야 한다.

② 수면 장애는 스트레스가 주된 원인이다.

③ 뇌가 자극을 받으면 숙면을 취하기 어렵다.

④ 스마트폰을 활용하면 수면 장애를 극복할 수 있다.

※ **[39~40] 다음은 대담입니다. 잘 듣고 물음에 답하십시오. (각 2점)**

39. 이 담화 앞의 내용으로 알맞은 것을 고르십시오.

① 프레온 가스 사용이 점점 늘고 있다.

② 오존층 파괴로 인한 피해가 심각하다.

③ 환경 보호를 위해 세계 각국이 노력하고 있다.

④ 오존층 파괴의 원인을 밝히기 위한 연구가 진행 중이다.

40. 들은 내용과 일치하는 것을 고르십시오.

① 오존층 파괴를 막기 위한 국제적 협약이 만들어질 예정이다.

② 여러 나라에서 프레온 가스를 대체할 물질을 개발 중이다.

③ 프레온 가스를 줄이기 위해 모든 국가가 노력하고 있다.

④ 오존층 파괴 문제는 100년 후에 더욱 심각해질 것이다.

5급 2회
실전모의고사

한국어능력시험 II
(중·고급)

| 2교시 | 읽기 |

수험번호(Registration No.)		
이름 (Name)	한국어(Korean)	
	영 어(English)	

유 의 사 항
Information

1. 시험 시작 지시가 있을 때까지 문제를 풀지 마십시오.

    Do not open the booklet until you are allowed to start.

2. 접수번호와 이름은 정확하게 적어 주십시오.

    Write your name and registration number on the answer sheet.

3. 답안지를 구기거나 훼손하지 마십시오.

    Do not fold the answer sheet; keep it clean.

4. 답안지의 이름, 접수번호 및 정답의 기입은 컴퓨터용 펜을 사용하여 주십시오.

    Use the optical mark reader(OMR) pen only.

5. 정답은 답안지에 정확하게 표시하여 주십시오.

    Mark your answer accurately and clearly on the answer sheet.

marking example ① ● ③ ④

6. 문제를 읽을 때에는 소리가 나지 않도록 하십시오.

    Keep quiet while answering the questions.

7. 질문이 있을 때에는 손을 들고 감독관이 올 때까지 기다려 주십시오.

    When you have any questions, please raise your hand.

읽기 (32번 ~ 41번)

※ **[32~34] 다음을 읽고 내용이 같은 것을 고르십시오. (각 2점)**

32.

요즘은 친환경 농법으로 농사를 짓는 농가가 증가하고 있다. 친환경 농법이란 환경 오염을 막기 위해 화학 비료나 농약 사용을 최소화하여 농산물을 생산하는 농업 방식이다. 친환경 농법으로 오리를 이용하기도 하는데 이를 '오리 농법'이라고 한다. 오리를 논에 풀어 놓으면 오리가 벼에 붙어 있는 해충을 잡아먹는다. 이뿐만 아니라 논에서 활동하며 배설을 하는데 이 배설물이 거름이 되어 화학 비료를 사용할 필요가 없게 되는 것이다.

① 무분별하게 농약을 사용하는 농가가 늘어나고 있다.
② 오리를 이용하여 농사를 지으면 환경 보호에 도움이 된다.
③ 오리를 논에 풀어 놓으면 해충으로 인해 피해를 입을 수 있다.
④ 최근 오리의 배설물로 화학 비료를 만드는 방법이 개발되고 있다.

33.

한국 역사상 최초의 여론 조사는 조선 시대 세종대왕 때에 있었다. 이 여론 조사는 새로운 세금 제도인 '공법'에 대하여 찬반을 묻는 조사였다. 조사는 다섯 달 동안이나 이루어졌고 약 17만 명이 참여하였다. 이렇게 진행된 조사 결과는 찬성이 9만 8000여 명이었고 반대는 7만 4000명이었다. 지역과 신분에 따라 찬반 비율이 다르자 세종은 공법 시행을 뒤로 미루게 되었다. 아무리 좋은 법도 신하와 백성들이 싫어한다면 시행할 수 없다고 생각했기 때문이었다.

① 이 제도는 찬성보다 반대가 더 많았다.
② 이 제도는 여론 조사 후에 바로 시행되었다.
③ 세종 때 한국 최초의 여론 조사가 실시되었다.
④ 세종이 실시한 여론 조사는 역대 최대 규모였다.

34.

　　한국의 전통 놀이인 줄다리기는 주로 정월 대보름에 하는 마을 행사였다. 줄다리기를 하기 전 마을 사람들이 모여 줄을 꼬는데 이 과정은 사람들의 화합을 유도하는 역할을 하였다. 그런 다음 줄다리기는 남녀로 나누어 했는데 이때 대부분 여자들이 줄다리기에서 이겼다. 이는 아기를 낳는 여자들이 이겨야 농사가 잘 된다고 믿었기 때문이다. 그래서 남자들이 일부러 져 주는 것이었다. 이처럼 줄다리기는 두 편으로 나누어 경쟁을 하지만 한 해 농사가 풍년이 들기를 바라면서 하는 놀이인 것이다.

① 줄다리기에 사용되는 줄은 남자들이 꼬았다.

② 남자들은 줄다리기를 져 주면 풍년이 든다고 믿었다.

③ 마을 사람들의 화합을 위해 줄다리기 놀이가 생겼다.

④ 줄다리기에서 여자가 이기면 아기들을 많이 낳는다고 여겼다.

※　[35~38] 다음 글의 주제로 가장 알맞은 것을 고르십시오. (각 2점)

35.

　　도로의 소음을 줄이기 위한 방음벽 설치가 늘어나면서 조류의 충돌 사고가 증가하고 있다. 특히 유리로 만들어진 투명 방음벽은 충돌 사고를 일으키는 주된 원인이다. 조류의 충돌을 막기 위해 투명 방음벽에 독수리와 같은 맹금류를 그려 넣는 방안이 마련됐지만 효과를 보지 못하고 있다. 조류의 희생을 줄이기 위해서는 정부가 좀 더 적극적으로 다양한 대안을 찾고 나아가 조류 충돌 방지 조치를 의무화하는 법을 제정할 필요가 있다.

① 투명 방음벽에 부딪혀 죽는 조류가 많아지고 있다.

② 조류 충돌 사고를 막기 위한 정책을 마련해야 한다.

③ 소음을 줄이기 위해 방음벽을 설치하는 곳이 증가하고 있다.

④ 조류 충돌 사고를 막기 위해 투명 방음벽에 맹금류를 그려 넣어야 한다.

36.

　　사람들은 일상생활에서 겪게 되는 일들 중 잘 되는 일보다 안 되는 일이 더 많다고 느낀다. 평상시에 하는 일들을 무사히 마치게 되면 그 기억은 머릿속에 잘 남지 않는다. 하지만 일이 잘 안 풀린 경우나 우연히 재수 없는 일을 겪은 경우 그것은 특별한 기억이기 때문에 머릿속에 오래도록 또렷하게 남게 된다. 이를 '선택적 기억'이라고 하는데 이런 현상은 사람들로 하여금 '왜 나만 항상 재수가 없는 걸까'라는 생각을 하게 만든다.

① 운이 없다고 느끼는 것은 일이 잘 안 됐을 때의 경험 때문이다.
② 기억력의 한계 때문에 기억을 선택적으로 할 수밖에 없다.
③ 사람들은 자신이 직접 경험한 일은 사실이라고 믿는다.
④ 직접 경험한 일일수록 기억에 오래 남는다.

37.

　　생태계 속의 생물들은 대부분 서로 먹고 먹히는 관계에 놓여 있다. 하지만 모든 생물들이 서로 먹고 먹히기만 하는 것은 아니다. 서로 도움을 주고받으며 살아가는 관계도 있다. 이것을 공생이라고 한다. 예를 들어 나비와 꽃의 경우 나비는 꽃의 꿀을 먹고 꽃은 나비를 통해 꽃가루를 다른 꽃에 옮겨 번식을 할 수 있다. 진딧물과 개미의 경우에도 진딧물은 개미에게 먹이를 주고 개미는 다른 벌레들로부터 진딧물을 보호해 준다.

① 일반적으로 생물들은 서로 먹고 먹히며 살아간다.
② 꽃이 번식하기 위해서는 반드시 나비가 있어야 한다.
③ 생태계 속에서 이익을 주고받으며 공생하는 생물들이 있다.
④ 개미가 없으면 진딧물은 생태계 속에서 살아남을 수 없다.

38.

> 시판되는 생수에서 엄청난 양의 미세 플라스틱이 검출됐다. 전문가들은 생수를 생산하는 과정에서 생수병에 있는 미세 플라스틱이 녹아 들어간 것으로 보고 있다. 이러한 미세 플라스틱은 매우 작아 눈에 보이지는 않지만 중금속을 비롯해서 건강에 악영향을 끼치는 수많은 물질들이 들어 있다. 또한 플라스틱은 일단 사람의 몸에 들어가면 쉽게 없어지지 않기 때문에 장기적으로 노출된다면 건강에 심각한 문제를 일으킬 수도 있다. 더 늦기 전에 이에 대한 정부 차원에서의 대응이 시급하다.

① 생수에서 검출된 미세 플라스틱에 대한 철저한 관리가 이루어져야 한다.
② 미세 플라스틱이 건강에 미치는 영향에 대해서 조사해야 한다.
③ 생수를 구입하기 전에 미세 플라스틱의 여부를 확인해야 한다.
④ 생수 생산 과정에서 미세 플라스틱을 모두 걸러내야 한다.

※ [39~41] 다음 글에서 〈보기〉의 문장이 들어가기에 가장 알맞은 곳을 고르십시오. (각 2점)

39.

> 현대와 같은 통신 수단이 없던 시대에 외적의 침입과 같이 위급한 소식을 전달할 때는 산봉우리에 불을 피우는 봉수 제도가 있었다. (㉠) 하지만 전달할 내용이 많거나 비밀스럽게 전달해야 할 때는 봉수 제도가 마땅치 않았기 때문에 파발 제도를 만들었다. (㉡) 파발은 사람이 도보로 전달하는 보발과 말을 이용하는 기발이 있었다. (㉢) 전국에 세 개의 파발 길을 만들고 중간에 역참이라는 관리소를 만들어 안정적인 통신 체계를 갖추기도 하였다. (㉣) 그러나 조선 말기에 전화와 전신 등이 들어오면서 폐지되었다.

┌─── 보기 ───┐
처음에는 보발이 대부분이었지만 차츰 기발이 도입되었다.
└──────────┘

① ㉠   ② ㉡   ③ ㉢   ④ ㉣

40.

위대한 지도자들에게는 몇 가지 공통점이 있다. (㉠) 우선 이들은 인재를 찾고 인재의 능력을 개발하기 위해 노력을 기울인다는 사실이다. (㉡) 왜냐하면 시간이 지나면 기계는 망가지거나 고장이 나지만 사람의 능력은 개발하면 개발할수록 더 좋아진다고 믿기 때문이다. (㉢) 그 이유는 구성원들이 제 역할에 맞게 능력을 발휘해 주어야 조직의 목표 달성이 수월해지기 때문이다. (㉣)

보기

또 이들은 구성원의 능력에 맞게 자기 역할을 정해 준다.

① ㉠   ② ㉡   ③ ㉢   ④ ㉣

41.

5년에 걸쳐 유럽 곳곳을 여행한 유국민 씨가 유럽 도시 기행 시리즈 첫 번째 책『유럽의 도시에서』를 펴냈다. (㉠) 특히 저자는 각 도시에서 벌어진 역사적인 사건과 그 지역에 뚜렷한 흔적을 남긴 사람들의 생애에도 관심을 가진다. (㉡) 찬란한 역사 속 주인공들이 활동했던 도시의 공간 하나하나가 저자 특유의 목소리로 생동감 있게 묘사된다. (㉢) 그의 해설을 따라가다 보면 마치 저자와 함께 역사 속으로 들어간 듯한 느낌을 받을 수 있다. (㉣)

보기

이 책에는 유럽 각 도시의 건축물과 거리, 광장의 특징이 알기 쉽게 정리되어 있다.

① ㉠   ② ㉡   ③ ㉢   ④ ㉣

6급 1회
실전모의고사

한국어능력시험 II
(중 · 고급)

1교시	듣기, 쓰기

수험번호(Registration No.)		
이름 (Name)	한국어(Korean)	
	영 어(English)	

유 의 사 항
Information

1. 시험 시작 지시가 있을 때까지 문제를 풀지 마십시오.
   Do not open the booklet until you are allowed to start.

2. 접수번호와 이름은 정확하게 적어 주십시오.
   Write your name and registration number on the answer sheet.

3. 답안지를 구기거나 훼손하지 마십시오.
   Do not fold the answer sheet; keep it clean.

4. 답안지의 이름, 접수번호 및 정답의 기입은 컴퓨터용 펜을 사용하여 주십시오.
   Use the optical mark reader(OMR) pen only.

5. 정답은 답안지에 정확하게 표시하여 주십시오.
   Mark your answer accurately and clearly on the answer sheet.

   marking example | ① ● ③ ④ |

6. 문제를 읽을 때에는 소리가 나지 않도록 하십시오.
   Keep quiet while answering the questions.

7. 질문이 있을 때에는 손을 들고 감독관이 올 때까지 기다려 주십시오.
   When you have any questions, please raise your hand.

※ **[41~42] 다음은 강연입니다. 잘 듣고 물음에 답하십시오. (각 2점)**

41. 이 강연의 중심 내용으로 맞는 것을 고르십시오.
  ① 중년들을 위한 다양한 메뉴가 개발되었다.
  ② 중년이 되면 음식의 맛을 민감하게 느끼게 된다.
  ③ 중년들은 먹는 음식량을 적절하게 조절해야 한다.
  ④ 중년이 되면 건강을 위해 음식을 가려 먹는 것이 좋다.

42. 들은 내용과 일치하는 것을 고르십시오.
  ① 나이가 들면 음식의 맛을 잘 구별하지 못한다.
  ② 사십 대가 되면 미각과 후각의 기능이 떨어진다.
  ③ 미각과 후각이 결합해 다양한 맛을 느낄 수 있다.
  ④ 경제적 여유 때문에 유명한 맛집에 중년들이 많다.

※ **[43~44] 다음은 다큐멘터리입니다. 잘 듣고 물음에 답하십시오. (각 2점)**

43. 이 이야기의 중심 내용으로 맞는 것을 고르십시오.
  ① 해식 동굴은 동굴 속까지 바닷물이 들어온다.
  ② 해식 동굴은 만들어지는 데 오랜 시간이 필요하다.
  ③ 해식 동굴은 파도가 닿는 정도에 따라 깊이가 다르다.
  ④ 해식 동굴은 관광 자원으로서의 가치가 매우 뛰어나다.

44. 해식 동굴을 배를 타야만 볼 수 있는 이유로 맞는 것을 고르십시오.
  ① 파도가 매우 심하기 때문에   ② 동굴 안이 매우 넓기 때문에
  ③ 해안선 절벽에 위치해 있기 때문에   ④ 주변의 자연 환경을 보호해야 하기 때문에

※ **[45~46] 다음은 강연입니다. 잘 듣고 물음에 답하십시오. (각 2점)**

45. 들은 내용과 일치하는 것을 고르십시오.

① '스놉 효과'는 상품이 일반인에게 대중화되어도 지속된다.

② 일반 대중이 많이 구입한 시계라는 홍보가 효과를 보았다.

③ '스놉 효과'는 남들과 달라 보이려는 욕구를 이용한 판매 전략이다.

④ 고가의 시계 매장이 처음 생겼을 때 매출이 오를 거라고 예상했다.

46. 여자가 말하는 방식으로 가장 알맞은 것을 고르십시오.

① 예를 들어 용어의 의미를 설명하고 있다.

② 기준을 제시하면서 내용을 분류하고 있다.

③ 비교를 통해 자신의 의견을 주장하고 있다.

④ 자료를 바탕으로 새로운 기준을 세우고 있다.

※ **[47~48] 다음은 대담입니다. 잘 듣고 물음에 답하십시오. (각 2점)**

47. 들은 내용과 일치하는 것을 고르십시오.

① 이상 기후 현상으로 해안가의 피해가 커지고 있다.

② 해안가에 건물을 많이 지을수록 도시 전경이 아름답다.

③ 환경 보호를 위해 해안가 아파트 건설을 중지해야 한다.

④ 해안가를 주거지로 개발하면서 자연 경관이 훼손되었다.

48. 남자의 태도로 가장 알맞은 것을 고르십시오.

① 해안가 아파트 건설의 어려움을 토로하고 있다.

② 해안가 아파트 건설의 효과에 대해 기대하고 있다.

③ 해안가 아파트가 가져올 부작용에 대해 우려하고 있다.

④ 해안가 아파트에 생길 문제점에 대한 대책을 제시하고 있다.

49. 들은 내용과 일치하는 것을 고르십시오.

① 한옥의 마당은 공기의 이동을 막는다.

② 크기가 작은 한옥에는 보통 마당이 없다.

③ 한옥은 마당에 햇볕이 잘 들도록 설계한다.

④ 한옥의 마루에는 바람이 들어오지 않는다.

50. 여자의 태도로 가장 알맞은 것을 고르십시오.

① 한옥 마당의 아름다움을 강조하고 있다.

② 한옥의 다양한 활용 방안을 강구하고 있다.

③ 한옥 제작 기술의 변화 양상을 검토하고 있다.

④ 한옥 설계 기술의 과학적 우수성을 인정하고 있다.

54. 다음을 주제로 하여 자신의 생각을 600~700자로 글을 쓰시오. 단, 문제를 그대로 옮겨 쓰지 마시오. (50점)

> 　지도자란 조직에서 전체를 이끌어 가는 위치에 있는 사람을 말한다. 지도자의 역할에 따라 조직의 성공과 실패가 좌우된다고 할 수 있다. 아래의 내용을 중심으로 '진정한 지도자의 조건'에 대한 자신의 생각을 쓰라.

- 지도자의 역할은 무엇인가?
- 지도자가 갖추어야 할 조건은 무엇인가?
- 지도자가 경계해야 할 것은 무엇인가?

* 원고지 쓰기의 예

	사	람	들	은		보	통		모	든		개	미	들	이		열	심	히
일	을		한	다	고		생	각	한	다	.	개	미	는		하	루	에	

6급 1회 실전모의고사

한국어능력시험 II
(중·고급)

2교시	읽기

수험번호(Registration No.)		
이름 (Name)	한국어(Korean)	
	영 어(English)	

유 의 사 항
Information

1. 시험 시작 지시가 있을 때까지 문제를 풀지 마십시오.
   Do not open the booklet until you are allowed to start.

2. 접수번호와 이름은 정확하게 적어 주십시오.
   Write your name and registration number on the answer sheet.

3. 답안지를 구기거나 훼손하지 마십시오.
   Do not fold the answer sheet; keep it clean.

4. 답안지의 이름, 접수번호 및 정답의 기입은 컴퓨터용 펜을 사용하여 주십시오.
   Use the optical mark reader(OMR) pen only.

5. 정답은 답안지에 정확하게 표시하여 주십시오.
   Mark your answer accurately and clearly on the answer sheet.

   marking example   ① ● ③ ④

6. 문제를 읽을 때에는 소리가 나지 않도록 하십시오.
   Keep quiet while answering the questions.

7. 질문이 있을 때에는 손을 들고 감독관이 올 때까지 기다려 주십시오.
   When you have any questions, please raise your hand.

읽기 (42번 ~ 50번)

※ [42~43] 다음을 읽고 물음에 답하십시오. (각 2점)

> 게리는 주저했다. 창구 직원이 그를 점점 이상히 여기는 눈치가 역력해졌다.
>
> "사실 저는 명백히 한국인 부모님한테서 태어났단 말입니다. 그런데 아저씨도 보셔서 알겠지만 생긴 건 명백히 혼혈인이라 이거죠."
>
> 창구 직원은 입을 벌린 채 의자 깊숙이 몸을 젖혔다. 그는 한참을 그러고 있었다.
>
> 〈중략〉
>
> "이 친구 보게. 어떻게 자네가 혼혈인가? 멀쩡한 양친을 두고."
>
> 창구 직원은 지금까지 부산을 떤 일이 억울한지 자리에서 벌떡 일어나 민원실 사람들이 다 듣도록 목청을 높였다.
>
> "내가 이 창구에서만도 오 년인데 혼혈로 면제를 받겠다고 온 사람은 자네가 첨이야. 전국으로 따져도 기껏해야 일 년에 열댓 명이 나올까 말까 한 경우라고. 이건 엄연히 병역 기피 행위야. 이곳에서 당장 헌병에 넘길 수도 있어, 이 친구야. 젊은 사람이 병역 의무를 신성하게 받을 생각은 안 하고 그런 썩어 빠진 궁리나 해서 쓰겠어?"

42. 밑줄 친 부분에 나타난 '창구 직원'의 태도로 알맞은 것을 고르십시오.

① 외롭다

② 부럽다

③ 민망하다

④ 황당하다

43. 이 글의 내용과 같은 것을 고르십시오.

① 게리는 군대에 가기를 원한다.

② 게리의 부모는 한국인이 아니다.

③ 게리의 외모는 혼혈인처럼 보인다.

④ 게리는 오 년 동안 민원실에서 근무했다.

의회의 의사 결정 방법을 보면 전체적인 합의가 되지 않아도 과반수 이상이 동의한다면 일정한 기간 후 자동으로 법안을 통과시키는 경우가 있다. 이는 꼭 필요한 정책임에도 의회에서 합의가 되지 않아 결국 무산되는 상황을 막기 위한 것이다. 그러나 이러한 제도를 두고 의원들 간의 충분한 논의나 합의 없이 다수파의 의견대로 결정하는 것이 (   ) 비판도 있다. 그럼에도 이 제도는 사회에 필요한 정책이 의원들의 의견 차이로 인해 장기간 표류하다가 폐기되는 것을 막을 수 있다는 점에서 가치가 있다. 민주주의에서 의회는 의견의 대립이 있을 수밖에 없는 곳이다. 의견의 대립이 필연적인 곳에서 완벽한 합의만을 추구하다가는 반드시 시행되어야 하는 법안이 묻혀버릴 수 있다. 의원들 간 합의가 어려운 쟁점이 묻히지 않고 세상 밖으로 나올 수 있는 방법이 바로 신속처리안건 지정이다. 이를 통해 국민과 국가에 도움이 되는 법안이 사회에 나올 수 있는 기회를 확대하고 끊임없이 이어지는 의회 내 의견 대립으로 인한 시간 낭비를 막을 수 있다.

44. 위 글의 주제로 알맞은 것을 고르십시오.
① 신속처리안건 지정으로 다수의 견해를 강하게 피력해야 한다.
② 신속처리안건을 지정하기 위해서는 의회 과반수 이상의 동의가 필요하다.
③ 신속처리안건 지정의 의미는 의원들 간의 완전한 합의를 이루는 데 있다.
④ 신속처리안건 지정은 의견 대립이 심한 법안이 시행될 수 있는 기회를 제공한다.

45. (   )에 들어갈 내용으로 알맞은 것을 고르십시오.
① 갈등을 야기할 수 있다는
② 시간을 낭비할 수 있다는
③ 법안의 문제점을 드러낸다는
④ 필요한 정책을 폐기할 수 있다는

나무는 가을이 되면 단풍이 지고 겨울이 되기 전 나뭇잎이 떨어진다. 이러한 현상은 왜 생긴 것일까? 모든 동식물은 추운 겨울을 지내기 위해 월동 준비를 한다. 그나마 자유롭게 움직일 수 있는 동물들은 나무에 비해 낫지만 한 곳에 뿌리를 내리고 살아가는 나무들에게는 겨울나기가 만만치 않다. (㉠) 그런데 나무들은 독특한 생존 방식을 통해 겨울을 보낸다. (㉡) 그것은 겨울이 되기 전에 잎을 떨어뜨려 영양분의 소실을 최소화하는 것이다. (㉢) 나무는 잎을 떨어뜨리기 위해 잎과 가지에 연결되는 부위에 '떨켜'를 만든다. (㉣) 이렇게 되면 떨켜에 의해 잎은 말라 버리고 곧 땅으로 떨어지게 되는 것이다. 또 떨어진 낙엽은 나무 밑을 덮어 뿌리를 추위로부터 막아 주는 역할을 한다.

46. 위 글에서 〈보기〉의 글이 들어가기에 가장 알맞은 곳을 고르십시오.

> 보기
>
> 떨켜는 가지에서 잎으로 수분이 이동되는 것을 막는 역할을 한다.

① ㉠   ② ㉡   ③ ㉢   ④ ㉣

47. 위 글의 내용과 같은 것을 고르십시오.
① 나무의 잎이 지는 현상은 떨켜의 역할 때문이다.
② 떨어진 나뭇잎은 겨울 동안 나무의 영양분이 된다.
③ 나뭇잎이 떨어진 이후에 떨켜가 만들어지기 시작한다.
④ 월동 준비의 어려움은 동물이나 식물에게 큰 차이가 없다.

최근 몇 년 사이에 도시 공용 자전거가 폭발적인 성장세를 보이고 있다. 그동안 도시 공용 자전거는 무인으로 운영되는 시스템으로 인해 카드 등록, 회원 가입 등에 불편을 느끼는 사람이 많았다. 이에 대해 서울시에서는 휴대전화 번호의 유효성만 확인되면 회원 가입 없이 자전거를 대여할 수 있도록 했으며 외국인 관광객도 인터넷으로 이용권을 구입하면 자유롭게 이용할 수 있게 되었다. 이러한 노력을 바탕으로 공용 자전거 이용이 더욱 활발해진다면 공유 경제 활성화와 교통 혼잡 해소 등의 효과를 기대할 수 있다. 그러나 공용 자전거 사업이 장기적으로 성장세를 유지하려면 넘어야 할 산이 있다. 공용 자전거 시스템을 운영하고 있는 세계 유명 도시에서는 도난 방지나 정비와 같은 관리의 문제 때문에 어려움을 겪는 경우가 많다. 우리의 공용 자전거가 이러한 길을 걷지 않으려면 관계 기관의 상시적인 관리 시스템이 뒷받침되어야 한다. 고장 난 자전거는 결국 이용자들의 안전을 위협하고 도시의 미관을 해치게 된다. 이러한 상황이 생기지 않도록 (   ) 도시 공용 자전거는 점차 확대되고 있는 공유 경제 시장 속에서 도시의 주요한 교통수단으로 자리 잡을 수 있을 것이다.

48. 위 글을 쓴 목적으로 알맞은 것을 고르십시오.
① 새로운 공용 자전거 운영 방안을 소개하기 위해
② 성공적인 공용 자전거 운영 방안을 제시하기 위해
③ 공용 자전거 운영이 야기할 혼란을 경고하기 위해
④ 세계 여러 나라의 공용 자전거 운영 방식을 비교하기 위해

49. (   )에 들어갈 내용으로 알맞은 것을 고르십시오.
① 지속적인 관리에 힘쓴다면
② 자전거 이용을 제한한다면
③ 이용자 수를 점차 늘린다면
④ 새로운 교통수단을 개발한다면

50. 밑줄 친 부분에 나타난 필자의 태도로 알맞은 것을 고르십시오.

① 공용 자전거를 운영하는 주체를 경계하고 있다.

② 공용 자전거가 겪는 어려움에 대해 공감하고 있다.

③ 공용 자전거 사업의 긍정적인 측면을 인정하고 있다.

④ 공용 자전거 사업의 발전 가능성에 대해 의심하고 있다.

한·국·어·능·력·시·험·T·O·P·I·K

6급 2회
실전모의고사

한국어능력시험 II
(중 · 고급)

| 1교시 | 듣기, 쓰기 |

수험번호(Registration No.)		
이름 (Name)	한국어(Korean)	
	영 어(English)	

유 의 사 항
Information

1. 시험 시작 지시가 있을 때까지 문제를 풀지 마십시오.
   Do not open the booklet until you are allowed to start.

2. 접수번호와 이름은 정확하게 적어 주십시오.
   Write your name and registration number on the answer sheet.

3. 답안지를 구기거나 훼손하지 마십시오.
   Do not fold the answer sheet; keep it clean.

4. 답안지의 이름, 접수번호 및 정답의 기입은 컴퓨터용 펜을 사용하여 주십시오.
   Use the optical mark reader(OMR) pen only.

5. 정답은 답안지에 정확하게 표시하여 주십시오.
   Mark your answer accurately and clearly on the answer sheet.

   marking example ① ● ③ ④

6. 문제를 읽을 때에는 소리가 나지 않도록 하십시오.
   Keep quiet while answering the questions.

7. 질문이 있을 때에는 손을 들고 감독관이 올 때까지 기다려 주십시오.
   When you have any questions, please raise your hand.

듣기 (41번 ~ 50번)

※ **[41~42] 다음은 강연입니다. 잘 듣고 물음에 답하십시오. (각 2점)**

41. 이 강연의 중심 내용으로 맞는 것을 고르십시오.

① 옻나무 수액은 인공 염료보다 장점이 많다.

② 옻칠의 성분에 대한 연구를 할 필요가 있다.

③ 옻나무 수액은 항균 기능과 살충력이 뛰어나다.

④ 옻칠은 목재 생활 용품에 실용성과 아름다움을 더했다.

42. 들은 내용과 일치하는 것을 고르십시오.

① 옻칠은 곰팡이가 피는 단점이 있다.

② 목제품에 옻칠을 하면 색이 선명해진다.

③ 옻나무 수액의 효과는 최근에 밝혀졌다.

④ 그릇과 같은 식용 용기는 옻칠을 할 수 없다.

※ **[43~44] 다음은 다큐멘터리입니다. 잘 듣고 물음에 답하십시오. (각 2점)**

43. 이 이야기의 중심 내용으로 맞는 것을 고르십시오.

① 고래는 분수 구멍을 통해 허파 호흡을 한다.

② 고래는 물속에서 잠이 들어도 익사하지 않는다.

③ 고래는 호흡을 위해 규칙적으로 수면 위로 올라온다.

④ 고래는 머리 부분이 몸길이의 삼분의 일을 차지한다.

44. 고래가 수면 중에 숨을 쉴 수 있는 이유로 맞는 것을 고르십시오.

① 허파와 아가미로 동시에 숨을 쉬어서

② 분수 구멍을 일시적으로 닫아 놓아서

③ 수면 중에도 한 쪽 뇌가 깨어 있기 때문에

④ 자기 전 많은 양의 산소를 흡입하기 때문에

※ **[45~46] 다음은 강연입니다. 잘 듣고 물음에 답하십시오. (각 2점)**

45. 들은 내용과 일치하는 것을 고르십시오.

① 벨은 특허권을 얻는 데 실패했다.

② 벨은 전화의 대중화를 위해 노력했다.

③ 벨은 전화의 실용성에 대해 의심했다.

④ 벨은 전화를 최초로 발명한 사람이다.

46. 여자의 태도로 가장 알맞은 것을 고르십시오.

① 발명 과정에서 겪는 어려움을 토로하고 있다.

② 대중화 노력에 대한 중요성을 강조하고 있다.

③ 발명의 성공 사례와 실패 사례를 비교하고 있다.

④ 대중화에 실패한 물건의 문제점을 지적하고 있다.

※ **[47~48] 다음은 대담입니다. 잘 듣고 물음에 답하십시오. (각 2점)**

47. 들은 내용과 일치하는 것을 고르십시오.

① 동네 서점의 수가 점점 줄어들고 있다.

② 동네 서점에서는 도서 정가제 폐지를 요구한다.

③ 앞으로 책의 할인율을 법적으로 제한하게 될 것이다.

④ 대형 서점에서 판매하는 도서의 할인율이 높지 않다.

48. 남자가 말하는 방식으로 가장 알맞은 것을 고르십시오.

① 명확한 기준에 따라 사례를 분류하고 있다.

② 시간의 순서대로 중요한 사건을 나열하고 있다.

③ 예시를 통해 문제의 해결 방안을 제시하고 있다.

④ 조사 결과를 바탕으로 문제의 원인을 분석하고 있다.

※ **[49~50] 다음은 강연입니다. 잘 듣고 물음에 답하십시오. (각 2점)**

49. 들은 내용과 일치하는 것을 고르십시오.

① 이 책은 왕의 명령과 관련된 내용을 담고 있다.

② 이 책은 주변국과의 외교 관계를 알 수 없다.

③ 이 책은 조선 시대 이전부터 작성되어 왔다.

④ 이 책은 왕의 일상을 주관적으로 서술했다.

50. 여자의 태도로 가장 알맞은 것을 고르십시오.

① 기록물의 보존 방법을 우려하고 있다.

② 기록물의 활용 방법을 제시하고 있다.

③ 기록물의 가치를 높게 평가하고 있다.

④ 기록물의 서술 방식을 비판하고 있다.

54. 다음을 주제로 하여 자신의 생각을 600~700자로 글을 쓰시오. 단, 문제를 그대로 옮겨 쓰지 마시오. (50점)

> 인간은 사회적 동물이라는 말처럼 다른 사람들과의 관계 속에서 살아간다. 따라서 인간관계를 어떻게 맺느냐에 따라 삶의 결과가 달라질 수도 있다. 아래의 내용을 중심으로 '바람직한 인간관계'에 대한 자신의 생각을 쓰라.

- 인간관계가 중요한 이유는 무엇인가?
- 바람직한 인간관계란 무엇인가?
- 바람직한 인간관계를 맺고 유지할 수 있는 방법은 무엇인가?

* 원고지 쓰기의 예

	비	타	민		C	는		언	제		먹	는		것	이		효	과	적
일	까	?		먹	는		시	간	에		대	한		사	람	들	의		의

6급 2회 실전모의고사

한국어능력시험 II
(중 · 고급)

2교시	읽기

수험번호(Registration No.)		
이름 (Name)	한국어(Korean)	
	영 어(English)	

유 의 사 항
Information

1. 시험 시작 지시가 있을 때까지 문제를 풀지 마십시오.
   Do not open the booklet until you are allowed to start.

2. 접수번호와 이름은 정확하게 적어 주십시오.
   Write your name and registration number on the answer sheet.

3. 답안지를 구기거나 훼손하지 마십시오.
   Do not fold the answer sheet; keep it clean.

4. 답안지의 이름, 접수번호 및 정답의 기입은 컴퓨터용 펜을 사용하여 주십시오.
   Use the optical mark reader(OMR) pen only.

5. 정답은 답안지에 정확하게 표시하여 주십시오.
   Mark your answer accurately and clearly on the answer sheet.

   marking example ① ● ③ ④

6. 문제를 읽을 때에는 소리가 나지 않도록 하십시오.
   Keep quiet while answering the questions.

7. 질문이 있을 때에는 손을 들고 감독관이 올 때까지 기다려 주십시오.
   When you have any questions, please raise your hand.

읽기 (42번 ~ 50번)

※ **[42~43] 다음을 읽고 물음에 답하십시오. (각 2점)**

> 집에 오니, 어머니는 문간에서 기다리고 있다가 나를 안고 들어왔습니다. "그 꽃은 어디서 났니? 퍽 곱구나." 하고 어머니가 말씀하셨습니다. 그러나 나는 갑자기 말문이 막혔습니다. '이걸 엄마 드릴라구 유치원서 가져왔어.' 하고 말하기가 어째 몹시 부끄러운 생각이 들었습니다. 그래 잠깐 망설이다가
> "응, 이 꽃! 저, 사랑 아저씨가 엄마 갖다 주라고 줘."
> 하고 불쑥 말했습니다. 그런 거짓말이 어디서 그렇게 툭 튀어나왔는지 나도 모르지요. 꽃을 들고 냄새를 맡고 있던 어머니는 내 말이 끝나기가 무섭게 무엇에 몹시 놀란 사람처럼 화다닥하였습니다. 그리고는, 금시에 어머니 얼굴이 그 꽃보다 더 빨갛게 되었습니다. 그 꽃을 든 어머니 손가락이 파르르 떠는 것을 나는 보았습니다. 어머니는 무슨 무서운 것을 생각하는 듯이 <u>방 안을 휘 한 번 둘러보시더니,</u>
> "옥희야, 그런 걸 받아 오문 안 돼."
> 하고 말하는 목소리는 몹시 떨렸습니다. 나는 꽃을 그렇게도 좋아하는 어머니가, 이 꽃을 받고 그처럼 성을 낼 줄은 참으로 뜻밖이었습니다. 어머니가 그렇게도 성을 내는 것을 보니까 그 꽃을 내가 가져왔다고 그러지 않고, 아저씨가 주더라고 거짓말을 한 것이 참 잘되었다고 나는 속으로 생각했습니다.

42. 밑줄 친 부분에 나타난 '어머니'의 심정으로 알맞은 것을 고르십시오.
① 긴장하고 있다   ② 질투하고 있다
③ 속상해하고 있다   ④ 미안해하고 있다

43. 위 글의 내용과 같은 것을 고르십시오.
① 어머니는 평소에 꽃을 싫어한다.
② 옥희는 유치원에서 꽃을 가져왔다.
③ 어머니는 옥희에게 거짓말을 했다.
④ 옥희는 사랑 아저씨에게 꽃을 줬다.

　　　국내 한 문구 회사에서 특별한 스마트펜을 출시하였다. 이 펜은 종이에 쓴 글을 (　　　　　)
제품이다. 펜에 내장된 센서가 전용 노트에 적힌 필기 내용을 스마트폰으로 실시간 전송하
여 언제, 어디서나 쉽게 확인할 수 있다. 뿐만 아니라 글씨의 색깔과 두께를 원하는 대로 바
꿀 수도 있고 녹음을 하면서 동시에 필기를 할 수도 있기 때문에 학교나 학원에서 강의를
들을 때 매우 유용하게 활용할 수 있다. 이 펜은 종이가 주는 특유의 질감 등을 느끼면서 손
글씨로 적는 것과 같은 익숙한 편리함을 원하는 사용자에게 더할 나위 없이 좋은 제품이다.
이처럼 편리한 휴대성을 갖춘 이 펜은 앞으로 교육, 의료, 금융 등 여러 분야에서 활용성이
높아질 것으로 기대된다.

44. 위 글의 주제로 알맞은 것을 고르십시오.

① 스마트펜을 널리 보급하기 위해서는 휴대성을 높여야 한다.

② 스마트펜 개발에 앞서 전용 노트 개발이 먼저 이루어져야 한다.

③ 스마트펜은 여러 장점을 갖추고 있어 미래에 다방면에서 활용될 것이다.

④ 스마트펜을 사용하면 손으로 쓰는 것과 같은 익숙한 편리함을 느낄 수 있다.

45. (　　　　)에 들어갈 내용으로 알맞은 것을 고르십시오.

① 쉽게 지울 수 있는

② 자동으로 교정해 주는

③ 스마트폰에 그대로 옮겨 주는

④ 원하는 대로 수정할 수 있는

동굴 벽화로 대표되는 원시인들의 미술은 한마디로 주술적이라고 정의할 수 있다. 이들의 벽화는 고대 원시 신앙과 생존에 관련된 주술적 표현이나 실생활과 직접 관계가 있는 것들의 표현이 대부분이다. (㉠) 이들이 벽화를 그린 이유에 대해서 다양한 추론이 있다. (㉡) 그중 사냥감이 멀리 달아나지 않고 가까이 머물러 있기를 바라는 마음에서 비롯되었을 것이라는 추론이 가장 설득력이 있다. (㉢) 그런데 초기의 벽화가 주로 동물이 소재로 그려졌다면 그 이후의 벽화에서는 동물이 사라지고 해와 비가 그려진 것을 볼 수 있다. (㉣) 바로 그들의 생존 방식이 사냥에서 농사로 바뀌었고 주술의 목적도 농사가 잘되기를 바라는 마음으로 바뀌었다는 추론이다. 이처럼 벽화는 그려진 시기에 따라 원시인들의 생존 방식의 변화를 보여 주기 때문에 중요한 사료라고 할 수 있다.

46. 위 글에서 〈보기〉의 글이 들어가기에 가장 알맞은 곳을 고르십시오.

> 보기
>
> 이처럼 벽화의 소재가 달라진 이유는 원시인들의 생존 방식이 바뀌었기 때문이라고 추론할 수 있다.

① ㉠   ② ㉡   ③ ㉢   ④ ㉣

47. 위 글의 내용과 같은 것을 고르십시오.
① 벽화의 소재가 해와 비에서 동물로 바뀌었다.
② 원시인의 생존 방식은 농사에서 사냥으로 바뀌었다.
③ 벽화의 소재는 바뀌었지만 주술적 목적은 바뀌지 않았다.
④ 동굴 벽화의 소재 변화는 원시인의 생존 방식 변화와 관계가 깊다.

계란 산란 일자 표기 의무화에 대한 논란이 뜨겁다. 기존에는 계란 유통 시 농장 고유 번호와 사육 환경만 숫자로 표기했는데 여기에 산란 일자가 추가되는 것에 대해 농장에서 반발하고 나선 것이다. 일반적으로 계란의 유통기한은 30일 정도이다. 그런데 여기에 산란 일자까지 표기하면 소비자들은 며칠만 지나도 오래된 계란이라고 여겨 구입하지 않게 될 것이고 그 부담은 모두 양계 농장에 돌아갈 것이라는 이유에서다. 물론 이 제도를 통해 소비자들은 계란의 신선도를 확인할 수 있다. 그러나 문제는 산란 일자만으로는 계란의 신선도를 정확하게 판단할 수 없다는 데 있다. 전문가들에 의하면 계란의 신선도는 산란 일자보다 오히려 유통 (   ) 한다. 계란 산란 일자에만 신경을 쓰다가는 더 중요한 유통 과정이 소홀해질 수 있다. 오히려 여러 나라들은 계란 유통 온도가 신선도에 가장 큰 영향을 미친다는 것을 알고 이를 엄격하게 규제하고 있다. 따라서 계란 배송, 보관 등 모든 유통 과정에서 적정 온도를 유지할 수 있는 냉장 시스템 구축을 의무화하는 것이 더 시급하다고 할 수 있다.

48. 위 글을 쓴 목적으로 알맞은 것을 고르십시오.
① 계란 산란 일자 표기 절차를 비판하려고
② 계란 산란 일자 표기의 문제점을 지적하려고
③ 계란 산란 일자 표기 의무화 방안을 제안하려고
④ 계란 산란 일자 표기 시스템 구축을 촉구하려고

49. (   )에 들어갈 내용으로 알맞은 것을 고르십시오.
① 기한이 훨씬 더 중요하다고
② 가격에 큰 영향을 받는다고
③ 온도에 더 많이 좌우된다고
④ 시점과 밀접한 관계가 있다고

50. 밑줄 친 부분에 나타난 필자의 태도로 알맞은 것을 고르십시오.

① 계란 산란 일자 표기의 중요성을 강조하고 있다.

② 계란 산란 일자 표기 의무화의 긍정적인 부분을 인정하고 있다.

③ 계란 산란 일자 표기에 대한 양계 농장의 우려를 외면하고 있다.

④ 계란 산란 일자 표기 의무화로 인한 사회적 혼란을 예측하고 있다.

한·국·어·능·력·시·험·T·O·P·I·K

제1회
실전모의고사

한국어능력시험 II
(중 · 고급)

| 1교시 | 듣기, 쓰기 |

수험번호(Registration No.)		
이름 (Name)	한국어(Korean)	
	영 어(English)	

유 의 사 항
Information

1. 시험 시작 지시가 있을 때까지 문제를 풀지 마십시오.
   Do not open the booklet until you are allowed to start.

2. 접수번호와 이름은 정확하게 적어 주십시오.
   Write your name and registration number on the answer sheet.

3. 답안지를 구기거나 훼손하지 마십시오.
   Do not fold the answer sheet; keep it clean.

4. 답안지의 이름, 접수번호 및 정답의 기입은 컴퓨터용 펜을 사용하여 주십시오.
   Use the optical mark reader(OMR) pen only.

5. 정답은 답안지에 정확하게 표시하여 주십시오.
   Mark your answer accurately and clearly on the answer sheet.

   marking example | ① ● ③ ④ |

6. 문제를 읽을 때에는 소리가 나지 않도록 하십시오.
   Keep quiet while answering the questions.

7. 질문이 있을 때에는 손을 들고 감독관이 올 때까지 기다려 주십시오.
   When you have any questions, please raise your hand.

듣기 (1번 ~ 50번)

※　[1~3] 다음을 듣고 알맞은 그림을 고르십시오. (각 2점)

1.

① 　②

③ 　④

2.

① 　②

③ 　④

3.

①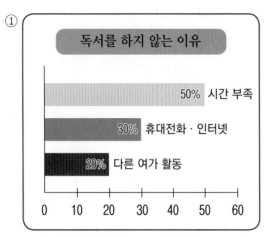

②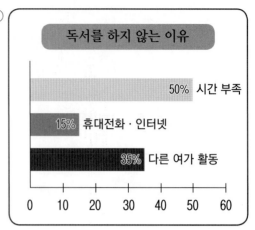

③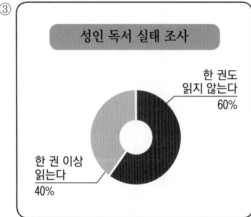

④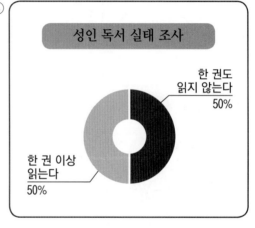

※ [4~8] 다음 대화를 잘 듣고 이어질 수 있는 말을 고르십시오. (각 2점)

4. ① 병문안은 언제 갈래요?

② 좋아졌다니 다행이에요.

③ 병원에 가 보는 게 어때요?

④ 일찍 들어가서 쉬어야겠어요.

5. ① 방이 좀 좁아 보여요.

② 그럼 우리 바로 계약해요.

③ 요즘 집을 구하고 있거든요.

④ 집을 못 구할까 봐 걱정이에요.

6. ① 그럼 잠깐 쉬었다가 할까?   ② 벌써 시간이 그렇게 됐어?

③ 오늘은 집중이 잘 되는 것 같아.   ④ 너무 많이 마시면 건강에 안 좋아.

7. ① 그렇다면 꼭 들어야겠네요.   ② 다음 주에 무슨 교육이 있지요?

③ 그럼 지금 교육 받으러 갈까요?   ④ 응급 처치 교육을 받았으면 좋겠어요.

8. ① 친구가 아파서 못 갔어요.   ② 복잡할 것 같아서 안 갔어요.

③ 사람들이 많았지만 정말 좋았어요.   ④ 괜찮은 곳이 있으면 추천해 주세요.

※ **[9~12] 다음 대화를 잘 듣고 여자가 이어서 할 행동으로 알맞은 것을 고르십시오. (각 2점)**

9. ① 표를 찾아온다.   ② 입구에서 기다린다.

③ 음료수를 사러 간다.   ④ 상영관으로 들어간다.

10. ① 꽃을 고른다.   ② 꽃을 포장한다.

③ 꽃을 박스에 담는다.   ④ 남자에게 카드를 준다.

11. ① 먼지 통을 간다.   ② 먼지 통을 찾는다.

③ 청소기를 수리한다.   ④ 서비스 센터에 전화한다.

12. ① 초대장을 발송한다.   ② 안내 책자를 수정한다.

③ 행사 물품을 준비한다.   ④ 참석자들에게 전화한다.

※ **[13~16] 다음을 듣고 내용과 일치하는 것을 고르십시오. (각 2점)**

13. ① 남자는 여자의 결혼식에 다녀왔다.
② 남자는 결혼한 지 얼마 되지 않았다.
③ 여자는 다음 주까지 회사일 때문에 바쁘다.
④ 여자는 이번 주 토요일에 집들이를 할 생각이다.

14. ① 점심시간에 내부 공사로 인해 정전이 된다.
② 점심시간에는 엘리베이터가 운행되지 않는다.
③ 퇴근 시간 30분 전에 냉방기 가동이 중지된다.
④ 사무실은 실내 온도를 일정하게 유지해야 한다.

15. ① 이 섬은 일주일 내내 개방될 예정이다.
② 대통령 휴양지로 유명하여 관람객이 많았다.
③ 일반인들이 이 섬을 방문할 수 있게 되었다.
④ 이 섬은 국민들의 요구로 일반인에게 개방되었다.

16. ① 여자는 간식을 판매하는 인터넷 쇼핑몰을 열었다.
② 여자는 집에서 직접 아이들을 위한 간식을 만든다.
③ 여자는 시중에서 판매하는 간식이 좋다고 생각한다.
④ 여자는 주변 사람들에게 무료로 간식을 나눠 주었다.

※ **[17~20] 다음을 듣고 남자의 중심 생각을 고르십시오. (각 2점)**

17. ① 집 안에서 개를 키워도 괜찮다.

② 아파트에서는 개를 키우면 안 된다.

③ 개는 집 밖에서 생활하게 해야 한다.

④ 아파트에서 개를 키우면 이웃과 다툴 수 있다.

18. ① 컴퓨터는 수리 보증 기간이 길어야 한다.

② 컴퓨터를 살 때는 고려해야 할 점이 많다.

③ 요즘 디자인이 예쁜 컴퓨터가 인기가 많다.

④ 성능이 좋은 컴퓨터를 골라야 후회하지 않는다.

19. ① 연극의 공연 시간은 적당해야 한다.

② 배우와 관객이 하나가 된 연극이 유행이다.

③ 관객이 참여하는 연극은 집중이 잘 안 된다.

④ 배우들은 관객과 연기할 때 긴장을 하게 된다.

20. ① 한글은 빨리 배울수록 좋다.

② 배움에 대한 열정이 있어야 한다.

③ 한글을 가르치면서 배우는 것이 많다.

④ 가난 때문에 배움의 기회를 놓치면 안 된다.

※ **[21~22] 다음을 듣고 물음에 답하십시오. (각 2점)**

21. 남자의 중심 생각으로 맞는 것을 고르십시오.
① 소비자들은 독특한 디자인을 좋아한다.
② 새롭고 다양한 디자인을 개발해야 한다.
③ 양말은 디자인보다 실용성이 더 중요하다.
④ 소비자들을 대상으로 조사를 해 봐야 한다.

22. 들은 내용으로 맞는 것을 고르십시오.
① 여자가 개발한 양말이 많이 팔리고 있다.
② 여자는 독특한 디자인의 양말을 선호한다.
③ 양말에 대한 사원들의 반응이 좋은 편이다.
④ 남자는 회사 직원들을 대상으로 조사를 했다.

※ **[23~24] 다음을 듣고 물음에 답하십시오. (각 2점)**

23. 여자가 무엇을 하고 있는지 고르십시오.
① 도자기 수업에 대해 안내하고 있다.
② 도자기 구입 방법을 문의하고 있다.
③ 도자기 만드는 순서를 설명하고 있다.
④ 도자기 만들기 수업을 추천하고 있다.

24. 들은 내용으로 맞는 것을 고르십시오.
① 이론 수업은 따로 하지 않는다.
② 도자기를 굽는 과정을 볼 수 없다.
③ 이 프로그램은 컵과 물병을 만든다.
④ 도자기를 만들러 전통 가마터에 간다.

25. 남자의 중심 생각으로 알맞은 것을 고르십시오.

① 어린이 안전보호구역을 개선해야 한다.

② 어린이의 교통안전이 무엇보다 중요하다.

③ 어린이 교통안전 교육이 강화되어야 한다.

④ 노란색 안전구역은 눈에 잘 띄는 효과가 있다.

26. 들은 내용으로 맞는 것을 고르십시오.

① 이 사업은 모든 도시에서 시행하고 있다.

② 은혜시에서 노란색 안전구역을 개발하였다.

③ 은혜시는 횡단보도 색을 노란색으로 바꾸었다.

④ 이 사업은 어린이 교통사고를 줄이기 위한 것이다.

※ **[27~28] 다음을 듣고 물음에 답하십시오. (각 2점)**

27. 여자가 남자에게 말하는 의도를 고르십시오.

① 호칭 문화의 중요함을 설명하려고

② 호칭 문화의 변화에 대해 말하려고

③ 호칭 방식의 문제점을 지적하려고

④ 호칭 방식의 개선에 대해 이야기하려고

28. 들은 내용으로 맞는 것을 고르십시오.

① 호칭 방식을 바꾸는 회사가 줄었다.

② 호칭을 바꾸어도 분위기에 변화가 없다.

③ 남자는 바뀐 호칭 방식에 대해 부정적이다.

④ 여자의 회사는 새로운 호칭 방식을 도입했다.

29. 남자는 누구인지 맞는 것을 고르십시오.
① 장애인을 위해 봉사하는 사람
② 장애인의 발을 치료하는 사람
③ 장애인의 구두를 제작하는 사람
④ 장애인을 후원하는 단체를 만든 사람

30. 들은 내용으로 맞는 것을 고르십시오.
① 남자는 이 일을 곧 그만둘 예정이다.
② 남자는 이 가게를 운영한 지 5년 되었다.
③ 남자는 처음부터 이 일에 관심이 많았다.
④ 남자는 어렸을 때 교통사고로 장애를 입었다.

31. 남자의 생각으로 알맞은 것을 고르십시오.
① 쓰레기를 땅에 매립하는 방식은 바람직하지 않다.
② 환경오염을 최소화하려면 쓰레기 매립보다 소각이 낫다.
③ 쓰레기 소각장을 만들겠다는 시의 정책에 찬성할 수 없다.
④ 현재 사용하는 소각장의 시설을 개선하고 새로 만들어야 한다.

32. 남자의 태도로 알맞은 것을 고르십시오.
① 자신의 잘못을 솔직하게 인정하고 있다.
② 현재의 상황을 긍정적으로 받아들이고 있다.
③ 상대방의 의견을 적극적으로 지지하고 있다.
④ 문제에 대한 해결책을 조심스럽게 내놓고 있다.

※ **[33~34] 다음을 듣고 물음에 답하십시오. (각 2점)**

33. 무엇에 대한 내용인지 맞는 것을 고르십시오.
    ① 자율주행차의 보급 현황
    ② 자율주행차의 개발 과정
    ③ 자율주행차 시대의 문제점
    ④ 자율주행차 운행이 주는 이점

34. 들은 내용으로 맞는 것을 고르십시오.
    ① 자율주행차는 이미 상용화되었다.
    ② 자율주행차는 교통사고가 발생하지 않는다.
    ③ 자율주행차는 개인 정보 유출의 문제가 있다.
    ④ 자율주행차는 운전자가 반드시 승차해야 한다.

※ **[35~36] 다음을 듣고 물음에 답하십시오. (각 2점)**

35. 남자는 무엇을 하고 있는지 고르십시오.
    ① 은퇴의 아쉬움과 앞으로의 계획을 밝히고 있다.
    ② 야구 지도자가 되는 방법에 대해 알려주고 있다.
    ③ 은퇴식을 열어 준 모든 사람들에게 고마워하고 있다.
    ④ 야구 선수로서 갖추어야 할 자질에 대해 말하고 있다.

36. 들은 내용으로 맞는 것을 고르십시오.
    ① 남자는 34년 동안 야구 선수로서 활동하였다.
    ② 남자는 내일 동료들과 함께 훈련을 하기로 했다.
    ③ 남자는 후배들을 위하여 일찍 은퇴하기로 했다.
    ④ 남자는 미국에서 2년 동안 지도자 연수를 받았다.

37. 남자의 중심 생각으로 알맞은 것을 고르십시오.
① 비타민을 규칙적으로 챙겨 먹는 것이 좋다.
② 비타민을 섭취할 때는 주의를 기울여야 한다.
③ 비타민을 섭취하기 전 약사와 상의해야 한다.
④ 비타민 과다 섭취로 인한 부작용이 심각하다.

38. 들은 내용과 일치하는 것을 고르십시오.
① 비타민 A와 D는 몸에 축적이 되면 건강을 해칠 수 있다.
② 비타민 A를 과다 섭취하면 고혈압 등의 부작용을 보인다.
③ 비타민 D를 과다 섭취하면 피부 건조 등의 부작용을 보인다.
④ 비타민은 음식을 제때 골고루 먹어도 충분히 섭취할 수 없다.

39. 이 담화 앞의 내용으로 알맞은 것을 고르십시오.
① 이 기술이 다양한 방면에 활용되고 있다.
② 이 기술을 개발하는 데 많은 시간이 든다.
③ 이 기술에 관심을 가지는 사람들이 많아지고 있다.
④ 이 기술의 문제를 해결하기 위한 방안이 필요하다.

40. 들은 내용과 일치하는 것을 고르십시오.
① 이 기술은 아직 특정한 사람을 구분할 수 없다.
② 이 기술이 발달하면 본인 인증이 더 복잡해진다.
③ 이 기술은 사생활을 침해할 수 있다는 단점이 있다.
④ 이 기술로 인해 금융 업무를 처리하는 시간이 더 길어졌다.

41. 이 강연의 중심 내용으로 맞는 것을 고르십시오.

　　① 식물은 종류에 따라 상처 치료법이 다르다.

　　② 식물은 잎이 넓을수록 생존 경쟁에 유리하다.

　　③ 식물은 생존을 위해 다양한 방법으로 경쟁을 벌인다.

　　④ 식물은 다른 동물의 먹잇감이 되지 않기 위해 노력한다.

42. 들은 내용과 일치하는 것을 고르십시오.

　　① 소나무는 줄기에서 화학 물질을 분비한다.

　　② 소나무 주변에는 다른 식물이 자라지 못한다.

　　③ 고추는 매운맛 때문에 동물의 먹잇감이 된다.

　　④ 고추는 상처가 나면 열매를 땅에 떨어뜨린다.

43. 이 이야기의 중심 내용으로 맞는 것을 고르십시오.

　　① 한반도의 고대인들은 사람이 죽으면 부장품을 함께 묻었다.

　　② 죽은 사람이 생전에 사용하던 물건들을 부장품으로 묻었다.

　　③ 사후 세계에 대한 믿음으로 인해 부장품을 묻는 풍습이 생겼다.

　　④ 당시 사람들은 새가 죽은 사람을 하늘로 이끌어 준다고 믿었다.

44. 무덤에 부장품을 묻은 이유로 맞는 것을 고르십시오.

　　① 죽은 사람을 애도하기 위해

　　② 무덤을 아름답게 꾸미기 위해

　　③ 무덤의 주인을 알려주기 위해

　　④ 죽은 사람의 지위를 보여주기 위해

※ **[45~46] 다음은 강연입니다. 잘 듣고 물음에 답하십시오. (각 2점)**

45. 들은 내용과 일치하는 것을 고르십시오.

① 현재 미국에서는 토마토를 과일로 분류한다.

② 미국에서는 토마토를 요리에 사용하지 않는다.

③ 토마토 수입업자는 재판에서 이겨 관세를 내지 않았다.

④ 19세기 미국에서는 채소를 수입할 때 관세를 내야 했다.

46. 여자가 말하는 방식으로 가장 알맞은 것을 고르십시오.

① 논쟁의 결과를 구체적으로 예측하고 있다.

② 사례를 들어 대상의 특성을 설명하고 있다.

③ 비교를 통해 대상의 개념을 정의하고 있다.

④ 연구에 의해 밝혀진 내용을 분석하고 있다.

※ **[47~48] 다음은 대담입니다. 잘 듣고 물음에 답하십시오. (각 2점)**

47. 들은 내용과 일치하는 것을 고르십시오.

① 실험에 의해 희생되는 동물들이 줄고 있다.

② 동물 실험 결과의 신뢰도는 뛰어난 편이다.

③ 동물 실험이 중단되면 신약 개발은 불가능하다.

④ 약품에 대한 동물과 인간의 반응은 다를 수 있다.

48. 남자의 태도로 가장 알맞은 것을 고르십시오.

① 동물 실험의 장점과 의미를 강조하고 있다.

② 동물 실험 방식에 대한 변화를 기대하고 있다.

③ 동물 실험에 대해 부정적인 입장을 취하고 있다.

④ 동물 실험에 대한 사람들의 의식 개선을 요구하고 있다.

49. 들은 내용과 일치하는 것을 고르십시오.

① 조선 시대의 회화는 종교적 색채가 강했다.

② 조선 시대 이전에는 서민들의 문화가 중심이 되었다.

③ 조선 시대부터 화려한 귀족 문화가 발전하기 시작했다.

④ 조선 시대에 도화서가 설치되어 많은 화가들이 활발하게 활동했다.

50. 여자의 태도로 가장 알맞은 것을 고르십시오.

① 불교 미술의 특징을 설명하고 있다.

② 귀족 중심의 문화를 경계하고 있다.

③ 서민 중심의 미술 활동을 비판하고 있다.

④ 조선 시대 미술의 가치를 높이 평가하고 있다.

※ [51~52] 다음을 읽고 ㉠과 ㉡에 들어갈 말을 각각 한 문장으로 쓰시오. (각 10점)

51.

자유 게시판		
< 목록보기		

제목: 강아지를 무료로 드립니다.　　　　　　　作成者: 김준기　2020-10-09 (금)

강아지를 키우실 분을 찾습니다.
지난주에 저희 집에 강아지 네 마리가 태어났습니다.
하지만 저희 집이 작아서 네 마리를 모두 (　　　㉠　　　).
그래서 강아지가 필요하신 분께 무료로 드리려고 합니다.
강아지를 데려가실 분은 (　　　㉡　　　).
제 전화번호는 010-1234-5678입니다.

강아지 사진은 아래 첨부 파일을 확인해 보시면 됩니다.

📎 첨부파일.jpg

㉠ _____

㉡ _____

52.

　　사람의 혀는 단맛, 쓴맛, 짠맛, 신맛 외에 온도를 느낀다. 그리고 온도에 따라 맛을 더 강하게 느끼거나 약하게 느끼게 된다. 치킨은 뜨거울 때 먹고 맥주는 시원할 때 마셔야 그 맛을 제대로 즐길 수 있다. 치킨이 차갑고 맥주가 미지근하면 제맛을 (　　　㉠　　　). 왜냐하면 같은 음식이라도 온도에 따라 느껴지는 맛이 (　　　㉡　　　).

㉠ _____

㉡ _____

53. 다음을 참고하여 '귀촌 인구의 변화'에 대한 글을 200~300자로 쓰시오. 단, 글의 제목을 쓰지 마시오. (30점)

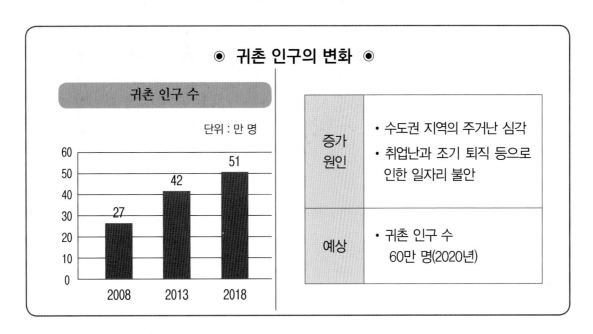

54. 다음을 주제로 하여 자신의 생각을 600~700자로 글을 쓰시오. 단, 문제를 그대로 옮겨 쓰지 마시오. (50점)

> 출산율이 저하되고 평균 수명이 늘어나면서 65세 이상 노인 인구가 증가하고 있다. 고령화 사회로 진입하면서 여러 가지 문제점이 나타나고 있다. 아래 내용을 중심으로 '고령화 사회의 문제점과 대책'에 대한 자신의 생각을 쓰라.

- 고령화 사회의 원인은 무엇인가?
- 고령화 사회의 문제점은 무엇인가?
- 고령화 사회에 대처하기 위해 어떤 대책을 마련해야 하는가?

＊ 원고지 쓰기의 예

	사	람	의		혀	는		단	맛	,		쓴	맛	,		짠	맛	,		신	맛	
외	에		온	도	를		느	낀	다	.		그	리	고		온	도	에			따	

한·국·어·능·력·시·험·T·O·P·I·K

제1회
실전모의고사

한국어능력시험 II
(중·고급)

| 2교시 | 읽기 |

수험번호(Registration No.)		
이름 (Name)	한국어(Korean)	
	영 어(English)	

유 의 사 항
Information

1. 시험 시작 지시가 있을 때까지 문제를 풀지 마십시오.
   Do not open the booklet until you are allowed to start.

2. 접수번호와 이름은 정확하게 적어 주십시오.
   Write your name and registration number on the answer sheet.

3. 답안지를 구기거나 훼손하지 마십시오.
   Do not fold the answer sheet; keep it clean.

4. 답안지의 이름, 접수번호 및 정답의 기입은 컴퓨터용 펜을 사용하여 주십시오.
   Use the optical mark reader(OMR) pen only.

5. 정답은 답안지에 정확하게 표시하여 주십시오.
   Mark your answer accurately and clearly on the answer sheet.

   marking example | ① ● ③ ④ |

6. 문제를 읽을 때에는 소리가 나지 않도록 하십시오.
   Keep quiet while answering the questions.

7. 질문이 있을 때에는 손을 들고 감독관이 올 때까지 기다려 주십시오.
   When you have any questions, please raise your hand.

※ **[1~2]** ( )에 들어갈 가장 알맞은 것을 고르십시오. (각 2점)

1. 머리를 짧게 ( ) 나이보다 어려 보인다.
　① 자르도록　　　② 자르듯이　　　③ 자르기 위해서　　④ 잘라서 그런지

2. 무슨 일이든지 꾸준히 노력하다 보면 실력이 ( ).
　① 늘 뿐이다　　　② 는 셈이다　　　③ 늘려나 보다　　④ 늘기 마련이다

※ **[3~4]** 다음 밑줄 친 부분과 의미가 비슷한 것을 고르십시오. (각 2점)

3. 수업 시간에 선생님이 <u>하는 대로</u> 따라 하려고 노력했지만 쉽지 않았다.
　① 할 정도로　　　② 하는 것처럼　　③ 하는 탓에　　　④ 하는 바람에

4. 약속 시간이 거의 다 되어서 안 그래도 막 <u>나가려던 참이었다</u>.
　① 나갔어야 했다　② 나가려고 했다　③ 나가기로 했다　④ 나가라고 했다

※ **[5~8]** 다음은 무엇에 대한 글인지 고르십시오. (각 2점)

5.

넓은 작업 공간이 필요하십니까?
마음대로 조절하는 높낮이로 한층 편안하게~

　① 책상　　　　　② 의자　　　　　③ 침대　　　　　④ 베개

6.

친환경 무농약

맛있고 저렴한 국내산 농산물
신선한 먹을거리로 보답하겠습니다.

① 꽃집   ② 빵집   ③ 택배 회사   ④ 채소 가게

7.

도움을 기다리는 **이웃**에게

사랑의 손길을 보내 주세요.

① 봉사 활동   ② 안전 관리   ③ 자원 절약   ④ 분리 배출

8.

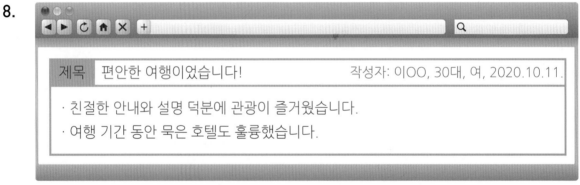

제목	편안한 여행이었습니다!	작성자: 이OO, 30대, 여, 2020.10.11.

· 친절한 안내와 설명 덕분에 관광이 즐거웠습니다.
· 여행 기간 동안 묵은 호텔도 훌륭했습니다.

① 상담 안내   ② 여행 상품   ③ 영업 안내   ④ 이용 후기

※ [9~12] 다음 글 또는 그래프의 내용과 같은 것을 고르십시오. (각 2점)

9.

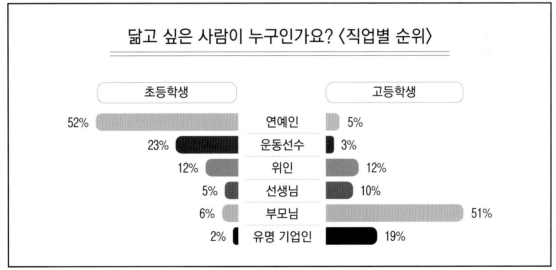

2020 남산 걷기 대회

✿ 일   시 : 5월 11일(토) 09:00~12:00
✿ 장   소 : 남산 백범광장
✿ 대   상 : 남녀노소 누구나
✿ 참 가 비 : 무료
✿ 참가 방법 : 홈페이지에서 〈사전 접수〉 클릭

※ 걷기 대회가 끝나면 무료로 도시락을 드립니다.
※ 마지막 순서로 행운권을 추첨하여 기념품을 드릴 예정이니 꼭 참석하시기 바랍니다.

① 걷기 대회는 일요일 오전에 진행된다.
② 서울에 거주하는 사람만 신청할 수 있다.
③ 대회에 참가하려면 인터넷으로 신청해야 한다.
④ 행운권 추첨에 뽑히면 도시락을 받을 수 있다.

10.

닮고 싶은 사람이 누구인가요? 〈직업별 순위〉

	초등학생		고등학생
연예인	52%		5%
운동선수	23%		3%
위인	12%		12%
선생님	5%		10%
부모님	6%		51%
유명 기업인	2%		19%

① 초등학생은 부모님을 가장 많이 닮고 싶어 한다.
② 위인을 선택한 비율은 초등학생이 고등학생보다 많다.
③ 고등학생은 유명 기업인보다 연예인을 닮고 싶어 한다.
④ 운동선수를 선택한 비율은 고등학생이 초등학생보다 더 적다.

11.

　다음 달부터 은혜시에서는 소형 태양광 발전기 설치 비용을 지원할 예정이다. 소형 태양광 발전기를 설치하면 한 달에 평균 35kw의 전기를 생산할 수가 있어 냉·난방비를 절약할 수 있다. 설치가 간단하고 이사를 하는 경우에도 쉽게 해체가 가능하기 때문에 일반 가전제품처럼 편하게 사용할 수 있다. 지원 신청은 은혜시청 홈페이지에서 신청서를 받아 작성한 후 이메일로 신청하면 된다.

① 신청을 하려면 직접 은혜시청에 방문해야 한다.
② 소형 태양광 발전기를 설치하면 전기세를 아낄 수 있다.
③ 설치가 복잡하지만 이사를 하는 경우에 가지고 갈 수 있다.
④ 소형 태양광 발전기는 가전제품 판매점에서 쉽게 구입할 수 있다.

12.

　지난달 김 모 씨를 구한 승무원들의 이야기가 화제이다. 비행기 출발 후 승객인 김 모 씨가 갑자기 쓰러졌다. 비행기에 탑승하고 있던 의사는 승무원에게 김 모 씨를 병원으로 당장 옮겨야 한다고 했다. 이에 승무원들은 김 모 씨를 병원으로 옮기기 위해 승객의 동의를 구한 뒤 근처 공항에 비상 착륙을 했다. 비록 비상 착륙을 위해 15톤의 기름을 버려야 했지만 무사히 김 모 씨를 구할 수 있었다.

① 당시 비행기에 의사가 타고 있지 않았다.
② 비행기 사고로 김 모 씨가 부상을 당했다.
③ 비상 착륙으로 인해 기름 15톤을 낭비했다.
④ 김 모 씨는 비행기 안에서 바로 치료를 받았다.

※ **[13~15] 다음을 순서대로 맞게 배열한 것을 고르십시오. (각 2점)**

13.

> (가) 보통 휴지 심은 동그란 모양으로 만들어져 휴지가 쉽게 풀린다.
>
> (나) 게다가 네모난 휴지 심은 운송이나 보관 시 공간 절약에도 유리하다.
>
> (다) 최근 네모 모양의 휴지 심이 개발되어 화제가 되고 있다.
>
> (라) 그러나 네모난 휴지 심은 휴지가 쉽게 풀리지 않아 휴지를 적게 쓰게 된다.

① (가)-(다)-(라)-(나) 　　　　② (가)-(라)-(나)-(다)

③ (다)-(가)-(라)-(나) 　　　　④ (다)-(라)-(나)-(가)

14.

> (가) 그 이유는 바닷물 속에 들어 있는 소금기 때문이다.
>
> (나) 순수한 물은 기온이 0도가 되면 얼기 시작한다.
>
> (다) 바닷물 속의 소금기가 어는 온도를 떨어뜨려 잘 얼지 않는 것이다.
>
> (라) 하지만 0도가 되어도 바닷물은 잘 얼지 않는다.

① (나)-(가)-(라)-(다) 　　　　② (나)-(라)-(가)-(다)

③ (다)-(가)-(나)-(라) 　　　　④ (다)-(나)-(가)-(라)

15.

> (가) 실제로 달리기는 별다른 기구 없이 할 수 있어서 적은 비용으로 큰 운동 효과를 볼 수 있다.
>
> (나) 그러나 비만 환자가 달리기와 같이 관절에 무리가 가는 운동을 하면 역효과가 날 수 있다.
>
> (다) 이는 관절염을 앓고 있는 환자도 마찬가지이다.
>
> (라) 사람들은 매일 달리기를 하면 건강에 좋을 거라고 생각한다.

① (다)-(가)-(라)-(나) 　　　　② (다)-(나)-(라)-(가)

③ (라)-(가)-(나)-(다) 　　　　④ (라)-(나)-(다)-(가)

16.

　　대부분의 사람들은 저녁 식사 후에 바로 양치질을 하기 보다는 시간이 한참 지난 후 자기 전에 양치질을 한다. 그러나 이것은 (　　　) 습관이다. 식후 1분 30초 정도가 지나면 세균의 활동이 시작되며 시간이 지날수록 세균이 급속도로 번식을 하기 때문이다. 그러므로 치아 건강을 위해서는 식사 후에 바로 양치질을 하는 것이 좋다.

① 소화를 방해하는　　　　　　　② 세균의 활동을 막는

③ 입 냄새를 줄여 주는　　　　　　④ 치아 건강에 좋지 않은

17.

　　음력 1월 15일은 새해 첫 보름달이 뜨는 날인 정월 대보름이다. 정월 대보름 아침에는 딱딱한 땅콩, 호두, 밤 등을 이로 깨물어 먹는 풍습이 있다. 이를 '부럼 깨물기'라고 한다. 옛날에는 겨울 내내 채소와 과일을 충분히 먹지 못했기 때문에 비타민 섭취가 제대로 되지 않아서 이가 약해지고 피부병이 생겨 고생을 하곤 했다. 그래서 이를 튼튼하게 하고 (　　　) 위해서 이런 풍습이 만들어진 것이다.

① 과일을 먹기　　　　　　　　　② 부럼을 깨물기

③ 피부병을 예방하기　　　　　　④ 보름달을 감상하기

18.

　　보리, 홉 등 천연 원료로 만들어진 맥주는 장시간 햇빛을 받을 경우 자외선 때문에 맛이 변할 수 있다. 그러나 갈색 병에 맥주를 담으면 맥주의 맛이 쉽게 변하지 않는다. 이는 갈색이 자외선을 차단하는 효과가 있기 때문이다. 그래서 현재 판매되는 대부분의 맥주는 (　　　) 갈색 병에 담겨 판매된다.

① 내용물을 감추기 위해　　　　　② 종류를 구분하기 위해

③ 맛의 변질을 막기 위해　　　　　④ 저렴하게 판매하기 위해

> 최근 미래를 위해 살기보다 현재를 즐기려는 사람들이 증가하고 있다. 이들은 편안한 미래를 위해 집을 사려고 노력하지 않는다. (   ) 여행, 취미 생활, 외식 등 현재를 즐기기 위한 일에는 아낌없이 돈을 쓴다. 바로 오늘의 행복을 위한 투자를 아끼지 않는다는 것이다. 예전에는 미래를 위해 저축하고 돈을 아끼는 생활 방식이 일반적이었다면 이들은 현재 자신의 삶에 기쁨을 주는 소비를 낭비나 불필요한 소비로 여기지 않고 한 번뿐인 인생을 행복하게 살기 위한 투자로 여긴다.

19. (   )에 들어갈 알맞은 것을 고르십시오.

① 반면

② 비록

③ 결코

④ 과연

20. 이 글의 내용과 같은 것을 고르십시오.

① 최근 미래를 위해 저축하는 사람들이 늘고 있다.

② 현재를 즐기려는 사람들은 집을 사기 위해 돈을 절약한다.

③ 예전에는 여행이나 취미 생활을 위해 돈을 쓰는 사람들이 많았다.

④ 현재를 즐기려는 사람들은 여행을 가는 데에 돈을 아끼지 않는다.

※   **[21~22] 다음을 읽고 물음에 답하십시오. (각 2점)**

> 의사가 효과가 없는 가짜 약이나 가짜 치료법을 환자에게 처방을 했는데 환자의 병세가 좋아졌다는 말을 들으면 (   ) 사람들이 많다. 그러나 병을 치료하는 데 전혀 효과가 없는 약이나 행위이더라도 환자의 긍정적인 믿음으로 인해 증세가 호전되는 경우가 있는데 이를 플라세보 효과라고 한다. 플라세보 효과를 활용한 치료는 심리적인 요인이 강하게 작용하는 병에 효과가 뛰어난 것으로 알려져 있어 실제 치료에 이용되고 있다.

21. (   )에 들어갈 알맞은 것을 고르십시오.
① 낯이 뜨거운
② 귀를 의심하는
③ 눈살을 찌푸리는
④ 고개가 수그러지는

22. 위 글의 중심 생각을 고르십시오.
① 플라세보 효과는 의학적으로 증명하기 어렵다.
② 플라세보 효과는 환자를 속이는 치료 행위이다.
③ 플라세보 효과는 약물을 사용하지 않는 치료법이다.
④ 플라세보 효과는 심리적인 면에서 치료 효과가 크다.

> 지난여름, 몇 달 간 아르바이트를 해서 모은 돈으로 드디어 원하던 자전거를 사게 되었다. 자전거를 산 첫날 나는 한껏 들뜬 마음으로 새 자전거를 타고 집 근처 공원에 가 보기로 했다. 공원 입구에 들어섰을 때쯤 갑자기 화장실이 너무 가고 싶었던 나는 화장실 근처에 자전거를 대충 세워 놓고 화장실로 들어갔다. 잠시 후 화장실에서 나오는 순간 <u>나는 그만 눈앞이 캄캄해지고 말았다.</u> 화장실 옆에 세워 두었던 자전거가 보이지 않았던 것이다. 주위를 아무리 둘러봐도 내 자전거는 없었다. '누가 내 자전거를 훔쳐 간 게 분명해.' 그때 할아버지 한 분이 눈에 익은 자전거 한 대를 타고 이쪽으로 오는 것이 보였다. 분명 내 자전거였다. '저 할아버지가 자전거 도둑이란 말이야?' 나는 잔뜩 화가 나서 할아버지 쪽으로 달려갔다. 할아버지께서는 "학생, 미안해. 저쪽에 세워 둔 내 자전거하고 너무 비슷해서 말이야. 내 자전거인 줄 알았어."라고 하시며 나에게 거듭 미안하다고 하셨다. 어쩔 줄 모르며 사과하시는 할아버지를 보고 나는 "제대로 세워 두지 않은 제 잘못도 있지요. 괜찮습니다."라고 대답했다. 잃어버린 줄만 알았던 자전거를 다시 찾은 나는 안도의 한숨을 내쉬었다.

23. 밑줄 친 부분에 나타난 '나'의 심정으로 알맞은 것을 고르십시오.

① 막막하다

② 섭섭하다

③ 부끄럽다

④ 우울하다

24. 위 글의 내용과 같은 것을 고르십시오.

① 나는 할아버지와 같이 공원에 갔다.

② 잃어버린 자전거를 찾을 수 없었다.

③ 나는 자전거를 타고 아르바이트를 했다.

④ 화장실에 다녀온 사이에 자전거가 없어졌다.

25.

나사 풀린 점검, 놀이기구 사고 불러

① 놀이기구 점검을 제대로 하지 않아 사고가 발생했다.
② 놀이기구 점검을 제대로 했는데도 사고가 발생했다.
③ 놀이기구 점검을 한 후에 나사가 풀려 사고가 발생했다.
④ 놀이기구를 점검할 때 나사를 확인하지 않아 사고가 발생했다.

26.

날개 단 달걀값, 작년보다 50% 이상 뛰어

① 달걀 매출이 작년에 비해 절반 이상 떨어졌다.
② 달걀 가격이 작년에 비해 절반 이상 비싸졌다.
③ 달걀값이 비싸져서 양계 농가의 수입이 줄었다.
④ 달걀값이 떨어져서 달걀 매출이 절반 이상 늘었다.

27.

폭염으로 에어컨 사용 급증, 전기 수급 비상

① 혹서기에는 에어컨을 사용하면 평소보다 전기세가 더 나온다.
② 혹서기에는 에어컨 사용을 되도록 줄여야 전기 요금이 덜 나온다.
③ 무더위로 인해 에어컨 사용이 크게 늘어나 전기 공급에 어려움이 있다.
④ 무더위로 인해 에어컨 판매량이 갑자기 증가하면서 에어컨 가격이 올랐다.

28.

　　과식이나 급격한 기온 변화로 인해 호흡 근육에 이상이 생겨서 딸꾹질을 하는 경우가 있다. 딸꾹질은 어느 정도 시간이 지나면 자연스럽게 멈추지만 중요한 자리에 있거나 일을 하는 공간에서 급하게 멈춰야 한다면 어떻게 하는 것이 좋을까? 이럴 때는 혀를 10초 동안 조금 아플 정도로 잡아당겼다 풀어 주는 동작을 반복하는 것이 좋다. 이렇게 하면 호흡 근육이 자극을 받게 되어 (　　　) 있다.

① 딸꾹질을 멎게 할 수
② 호흡 곤란을 유발할 수
③ 기온 변화에 적응할 수
④ 혀의 통증을 줄여 줄 수

29.

　　사과의 껍질을 깎아 보관하면 사과의 표면이 공기 중의 산소와 만나 갈색으로 변한다. 이렇게 과일이 갈색으로 변하는 현상을 갈변현상이라고 한다. 이런 갈변현상을 (　　　) 방법이 있다. 바로 소금물을 사용하는 것이다. 사과 표면에 소금물을 묻혀서 보관하면 사과의 색이 변하는 것을 막을 수 있을 뿐만 아니라 소금의 짠맛이 과일을 더 달고 맛있게 해 준다.

① 방지할 수 있는
② 촉진할 수 있는
③ 유지할 수 있는
④ 이용할 수 있는

30.

사람들은 칭찬에 민감하다. 특히 아이의 경우에 더욱 그렇다. 사람들은 칭찬을 할 때 결과에만 집중하는 경향이 있다. 결과를 칭찬 받은 아이는 그 순간에는 기분이 좋을지 몰라도 장기적으로 보면 독이 될 수 있다. 그렇기 때문에 칭찬을 할 때에는 과정을 칭찬하는 것이 바람직하다. 왜냐하면 과정을 칭찬 받은 아이는 과정에 충실해야 좋은 결과를 얻을 수 있다고 생각하기 때문이다. 그리고 실패도 하나의 (   ) 다음에는 좀 더 나은 결과를 얻기 위해 더 많은 노력을 하게 된다.

① 결과로 부정하면서
② 시험으로 판단하면서
③ 시련으로 의식하면서
④ 과정으로 인식하면서

31.

유럽에 서식하는 '잔점박이푸른부전나비'는 속임수를 써서 개미가 자신의 알을 키우도록 한다. 이 나비는 습지에서 자라는 풀 위에 알을 낳는데 습지를 돌아다니던 개미가 나비의 알을 자신의 알로 착각하고 집으로 가져가 키운다. 이처럼 개미가 나비의 알을 자신의 알로 착각한 것은 나비와 개미의 (   ) 때문이다. 이는 다른 새의 둥지에 알을 낳아 키우는 뻐꾸기의 수법과 유사하다. 뻐꾸기가 다른 새의 알 색깔과 무늬를 모방한 것처럼 나비는 개미의 알 냄새를 모방한 것이다.

① 알 냄새가 비슷하기
② 알 모양이 흡사하기
③ 알 크기가 동일하기
④ 알 색상이 유사하기

32.

'조창'은 고려 시대에 국가가 세금으로 거둔 곡식을 모아 보관하고 이를 배로 운송하기 위해 설치한 국영 창고이다. 고려 시대에는 화폐 대신 곡식으로 세금을 거두었기 때문에 운반하기가 쉽지 않았다. 곡식은 부피가 크고 무거운 데다가 당시 육지 교통이 발달되지 못했기 때문이다. 이에 배를 이용해 강이나 바다 등의 수로로 운반하는 방법이 마련되었다. 조선 시대에 들어와서도 조창의 수와 위치가 조금 바뀌었을 뿐 조창 제도가 계속 유지되었다.

① 조창은 국가에서 설치하여 운영했다.

② 고려 시대에는 화폐로 세금을 거두었다.

③ 고려 시대에는 육로가 발달되어 육로를 통해 곡식을 운반했다.

④ 조선 시대가 시작되면서 조창이 모두 폐지되어 운영되지 않았다.

33.

얼마 전 한 기업에서 '계단 이용하기 캠페인'이 성과를 거두었다고 한다. 이 캠페인의 성공 비결은 건물 입구에서부터 계단 쪽으로 향하는 길에 빨간색 모양의 발자국 스티커를 붙인 것이다. 이 스티커를 붙인 기간 동안 엘리베이터보다 계단을 선택하는 사람들이 70% 이상 늘어났다. 발자국 스티커를 본 사람들이 무의식적으로 발자국 모양을 따라간 것이다. 에너지 절약을 위해 시행한 이 방법은 어떤 문구보다 훨씬 효과가 좋아 다른 곳에서도 도입을 검토 중이다.

① 이 캠페인은 효과가 좋아 여러 곳에서 시행하고 있다.

② 발자국 모양의 스티커로 직원들의 계단 이용을 유도했다.

③ 건물 입구에 붙인 발자국 모양의 스티커는 효과가 없었다.

④ 이 캠페인에서는 엘리베이터에 에너지 절약 문구를 붙였다.

34.

　　삽살개는 한국 고유의 품종으로 과거 한반도 동남부 지역에 주로 서식하던 개이다. 삽살개라는 이름은 귀신이나 불운을 쫓는다는 뜻의 한자에서 유래되었으며 삽사리라고 불리기도 한다. 신라 시대에는 주로 귀족들에 의해 길러지다가 고려 시대부터 일반 서민들이 기르기 시작한 것으로 알려져 있다. 영리하며 자신의 주인에게는 충직하지만 다른 동물에게는 사납고 용맹한 것이 특징이다. 현재 한국의 천연기념물로 지정되어 있으며 고유의 품종을 유지하기 위해 많은 노력이 이루어지고 있다.

① 삽살개의 이름은 지명에서 유래하였다.

② 삽살개는 한반도 북부 지방에서만 길렀다.

③ 삽살개는 한국의 천연기념물로 지정되었다.

④ 삽살개는 자신의 주인에게 사납고 용맹스럽다.

※ **[35~38] 다음 글의 주제로 가장 알맞은 것을 고르십시오. (각 2점)**

35.

　　사람들이 살아가면서 만들어 낸 지역이나 장소의 이름을 지명이라고 한다. 지명은 그 지역의 특성과 밀접한 관계가 있다. 예를 들면 '이태원'처럼 '원'으로 끝나는 지명은 옛날에 여관이 있었음을 말해 준다. '장승배기'는 장승이 있었던 마을이었다는 것을 알 수 있고 '말죽거리'는 말에게 죽을 끓여 먹였던 곳임을 알 수 있다. 이처럼 지명을 통해 그 지역의 특징뿐만 아니라 생활 모습과 역사까지 알 수 있다.

① 지명은 그 지역의 특성을 반영하고 있다.

② 지명의 변천 과정에 대한 연구가 필요하다.

③ 지명의 의미에 대한 관심이 높아지고 있다.

④ 지명은 기억하기 쉽도록 간결하게 지어야 한다.

36.

　　오존은 대기 중에서 농도가 높아지면 시력 장애나 호흡기 질환 등을 유발시킨다. 그러나 이런 위험성이 있는 물질도 과학적으로 잘 이용하면 생활에 도움이 될 수 있다. 최근 오존을 이용한 신발 소독기가 개발되었는데 오존의 악취 제거 및 중금속 분해 효과를 이용한 것이다. 이 외에도 강력한 살균 효과로 공기 정화기, 냄새 제거기, 오존 정수기 등 우리 삶에 폭 넓게 사용된다. 이렇듯 위험하다고 생각했던 오존이 우리에게 이로운 존재가 되기도 한다.

① 오존으로 인한 피해가 점점 늘어나고 있다.
② 오존이 생활 속에서 유익하게 활용되고 있다.
③ 오존층이 파괴되면 자외선의 유입이 증가한다.
④ 오존이 건강에 미치는 악영향에 대한 관심이 높다.

37.

　　건강을 위해 채식을 하고자 하는 사람들이 많아지고 있다. 그러나 무턱대고 채식을 하다 보면 영양소가 결핍될 수 있다. 예를 들어 단백질, 비타민 B 등은 동물성 식품에 풍부하기 때문에 채식만으로 충분한 영양 섭취가 어려울 수 있다. 부족해지기 쉬운 영양소는 다른 식품으로 대체하여 섭취해야 한다. 단백질은 콩이나 현미밥으로 비타민 B는 해조류나 된장으로 보충할 수 있다. 이처럼 올바른 채식을 하려면 동물성 식품을 대체할 수 있는 식품을 통해 균형 잡힌 식사를 해야 한다.

① 건강을 지키려면 채식을 해야 한다.
② 영양소를 골고루 갖춘 채식을 해야 한다.
③ 채식을 하는 사람들이 계속 늘어나고 있다.
④ 동물성 식품에는 풍부한 영양소가 들어 있다.

38.

　　오랜 기간 과학자들은 얼룩말의 줄무늬가 어떤 역할을 하는 것인지 의문을 품어 왔다. 맹수를 피하기 위한 위장용이라든지 온도를 떨어뜨려 더위를 견디게 한다는 등의 주장들이 제기 됐지만 가설일 뿐이었다. 그러나 최근 과학자들의 새로운 주장이 제기되었다. 줄무늬가 피를 빨아먹는 흡혈 파리에 물리지 않기 위한 수단이라는 것이다. 줄무늬가 파리를 쫓는 다는 것은 실험을 통해 증명되었으며 대다수의 과학자들이 이 의견에 동의하고 있다.

① 얼룩말은 줄무늬를 통해 온도를 조절할 수 있다.

② 얼룩말의 줄무늬는 맹수를 피하기 위한 수단이다.

③ 과학자들은 얼룩말의 줄무늬에 대해 연구해야 한다.

④ 최근 제기된 얼룩말의 줄무늬에 대한 이론이 신빙성을 얻고 있다.

※　[39~41] 다음 글에서 〈보기〉의 문장이 들어가기에 가장　알맞은 곳을 고르십시오. (각 2점)

39.

　　반영구적으로 쓸 수 있는 공책이 출시되어 화제가 되고 있다. (㉠) 이 공책은 특수 볼펜으로 필기를 한 후에 스마트폰으로 찍으면 자동으로 이미지나 문서 파일로 전환된다. (㉡) 필기한 내용은 물로 쉽게 지울 수 있으며 지운 후에는 새 공책처럼 쓸 수 있다. (㉢) 종이를 소비하지 않고도 많은 양의 필기를 할 수 있다는 것이 이 공책의 장점이다. (㉣)

─── 보기 ───

　　이렇게 전환된 파일은 스마트폰이나 컴퓨터에 저장할 수 있으며 이메일로 바로 전송도 가능하다.

① ㉠　　　　　　　② ㉡　　　　　　　③ ㉢　　　　　　　④ ㉣

40.

지진으로 인한 피해가 증가하고 있지만 지진이 발생할 지점과 시기를 정확하게 예측하는 것은 불가능하다. (㉠) 하지만 여러 가지 전조 현상으로 지진을 예보하는 데 도움을 받을 수 있다. (㉡) 그중 하나로 라돈은 지진이 발생하기 전에 공기 중에 포함된 함량이 급격히 늘어나는 특성이 있다. (㉢) 뿐만 아니라 지진 발생 전에 나타나는 동물의 행동을 파악해 예측하는 방법도 있다. (㉣) 동물은 공기의 변화, 미세한 진동 등에 민감하게 반응하기 때문이다.

보기

이 특성을 이용하면 라돈 농도 측정을 통한 지진 발생 예측이 가능한 것이다.

---

① ㉠　　　　　② ㉡　　　　　③ ㉢　　　　　④ ㉣

41.

1인 가구가 늘어나면서 혼자 식사를 하는 것은 이제 많은 사람들에게 일상적인 일이 되었다. (㉠) 30년 이상 요리 연구가로 활동한 저자가 펴낸 『건강한 혼밥 레시피』에서는 혼자서도 건강하고 맛있는 식사를 할 수 있도록 도와준다. (㉡) 기존에 출간된 대부분의 요리책에서는 2인분이나 4인분을 기준으로 재료와 조리 과정을 설명한다. (㉢) 특히 재료의 낭비를 막을 수 있도록 채소 보관법도 함께 소개하고 있다는 점이 돋보인다. (㉣)

보기

그러나 이 책에서는 요리에 사용되는 모든 재료의 양과 조리법이 1인분을 기준으로 한다.

---

① ㉠　　　　　② ㉡　　　　　③ ㉢　　　　　④ ㉣

윤춘삼 씨는 그제야 소주를 한 잔 훅 들이켜고 다음을 계속했다. 섬사람들이 한창 둑을 파헤치고 있을 무렵이었다 한다. (중략) 웬 깡패같이 생긴 청년 두 명이 불쑥 현장에 나타나더니, 둑을 허물어뜨리는 광경을 보자, 이내 노발대발 방해를 시작하더라고. (중략) 그리곤 누굴 믿고 하는 수작일 테지만 후욕 패설을 함부로 뇌까리자, 순간 화가 머리끝까지 치밀었을 갈밭새 영감도, (중략) 덜렁 그 자를 들어 물 속에 태질을 해 버렸다는 것이다. 상대방은 '아이고' 소리도 못해 보고 탁류에 휘말려 가고, 지레 달아난 녀석의 고자질에 의해신지 이내 경찰이 둘이나 달려왔더라고.

"내가 그랬소!"

갈밭새 영감은 서슴치 않고 두 손을 내밀었다는 거다. 다행히도 벌써 그 때는 둑이 완전히 뭉개지고, 섬을 치덮던 탁류도 빙 에워 돌며 뭉그적뭉그적 빠져 나가고 있었다는 것이다.

"정말, 우리 조마이섬을 지키다시피 해 온 영감인데⋯⋯ 살인죄라니 우짜문 좋겠능기요?"

게까지 말하고 나를 쳐다보는 <u>윤춘삼 씨의 벌건 눈에서는 어느덧 닭똥 같은 눈물이 뚝뚝 떨어지기 시작했다.</u>

42. 밑줄 친 부분에 나타난 '윤춘삼'의 심정으로 알맞은 것을 고르십시오.

① 괴롭다

② 두렵다

③ 부끄럽다

④ 허전하다

43. 위 글의 내용과 같은 것을 고르십시오.

① 영감은 살인죄를 지었다.

② 영감은 급류에 휩쓸려 내려갔다.

③ 영감은 경찰이 오기 전에 도망쳤다.

④ 영감은 청년들이 둑을 쌓는 것을 도왔다.

국제축구연맹에서는 축구 경기에 공정성을 더하기 위해 비디오 판독 시스템을 도입하였다. 명칭의 약자는 VAR로 비디오 보조 심판이라는 의미이다. 이 시스템은 심판이 명확히 잘못된 판정을 내렸을 때 이를 심판에게 알려주는 역할을 한다. 그러면 심판은 영상 자료를 다시 확인하고 최종 판정을 한다. 영상 자료에 의한 판정이다 보니 선수들의 항의도 없어 기존 판정보다 오히려 공정하다는 평가를 받고 있다. 사실 이 시스템은 이미 몇 년 전부터 준비된 상태였지만 심판의 고유 권한을 침범하며 축구 경기의 흐름에 방해가 된다는 이유로 도입을 보류해 왔다. 하지만 잘못된 판정의 횟수가 늘어나면서 이 시스템을 점차적으로 도입하게 된 것이다. 그러나 이 시스템을 도입한 후 경기 중간에 (   ) 경기 막판 추가 시간이 최대 7~8분까지 늘어 재미가 줄어들었다는 지적도 있다. 이러한 지적에도 불구하고 축구 경기의 논란을 줄여 주고 공정한 결과를 이끌어 내 준다는 점에서 그 의미가 크다고 할 수 있다.

44. 위 글의 주제로 알맞은 것을 고르십시오.

① 비디오 판독 시스템을 축구 경기에도 적용해야 한다.

② 비디오 판독 시스템은 아직 보완해야 할 점이 남아 있다.

③ 비디오 판독 시스템으로 인해 경기의 흐름이 방해받고 있다.

④ 비디오 판독 시스템은 경기의 신뢰도와 공정성을 높여 준다.

45. (   )에 들어갈 내용으로 알맞은 것을 고르십시오.

① 흐름이 끊기지 않고

② 선수들이 쉴 수 있고

③ 중단 시간이 자주 생기고

④ 광고를 할 수 있게 되었고

화장품이 귀했던 옛날에는 자연의 재료로 화장품을 만들어 왔다. (㉠) 콩에 들어 있는 사포닌, 토코페롤 등의 물질이 피부의 보습, 미백, 해독 작용을 하므로 아주 좋은 화장품이 될 수 있다. 신라 시대에는 콩을 갈아서 가루를 내고 그 가루로 세수를 했다는 기록이 있다. (㉡) 이 가루로 얼굴을 닦으면 얼굴에 윤이 나고 피부색이 하얘진다고 기록되어 있다. 가루가 아니더라도 단지 콩이나 팥 삶은 물로 세수를 하는 것만으로도 피부가 매끄럽고 촉촉해진다. (㉢) 또 콩기름을 이용하여 화장을 지우고 콩가루를 비누 대신 쓰기도 한다. (㉣) 피부에 달라붙은 화상품 찌꺼기를 깨끗이 분해시켜 주는 것은 물론 피부 세포를 재생시켜주는 기능이 있어서 효과가 좋다.

46. 위 글에서 〈보기〉의 글이 들어가기에 가장 알맞은 곳을 고르십시오.

보기

주로 곡물 가루나 식물의 즙을 이용했는데 콩도 한국의 여인들이 오랫동안 사용해 온 화장품 재료 중의 하나이다.

① ㉠   ② ㉡   ③ ㉢   ④ ㉣

47. 위 글의 내용과 같은 것을 고르십시오.
① 옛날에는 어디에서나 쉽게 화장품을 살 수 있었다.
② 콩가루로 세수를 하면 피부에 해롭다는 기록이 있다.
③ 콩을 삶은 물로 세수를 하는 것은 피부 미용에 도움이 되지 않는다.
④ 콩기름으로 화장을 지우면 화장품 찌꺼기를 깨끗하게 씻어 낼 수 있다.

국가의 고위 공무원이 잘못을 저질렀을 때 국민들이 이를 심판할 수 있는 탄핵의 역사는 꽤 깊다. 실제 한국에서는 고려 시대에 주어진 책임을 잘 이행하지 못했다는 이유로 고위 공직자를 탄핵한 기록이 있다. 현대에도 탄핵 제도는 일반적인 절차에 따라 심판하기 어려운 국가 고위 공무원의 부정부패를 심판하는 방법으로 세계 여러 나라에서 시행되고 있다. 그러나 국가 원수에 대한 탄핵의 경우 모든 사소한 법 위반을 이유로 탄핵을 진행한다면 직무수행의 단절로 인한 국가적 손실이 예상된다. 게다가 탄핵을 지지하는 국민과 그렇지 않은 국민 간의 분열로 인한 정치적 혼란을 가져올 수 있다는 비판을 피할 수 없다. 또한 국민이 선거를 통하여 대통령에게 부여한 정당성을 임기 중 다시 박탈하는 것이 과연 옳은지에 대한 논의도 지속적으로 있어 왔다. 하지만 다른 각도에서 보면 이것은 탄핵의 (   ) 간과한 것이다. 법적으로 국가 원수의 정치적 무능력이나 정책 결정상의 잘못 등 직무 수행의 성실성 여부는 탄핵 심판 절차의 판단 대상이 되지 않는다. 따라서 직무 행위로 인한 모든 사소한 법 위반은 탄핵 사유가 될 수 없다. 국가 원수에 대한 탄핵 심판에서는 해당 직책을 유지하는 것이 더 이상 헌법 수호의 관점에서 용납될 수 없거나 대통령이 국민의 신임을 배신하여 국정을 담당할 자격을 상실한 경우에 한하여 탄핵할 수 있다는 조건이 있다.

48. 위 글을 쓴 목적으로 알맞은 것을 고르십시오.
① 탄핵의 역사를 소개하려고　　　　　② 탄핵의 기능을 설명하려고
③ 탄핵을 대체할 제도를 제안하려고　　④ 잘못된 탄핵의 위험성을 경고하려고

49. (   )에 들어갈 내용으로 알맞은 것을 고르십시오.
① 예방적 성격을　　② 중요한 원칙을　　③ 왜곡된 의미를　　④ 대안적 기능을

50. 밑줄 친 부분에 나타난 필자의 태도로 알맞은 것을 고르십시오.
① 탄핵의 부정적인 면을 인정하고 있다.
② 국민의 권리가 약화될 것을 우려하고 있다.
③ 탄핵이 국익에 기여할 것을 확신하고 있다.
④ 탄핵 시행에 소극적인 정부를 비판하고 있다.

제2회
실전모의고사

한국어능력시험 II
(중 · 고급)

| 1교시 | 듣기, 쓰기 |

수험번호(Registration No.)	
이름 (Name) 한국어(Korean)	
영 어(English)	

유 의 사 항
Information

1. 시험 시작 지시가 있을 때까지 문제를 풀지 마십시오.
   Do not open the booklet until you are allowed to start.

2. 접수번호와 이름은 정확하게 적어 주십시오.
   Write your name and registration number on the answer sheet.

3. 답안지를 구기거나 훼손하지 마십시오.
   Do not fold the answer sheet; keep it clean.

4. 답안지의 이름, 접수번호 및 정답의 기입은 컴퓨터용 펜을 사용하여 주십시오.
   Use the optical mark reader(OMR) pen only.

5. 정답은 답안지에 정확하게 표시하여 주십시오.
   Mark your answer accurately and clearly on the answer sheet.

   marking example ① ● ③ ④

6. 문제를 읽을 때에는 소리가 나지 않도록 하십시오.
   Keep quiet while answering the questions.

7. 질문이 있을 때에는 손을 들고 감독관이 올 때까지 기다려 주십시오.
   When you have any questions, please raise your hand.

듣기 (1번 ~ 50번)

※ [1~3] 다음을 듣고 알맞은 그림을 고르십시오. (각 2점)

1.

①

②

③

④

2.

①

②

③

④

3.

①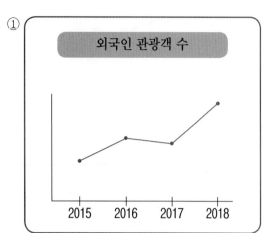

②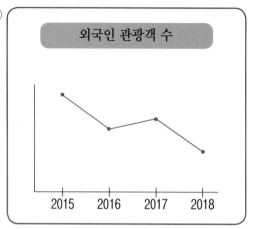

③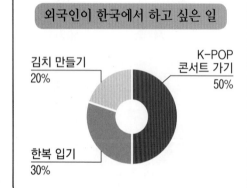

④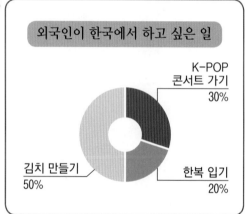

※ [4~8] 다음 대화를 잘 듣고 이어질 수 있는 말을 고르십시오. (각 2점)

4.
① 지하철을 탈 걸 그랬어요.
② 버스에서 내리면 연락하세요.
③ 약속 시간에 늦을 뻔했잖아요.
④ 퇴근 시간 전까지 갈 수 있을 거예요.

5.
① 운동하다가 다리를 좀 다쳤어요.
② 많이 다치지 않아서 다행이네요.
③ 그럴 때는 빨리 병원에 가야지요.
④ 등산할 때 다치지 않게 조심하세요.

6. ① 응, 나도 잘 모르는 가수야.　　② 응, 나도 한번 들어 봐야겠다.

③ 응, 들어 봤는데 노래 정말 잘하더라.　④ 응, 새로운 노래가 빨리 나오면 좋겠어.

7. ① 시간이 지나면 조금씩 나아질 거야.

② 이직할 때 필요한 것들을 가르쳐 줄게.

③ 새로운 회사에 적응이 안 돼서 걱정이야.

④ 더 좋은 직장을 찾을 수 있어야 할 텐데….

8. ① 지금 바로 가겠습니다.　　　② 오후에 와 주시면 좋겠어요.

③ 보일러에 문제가 있는 거 같네요.　④ 어제도 뜨거운 물이 안 나왔어요.

※ **[9~12] 다음 대화를 잘 듣고 여자가 이어서 할 행동으로 알맞은 것을 고르십시오. (각 2점)**

9. ① 저녁을 먹는다.　　　② 불고기를 만든다.

③ 재료를 확인한다.　　④ 재료를 사러 간다.

10. ① 회의실에 간다.　　　② 식당을 예약한다.

③ 컴퓨터를 확인한다.　　④ 회의 자료를 복사한다.

11. ① 책을 읽는다.　　　② 발표를 한다.

③ 도서관에 간다.　　④ 친구에게 연락한다.

12. ① 회의에 참석한다.　　　② 신제품 제작을 시작한다.

③ 제안서 내용을 보충한다.　④ 제안서를 영업팀에 보낸다.

13. ① 여자는 경주 여행에 만족하고 있다.

    ② 남자는 여자와 경주 여행을 다녀왔다.

    ③ 경주는 유적지들이 멀리 떨어져 있다.

    ④ 경주는 자전거 관람 코스를 준비 중이다.

14. ① 방문객에게 텐트를 옮길 것을 부탁하고 있다.

    ② 일기예보에서 비는 자정쯤에 내린다고 했다.

    ③ 유원지에는 안전한 야영 장소가 없다.

    ④ 유원지는 바다에 위치해 있다.

15. ① 최근 양파의 가격이 크게 올랐다.

    ② 양파를 활용한 새로운 메뉴가 나왔다.

    ③ 양파를 구입하면 전통술을 선물로 준다.

    ④ 양파 소비를 위한 정부의 대책이 필요하다.

16. ① 행사 참여 시 반려견 목욕 용품을 제공한다.

    ② 행사 기간 동안 제품 무료 체험이 가능하다.

    ③ 반려동물 용품 시장에서 반응이 좋지 않았다.

    ④ 이 제품은 반려동물을 위한 욕조 모양의 침대이다.

17. ① 무인 주문 기계 옆에 직원을 한 명 배치할 필요가 있다.

② 무인 주문 기계가 모두에게 편리한 것은 아니다.

③ 주문을 받는 직원을 매장에 더 늘려야 한다.

④ 무인 주문 기계를 더 많이 설치해야 한다.

18. ① 인터넷 강의는 시간을 아낄 수 있다.

② 건강을 위해 꾸준히 운동을 해야 한다.

③ 배우기 쉬운 요가 강의를 선택해야 한다.

④ 요가를 학원에서 배우는 것이 효과적이다.

19. ① 새 옷을 자주 사는 것이 좋다.

② 옷장을 자주 정리하는 것이 좋다.

③ 한번 산 물건은 오래 사용해야 한다.

④ 추억이 담긴 물건을 버리면 안 된다.

20. ① 공연은 가수와 관객의 호흡이 제일 중요하다.

② 자신의 일에 최선을 다하는 자세가 필요하다.

③ 노력과 열정이 있어야 좋은 공연을 할 수 있다.

④ 가수는 무엇보다 노래 실력이 뒷받침되어야 한다.

※ [21~22] 다음을 듣고 물음에 답하십시오. (각 2점)

21. 남자의 중심 생각으로 맞는 것을 고르십시오.
① 형식적인 불우 이웃 돕기 행사가 많다.
② 형식적으로라도 기부를 하는 것이 좋다.
③ 진심에서 우러나는 기부가 진정한 기부다.
④ 올바른 기부 문화 정착을 위해 노력해야 한다.

22. 들은 내용으로 맞는 것을 고르십시오.
① 연말에는 불우 이웃이 많아진다.
② 연말에만 기부하는 사람들이 있다.
③ 연말에는 불우 이웃 돕기 행사가 축소된다.
④ 연말에만 불우 이웃 돕기 행사에 참여할 수 있다.

※ [23~24] 다음을 듣고 물음에 답하십시오. (각 2점)

23. 남자가 무엇을 하고 있는지 고르십시오.
① 교재를 새로 개발할 것을 제안하고 있다.
② 교재의 개선할 점에 대해 설명하고 있다.
③ 교재에 대한 고객의 반응을 보고하고 있다.
④ 교재를 활용하는 방법에 대해 문의하고 있다.

24. 들은 내용으로 맞는 것을 고르십시오.
① 이 교재는 곧 출간을 할 예정이다.
② 이 교재의 구성 순서는 시험 문제 순서와 같다.
③ 이 교재는 학습자 수준에 맞게 급수를 나누었다.
④ 이 교재는 한 달 만에 2쇄를 찍어야 할 정도이다.

25. 남자의 중심 생각으로 맞는 것을 고르십시오.
① 드라마의 인기는 배우들의 연기력에 달려 있다.
② 우리 주변의 이야기를 소재로 한 드라마가 많아져야 한다.
③ 드라마는 여러 가지 요인이 어우러져야 인기를 끌 수 있다.
④ 드라마에서 실제로 일어날 것 같은 사실성이 중요한 역할을 했다.

26. 들은 내용으로 맞는 것을 고르십시오.
① 이 드라마는 시청자들에게 외면을 받았다.
② 이 드라마는 아름다운 영상미가 돋보인다.
③ 이 드라마는 남자가 오랜만에 쓴 작품이다.
④ 이 드라마는 작가가 자신의 이야기를 소재로 했다.

※　[27~28] 다음을 듣고 물음에 답하십시오. (각 2점)

27. 남자가 여자에게 말하는 의도를 고르십시오.
① 환경 보호의 필요성을 강조하려고
② 테이프와 끈을 없앤 이유를 설명하려고
③ 자율 포장 서비스에 대한 불만을 표하려고
④ 개인 장바구니 사용의 장점을 물어보려고

28. 들은 내용으로 맞는 것을 고르십시오.
① 자율 포장대에 종이 상자가 없다.
② 남자는 여자와 같이 마트에 갔다.
③ 마트에서 포장용 테이프를 제공한다.
④ 여자는 요즘 장바구니를 사용한다.

※ [29~30] 다음을 듣고 물음에 답하십시오. (각 2점)

29. 남자는 누구인지 고르십시오.

① 공연을 기획하는 사람

② 공연을 연출하는 사람

③ 무대에서 연기하는 사람

④ 무대 장치를 만드는 사람

30. 들은 내용으로 맞는 것을 고르십시오.

① 일반적인 공연장은 무대 둘레에 관객석을 배치한다.

② 이번 공연의 관람석 배치 방법은 일반 공연장과 동일하다.

③ 무대 둘레에 관람석을 배치하면 관객과의 소통이 쉬워진다.

④ 무대 앞쪽에 관람석을 배치하면 관객들의 시야 확보가 어렵다.

※ [31~32] 다음을 듣고 물음에 답하십시오. (각 2점)

31. 남자의 생각으로 맞는 것을 고르십시오.

① 차량 2부제를 확대하는 것이 좋다.

② 차량 2부제를 실시할 필요가 없다.

③ 차량 2부제 실시 기간을 늘려야 한다.

④ 차량 2부제는 큰 효과를 기대하기 힘들다.

32. 남자의 태도로 맞는 것을 고르십시오.

① 소극적인 태도로 문제를 지적하고 있다.

② 현재의 상황을 부정적으로 평가하고 있다.

③ 상대방의 의견을 적극적으로 지지하고 있다.

④ 실제 사례를 들어 상대의 의견을 반박하고 있다.

33. 무엇에 대한 내용인지 맞는 것을 고르십시오.

① 기시감의 원인과 특징

② 기시감을 연구하는 과정

③ 기시감이 뇌에 미치는 영향

④ 기시감의 문제와 극복 방법

34. 들은 내용으로 맞는 것을 고르십시오.

① 이 현상은 잠을 잘 때 주로 발생한다.

② 인간의 뇌는 기억을 저장하는 데 한계가 있다.

③ 인간의 뇌는 기억을 복잡하게 바꾸어 저장한다.

④ 이 현상을 경험하는 사람들은 꿈을 꾸지 않는다.

35. 남자는 무엇을 하고 있는지 고르십시오.

① 복구 활동에 참가한 봉사단에게 감사해하고 있다.

② 피해 지역에 대한 지원을 호소하고 있다.

③ 마을의 피해 정도를 보고하고 있다.

④ 자원봉사단을 소개하고 있다.

36. 들은 내용으로 맞는 것을 고르십시오.

① 이번 사고로 바다가 심각하게 오염되었다.

② 봉사 활동 기간 중 배가 부딪히는 사고가 있었다.

③ 추운 날씨 때문에 피해 복구가 제대로 되지 않았다.

④ 지역 주민들의 노력으로 사고 현장의 기름을 닦아 냈다.

※ **[37~38] 다음은 교양프로그램입니다. 잘 듣고 물음에 답하십시오. (각 2점)**

37. 남자의 중심 생각으로 맞는 것을 고르십시오.

① 두뇌 발달을 위해 꾸준히 노력해야 한다.

② 나이가 들수록 두뇌의 기능은 현저히 떨어진다.

③ 성인이 된 이후에도 두뇌 발달에 신경을 써야 한다.

④ 반복적인 두뇌 활동에 따라 발달 정도가 달라질 수 있다.

38. 들은 내용과 같은 것을 고르십시오.

① 인간은 신체 성장이 멈추면 두뇌가 발달하지 않는다.

② 뇌 부위의 활발한 움직임과 기능 발달은 서로 관련이 없다.

③ 택시 운전사들의 뇌를 촬영한 결과 뇌 부위에 변화가 생겼다.

④ 택시 운전사들이 도시의 모든 길을 외우는데 1년 정도 걸린다.

※ **[39~40] 다음은 대담입니다. 잘 듣고 물음에 답하십시오. (각 2점)**

39. 이 대화 앞의 내용으로 알맞은 것을 고르십시오.

① 앞으로 인간이 먹을 식량은 늘어날 것이다.

② 문화권에 따라 육류 소비량이 다르게 나타난다.

③ 식량 위기를 극복할 수 있는 방안을 연구 중이다.

④ 육류 생산을 위한 가축의 사육 환경이 좋지 않다.

40. 들은 내용과 일치하는 것을 고르십시오.

① 식량 위기로 많은 가축들이 굶어 죽고 있다.

② 사육 과정에서 질병에 걸리는 가축들이 있다.

③ 육류 소비가 많아지면 식량 문제가 해결된다.

④ 가축 사료로 사용되는 곡물의 양이 줄고 있다.

[41~42] 다음은 강연입니다. 잘 듣고 물음에 답하십시오. (각 2점)

41. 남자의 중심 생각으로 맞는 것을 고르십시오.

① 은은 항균성이 있어 실생활에 널리 활용된다.

② 은은 수저나 식기를 만드는 데 적합한 재료이다.

③ 은을 활용할 때 생기는 문제점을 개선해야 한다.

④ 은을 실생활에 활용하는 방법을 개발해야 한다.

42. 들은 내용과 일치하는 것을 고르십시오.

① 은은 살균 소독제의 원료로 사용되지 않는다.

② 음식의 독을 확인하는 용도로 은이 적합하다.

③ 과거 미국에서는 우유에 은 동전을 넣어서 마셨다.

④ 최근에 들어서야 은의 살균 효과가 알려지기 시작했다.

※ [43~44] 다음은 다큐멘터리입니다. 잘 듣고 물음에 답하십시오. (각 2점)

43. 이 이야기의 중심 내용으로 맞는 것을 고르십시오.

① 습지는 홍수를 예방하는 데 큰 도움을 준다.

② 습지는 생태 · 환경적으로 중요한 역할을 한다.

③ 습지는 지구온난화를 해결하는 데 꼭 필요하다.

④ 습지는 동식물의 서식처로 반드시 보존해야 한다.

44. 습지가 중요한 이유로 맞는 것을 고르십시오.

① 습지 식물들이 환경 정화에 큰 역할을 해서

② 원시적인 모습을 그대로 간직하고 있어서

③ 희귀 동식물을 연구할 수 있어서

④ 수질 오염을 막아 주어서

45. 들은 내용과 일치하는 것을 고르십시오.
① 사람들은 새로운 기능의 제품을 선호한다.
② 혁신적인 기술은 언제나 대중화로 이어진다.
③ 화상 전화가 처음 나왔을 때 큰 인기를 끌었다.
④ 사람들은 화상 전화가 사생활을 침해한다고 여겼다.

46. 여자가 말하는 방식으로 가장 알맞은 것을 고르십시오.
① 기준을 제시하면서 내용을 분류하고 있다.
② 구체적인 사례를 통해 결론을 유도하고 있다.
③ 문제를 지적하며 원인이 무엇인지 찾고 있다.
④ 근거를 들어 기존의 주장에 대해 반박하고 있다.

47. 들은 내용과 일치하는 것을 고르십시오.
① 언론사에서는 가짜 뉴스를 막기 위해 여러 노력을 하고 있다.
② 특정인을 비난하는 뉴스가 인터넷을 통해 퍼지기도 한다.
③ SNS를 통해 퍼지는 뉴스는 사실 여부 확인이 끝났다.
④ 가짜 뉴스를 판별할 수 있는 제도가 만들어졌다.

48. 남자의 태도로 가장 알맞은 것을 고르십시오.
① 법안 제정을 위한 국민의 협조를 요청하고 있다.
② 구체적인 사례를 들어 상대 의견을 반박하고 있다.
③ 법안의 효과를 기대하며 법안 제정을 지지하고 있다.
④ 상대 의견에 일부 동의하며 자신의 의견을 주장하고 있다.

49. 들은 내용과 일치하는 것을 고르십시오.

① 이 관청에서는 형편이 어려운 백성들을 돕지 못했다.

② 이 관청에서는 흉년이 들면 백성들에게 곡물을 걷었다.

③ 이 관청에서는 풍년이 들면 비싼 가격으로 곡물을 샀다.

④ 이 관청에서는 자연재해를 막기 위한 시설을 설치했다.

50. 여자가 말하는 방식으로 가장 알맞은 것을 고르십시오.

① 조선 시대의 산업 구조에 대해 설명하고 있다.

② 조선 시대 국가 정책의 문제점을 지적하고 있다.

③ 이 기관이 수행했던 업무를 시대별로 정리하고 있다.

④ 이 기관에서 담당했던 업무에 대해 높이 평가하고 있다.

※ [51~52] 다음을 읽고 ㉠과 ㉡에 들어갈 말을 각각 한 문장으로 쓰시오. (각 10점)

51.

새로운 메시지

받는 사람: 김준기 대리님

김 대리님. 이민정입니다.
제가 출장 중이라 부탁드릴 일이 있어 문자 보냅니다.
오늘 오후쯤 거래처에서 회사를 (㉠   ).
거래처 직원이 방문하면 전해 줘야 할 자료가 있는데요.
저 대신에 (㉡   )?
자료는 제 책상 위에 놓여 있습니다.
번거롭게 해 드려서 죄송합니다.

㉠ _____

㉡ _____

52.

　　밤에 먹는 사과가 몸에 해롭다고 생각하는 사람들이 많다. 그러나 꼭 (㉠   ).
오히려 밤에 사과를 먹으면 다음날 배변 활동에 도움이 될 뿐만 아니라 숙면을 취하는 데
도 도움이 된다. 그렇지만 (㉡   ). 왜냐하면 한 번에 너무 많은 양을 먹으면 밤
중에 속이 쓰릴 수도 있기 때문이다.

㉠ _____

㉡ _____

53. 다음을 참고하여 '1인 가구 비율의 변화'에 대한 글을 200~300자로 쓰시오. 단, 글의 제목을 쓰지 마시오. (30점)

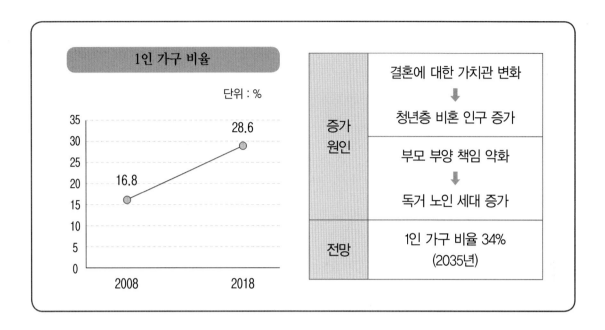

54. 다음을 주제로 하여 자신의 생각을 600~700자로 글을 쓰시오. 단, 문제를 그대로 옮겨 쓰지 마시오. (50점)

> 현대 사회는 기발한 아이디어와 창조적인 사고가 주도하는 세상이다. 따라서 그 어느 때보다 창의적으로 사고하는 능력이 필요하다. 아래의 내용을 중심으로 '창의적인 사고 능력의 필요성'에 대한 자신의 생각을 쓰라.

- 창의적인 사고 능력이 필요한 이유는 무엇인가?
- 기존의 지식이나 정보를 어떻게 대해야 하는가?
- 창의적인 사고 능력을 통해 얻을 수 있는 것은 무엇인가?

* 원고지 쓰기의 예

	밤	에		먹	는		사	과	가		몸	에		해	롭	다	고		생
각	하	는		사	람	들	이		많	다	.	오	히	려		밤	에		사

제2회
실전모의고사

한국어능력시험 II
(중 · 고급)

2교시	읽기

수험번호(Registration No.)		
이름 (Name)	한국어(Korean)	
	영 어(English)	

유 의 사 항
Information

1. 시험 시작 지시가 있을 때까지 문제를 풀지 마십시오.
   Do not open the booklet until you are allowed to start.

2. 접수번호와 이름은 정확하게 적어 주십시오.
   Write your name and registration number on the answer sheet.

3. 답안지를 구기거나 훼손하지 마십시오.
   Do not fold the answer sheet; keep it clean.

4. 답안지의 이름, 접수번호 및 정답의 기입은 컴퓨터용 펜을 사용하여 주십시오.
   Use the optical mark reader(OMR) pen only.

5. 정답은 답안지에 정확하게 표시하여 주십시오.
   Mark your answer accurately and clearly on the answer sheet.

   marking example ① ● ③ ④

6. 문제를 읽을 때에는 소리가 나지 않도록 하십시오.
   Keep quiet while answering the questions.

7. 질문이 있을 때에는 손을 들고 감독관이 올 때까지 기다려 주십시오.
   When you have any questions, please raise your hand.

※ [1~2] ( )에 들어갈 가장 알맞은 것을 고르십시오. (각 2점)

1. 어제는 비가 ( ) 오늘은 바람이 심하게 분다.
   ① 내리더니   ② 내리기에   ③ 내리면서   ④ 내리다가

2. 집 안이 조용한 걸 보니 아이들이 ( ).
   ① 잘 뿐이다   ② 자면 된다   ③ 자기 십상이다   ④ 자는 모양이다

※ [3~4] 다음 밑줄 친 부분과 의미가 비슷한 것을 고르십시오. (각 2점)

3. 생활비를 벌기 위해서 주말마다 아르바이트를 하고 있다.
   ① 벌려고   ② 벌거나   ③ 벌수록   ④ 벌어도

4. 가전제품을 살 때는 믿을 만한 회사의 제품을 사는 게 좋다.
   ① 믿을 줄 아는   ② 믿는 척 하는   ③ 믿을 것 같은   ④ 믿을 수 있는

※ [5~8] 다음은 무엇에 대한 글인지 고르십시오. (각 2점)

5.
머리끝부터 발끝까지 깨끗하고 선명하게~

외출 전 내 모습을 확인하세요.

   ① 거울   ② 세제   ③ 샴푸   ④ 안경

6.

생활용품은 물론 간단한 식사, 택배 서비스까지!

가까운 곳 1년 365일 24시간
언제든지 열려 있습니다.

① 우체국　　　② 편의점　　　③ 백화점　　　④ 음식점

7.

종이컵 대신 개인 컵으로!

환경을 살리는 작은 실천입니다.

① 자연 보호　　　② 이웃 사랑　　　③ 음주 운전　　　④ 안전 사고

8.

상품을 원하시는 분은 아래 번호로 연락해 주십시오.
인터넷 홈페이지를 통해서도 주문하실 수 있습니다.

☎ 02-123-4567

① 사용 설명　　　② 제품 안내　　　③ 주의 사항　　　④ 구입 방법

※ **[9~12] 다음 글 또는 도표의 내용과 같은 것을 고르십시오. (각 2점)**

9.

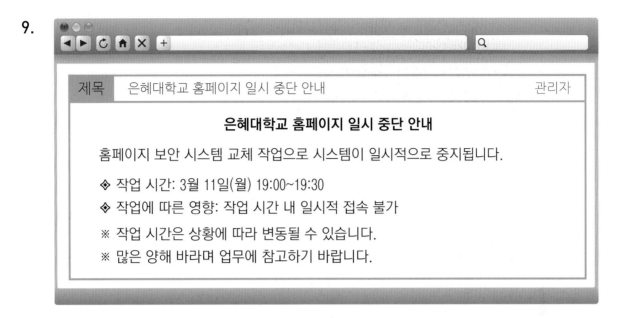

① 이 작업은 오전 중에 진행될 예정이다.

② 작업 시간은 사정에 따라 바뀔 수 있다.

③ 작업 중에도 홈페이지에 접속할 수 있다.

④ 이 작업으로 세 시간 동안 홈페이지를 이용할 수 없다.

10.

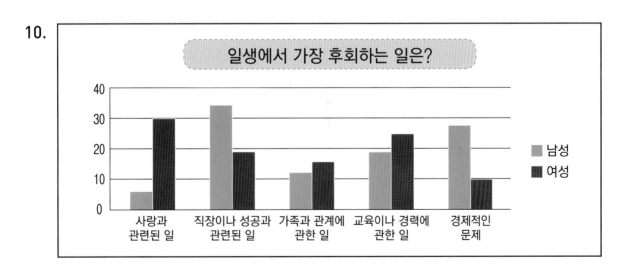

① 직장이나 성공과 관련된 일을 후회한다고 응답한 비율은 여성이 더 높았다.

② 교육이나 경력에 관한 일을 후회한다고 말한 사람은 남성이 더 많았다.

③ 남성보다 여성이 사랑과 관련된 일을 더 후회하는 것으로 나타났다.

④ 남성과 여성 모두 경제적인 문제를 가장 후회한다고 답했다.

11.

　　길거리에서 갑작스럽게 쓰러진 행인을 시민들과 소방관이 살려내 화제가 되고 있다. 지난달 22일 오후 은혜동 대로변에서 길을 걷던 60대 남성이 갑자기 쓰러졌다. 그때 주변에서 그 광경을 목격한 한 여성이 달려와 심폐소생술로 응급 처치를 하였다. 주위에 있던 시민들은 때마침 그곳을 지나던 소방차를 멈춰 세웠고 소방관들은 즉시 차 안에 있던 자동 심장 충격기를 사용해 응급 처치를 도와 극적으로 의식을 찾게 되었다.

① 행인은 평소에 심장 질환을 앓고 있었다.

② 여성은 쓰러진 남성을 발견하고 119에 신고했다.

③ 자동 심장 충격기는 소방차 안에 구비되어 있었다.

④ 쓰러진 행인은 응급 처치를 받은 후 의식을 찾지 못했다.

12.

　　은혜시에서는 내년부터 택시 기사들의 최저 임금을 보장하는 제도를 시행한다. 그동안 택시 업체 소속 기사들은 자신의 운행 수입에 따라 각기 다른 수준의 임금을 받았다. 그러나 이 제도가 시행되면 택시 기사들은 소속 회사로부터 매달 일정 금액 이상의 월급을 받게 된다. 이 제도는 시행 여건을 갖춘 은혜시에 먼저 도입되고 시행 성과를 고려해 다른 도시에도 차츰 적용될 예정이다.

① 이 제도가 시행되면 택시 기사들은 소속 회사에 일정 금액을 내야 한다.

② 택시 기사들은 자신의 수입에 상관없이 같은 액수의 임금을 받아왔다.

③ 은혜시는 택시 기사들에게 월급을 주자는 요구를 거절했다.

④ 은혜시는 다른 도시보다 먼저 이 제도를 시행할 예정이다.

13.

(가) 안전벨트를 천천히 당기면 줄이 잘 풀린다.

(나) 안전벨트는 사람을 보호하기 위해 좌석에 설치하는 안전장치이다.

(다) 반면에 빠르게 당기면 줄이 더 이상 당겨지지 않는다.

(라) 당겨지지 않는 이유는 사고가 났을 때 몸이 앞으로 튕겨 나가지 않게 하기 위해서이다.

① (나)-(가)-(다)-(라)　　　　② (나)-(라)-(가)-(다)

③ (다)-(나)-(가)-(라)　　　　④ (다)-(라)-(나)-(가)

14.

(가) 이 이야기는 자신의 능력이 부족할 때 시기를 핑계로 댄다는 것을 우화로 나타낸 것이다.

(나) 그러자 여우는 저 포도는 아직 안 익었을 거라고 말하며 돌아갔다.

(다) 배고픈 여우가 길을 가다가 나무 위에 달려있는 포도를 발견했다.

(라) 여우는 포도를 먹으려고 열심히 뛰어올랐지만 포도가 너무 높은 곳에 있어서 딸 수 없었다.

① (가)-(나)-(다)-(라)　　　　② (가)-(다)-(나)-(라)

③ (다)-(나)-(라)-(가)　　　　④ (다)-(라)-(나)-(가)

15.

(가) 그러나 연구에 따르면 비타민 C 섭취는 감기 예방에 큰 효과가 없다.

(나) 과도한 비타민 C 섭취는 오히려 설사나 두통 등의 부작용을 유발한다.

(다) 따라서 감기를 예방하기 위해 다량의 비타민 C를 섭취하는 것은 좋지 않다.

(라) 비타민 C를 섭취하면 감기 예방 효과가 있다고 생각하는 사람이 많다.

① (나)-(가)-(다)-(라)　　　　② (나)-(다)-(라)-(가)

③ (라)-(가)-(나)-(다)　　　　④ (라)-(다)-(가)-(나)

※ **[16~18] 다음을 읽고 (   )에 들어갈 내용으로 가장 알맞은 것을 고르십시오. (각 2점)**

16.

사람들은 발의 크기가 일정할 것이라고 생각한다. 하지만 발의 크기는 시간대에 따라 달라진다. 그래서 신발을 살 때에 알맞은 시간대가 있다. 사람은 저녁 시간대가 되면 (   ) 느낌을 받는다. 왜냐하면 오랜 시간 서 있거나 앉아서 일할 경우 혈액순환이 잘 되지 않아 발이 붓기 때문이다. 따라서 신발은 아침보다 저녁에 사는 것이 좋다.

① 키가 더 커진 듯한   ② 신발이 작아진 듯한

③ 다리가 길어진 듯한   ④ 신발 색깔이 바뀐 듯한

17.

연극이나 무용을 할 때 얼굴을 가려 변장을 하기 위해 흔히 가면을 쓴다. 그런데 먼 옛날에는 연극이나 무용을 위해서가 아니라 (   ) 가면을 썼다. 당시 남자들은 사냥이나 전쟁을 할 때 상대에게 위협적으로 보이기 위해 얼굴에 가면을 썼다. 또 귀신에게 겁을 줘서 쫓기 위한 주술적인 용도로 가면을 쓰기도 했다.

① 웃고 즐기려고   ② 강하게 보이려고

③ 공연을 준비하려고   ④ 자신의 매력을 표현하려고

18.

'국수 먹는 날'은 바로 (   ) 날을 가리키는 말이다. 옛날에는 국수가 아주 귀한 음식이었기 때문에 특별한 날에만 국수를 먹었다. 특히 결혼식 날 국수를 먹었는데 길이가 긴 국수처럼 신랑 신부의 사랑이 오래 이어지기를 바랐기 때문이다. 그래서 언제 결혼할 거냐는 뜻으로 국수 언제 먹여 줄 거냐고 묻는다.

① 특별한 음식을 만들어 먹는   ② 음식을 나누어 먹는

③ 어려운 이웃을 돕는   ④ 남녀가 결혼하는

> 지구의 정반대 쪽에 있는 남극과 북극은 혹독한 추위의 극지방이어서 별다른 차이점이 없을 것으로 생각한다. 하지만 생각보다 훨씬 큰 차이가 있다. 남극은 아주 두꺼운 얼음으로 덮인 큰 대륙으로 평균 기온이 영하 49도로 지구에서 가장 추운 지역이다. (   ) 북극은 바다 위에 떠 있는 얼음덩어리로 겨울에는 영하 30~40도까지 내려가지만 여름에는 따뜻한 바닷물의 영향으로 기온이 영상까지 오른다.

19. (   )에 들어갈 알맞은 것을 고르십시오.

① 결국

② 또한

③ 만약

④ 반면

20. 이 글의 내용과 같은 것을 고르십시오.

① 남극은 여름이 되면 기온이 영상으로 오른다.

② 북극은 바닷물 때문에 남극보다 춥지 않다.

③ 남극은 바다 위에 떠 있는 얼음 섬이다.

④ 북극은 얼음으로 덮여 있는 대륙이다.

> 날씨가 건조해지면 산불 사고가 많이 일어나게 된다. 산불은 나무를 모두 태울 뿐만 아니라 우리에게 다른 피해도 주게 된다. 최근 이상 기후로 자주 발생하는 홍수도 빗물을 막아주는 나무가 없어서 일어나는 것이다. 그러다 보니 피해를 복구하는 데 드는 경제 비용도 큰 부담이다. 여전히 (   ) 식으로 피해와 복구를 반복하고 있다. 이러한 상황을 반복하지 않기 위해서는 그 원인을 미리 차단하는 것이 중요하다. 따라서 등산을 할 경우 흡연을 삼가고 될 수 있으면 산에서 불을 사용하는 일이 없도록 해야 한다.

21. (   )에 들어갈 알맞은 것을 고르십시오.

① 순풍에 돛을 단 배

② 소 잃고 외양간 고친다

③ 천 리 길도 한 걸음부터

④ 아니 땐 굴뚝에 연기날까

22. 위 글의 중심 생각을 고르십시오.

① 산불 피해 복구 체계를 마련해야 한다.

② 등산로에 흡연 구역을 따로 설치해야 한다.

③ 산불이 나지 않도록 모든 노력을 해야 한다.

④ 환경오염을 막기 위해 나무를 더욱 심어야 한다.

> 아파트 엘리베이터를 타다 보면 자주 만나는 사람들이 있다. 얼굴은 익숙하지만 잘 알지 못하는 사람들이 좁은 공간에 함께 있으면 얼마나 어색한지 모른다. 그래서 나는 다른 사람들과 눈을 마주치지 않고 거울이나 휴대 전화를 보며 시간을 보낸다. 그런데 겨우 돌이 지난 나의 아들은 사람들을 만날 때마다 눈을 떼지 않고 빤히 쳐다보았다. 그러던 어느 날 여느 때처럼 엘리베이터에 사람들이 탔다. 자주 봤지만 늘 그냥 지나쳤던 부부였다. 나는 평소처럼 인사를 나누지 않고 거울을 보며 도착하기를 기다렸다. 그런데 아들은 익숙한 얼굴을 보자 반갑게 웃으며 손을 흔들었다. 나는 그 부부가 인사를 받아주지 않아 아이가 민망해 할까봐 걱정했는데 오히려 부부는 웃으며 말했다. "안녕. 반가워. 얼굴 안다고 인사도 하고 우리 애들보다 낫네." 어느새 그들의 얼굴에는 웃음꽃이 피었다. <u>아들을 보고 있는 내 얼굴에도 미소가 지어졌다.</u>

23. 밑줄 친 부분에 나타난 '나'의 심정으로 알맞은 것을 고르십시오.

① 그립다

② 후련하다

③ 실망스럽다

④ 자랑스럽다

24. 위 글의 내용과 같은 것을 고르십시오.

① 아이는 자주 만나는 부부에게 꽃을 선물했다.

② 아이 덕분에 엘리베이터 안의 분위기가 밝아졌다.

③ 부부가 아이의 인사를 받아주지 않아서 속상했다.

④ 나는 엘리베이터에서 잘 모르는 이웃을 만나도 반갑게 인사한다.

25.

김준기 선수 축구 결승전 2골 '맹활약'

① 김준기 선수의 소속팀이 두 골 차로 2위에 머물렀다.
② 김준기 선수의 소속팀이 상대팀에게 두 골 차로 지고 말았다.
③ 김준기 선수가 결승전에서 두 골을 넣으며 승리에 기여했다.
④ 김준기 선수는 결승전에서 두 골을 넣었지만 부상을 당하고 말았다.

26.

발길 끊는 여행객, 관광 업계 '끙끙'

① 여행객이 증가하여 관광 산업이 발전하고 있다.
② 여행객 감소로 인해 관광 업계가 어려움을 겪고 있다.
③ 관광 업계의 노력에도 불구하고 여행객이 급감하고 있다.
④ 관광 업계에서는 여행객 감소에 대한 해결 방법을 찾기 위해 노력하고 있다.

27.

어젯밤 집중 호우, 남부 지방 가옥과 도로 침수

① 어젯밤 비가 많이 와서 사람들이 인근 도로로 대피했다.
② 어젯밤 엄청난 비로 남쪽 지역에 주택과 도로가 물에 잠겼다.
③ 어젯밤 엄청난 비로 피해를 입은 집과 도로를 보수하고 있다.
④ 어젯밤 비가 많이 와서 남부 지방으로 가는 교통편이 모두 끊겼다.

28.

　　병원에서는 근육에 주사를 놓는 경우 팔보다 엉덩이에 많이 놓는다. 그 이유는 엉덩이에 혈관과 근육이 더 많아서 약효가 더 빨리 나타나기 때문이다. 또한 근육이 적은 팔에 주사를 맞으면 자칫 근육에 무리가 갈 수도 있기 때문이다. 하지만 엉덩이 근처에는 신경이 지나가 (　　　　) 때문에 엉덩이 주사를 거의 놓지 않는 나라도 있다. 그런데 독감 예방 주사는 근육 주사인데도 엉덩이가 아니라 팔에 맞는다. 이는 많은 사람에게 빠르게 접종하기 위한 편의적인 조치이다.

① 신경 손상의 위험이 있기
② 약효가 더디게 나타나기
③ 빠르게 접종할 수 없기
④ 근육에 무리가 가기

29.

　　옹기는 입자가 고르지 않은 흙으로 만들기 때문에 구울 때 여드름 자국 같은 기포 덩어리가 생긴다. 이 기포 덩어리가 바로 옹기의 숨구멍이다. 이 구멍들은 공기는 통하지만 물은 통과할 수 없다. 그래서 김치나 된장과 같은 발효 음식을 오래 보관하는 데 매우 적합하다. 옹기의 숨구멍은 내부에 산소를 공급하여 발효 음식을 숙성시켜 준다. 또한 발효 과정에서 생긴 불순물을 밖으로 밀어 내어 오랫동안 (　　　　) 해 준다.

① 서서히 숙성할 수 있도록
② 신선하게 저장할 수 있도록
③ 꾸준히 내부의 온도를 유지하도록
④ 신속하게 숨구멍이 막히지 않도록

30.

　　몸의 색깔이나 무늬로 자신의 생명을 보호하는 바닷속 동물들이 있다. 해류를 타고 이동하는 고등어는 (　　　　) 위해서 등이 바닷물과 비슷한 푸른색을 띈다. 또한 문어는 자신을 지키기 위해 바닷속 환경에 따라 몸의 색깔을 바꾼다. 바위 옆에서는 바위와 비슷한 색으로, 산호초 옆에서는 산호초 색으로 몸의 색깔을 바꿔 적에게 쉽게 발견되지 않는다.

① 먹이의 방향을 쫓기
② 자신의 새끼를 지키기
③ 잡은 먹이를 보관하기
④ 천적의 공격을 피하기

31.

　　축구공의 이미지를 생각하면 대부분 정오각형의 검은색과 정육각형의 하얀색으로 이루어진 점박이 모양을 떠올린다. 사실 이 모양은 흑백텔레비전과 관련이 깊다. 그전까지 축구공은 갈색이었는데 축구공이 희미하게 보이는 단점이 있었다. 그래서 검은색과 하얀색의 대비가 분명하게 디자인을 하였는데 이 공은 흑백텔레비전에서 (　　　　) 보였다. 이후 만화 등에 이 디자인이 사용되면서 전 세계인에게 축구공의 대표적인 이미지로 자리 잡게 된 것이다.

① 상당히 명확하게
② 대단히 미미하게
③ 몹시 거대하게
④ 꽤 흐릿하게

※ **[32~34] 다음을 읽고 내용이 같은 것을 고르십시오. (각 2점)**

32.

> 낙타는 사막에서 사는 대표적인 동물이다. 주변 환경이 온통 모래인 이곳에서 낙타가 살 수 있는 이유는 특이한 신체 구조 때문이다. 먼저 낙타의 속눈썹은 길고 굵어서 강한 모래바람을 걸러 시야를 확보해 주고 뜨거운 태양으로부터 눈을 보호해 준다. 그리고 귀는 안쪽까지 털로 덮여 있어 모래를 막아 주고 코는 자신이 원하는 대로 여닫을 수 있어 콧속으로 모래가 들어오는 것을 막아 준다. 또 발은 넓고 스펀지처럼 푹신해서 모래 속에 발이 빠지지 않고 쉽게 걸을 수 있다.

① 낙타는 콧속으로 모래가 들어가지 못하게 콧구멍을 닫을 수 있다.
② 낙타는 길고 굵은 속눈썹이 시야를 가려 앞을 잘 보지 못한다.
③ 낙타의 발은 크고 딱딱해서 모래 속에서도 잘 걸을 수 있다.
④ 낙타는 사막에서 살기 힘든 신체 구조를 가지고 있다.

33.

> 야외 활동을 하다 보면 뱀에 물리는 경우가 있다. 독이 없는 뱀에 물렸을 때는 크게 문제가 되지 않지만 독을 가지고 있는 독사에 물리게 되면 심한 경우 사망에 이를 수 있다. 독사에 물리게 되면 움직임을 자제하고 물린 부위를 심장 높이보다 낮게 유지하며 음식물 섭취를 제한해야 한다. 또한 반지, 팔찌 등 액세서리를 제거하고 물린 부위의 위쪽을 끈이나 천을 이용하여 가볍게 묶고 나서 최대한 빠른 시간 안에 병원 진료를 받아야 한다.

① 독사에 물려도 크게 문제가 되지 않는다.
② 독사에 물리면 물린 곳 아래쪽을 묶어야 한다.
③ 독사에 물렸을 때는 심하게 움직이지 않아야 한다.
④ 독사에 물리면 물린 부위를 심장보다 높게 해야 한다.

34.

　　사람은 사물을 인식할 때 양쪽 눈 중 주로 사용하는 눈이 있다. 사람마다 오른손잡이, 왼손잡이가 있는 것과 마찬가지로 주로 사용하는 눈에 따라 오른눈잡이, 왼눈잡이가 있다. 주로 사용하는 눈은 다른 한 쪽 눈보다 시야가 넓고 선명하게 보인다. 이를 확인하는 방법이 있는데 하나의 물건을 3~5m 앞에 두고 두 눈으로 바라본다. 그런 다음 두 팔을 쭉 펴고 양손으로 삼각형을 만들어 물건을 그 안에 보이게 한다. 끝으로 한쪽 눈으로 번갈아 봤을 때 물건의 위치가 변하지 않는 쪽이 주로 사용하는 눈이다.

① 오른손잡이는 오른눈잡이일 가능성이 높다.
② 사람은 사물을 볼 때 주로 사용하는 한쪽 눈이 있다.
③ 주로 사용하는 눈은 시야가 좁아 자세하게 볼 수 있다.
④ 주로 사용하는 눈을 확인하려면 정밀 검사를 받아야 한다.

※　**[35~38] 다음 글의 주제로 가장 알맞은 것을 고르십시오. (각 2점)**

35.

　　대화란 두 사람 이상이 서로 이야기를 주고받는 행위를 말한다. 대화를 할 때 자신의 생각을 말로 잘 표현하는 것은 중요하다. 그러나 무엇보다도 중요한 것은 상대방의 말에 귀를 기울이는 것이다. 사람들 사이의 불화는 상대방의 말을 경청하지 않는 데서 시작한다고 해도 과언이 아니다. 상대방이 말하는 동안 내가 계속 말을 하면 대화 자체가 성립될 수가 없기 때문이다. 다른 사람의 말을 경청하는 것은 훌륭한 대화를 위해 반드시 필요한 자세이다.

① 대화를 할 때 자신의 말을 적당히 끊을 줄 알아야 한다.
② 대화는 두 사람 이상이 함께 이야기를 주고받는 것이다.
③ 훌륭한 대화에서는 말하는 것보다 듣는 것이 더 중요하다.
④ 대화를 할 때 자신의 의견을 효율적으로 표현하는 것이 중요하다.

36.

곤충 치유법은 곤충과의 정서적 교류를 통해 마음을 위로해 주는 치유법이다. 최근 한 초등학교에서 4주가량 호랑나비를 키우며 관찰하는 곤충 치유 학습을 실시했다. 분석 결과 프로그램에 참여한 학생들의 생활 만족도는 그렇지 않은 학생들보다 높아졌고 인지 능력도 20% 이상 향상된 것으로 나타났다. 이처럼 호랑나비를 이용한 치유 효과가 확인됨에 따라 최근 이런 프로그램을 활용하려는 학교가 증가하고 있다.

① 곤충 치유법의 확산으로 생태계가 파괴되고 있다.

② 최근 학교 현장에서 곤충 치유법이 각광받고 있다.

③ 초등학교에서는 곤충 전문가 양성을 위해 힘써야 한다.

④ 최근 사람의 마음을 달래 줄 수 있는 치유법이 다양해지고 있다.

37.

인간은 주변 환경에 관계없이 자신에게 필요한 정보를 가려낸다. 가령 지하철에서 졸다가 내려야 할 역의 안내 방송을 듣고 갑자기 잠이 깨는 경우가 있다. 소란스러운 환경에서도 자신과 관련된 정보는 잘 들리는 것이다. 이 때문에 시끄러운 파티에서도 참석자들은 자신과 대화를 나누는 사람의 목소리를 분별해 낼 수 있다. 또한 수업 시간에 미리 알고 있는 내용을 들으면 집중이 더 잘 되는 것도 같은 원리라고 할 수 있다.

① 인간은 자신에게 의미 있는 정보를 구분해서 받아들인다.

② 수업 시간에 이미 알고 있는 내용을 다루면 집중력이 떨어진다.

③ 자신과 관련된 내용이라도 시끄러운 환경에서는 들리지 않는다.

④ 인간은 다른 생물에게는 없는 독특한 지각 능력을 가지고 있다.

38.

> 한 영국 축구 감독은 집중력 향상을 위해 경기마다 껌을 씹는 것으로 유명하다. 실제로 껌을 씹는 것이 집중력을 높이는 데 도움이 된다는 연구 결과가 있다. 껌을 씹으면 뇌로 가는 혈액의 양이 늘어나 산소 공급이 더 원활해지고 이로 인해 뇌 기능도 활성화되기 때문이다. 단, 너무 오래 씹는 것은 턱관절에 무리가 올 수 있어 피해야 한다. 일반적으로 전문가들은 껌을 씹는 시간이 10분을 넘지 않는 것이 건강에 좋다고 한다.

① 껌을 씹으면 뇌가 자극되어 집중력이 높아진다.

② 껌을 씹는 행동은 턱관절에 무리를 줄 수 있다.

③ 뇌로 가는 혈액의 양은 산소 공급과 관계가 있다.

④ 경기에 집중하기 위해 껌을 씹는 감독들이 많다.

※ **[39~41] 다음 글에서 〈보기〉의 문장이 들어가기에 가장 알맞은 것을 고르십시오. (각 2점)**

39.

> 사직단은 조선 시대 토지신과 곡물신에게 제사를 지내던 곳이다. 조선 시대는 농업 중심 국가로 토지와 곡식은 국가와 경제의 근본이었다. (㉠) 그래서 국가의 안녕과 풍요를 비는 의식을 행할 장소를 설치한 것이다. (㉡) 사직단은 수도뿐만 아니라 각 고을에도 설치하도록 하였는데 당시 농업의 중요성이 얼마나 높았는지 짐작할 수 있다. (㉢) 그리고 각 단은 오색토라고 하여 각 방위에서 가져온 다섯 가지 색깔의 흙으로 덮었다. (㉣) 동은 청색, 서는 백색, 남은 적색, 북은 흑색, 중앙은 황색 흙으로 하였다. 이렇게 각 방향에서 가져온 흙을 뿌린 이유는 음양오행설에 따른 것이었다.

┌─── 보기 ───┐

　사직단의 구조는 동쪽에는 토지신을 위한 사단을 두고, 서쪽에는 곡물신을 위한 사단을 두었다.

└─────────────┘

① ㉠   ② ㉡   ③ ㉢   ④ ㉣

40.

　　두 명의 공범이 경찰에 체포된 후 각각 분리되어 조사를 받게 된다. 경찰로서는 두 명의 공범을 기소하기 위한 증거가 부족한 상황이다. 또한 두 사람이 함께 범죄 사실을 숨기면 둘 다 형량이 낮아질 수가 있다. (　㉠　) 이럴 경우 경찰은 공범들에게 동일한 제안을 한다. (　㉡　) 다른 한 명의 공범에 대해 자백을 하면 자백한 그 사람은 가벼운 형량을 받는 반면 다른 공범은 무거운 형량을 받게 된다는 것이다. (　㉢　) 범인 두 명 모두 자신의 이익만을 고려한 선택을 했다가 자신뿐만 아니라 상대방에게도 불리한 결과를 유발하게 되는 것이다. (　㉣　)

──── 보기 ────
　　이때 공범들은 상대방이 먼저 배신할 수도 있다는 두려움으로 결국 자백을 하게 된다.

① ㉠　　　　　② ㉡　　　　　③ ㉢　　　　　④ ㉣

41.

　　만화가 권태성의 과학 만화『과학병원 38.5』가 학부모와 아이들에게 관심을 불러일으키고 있다. 이 책은 과학적 이론을 바탕으로 동물들의 이야기를 담아낸 동물 병원 만화이다. (　㉠　) 아이들이 좋아하는 동물과 인체 과학 지식을 접목시킨 학습 만화로 동물 병원에서 벌어지는 일들을 그리고 있다. (　㉡　) 특히 상세한 진료 과정을 통해 동물과 인체에 대한 관심을 유도한다. (　㉢　) 이런 진료 과정은 현직 수의사 오승섭 씨가 감수하여 사실성도 높여 준다. (　㉣　) 나아가 사람과도 비교해 볼 수 있다는 점이 꽤 흥미롭다.

──── 보기 ────
　　이렇게 수의사 선생님이 들려주는 이야기를 통해 만화에 나오는 동물의 상태나 질병에 대해 자세히 알아볼 수 있다.

① ㉠　　　　　② ㉡　　　　　③ ㉢　　　　　④ ㉣

전화를 받은 주인 영감님이 좀 생기가 나더니 계산서를 작성해 주면서 ××상회에 20W 형광 램프 다섯 상자만 배달해 주고 오란다. 가까운 데 있는 소매상에서는 이렇게 전화 주문으로 배달까지를 부탁해 오는 수가 많다. 수남이는 자전거도 잘 타 배달이라면 문제도 없다.

〈중략〉 형광 램프를 ××상회에 부리고 나서 수금하는 데 또 한참이 걸린다. 장사꾼의 생리란 묘한 데가 있다.

수남이는 아직도 그 생리만은 이해가 안 될 뿐더러 문득문득 혐오감까지 느끼고 있다. 금고에 돈을 수북이 넣어 놓고도 꼭 땡전 한 푼 없는 얼굴을 하고 도무지 돈을 내주려 들지를 않는다. 조금 있다 오란다. 그 동안에 수금이 되면 주겠다는 것이다. 〈중략〉

"아유, 오늘 더럽게 장사 안 된다."

××상회 주인은 니코틴이 새까맣게 달라붙은 이빨 안쪽을 드러내고 크게 하품을 한다. 돈을 빨리 안 주는 변명 같기도 하고, '인석아, 하루 종일 기다려 봐라, 누가 돈을 호락호락 내줄 줄 아니.' 하는 공갈 같기도 하다. 그러나 수남이는 들은 척도 안 하고 장승처럼 버티고 서 있다. 〈중략〉 이럴 때 수남이는 이 세상에 장사꾼처럼 징그러운 족속이 또 있을까 싶은 생각이 나서 한숨이 절로 난다.

42. 밑줄 친 부분에 나타난 '수남'의 심정으로 알맞은 것을 고르십시오.

① 섭섭하다   ② 서글프다   ③ 못마땅하다   ④ 혼란스럽다

43. 이 글의 내용과 같은 것을 고르십시오.

① 수남의 가게는 전화로 주문을 받는다.

② 수남은 아직 자전거를 잘 타지 못한다.

③ 상회 주인은 장사가 안 돼서 금고에 돈이 없다.

④ 상회 주인은 수남에게 돈을 빨리 주고 싶어 한다.

등하교 시간 초등학교 근처에서는 학생들의 교통 지도를 하는 어머니들을 쉽게 볼 수 있다. 이들은 녹색어머니회로 초등학생들이 등하교 때 안전하게 학교 주변 길을 건널 수 있게 돕는 일을 한다. 원래 이 단체는 초등학생 어머니 중 원하는 사람이 자원봉사 형식으로 참여하는 방식이었다. 그러나 최근 이 녹색어머니회에 대한 논란이 끊이지 않고 있다. 맞벌이 가정이 많아짐에 따라 활동 지원자를 구하기가 어려워진 일부 학교에서 (   ) 것이다. 물론 등하교 시간 어린이 교통안전이 중요한 것은 두말할 필요도 없다. 그러나 이를 학부모의 몫으로 볼 수는 없다. 자녀들의 안전을 핑계로 학부모에게 교통 지도 봉사를 요구하는 것은 학교와 지방자치단체가 자신의 책임을 회피하는 것이다. 이 문제가 해결되기 위해서는 무엇보다 관련 기관이 이 일에 책임 의식을 가지고 적절한 대응 방안이 마련될 수 있도록 힘써야 할 것이다.

44. 위 글의 주제로 알맞은 것을 고르십시오.

① 어린이 교통안전의 중요성을 간과해서는 안 된다.

② 어린이 교통안전 교육을 지속적으로 실시해야 한다.

③ 어린이 교통안전과 관련된 봉사활동을 앞으로 더 늘려야 한다.

④ 어린이 교통안전에 대한 책임을 학부모에게 전가해서는 안 된다.

45. (   )에 들어갈 내용으로 알맞은 것을 고르십시오.

① 관련 기관에 도움을 요청한

② 교통 지도를 위한 단체를 만든

③ 녹색어머니회 참여를 의무화한

④ 초등학교 등하교 시간을 제한한

백제의 수도가 한성, 지금의 서울 위례성에 위치했을 때 축조한 성곽을 보면 당시 백제인의 건축 기술이 상당한 수준이었음을 알 수 있다. (㉠) 일반적으로 성곽하면 돌로 쌓은 석성이 가장 먼저 떠오르지만 당시에는 적을 방어할 목적으로 흙으로 만든 토성이 많이 지어졌다. (㉡) 토성의 성곽은 비교적 견고하여 오랜 시간을 견딜 수 있고 성 안팎으로 생긴 구덩이로 방어력을 높일 수 있다. 특히 백제 토성의 성곽은 돌로 쌓은 성곽만큼 견고하다. (㉢) 흙에 석회, 소금물 등을 섞으면 점성이 높아져서 시멘트벽과 같이 견고해진다. 또한 토성을 쌓을 때 나뭇잎을 이용하여 배수도 잘 되게 설계했기 때문에 여름철 폭우에도 대비할 수 있었다. (㉣) 이처럼 백제의 토성은 천 년 전에 지어진 유적이지만 그 속에 숨어 있는 백제인의 지혜를 발견할 수 있다.

46. 위 글에서 〈보기〉의 글이 들어가기에 가장 알맞은 곳을 고르십시오.

보기

흙으로 만들었음에도 불구하고 단단할 수 있었던 것은 석회를 이용했기 때문이다.

① ㉠   ② ㉡   ③ ㉢   ④ ㉣

47. 위 글의 내용과 같은 것을 고르십시오.

① 백제 시대에는 건축 기술이 아직 발달되지 못했다.

② 석회를 이용하면 토성을 견고하게 쌓을 수 있다.

③ 나뭇잎을 이용하여 토성을 쌓으면 물이 잘 빠지지 않는다.

④ 백제 토성의 성곽은 돌을 쌓아 만들었기 때문에 매우 단단하다.

　　직장생활 경험이 있는 20~64세 남녀 1500명을 대상으로 직장 내 괴롭힘을 당한 적이 있는지에 대해 조사한 결과 73.7%가 직장 내 괴롭힘 피해 경험이 있다고 대답했다. 이에 근로자가 직장에서 다른 근로자에게 신체적 · 정신적 고통을 주는 행위 등을 금지하는 '직장 내 괴롭힘 금지법'이 시행되었다. 직장 내 괴롭힘이 발생하는 경우 즉시 이를 조사하고 피해 직원의 희망에 따라 근무 장소 변경, 유급 휴가 명령 등 (　　　　) 했다. 만약 직장 내 괴롭힘 발생 사실을 신고하였음을 이유로 불이익을 주는 경우에는 3년 이하의 징역 또는 3000만 원 이하의 벌금에 처하도록 하였다. 하지만 '직장 내 괴롭힘 금지법' 시행 이후에도 여전히 많은 소규모 사업장이 사각지대에 놓여 있다. 10인 미만의 사업장은 법의 적용 대상에서 빠졌기 때문이다. 모든 사업장에 적용되지 않는다면 '직장 내 괴롭힘 금지법 시행'이 무슨 의미가 있겠는가? 소규모 사업장 노동자의 노동권을 보장하기 위해 소규모 사업장의 관리자들도 근로 관련 교육을 의무적으로 이수하게 하는 등 구체적인 제도가 마련되어야 할 것이다.

48. 위 글을 쓴 목적으로 알맞은 것을 고르십시오.
① 직장 내 괴롭힘 금지법을 지지하기 위해
② 소규모 사업장의 노동 환경에 대해 설명하기 위해
③ 직장 내 괴롭힘 금지법이 야기할 혼란을 경고하기 위해
④ 소규모 사업장의 노동자에 대한 제도 마련을 요구하기 위해

49. (　　　　)에 들어갈 내용으로 알맞은 것을 고르십시오.
① 적절한 조치를 취하도록　　　　　　② 모든 조직에 법을 적용하도록
③ 고통을 주는 행위를 금지하도록　　　④ 직장 내 괴롭힘 발생 사실을 신고하도록

50. 밑줄 친 부분에 나타난 필자의 태도로 알맞은 것을 고르십시오.
① 소규모 사업장의 노동자들을 평가하고 있다.
② 직장 내 괴롭힘 금지법 시행에 동의하고 있다.
③ 직장 내 괴롭힘 금지법의 효용성에 대해 강조하고 있다.
④ 소규모 사업장에 직장 내 괴롭힘 금지법이 적용되지 않음을 비판하고 있다.

제3회
실전모의고사

한국어능력시험 II
(중·고급)

| 1교시 | 듣기, 쓰기 |

수험번호(Registration No.)		
이름 (Name)	한국어(Korean)	
	영 어(English)	

유 의 사 항
Information

1. 시험 시작 지시가 있을 때까지 문제를 풀지 마십시오.
   Do not open the booklet until you are allowed to start.

2. 접수번호와 이름은 정확하게 적어 주십시오.
   Write your name and registration number on the answer sheet.

3. 답안지를 구기거나 훼손하지 마십시오.
   Do not fold the answer sheet; keep it clean.

4. 답안지의 이름, 접수번호 및 정답의 기입은 컴퓨터용 펜을 사용하여 주십시오.
   Use the optical mark reader(OMR) pen only.

5. 정답은 답안지에 정확하게 표시하여 주십시오.
   Mark your answer accurately and clearly on the answer sheet.

   marking example ① ● ③ ④

6. 문제를 읽을 때에는 소리가 나지 않도록 하십시오.
   Keep quiet while answering the questions.

7. 질문이 있을 때에는 손을 들고 감독관이 올 때까지 기다려 주십시오.
   When you have any questions, please raise your hand.

※ [1~3] 다음을 듣고 알맞은 그림을 고르십시오. (각 2점)

1.

①

②

③

④

2.

①

②

③

④

3.

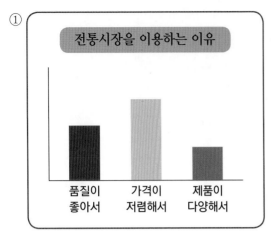

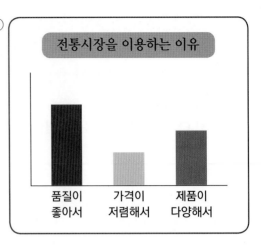

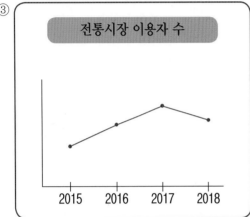

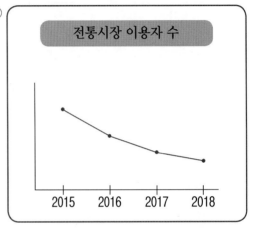

※ **[4~8] 다음 대화를 잘 듣고 이어질 수 있는 말을 고르십시오. (각 2점)**

4. ① 제주도는 너무 멀어.

② 내가 한번 알아볼게.

③ 나도 정말 가 보고 싶었어.

④ 부산 여행이 훨씬 재미있었어.

5. ① 이번에는 혼자 가지 그래요?

② 친구랑 어제 등산 갔다 왔어요.

③ 그래도 눈 그치면 가는 게 어때요?

④ 아침에는 눈이 많이 오더니 다 그쳤네요.

6. ① 응. 매번 빌려줘서 정말 고마워.

② 응. 다른 친구한테 벌써 빌렸어.

③ 응. 자꾸 빌려 달라고 해서 미안해.

④ 응. 오늘 여자 친구랑 한강에 가기로 했거든.

7. ① 네. 저도 가입해 볼까 해요.　　　② 네. 동아리에 가입했다면서요?

③ 아니요. 아직 친구가 별로 없어요.　④ 아니요. 동아리 활동이 그렇게 힘들어요?

8. ① 금요일에 출장을 가야겠어요.

② 다음 주 금요일에 워크숍을 할 수 없어요.

③ 급한 일이 생겨서 해외지사에 가게 됐어요.

④ 시간이 얼마 안 남았으니까 빨리 알아보세요.

※　[9~12] 다음 대화를 잘 듣고 여자가 이어서 할 행동으로 알맞은 것을 고르십시오. (각 2점)

9. ① 식당을 예약한다.　　　　② 모임 장소를 정한다.

③ 친구들한테 연락한다.　　④ 참석 인원을 조사한다.

10. ① 부장을 기다린다.　　　② 홍보부로 돌아간다.

③ 홍보 자료를 만든다.　　④ 남자에게 자료를 준다.

11. ① 식당으로 간다.　　　　② 차에서 내린다.

③ 다른 주차장에 주차한다.　④ 줄 서서 차례를 기다린다.

12. ① 팀장에게 연락한다.　　② 작년 매출을 조사한다.

③ 보고서 내용을 확인한다.　④ 보고서를 다시 작성한다.

13. ① 여자는 저녁에 약을 많이 먹었다.

② 남자는 편의점에서 약을 사려고 한다.

③ 여자는 소화제를 사러 나가려고 한다.

④ 남자는 여자에게 소화제를 사 주었다.

14. ① 세탁실은 24시간 사용이 가능하다.

② 공동 시설이므로 사용 후 뒷정리를 해야 한다.

③ 1,000원으로 세탁기와 건조기를 사용할 수 있다.

④ 세탁실에 세제가 구비되어 있어 준비할 필요 없다.

15. ① 이 선수는 3회전에서 승리하였다.

② 이 선수는 현재 세계 랭킹 10위이다.

③ 이 선수는 최근 성적이 좋지 않았다.

④ 이 선수는 이번 대회를 끝으로 은퇴할 예정이다.

16. ① 남자는 소리를 제작하는 일을 한다.

② 소리를 만들려면 시각이 좋아야 한다.

③ 실제로 주인공이 걸을 때 큰 소리가 난다.

④ 음향 기사는 음향 장비를 다룰 수 없어도 된다.

17. ① 혼자 있으면 우울해진다.

② 힘든 시간을 혼자 보내면 안 된다.

③ 시간이 지난 후에 연락하는 것이 낫다.

④ 친구가 우울해 할 때 자주 만나야 한다.

18. ① 신혼집을 빨리 구해야 한다.

② 부모님의 의견을 들어 보는 것이 중요하다.

③ 남편과 많은 시간을 함께 보낼 필요가 있다.

④ 부모님과 같이 살면 결혼 생활에 도움이 된다.

19. ① 발표는 먼저 하는 것이 좋다.

② 긴장을 풀어야 발표를 잘할 수 있다.

③ 마지막에 발표를 하면 긴장이 풀린다.

④ 발표를 잘하려면 연습을 많이 해야 한다.

20. ① 장애인은 보통 사람들과 다르다.

② 장애인을 위한 제도를 마련해야 한다.

③ 장애인도 즐길 수 있는 일을 찾아야 한다.

④ 장애인에 대한 부정적인 생각을 없애고 싶다.

21. 남자의 중심 생각으로 맞는 것을 고르십시오.
① 사람은 누구든지 실수를 한다.
② 실수를 통해 더욱 성숙해질 수 있다.
③ 실수는 의미 있는 행위라고 볼 수 있다.
④ 똑같은 실수를 하지 않도록 노력해야 한다.

22. 들은 내용으로 맞는 것을 고르십시오.
① 여자는 회사 동료들에게 인기가 많다.
② 여자는 회사에서 실수를 자주 하는 편이다.
③ 여자는 어제 피곤해서 서류를 처리 못했다.
④ 여자는 자신감을 얻기 위해 노력하고 있다.

23. 여자는 무엇을 하고 있는지 고르십시오.
① 가입한 보험에 대해 상담하고 있다.
② 보험 가입 방법에 대해 문의하고 있다.
③ 보험 가입 순서에 대해 설명하고 있다.
④ 보험료가 비싼 것에 대해 불평하고 있다.

24. 들은 내용으로 맞는 것을 고르십시오.
① 여자는 보험을 하나 더 들 것이다.
② 여자는 최근 생활비 지출이 늘었다.
③ 여자의 현재 보험료 지출은 적당하다.
④ 여자는 자녀들을 위해서 보험을 들지 않았다.

※ **[25～26] 다음을 듣고 물음에 답하십시오. (각 2점)**

25. 여자의 중심 생각으로 맞는 것을 고르십시오.
① 그림을 통해 여러 심리적 문제를 치유할 수 있다.
② 그림을 통해 사람의 마음속을 정확하게 알 수 있다.
③ 마음의 안정을 얻으려면 그림을 솔직하게 그려야 한다.
④ 마음의 병을 숨기지 말고 미술 치료를 통해 도움을 받아야 한다.

26. 들은 내용으로 맞는 것을 고르십시오.
① 마음의 병을 가지고 살아가는 사람이 줄고 있다.
② 참여자는 전문가에게 그림을 그리는 방법을 배운다.
③ 현대인들은 과거와 달리 마음속 상처를 잘 표현한다.
④ 그림을 통해 참여자의 심리 상태를 확인할 수 있다.

※ **[27～28] 다음을 듣고 물음에 답하십시오. (각 2점)**

27. 여자가 남자에게 말하는 의도를 고르십시오.
① 불꽃축제의 의미를 설명하기 위해
② 불꽃축제의 효과를 강조하기 위해
③ 불꽃축제의 문제점을 지적하기 위해
④ 불꽃축제의 홍보 방법을 확인하기 위해

28. 들은 내용으로 맞는 것을 고르십시오.
① 이 축제는 2년에 1번 열린다.
② 이 축제는 밤늦은 시간까지 진행된다.
③ 이 축제는 시작한 지 10년이 안 됐다.
④ 이 축제에는 매년 15개국 이상이 참가한다.

※ [29~30] 다음을 듣고 물음에 답하십시오. (각 2점)

29. 남자는 누구인지 고르십시오.

　① 운동 경기를 분석하는 사람

　② 운동 경기의 승패를 판정하는 사람

　③ 운동선수의 부상을 치료해 주는 사람

　④ 운동선수의 심리적 문제를 해결해 주는 사람

30. 들은 내용으로 맞는 것을 고르십시오.

　① 운동선수들은 징크스에 대한 고민이 많다.

　② 징크스는 습관을 바꾸면 쉽게 해결할 수 있다.

　③ 징크스는 행운이 올 거라고 믿는 느낌을 뜻한다.

　④ 운동선수들은 훈련보다 상담을 중요하게 생각한다.

※ [31~32] 다음을 듣고 물음에 답하십시오. (각 2점)

31. 남자의 생각으로 맞는 것을 고르십시오.

　① 마을 벽화는 지역 환경과 경제에 도움이 된다.

　② 방송을 통해 마을을 적극적으로 홍보해야 한다.

　③ 관광객들로 인한 문제는 시간이 지나면 해결될 것이다.

　④ 마을에 살고 있는 주민들의 주거 문제를 해결해야 한다.

32. 남자의 태도로 맞는 것을 고르십시오.

　① 자료를 제시하며 반박하고 있다.

　② 발생한 문제에 대한 책임을 묻고 있다.

　③ 현재의 상황을 긍정적으로 평가하고 있다.

　④ 전문가의 의견을 들어 상대방을 설득하고 있다.

33. 무엇에 대한 내용인지 맞는 것을 고르십시오.

① 자동차 타이어의 재료

② 자동차 타이어의 색상

③ 자동차 타이어의 변화 과정

④ 자동차 타이어의 생산 과정

34. 들은 내용으로 맞는 것을 고르십시오.

① 타이어는 개발했을 때부터 무늬를 새기었다.

② 타이어는 노면으로부터 충격을 완화시켜 준다.

③ 타이어에 세로 무늬를 넣으면 잘 미끄러지지 않는다.

④ 타이어에 가로 무늬를 새기면 승차감이 우수해진다.

※ [35~36] 다음을 듣고 물음에 답하십시오. (각 2점)

35. 남자는 무엇을 하고 있는지 고르십시오.

① 졸업생들에게 최고가 되기 위한 방법을 설명하고 있다.

② 졸업생들에게 인생에서의 성공이 무엇인지 알려주고 있다.

③ 졸업생들에게 최선을 다하며 사는 인생의 의미를 강조하고 있다.

④ 졸업생들에게 때에 따라 포기할 줄 아는 태도에 대해 역설하고 있다.

36. 들은 내용으로 맞는 것을 고르십시오.

① 최선을 다하면 누구나 최고가 될 수 있다.

② 최고가 되지 못하면 경쟁에서 밀릴 수밖에 없다.

③ 어려움을 이겨 내고 노력한다면 성공할 수 있다.

④ 최선보다는 최고를 향해 나아가는 것이 중요하다.

37. 여자의 중심 생각으로 맞는 것을 고르십시오.
① 양파의 소비를 점차 늘려야 한다.
② 양파는 신경을 안정시키는 데 효과가 있다.
③ 양파는 여러 면에서 건강에 이로운 채소이다.
④ 양파를 활용한 수면 장애 치료제를 개발해야 한다.

38. 들은 내용과 같은 것을 고르십시오.
① 최근 양파로 만든 즙에 대한 연구가 진행됐다.
② 양파의 매운 성분은 수면을 유도하는 데 효과가 있다.
③ 양파를 활용한 요리법이 사람들에게 인기를 끌고 있다.
④ 수면 장애를 겪는 사람은 양파를 물에 씻은 후에 먹는 것이 좋다.

39. 이 대화 앞의 내용으로 알맞은 것을 고르십시오.
① 혼자 사는 노인을 돕는 봉사활동이 추진 중이다.
② 혼자 사는 노인을 위한 사회적 시설이 마련되었다.
③ 가족의 사망으로 혼자 살게 된 노인들이 늘고 있다.
④ 혼자 사는 노인이 죽은 후 오랜 시간이 지나 발견되기도 한다.

40. 들은 내용과 일치하는 것을 고르십시오.
① 우울증과 같은 정신 질환을 가지고 있는 독거노인이 많다.
② 앞으로 15년 후에는 독거노인의 수가 줄어들 것으로 전망된다.
③ 독거노인의 건강을 수시로 확인하는 서비스가 진행될 예정이다.
④ 경제적인 어려움을 겪는 노인을 위해 노인돌보미 서비스를 제공한다.

※ **[41~42] 다음은 강연입니다. 잘 듣고 물음에 답하십시오. (각 2점)**

41. 여자의 중심 생각으로 맞는 것을 고르십시오.
① 말투나 생활 습관을 통해 사람의 심리를 파악할 수 있다.
② 상대방의 생각을 정확히 이해하기 위해 노력해야 한다.
③ 설득에 성공하려면 자신과 외모가 닮은 사람을 찾아야 한다.
④ 상대방을 설득하려면 먼저 공통점을 찾아 호감을 얻어야 한다.

42. 들은 내용과 일치하는 것을 고르십시오.
① 상대방의 호감을 얻기는 쉽지 않다.
② 고향이 같아야 상대방을 설득할 수 있다.
③ 다른 사람을 설득해야 하는 상황을 피할 수 없다.
④ 사람은 자신과 비슷한 사람에게 호감을 느끼지 않는다.

※ **[43~44] 다음은 다큐멘터리입니다. 잘 듣고 물음에 답하십시오. (각 2점)**

43. 이 이야기의 중심 내용으로 맞는 것을 고르십시오.
① 직립 보행 로봇은 인체의 외형을 모방하여 만들었다.
② 직립 보행 로봇이 다양한 분야에서 활용되어야 한다.
③ 직립 보행 로봇이 물건을 배달하는 데에 활용되고 있다.
④ 직립 보행 로봇에는 장애물을 인식할 수 있는 장치가 있다.

44. 걸어 다니는 택배 로봇을 개발한 이유로 맞는 것을 고르십시오.
① 차에서 내리기가 쉽기 때문에
② 계단을 올라가야 하기 때문에
③ 개발 비용이 저렴하기 때문에
④ 무거운 물건을 들 수 있기 때문에

※ **[45~46] 다음은 강연입니다. 잘 듣고 물음에 답하십시오. (각 2점)**

45. 들은 내용과 일치하는 것을 고르십시오.
① 높은 기대치를 가지면 실패할 가능성이 많아진다.
② 결과에 대한 자신감을 가지면 성공할 가능성이 높다.
③ 성공한 사람들은 결과에 실망할까 봐 기대치를 낮춘다.
④ 성공한 사람들은 목표 달성 과정에서 어려움을 겪지 않는다.

46. 여자가 말하는 방식으로 가장 알맞은 것을 고르십시오.
① 대상의 유형을 분류하고 있다.
② 대상의 개념을 정의하고 있다.
③ 대상의 변화 과정을 요약하고 있다.
④ 대상의 공통적인 특징을 제시하고 있다.

※ **[47~48] 다음은 대담입니다. 잘 듣고 물음에 답하십시오. (각 2점)**

47. 들은 내용과 일치하는 것을 고르십시오.
① 법안 개정 후 대학에서는 강좌 수를 줄였다.
② 법안 개정 후 학생들의 교육 환경이 더 나아졌다.
③ 이 법안으로 인해 많은 강사들이 새로 임용되었다.
④ 이 법안은 대학의 경제적인 부담을 덜기 위한 것이다.

48. 남자의 태도로 가장 알맞은 것을 고르십시오.
① 문제에 대한 책임을 묻고 있다.
② 문제에 대한 평가를 유보하고 있다.
③ 문제에 대한 보완책을 촉구하고 있다.
④ 문제 해결의 어려움을 토로하고 있다.

※   [49~50] 다음은 강연입니다. 잘 듣고 물음에 답하십시오. (각 2점)

49. 들은 내용과 일치하는 것을 고르십시오.

① 농산물 이력을 추적할 때 스마트폰으로 확인할 수 있다.

② 농산물 이력은 상품에 붙어 있는 설명으로 확인할 수 있다.

③ 농산물 이력 추적 제도는 유통 회사들의 자율에 맡기고 있다.

④ 농산물 이력 추적 제도는 농산물의 신선도를 높이고자 도입되었다.

50. 여자가 말하는 방식으로 가장 알맞은 것을 고르십시오.

① 제도의 의의와 시행 과정을 설명하고 있다.

② 제도와 관련된 연구 결과를 소개하고 있다.

③ 제도의 실효성을 사례를 통해 증명하고 있다.

④ 제도를 경험한 소비자의 반응을 분석하고 있다.

쓰기 (51번 ~ 54번)

※ [51~52] 다음을 읽고 ㉠과 ㉡에 들어갈 말을 각각 한 문장으로 쓰시오. (각 10점)

51.

공지사항

< 목록보기

| 제목: 국제 교류 프로그램 실시 | 관리자 |

안녕하세요. 은혜대학교 국제교류처 이민정입니다.

이번 주 토요일 9시에 유학생과 한국 학생의 문화 교류를 위한 (　㉠　).

우리 학교 학생이면 누구든지 참여할 수 있습니다. 이번 행사에 관심이 있는

학생들은 아래 이메일로 (　㉡　).

신청 이메일: topikrecipe@gachon.ac.kr

㉠ _____

㉡ _____

52.

　　건강에 좋은 음식이라고 해서 모든 사람에게 이로운 것은 아니다. 우리가 자주 마시는
차도 마찬가지이다. 모든 차가 다 건강에 좋은 것은 아니다.　자기에게 맞지 않는 차를 계
속 마시다가는 오히려 (　　㉠　　). 건강에 좋다고 해서 무조건 아무 차나 마시기
보다는 나에게 (　㉡　).

㉠ _____

㉡ _____

53. 다음을 참고하여 '반려동물 인구 변화'에 대한 글을 200~300자로 쓰시오. 단, 글의 제목을 쓰지 마시오. (30점)

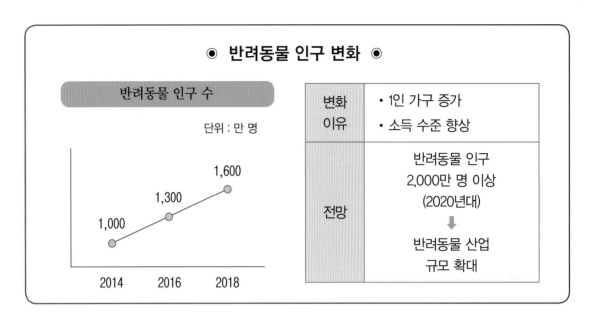

54. 다음을 주제로 하여 자신의 생각을 600~700자로 글을 쓰시오. 단, 문제를 그대로 옮겨 쓰지 마시오. (50점)

> 현대 사회는 다양한 문화가 혼재된 다문화 사회이다. 다양한 문화적 배경을 가진 사람들이 함께 어울려 살아가기 때문에 다른 문화에 대한 열린 자세가 필요하다. 아래의 내용을 중심으로 '다른 문화를 대하는 자세'에 대해 자신의 생각을 쓰라.

- 다른 문화에 대한 이해가 필요한 이유는 무엇인가?
- 다른 문화를 이해하지 못하면 생기는 문제는 무엇인가?
- 다른 문화에 대한 열린 자세를 갖기 위해 어떤 노력이 필요한가?

* 원고지 쓰기의 예

	건	강	에		좋	은		음	식	이	라	고		해	서		모	든	
사	람	에	게		이	로	운		것	은		아	니	다	.		우	리	가

제3회
실전모의고사

한국어능력시험 II
(중 · 고급)

| 2교시 | 읽기 |

수험번호(Registration No.)		
이름 (Name)	한국어(Korean)	
	영 어(English)	

유 의 사 항
Information

1. 시험 시작 지시가 있을 때까지 문제를 풀지 마십시오.
   Do not open the booklet until you are allowed to start.

2. 접수번호와 이름은 정확하게 적어 주십시오.
   Write your name and registration number on the answer sheet.

3. 답안지를 구기거나 훼손하지 마십시오.
   Do not fold the answer sheet; keep it clean.

4. 답안지의 이름, 접수번호 및 정답의 기입은 컴퓨터용 펜을 사용하여 주십시오.
   Use the optical mark reader(OMR) pen only.

5. 정답은 답안지에 정확하게 표시하여 주십시오.
   Mark your answer accurately and clearly on the answer sheet.

   marking example ① ● ③ ④

6. 문제를 읽을 때에는 소리가 나지 않도록 하십시오.
   Keep quiet while answering the questions.

7. 질문이 있을 때에는 손을 들고 감독관이 올 때까지 기다려 주십시오.
   When you have any questions, please raise your hand.

읽기 (1번 ~ 50번)

※ [1~2] (   )에 들어갈 가장 알맞은 것을 고르십시오. (각 2점)

1. 이번 방학에 어디로 여행을 (   ) 아직 정하지 못했다.
① 가고   ② 갈지   ③ 가니까   ④ 간다면

2. 마음에 드는 옷이 너무 비싸서 살까 말까 고민하다가 결국 (   ).
① 사 버렸다   ② 살까 했다   ③ 산 줄 알았다   ④ 사려고 했다

※ [3~4] 다음 밑줄 친 부분과 의미가 비슷한 것을 고르십시오. (각 2점)

3. 집에 <u>들어오는 길에</u> 시장에 들러서 과일을 샀다.
① 들어오다가   ② 들어오니까   ③ 들어오자마자   ④ 들어오느라고

4. 이번 대회의 결과가 어떨지는 우리가 <u>연습하기에 달려 있다.</u>
① 연습할 뿐이다   ② 연습하는 법이다
③ 연습하기 나름이다   ④ 연습하기 마련이다

※ [5~8] 다음은 무엇에 대한 글인지 고르십시오. (각 2점)

5.

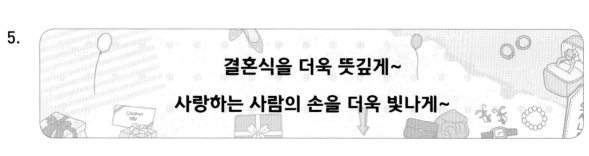

결혼식을 더욱 뜻깊게~
사랑하는 사람의 손을 더욱 빛나게~

① 반지   ② 향수   ③ 비누   ④ 장갑

6.

특별한 날, 가족, 친구, 연인과 함께 한 장!

소중한 추억을 액자에 담으세요.

① 사진관　　　② 백화점　　　③ 여행사　　　④ 박물관

7.

공공장소에서 **담배**는 **안** 돼요!

당신의 습관이
다른 사람의 건강을 해칠 수 있습니다.

① 금연 홍보　　　② 환경 보호　　　③ 안전 교육　　　④ 공공 예절

8.

 건조하고 서늘한 곳에 두십시오.

② 내용물이 얼지 않도록 주의하십시오.

① 사용 순서　　　② 제품 설명　　　③ 보관 방법　　　④ 사용 소감

※ **[9~12] 다음 글 또는 도표의 내용과 같은 것을 고르십시오. (각 2점)**

9.

은혜산성 공원 주차장 요금표

◆ 오는 9월 1일(토) 01:00부터 아래와 같이 이용 요금이 변경됩니다.

차종별	현행		변경 후
소형차	1,000원	➡	평일 3,000원
			공휴일 5,000원
중·대형			평일 6,000원
			공휴일 10,000원

① 9월 1일부터 주차 요금이 인하된다.

② 변경 후 주차 요금은 공휴일이 더 싸다.

③ 현행 요금은 차종과 관계없이 주차 요금이 같다.

④ 현행과 변경 후 요금 차이는 소형차가 가장 크다.

10.

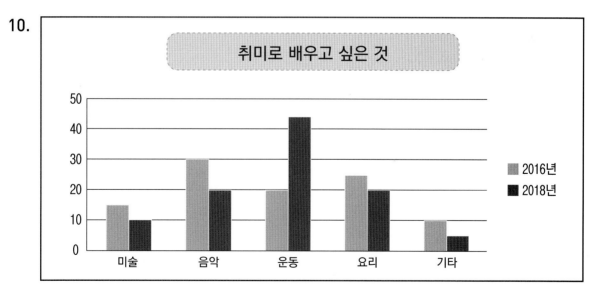

① 2016년과 2018년에 가장 배우고 싶은 취미 활동은 요리이다.

② 2016년에는 음악보다 운동을 배우고 싶어 하는 사람의 비율이 높았다.

③ 2018년에는 미술을 배우고 싶어 하는 사람이 2016년에 비해 늘어났다.

④ 2018년에는 운동을 배우고 싶어 하는 사람의 비율이 2016년보다 두 배 이상 증가했다.

11.

> 무화과는 맛도 좋고 건강에도 좋은 과일이다. 무화과에는 식이섬유가 풍부하여 변비를 예방해 주고 피부 미용에 도움이 되는 영양 성분이 들어 있어 젊음을 유지할 수 있다. 그러나 무화과는 빨리 상하기 때문에 오래 보관하기가 힘들다. 무화과를 많이 구입했을 때는 설탕을 넣고 끓여 잼으로 만들면 오래 두고 먹을 수 있다.

① 무화과를 잼으로 만들면 빨리 상한다.
② 무화과는 많이 먹으면 변비에 걸릴 수 있다.
③ 무화과를 먹으면 피부 노화를 예방할 수 있다.
④ 무화과는 잘 썩지 않기 때문에 오랫동안 먹을 수 있다.

12.

> 앞으로는 출산 휴가 기간에 급여를 받는 여성들이 늘어날 전망이다. 지금까지는 고용보험에 가입되지 않은 여성들의 경우 일을 하고 있어도 출산 휴가 기간 동안 급여를 지급받을 수 없었다. 그러나 다음 달부터는 고용보험이 없는 여성 직장인도 출산 후 신청을 하면 최대 월 50만 원 씩 3개월 동안 총 150만 원의 급여를 지원받을 수 있게 된다. 신청은 가까운 고용센터나 인터넷을 통해 하면 된다.

① 급여 지원 신청은 인터넷으로만 가능하다.
② 고용보험이 없는 여성들은 일을 할 수 없다.
③ 출산 후 석 달 동안 급여를 지원받을 수 있다.
④ 출산을 한 모든 여성들은 매달 돈을 받게 된다.

※ **[13~15] 다음을 순서대로 맞게 배열한 것을 고르십시오. (각 2점)**

13.

> (가) 여우 한 마리가 나무 밑을 지나가다가 자고 있는 뱀을 보았다.
>
> (나) 몸을 최대한 길게 늘이려고 힘을 주는 순간 '뚝'하는 소리와 함께 허리가 부러지고 말았다.
>
> (다) 그래서 뱀 옆에 누워서 자신의 몸을 늘여보기로 하고 여러 차례 몸에 힘을 주어 보았다.
>
> (라) 문득 자기도 뱀처럼 몸이 길면 높은 곳에 쉽게 올라갈 수 있겠다는 생각이 들었다.

① (가)-(다)-(라)-(나)   ② (가)-(라)-(다)-(나)

③ (라)-(가)-(나)-(다)   ④ (라)-(다)-(가)-(나)

14.

> (가) 이 동물 등록제는 동물 보호와 유기, 유실을 방지하기 위해 시행해 온 제도이다.
>
> (나) 제도를 강화하고자 앞으로는 동물 등록을 안 할 경우 최대 100만 원 이하의 과태료가 부과된다.
>
> (다) 정부에서는 이미 반려견을 관할 지방자치단체에 의무적으로 등록하도록 제도화하였다.
>
> (라) 최근 버려지는 유기견의 수가 계속 증가하고 있어 문제가 되고 있다.

① (나)-(가)-(라)-(다)   ② (나)-(라)-(다)-(가)

③ (라)-(다)-(가)-(나)   ④ (라)-(다)-(나)-(가)

15.

> (가) 그런데 밤에 누워 있으면 원래대로 퍼지게 된다.
>
> (나) 사람의 뼈 사이에는 뼈를 연결하는 물렁한 부분이 있다.
>
> (다) 서서 활동하는 낮에는 머리의 무게 때문에 이 부분이 눌린다.
>
> (라) 그래서 사람은 저녁보다 아침에 키가 크다.

① (나)-(가)-(다)-(라)   ② (나)-(다)-(가)-(라)

③ (다)-(나)-(라)-(가)   ④ (다)-(라)-(나)-(가)

16.

　　일반적으로 사람들은 고개를 숙인 자세로 머리를 감는다. 그러나 미용실에 가면 누운 자세로 머리를 감게 된다. 이는 고개를 숙인 채로 머리를 감게 되면 물에 화장이 지워질 수 있기 때문이다. 여성이 주 고객층인 미용실에서 손님의 (   ) 것을 막기 위해 누워서 머리를 감게 하는 것이다.

① 화장이 지워지는　　　　　　　　② 화장품이 바뀌는

③ 머리카락이 상하는　　　　　　　　④ 머리 모양이 달라지는

17.

　　건물의 용도에 따라 천장의 높이와 모양이 각각 다르다. 은행의 천장은 다른 건물에 비해 높게 만든다. 그 이유는 감시 카메라를 높이 설치해서 은행 안의 모든 장소를 촬영하기 위한 것이다. 또 공연장의 천장이 둥근 이유는 음악 소리가 구석구석까지 골고루 퍼져 나갈 수 있도록 한 것이다. 이처럼 건물의 천장은 (   ) 만들어진다.

① 건축 기술을 개선하여　　　　　　② 예술적 가치를 반영하여

③ 설계의 원리를 준수하여　　　　　　④ 사용하는 용도를 생각하여

18.

　　우리가 흔히 사용하는 주름 빨대는 미국의 한 아버지가 발명한 것이다. 이것은 어린 딸이 식탁 위에 빨대가 꽂힌 음료수를 먹기 위해 애쓰는 모습에서 영감을 얻었다고 한다. 빨대의 높이보다 키가 작은 딸이 편하게 마시게 할 방법이 없을까 고민한 끝에 윗부분을 구부릴 수 있는 빨대를 발명해 낸 것이다. 이처럼 우리가 사용하는 물건들 중에는 생활 속의 (   ) 위한 고민의 결과가 꽤 많다.

① 상식을 깨뜨리기　　　　　　　　② 지혜를 상품화하기

③ 편리함을 개선하기　　　　　　　　④ 불편함을 해결하기

> 동물의 눈동자를 보면 그 동물이 대개 어떤 먹이를 먹는지 알 수 있다. 육식 동물의 눈동자는 가늘면서 위아래로 긴 모양을 하고 있는 경우가 많다. 주변 시야가 제한되기는 하지만 먹이의 움직임을 파악한 후 사냥하기에 적합하다. (   ) 초식 동물은 대부분 옆으로 긴 눈동자를 가졌다. 넓은 시야를 확보할 수 있어서 주변을 항상 경계하면서 포식자의 접근을 감시하기에 적합하다. 이처럼 각각의 동물들은 생존을 위해 자신에게 더 유리한 모양으로 진화된 것이다.

19. (   )에 들어갈 알맞은 것을 고르십시오.

① 그래서

② 그러나

③ 그리고

④ 그러면

20. 위 글의 내용과 같은 것을 고르십시오.

① 눈동자의 모양에 따라 시야의 폭이 다르다.

② 시야가 좁으면 주변을 경계하기에 유리하다.

③ 위아래로 긴 눈동자를 가진 동물은 대부분 풀을 먹는다.

④ 고기를 먹고 사는 동물은 옆으로 긴 눈동자를 가졌다.

냉장고는 세균의 활동을 완전히 막아 주지 못하기 때문에 냉장고를 너무 과신하면 식중독에 걸릴 위험이 있다. 특히 여름철에 냉장고에 음식을 넣었다고 해서 절대로 마음을 놓아서는 안 된다. 자칫하면 (   ) 수가 있다. 냉장고는 음식이 상하는 기간을 늦추어 줄 수는 있지만 세균을 없애거나 부패를 방지하는 것은 아니다. 따라서 냉장고에 음식을 넣을 때는 너무 오래 보관하지 않도록 해야 한다.

21. (   )에 들어갈 알맞은 것을 고르십시오.

① 믿는 도끼에 발등 찍힐

② 원숭이도 나무에서 떨어질

③ 개구리 올챙이 적 생각 못할

④ 열 번 찍어 안 넘어가는 나무가 없을

22. 위 글의 중심 생각을 고르십시오.

① 여름에는 모든 음식을 냉장고에 보관해야 한다.

② 냉장고에 보관한 음식을 너무 오래 두면 안 된다.

③ 냉장고의 실내 온도를 적절하게 조절할 필요가 있다.

④ 여름에는 음식이 상하기 쉬우므로 식중독에 유의해야 한다.

> 고등학생이 된 후 첫 음악 실기 시험이었다. 이번 음악 실기 시험은 교과서에 나오는 노래 중 하나를 골라 부르는 것이었다. 중학교 때 반에서 노래를 잘하는 축에 들었던 나는 이번 실기 시험도 자신 있었다. 시험이 시작되고 친구들은 한 명씩 나와서 노래를 부르기 시작했다. 그런데 반 친구들의 실력이 너무 좋았다. 노래 부르는 자세는 물론 목소리도 훌륭했고 음정과 박자도 완벽한 것 같았다. 중학교 때 같은 반 친구들의 실력과는 비교가 되지 않을 정도였다. 그동안 나름 자신 있었던 내 노래 실력이 우습게 느껴졌다. '노래할 때 실수하면 어떡하지? 내 노래를 듣고 친구들이 비웃으면 어떡하지?' 나는 다음 달 수학여행 장기 자랑에서도 우리 반 대표로 노래를 하기로 되어 있었다. '내 노래를 듣고 나서 친구들이 반 대표로 노래할 사람을 바꾸자고 할지도 몰라.' 점점 친구들의 노래 소리가 들리지 않았다. 내 차례가 점점 가까워질수록 가슴이 마구 뛰었다. 갑자기 배도 아픈 것 같았다. <u>순간 등 뒤로 땀이 흘러 내렸다.</u>

23. 밑줄 친 부분에 나타난 '나'의 심정으로 알맞은 것을 고르십시오.

① 불안하다

② 미안하다

③ 서운하다

④ 억울하다

24. 위 글의 내용과 같은 것을 고르십시오.

① 친구들은 노래를 할 때 실수를 했다.

② 나는 친구들의 노래를 듣고 크게 웃었다.

③ 나는 중학교 때 노래를 잘하는 편이었다.

④ 친구들은 내가 노래를 못한다고 생각한다.

※ [25~27] 다음은 신문 기사의 제목입니다. 가장 잘 설명한 것을 고르십시오. (각 2점)

25.
전기차 판매량 해외에서 5년 새, 단숨에 5위로 '껑충'

① 전기차 판매량이 해외에서 5년 만에 5위로 하락했다.
② 전기차 판매량이 해외에서 5년 사이에 5위로 올라섰다.
③ 5년 간 해외에서 전기차 판매량이 증가하여 5위를 유지했다.
④ 5년 동안 해외에서 전기차 판매량이 감소하여 5위에 머물렀다.

26.
관광지로 탈바꿈, 폐광이 다시 뜬다

① 광산이 문을 닫으면서 관광지로 유명해졌다.
② 버려졌던 광산이 관광지로 인기를 끌고 있다.
③ 도시가 관광지로 바뀌면서 광산이 문을 닫고 있다.
④ 버려진 광산을 대상으로 관광지를 선정하고 있다.

27.
줄줄이 인상되는 공공요금, 서민 경제 '휘청'

① 공공요금이 갑자기 내리면서 서민들의 부담이 줄고 있다.
② 서민 경제를 살리기 위해 공공요금을 올리지 않기로 했다.
③ 서민들의 경제적 부담을 줄이기 위해 공공요금을 계속 내리고 있다.
④ 잇따라 오르는 공공요금으로 인해 서민들이 경제적으로 어려움을 겪고 있다.

28.

> 원근법은 가까운 것은 크게 보이고 먼 것은 작게 보인다는 원리를 바탕으로 표현하는 미술 기법이다. 사람의 눈에 보이는 3차원의 세계를 2차원의 종이 위에 (   ) 것이다. 이러한 원근법은 주로 풍경화 등 넓은 공간을 표현할 때 가장 효과적인 방법으로 각광을 받았다. 그러나 현대에는 작품의 목적, 의도, 작가의 개성에 따라서 원근법이 무시되는 경우도 있다.

① 입체적으로 재현한
② 평면적으로 표현한
③ 낭만적으로 나타낸
④ 비현실적으로 그린

29.

> 겨울철에 입는 외투는 두꺼워서 고기 냄새가 잘 밴다. 외투는 냄새가 난다고 해서 쉽게 빨기도 어렵고 매번 세탁소에 맡길 수도 없다. 이때 냄새를 없애기 위해 섬유 탈취제를 많이 사용하는데 섬유 탈취제가 없어도 냄새를 없앨 수 있는 방법이 있다. 외투를 바람이 잘 통하는 곳에 하루쯤 걸어 두면 냄새가 없어진다. 또는 샤워를 한 후 욕실에 걸어 두는 방법도 있다. 수증기가 마르면서 옷에 밴 냄새가 함께 (   ) 때문이다.

① 습기와 섞이기
② 외투에 스며들기
③ 공기 중으로 날아가기
④ 외투를 상하게 만들기

30.

한국의 전통 가옥 중에는 지역에 따라 독특한 가옥들이 있다. 이는 지역의 날씨나 땅의 모양, 주변에서 쉽게 구할 수 있는 재료에 따라서 다양한 집을 짓고 살았기 때문이다. 그 중 강원도에서는 오래된 소나무를 쪼개서 지붕으로 만든 너와집을 많이 지었다. 강원도는 산간 지방이 많아서 초가집의 재료인 볏짚은 (   ) 때문이다. 그리고 바람이 강하게 불기 때문에 너와 위에 돌을 눌러 놓아 쪼개진 나무가 날아가지 않도록 하였다.

① 바람에 날아가기
② 구하기 힘들었기
③ 썩는 속도가 빠르기
④ 줄로 꼬기가 쉬웠기

31.

악어는 먹이를 먹을 때 꼭 눈물을 흘린다. 슬프지도 않으면서 우는 척하는 행동을 표현하는 '악어의 눈물'이라는 말은 여기에서 생긴 것이다. 실제로 악어가 눈물을 흘리는 이유는 생리작용에 의한 결과일 뿐이다. 악어는 다른 동물들과 달리 눈물샘과 침샘이 매우 가까이 붙어 있어서 먹이를 먹을 때 (   ) 때문이다. 다시 말해서 침샘이 분비되면 눈물샘을 자극하게 되고 그 영향으로 눈물을 흘리는 것이다.

① 입을 크게 벌리기
② 소화 효소가 부족하기
③ 이빨에 찌꺼기가 끼기
④ 침과 눈물이 같이 나오기

32.

겨울이 되면 주머니에 넣고 다니는 일회용 손난로가 많이 팔린다. 손난로에는 철가루가 들어 있는데 이 철가루가 공기 중의 산소와 반응하여 녹이 슬 때 생기는 열을 이용한 원리이다. 손난로를 사용할 때 몇 번 흔들면 금세 따뜻해지는 것도 산소와의 반응을 촉진시키려고 하는 것이다. 원래 철은 녹이 슬 때 그 과정이 매우 느린데 손난로는 철가루를 이용하여 그 과정을 빠르게 하여 열을 내는 것이다.

① 철은 녹이 스는 과정이 매우 빠르다.
② 손난로는 철과 산소의 반응을 이용한 것이다.
③ 철에 녹이 스는 것을 막는 것이 손난로의 원리이다.
④ 손난로는 흔든 후 시간이 오래 지나야 온도가 올라간다.

33.

'석방렴'은 해안에 반원형이나 ㄷ자형의 돌담을 쌓아 밀물과 썰물을 이용해 물고기를 잡는 한국의 전통적인 고기잡이 방식이다. 밀물 때에 돌담 안으로 바닷물과 함께 들어온 물고기들을 가두었다가 썰물이 되어 바닷물이 줄어들었을 때 돌담 속에 갇힌 고기를 그물로 떠올려 잡았다. 주로 작은 물고기를 잡을 때 사용했는데 경사가 완만한 곳에 설치하는 것이 좋다. 오늘날 석방렴은 거의 사라지고 제주도와 서해안 지역에 일부 남아 있다.

① 돌담은 주로 경사가 가파른 곳에 설치해야 한다.
② 석방렴은 오늘날 새로 개발된 고기잡이 방식이다.
③ 밀물 때 물고기가 돌담 안으로 들어오면 바로 잡아야 한다.
④ 제주도에서는 지금도 석방렴 방식으로 물고기를 잡는 곳이 있다.

34.

요즘에는 스마트폰을 이용해 음식을 배달시킬 정도로 배달 문화가 발달했다. 그런데 이런 배달 문화의 역사는 조선 시대까지 거슬러 올라간다. 기록에 나오는 최초의 배달 음식은 바로 냉면이다. 조선 후기 실학자 황윤석이 쓴 '이재난고'를 보면 과거 시험을 본 다음 날 점심에 냉면을 배달해 먹었다는 기록이 나온다. 또한 조선 말기 문신 이유원의 '임하필기'에 따르면 순조가 즉위 초, 달구경을 하던 중 냉면을 시키라고 했다는 기록이 남아 있다.

① 요즘과 달리 과거에는 음식을 시켜 먹을 수 없었다.
② 조선 시대의 문헌에는 냉면에 대한 기록이 남아 있지 않다.
③ '이재난고'에는 과거 시험 당일에 냉면을 시켜 먹었다는 기록이 있다.
④ 스마트폰을 활용해 음식을 배달 시켜 먹는 서비스가 이용되고 있다.

※ **[35~38] 다음 글의 주제로 가장 알맞은 것을 고르십시오. (각 2점)**

35.

갯벌은 우리 몸의 콩팥처럼 바다에 흘러 들어오는 오염 물질을 정화해 준다. 각종 오염 물질이 바다로 흘러 들어갈 때 갯벌의 퇴적층은 거름종이처럼 이러한 오염 물질을 걸러 낸다. 이렇게 걸러진 것들은 갯벌에 사는 각종 동식물에 의해 분해되어 수질을 개선하는 효과가 있다. 또한 갯벌은 지구의 모든 생물을 살아 숨 쉬게 하는 허파의 역할도 한다. 갯벌 흙에는 1그램당 수억 마리의 식물 플랑크톤이 있어서 이것들이 광합성을 통해 많은 양의 산소를 만들어 낸다. 이처럼 갯벌은 인간에게 많은 편익을 제공하는 소중한 공간이다.

① 갯벌은 해양 동식물에게 훌륭한 서식지를 제공해 준다.
② 갯벌의 플랑크톤은 해양 생물에게 풍족한 먹이가 된다.
③ 갯벌의 오염 물질 분해 작용은 물을 깨끗하게 해 준다.
④ 갯벌은 인간의 생존 환경을 개선시키는 유익한 지역이다.

36.

주식과 채권 등의 발행, 유통, 권리 행사가 전자 등록 방식으로 이뤄지는 전자증권제도가 시행에 들어갔다. 기존 종이 증권은 위조 및 도난 가능성이 있고 관리를 위한 추가 비용이 발생하는 등 비효율적인 부분이 많았다. 그러나 전자증권제도가 시행되면 증권의 도난이나 위조에 대한 우려가 사라지고 증권 관련 업무 처리 시에도 시간 단축, 비용 절감 등의 효과가 있을 것으로 예상된다. 앞으로 추가적인 시스템 안정화 작업을 통해 이 제도가 정착된다면 각 기업과 금융권을 포함하여 사회 전반에 큰 혁신이 있을 것으로 기대하고 있다.

① 전자증권제도가 시행되면서 많은 비판을 받고 있다.
② 증권 도난 사건이 잦아져 전자증권 발행 시기가 앞당겨졌다.
③ 전자증권제도가 시행됨에 따라 많은 긍정적인 변화가 예상된다.
④ 각 기업과 금융권의 노력으로 전자증권제도가 시행에 들어갔다.

37.

성공적인 사회생활을 위해서 인간관계를 잘 맺고 유지시켜 나가는 것은 매우 중요하다. 그런데 이때 인맥이 넓은 것과 구별할 필요가 있다. 왜냐하면 인맥이 넓다고 해서 꼭 인간관계가 좋은 것은 아니기 때문이다. 인맥을 넓히는 것에 집중하다 보면 깊은 관계를 맺기가 쉽지 않다. 따라서 많은 사람을 한 번씩 만나는 것보다 자신에게 꼭 필요한 사람을 많이 만나는 것이 더 현명하다. 다시 말해 인간관계에서는 양보다 질이 더 중요하다.

① 인맥이 넓다 보면 상대와 깊은 관계를 맺지 못할 수 있다.
② 인간관계가 좋다는 것은 인맥이 얼마나 넓으냐에 달려 있다.
③ 사람을 많이 알면 알수록 사회생활을 성공적으로 할 수 있다.
④ 많은 인맥보다 필요한 사람과 관계를 친밀하게 하는 것이 중요하다.

38.

    훌륭한 상사는 부하 직원에게 일을 맡길 때 그 권한과 한계를 분명히 한다. 부하 직원에게 일의 진행 상황을 처음부터 끝까지 보고를 받는다거나 맡긴 일에 대해 지나친 간섭을 하지 않는다. 그리고 부하 직원의 결정을 존중해 주고 권위 의식도 내세우지 않는다. 어느 정도 지침을 내리고 통제를 하기는 하되 일을 맡은 사람이 나름대로 융통성을 발휘할 수 있게 해 준다. 이렇듯 일의 전반적인 것들을 이끌어 나가면서도 동시에 부하 직원에게 재량권을 주는 상사라야 좋은 상사라고 할 수 있다.

① 상사는 어느 정도의 권위 의식이 있어야 한다.
② 지나친 간섭은 일의 효율성을 떨어뜨릴 가능성이 높다.
③ 부하 직원은 맡은 일을 상사에게 철저하게 보고해야 한다.
④ 훌륭한 상사는 부하 직원에게 일정한 권한을 줄 수 있어야 한다.

※ [39~41] 다음 글에서 〈보기〉의 문장이 들어가기에 가장 알맞은 것을 고르십시오. (각 2점)

39.

    키친타월은 일반 휴지에 비해 상대적으로 질긴 종이로 만든 일종의 수건이다. 키친타월은 주로 기름을 흡수하기 위한 용도로 사용된다. (㉠) 그런데 생각보다 다양한 방면에 사용할 수 있다. (㉡) 음료나 맥주를 물에 적신 키친타월로 감싼 후 냉동실에 넣으면 빨리 시원해진다. (㉢) 야채를 보관할 때에도 용기 바닥에 키친타월을 깔아두면 습기를 빨아들여 오랫동안 신선하게 보관할 수 있다. (㉣) 또한 설탕통에 키친타월을 넣어 두는 것도 같은 원리이다.

보기
일반 휴지에 비해 질기고 조직이 잘 풀어지지 않으며 흡수력이 좋기 때문이다.

① ㉠   ② ㉡   ③ ㉢   ④ ㉣

40.

　　한 마을에 가축에게 풀을 먹일 수 있는 목초지가 있었다. 마을 주민들은 이 공동의 목초지를 이용하는 데 비용이 들지 않기 때문에 경쟁적으로 더 많은 양을 방목했다. (㉠) 결국 목초지는 양들로 붐비게 되었고 풀이 자라는 속도보다 양이 풀을 뜯어 먹는 속도가 더 빨라졌다. (㉡) 그 결과 목초지는 풀이 거의 없는 황무지로 변하고 말았다. (㉢) 이 이야기는 누구나 자유롭게 사용할 수 있는 공공자원은 사람들의 남용으로 쉽게 고갈될 수 있다는 이론이다. (㉣)

보기

　　다시 말해 개인의 사리사욕이 극대화되면 공동체는 물론 자연까지 파괴될 수 있음을 경고하는 것이다.

① ㉠　　　　　② ㉡　　　　　③ ㉢　　　　　④ ㉣

41.

　　신경외과 전문의가 쓴 『생각을 바꾸면 건강해진다』는 만성 두통에 시달리는 현대인들을 위한 책이다. (㉠) 이 책은 단순히 눈에 보이는 증상뿐만 아니라 신경 조절, 호르몬 균형 등 몸 전체를 과학적으로 들여다보고 질병의 근본 원인을 찾아 치료하는 방법을 소개하고 있다. (㉡) 또한 환자가 스스로 식습관과 생활 습관을 바꿔야 하는 이유에 대해서도 실려 있다. (㉢) 이 책을 통해 환자들은 만성 두통의 해결 방법을 확실히 찾을 수 있을 것이다. (㉣)

보기

　　환자에게 스스로 변화하려는 동기를 부여하는 것이다.

① ㉠　　　　　② ㉡　　　　　③ ㉢　　　　　④ ㉣

눈이 멈추고 며칠이 지났다. 나는 현아가 내 시집을 받고 어떤 반응을 보였을까가 궁금해서 안달이 났다. 그러나 다른 때와 달리 현아네 집에 가 보기가 망설여졌다. 학교는 이미 겨울방학이어서 친구를 학교에서 볼 일도 없었다. 몇 번씩이나 현아네 집 골목에 들어섰다가 발길을 돌리곤 했다. 오다가다 우연히라도 현아를 만나기를 바랐지만 그런 기적은 일어나지 않았다. 현아에게서 아무런 반응을 못 들은 나는 더 이상 시를 쓸 수가 없었다. (중략) 그때부터 난 몹시 추운 겨울을 보내야 했다. 대학 입시가 끝나고 고등학교 졸업식까지 끝난 겨우내 찬바람을 가슴에 안은 채 거리를 쏘다니며 막 입에 대기 시작한 술을 마구 마시고 홀로 자취방에 돌아와 울며 지냈다. 그러면서도 현아를 직접 찾아갈 용기는 내지 못했다. 내 딴에는 이 세상에서 가장 감동스런 시를 써서 주었는데도 아무런 반응을 보이지 않은 현아에 대한 원망이 치솟을 대로 치솟아서 그랬는지도 모른다. 그 일을 계기로 다시는 잠언 시고 연애 시고 내 안에서는 시 비슷한 것조차도 나오지 않았다. 그래서 모든 걸 잊기로 했다. 시 나부랭이 같은 건 다시는 쓰지 않으리라! 시도 밉고 여자도 밉고, 나아가 세상이 다 미웠다.

42. 밑줄 친 부분에 나타난 '나'의 심정으로 알맞은 것을 고르십시오.
① 서럽다
② 두렵다
③ 놀랍다
④ 아쉽다

43. 위 글의 내용과 같은 것을 고르십시오.
① 나는 현아의 집이 어디인지 모른다.
② 나는 현아에게 직접 시를 써서 선물했다.
③ 나는 겨울방학이 끝난 후에 현아와 연락했다.
④ 나는 대학 입시가 끝난 후 시를 짓기 시작했다.

은혜시가 상수도 문제를 해결하기 위한 개선 방안을 발표하였다. 특히 최근 발생한 붉은 수돗물 문제가 대두되면서 상수도의 관리와 개선에 대한 관심이 커지고 있는 상황이라 더욱 주목을 끌고 있다. 각 지방자치단체에서는 수질 개선을 위해 노력하고 있지만 수질 개선을 어렵게 만드는 구조적인 문제점이 여전히 남아 있다. 먼저 상수도 요금이 생산비용보다 싸기 때문에 적자가 발생한다는 것이다. 다음으로 상수도 노후시설 개선을 위한 예산을 마련하기 힘들다는 점이다. 마지막으로 상수도 관리 체계가 너무 세분화되어 발빠른 대응이 어렵다는 점이다. 이에 은혜시에서는 시민에게 부담을 주지 않는 범위에서 근본적인 개선책을 마련하였다. 그것은 생활에 필수적인 기본 사용량 이상일 때 사용료를 많이 내게 해 예산을 마련하겠다는 것이다. 또 관리 체계를 일원화하여 수질을 엄격히 감시하는 방안도 수립했다고 한다. 이에 대해 각 지방자치단체에서 은혜시의 정책 성공 여부에 대해 주목을 하고 있고 (   ) 전국적인 확대도 기대되고 있다.

44. 위 글의 주제로 알맞은 것을 고르십시오.
① 상수도의 수질 개선은 단기간에 해결하기 어렵다.
② 상수도 개선을 위한 근본적인 방안이 마련되었다.
③ 상수도는 수질 규제 감시가 가장 중요한 문제이다.
④ 상수도 문제의 해결은 각 지방자치단체에서 해야 한다.

45. (   )에 들어갈 내용으로 알맞은 것을 고르십시오.
① 정부와 긴밀하게 협조하게 되면
② 국민들에게 부담을 주지 않게 되면
③ 성공적인 정책으로 자리를 잡게 되면
④ 사회적으로 정책에 찬성을 하게 되면

> 　최근 근로자의 정년을 65세까지 연장하는 방안을 정부가 2022년부터 추진하기로 했다. 2016년 60세로 상향 조정된 법정 정년은 그대로 두되 기업이 정년 이후에도 근로자가 계속 일할 수 있도록 채용을 의무화한다는 것이다. (　㉠　) 정부가 정년 연장을 추진하는 것은 저출산과 고령화로 일할 수 있는 인구가 줄고 있어서다. (　㉡　) 하지만 정년 연장이 청년들의 새 일자리를 잠식할 것이란 우려가 나온다. 기업에서는 임금은 높은 데 비해 생산성이 떨어지는 고령층을 계속 채용하려면 결국 청년 일자리를 줄일 수밖에 없고, 이럴 경우 청년과 고령층 사이 세대 갈등이 격화될 것이라는 우려마저 나온다. (　㉢　) 이에 대해 정부는 기업 지원금으로 '계속 고용'을 유도하겠다는 방침이지만 기업, 근로자, 세대 간의 우려의 목소리가 높다. (　㉣　) 이러한 이해 당사자들의 갈등에 대해서도 사회적 합의를 이끌어 내는 데 더 노력을 해야 할 때이다.

46. 위 글에서 〈보기〉의 글이 들어가기에 가장 알맞은 곳을 고르십시오.

> ┌─ 보기 ─┐
>
> 　생산 인구가 감소하는 상황에서 일할 수 있는 기간을 늘려 생산성 저하를 최소화하려는 취지이다.

① ㉠　　　　　② ㉡　　　　　③ ㉢　　　　　④ ㉣

47. 위 글의 내용과 같은 것을 고르십시오.
① 정년을 육십 오세에서 육십 세로 줄이기로 했다.
② 기업은 정년이 된 근로자를 의무적으로 채용해야 한다.
③ 이 정책은 청년 일자리를 늘릴 수 있는 기회가 될 것이다.
④ 이 정책은 인력 부족 문제가 해결되지 않으면 성공하기 힘들다.

최근 온실이나 과수원 등에 인공지능 기술을 결합하여 온도나 습도, 이산화탄소 등을 자동으로 분석, 관리하는 스마트팜(Smart farm)이 새로운 농업 기술로 떠오르고 있다. 과거에는 농업에 과학 기술을 이용한다고 해도 농민이 직접 자신의 스마트폰을 통해 비닐하우스의 온도, 습도 등을 파악하고 이를 원격 조정하는 정도에 그쳤다. 그러나 현재는 인공 지능이 작물의 생체 정보와 성장 속도를 자동으로 분석하여 작물 재배를 위한 최적의 환경을 알아서 제공할 수 있을 정도로 기술이 발달했다. 스마트팜(Smart farm)은 인간의 노동력에 의존하는 생산 방식에서 벗어날 수 있을 뿐만 아니라 적은 비용의 투자로도 (　　　　　) 편리함과 생산성 두 마리 토끼를 다 잡을 수 있는 미래 농업의 청사진으로 주목받고 있다. 현재 농업 인구의 대다수는 65세 이상으로 농촌 사회는 급속히 고령화되고 있으며 이런 상황이 계속 된다면 곡물자급력은 점점 떨어질 수밖에 없을 것이다. 앞으로 스마트팜 시스템이 각 농가에 안정적으로 보급된다면 이러한 농촌의 현실을 바꾸는 해결책이 될 수 있을 것으로 보인다.

48. 위 글을 쓴 목적으로 알맞은 것을 고르십시오.

① 스마트팜 도입 현황을 분석하려고

② 스마트팜 도입 절차를 설명하려고

③ 스마트팜 도입의 필요성을 강조하려고

④ 스마트팜 도입의 문제점을 지적하려고

49. (　　　　　)에 들어갈 내용으로 알맞은 것을 고르십시오.

① 생산량을 늘릴 수 있어   ② 판매량을 높일 수 있어

③ 수확량을 확인할 수 있어   ④ 소비량을 조절할 수 있어

50. 밑줄 친 부분에 나타난 필자의 태도로 알맞은 것을 고르십시오.

① 곡물자급력이 떨어지게 될 상황에 대해 우려하고 있다.

② 인공지능 기술의 발전이 농업에 미칠 영향을 인정하고 있다.

③ 곡물자급력에 대한 낙관적 전망의 문제점을 지적하고 있다.

④ 인공지능 기술의 도입에 대해 회의적인 입장을 고수하고 있다.

MEMO

TOPIK Ⅱ 토픽Ⅱ **합격 레시피** 실전모의고사

초판발행	2020년 5월 1일
초판 5쇄	2024년 1월 5일
저자	이태환, 공민정, 이혜진
편집	권이준, 김아영
펴낸이	엄태상
콘텐츠 제작	김선웅, 조현준, 장형진
마케팅본부	이승욱, 왕성석, 노원준, 조성민, 이선민
경영기획	조성근, 최성훈, 김다미, 최수진, 오희연
물류	정종진, 윤덕현, 신승진, 구윤주
펴낸곳	한글파크
주소	서울시 종로구 자하문로 300 시사빌딩
주문 및 교재 문의	1588-1582
팩스	0502-989-9592
홈페이지	http://www.sisabooks.com
이메일	book_korean@sisadream.com
등록일자	2000년 8월 17일
등록번호	제300-2014-90호

ISBN 978-89-5518-627-7 14710
978-89-5518-624-6 (set)

※ 한국어능력시험(TOPIK)의 저작권과 상표권은 대한민국 국립국제교육원에 있습니다.
TOPIK, Trademark®& Copyright© by NIIED(National Institute for International Education), Republic of Korea.

한 국 어 능 력 시 험

3급에서 6급까지 단계별 딱! 맞춤 시험 대비서.

TOPIK II
토픽 II

합격 레시피
실전모의고사

해 설 집

한국어능력시험

3급에서 6급까지 단계별 딱! 맞춤 시험 대비서

TOPIK II
토픽II

합격 레시피
실전모의고사

저자 **이태환, 공민정, 이혜진**

해 설 집

한글파크

초판발행	2020년 5월 1일
초판 5쇄	2024년 1월 5일
저자	이태환, 공민정, 이혜진
편집	권이준, 김아영
펴낸이	엄태상
콘텐츠 제작	김선웅, 조현준, 장형진
마케팅 본부	이승욱, 왕성석, 노원준, 조성민, 이선민
경영기획	조성근, 최성훈, 김다미, 최수진, 오희연
물류	정종진, 윤덕현, 신승진, 구윤주
펴낸곳	한글파크
주소	서울시 종로구 자하문로 300 시사빌딩
주문 및 교재 문의	1588-1582
팩스	0502-989-9592
홈페이지	http://www.sisabooks.com
이메일	book_korean@sisadream.com
등록일자	2000년 8월 17일
등록번호	제300-2014-90호

ISBN 978-89-5518-627-7 14710
       978-89-5518-624-6 (set)

머리말

2019년 7월 말 한국어능력시험 〈TOPIK Ⅱ 합격 레시피 - 종합서〉를 선보인 이후, 〈TOPIK Ⅱ 합격 레시피 - 실전모의고사〉를 출간하게 되었습니다. 처음에는 〈종합서〉와 함께 출간하는 방식이 고려되었습니다. 그러나 최신 화제, 새로 만들어지거나 변화된 정책, 최근 사회 현상, 미담 등 최신 정보를 문제로 만드는 데에는 현재의 시점이라는 시간이 필요하다는 생각에 이제야 출간하게 되었습니다.

〈TOPIK Ⅱ 합격레시피 - 실전모의고사〉는 〈종합서〉에서 분석한 출제 경향 및 Ranking, 문항의 유형 파악과 풀이 방식, 급수별 분할 방식을 그대로 적용하였습니다. 출제 경향 및 Ranking을 바탕으로 출제 가능성이 높은 문항과 최신 정보를 활용한 문항을 적절하게 출제함으로써 실제 시험에서 원하는 점수를 받을 수 있도록 구성하였습니다.

본 교재는 기출문제 분석을 토대로 단순히 문제 풀이 방법을 설명하는 것에 그치지 않으려고 노력하였으며 그 특징은 다음과 같습니다.

첫째, 듣기의 경우 대화 상황, 읽기의 경우 지문의 종류를 세분화하여 예상 문제 출제
둘째, 〈종합서〉에서 제시한 Ranking을 바탕으로 한 예상 문제로 실제 시험에 대비
셋째, 〈실전모의고사〉 앞부분 2회 분량은 TOPIK Ⅱ 문항을 급수별로 나누어 3급, 4급, 5급, 6급 수준으로 구성하였고, 뒷부분 3회 분량은 실제 TOPIK Ⅱ 시험과 동일한 방식으로 구성
넷째, 듣기 영역의 경우 급수별 모의고사 및 실전모의고사에 실제 TOPIK Ⅱ 시험에서 소요되는 시간에 맞게 듣기 파일 구성
다섯째, 본 교재 앞부분에 TOPIK Ⅱ 전체 문항을 한눈에 파악할 수 있도록 문항별 지문 성향 및 문제 유형을 정리한 〈비법 레시피〉 수록

〈TOPIK Ⅱ 합격레시피 - 실전모의고사〉는 가천대학교에서 운영하고 있는 TOPIK 센터 팀장 공민정 교수님과 이혜진 교수님께서 공저자로 참여해 주셨습니다. 제가 가르치고 배우는 일만큼은 까다롭고 타협을 잘 하지 않아서 함께 작업하는 것이 쉽지 않았을 텐데 함께 집필해 주셔서 감사드립니다. 평소 제가 가지고 있는 생각은 문제의 풀이 방식을 잘 알고 있어야 좋은 문제도 출제할 수 있다는 것입니다. 이런 면에서 이 두 분은 오랜 시간 TOPIK의 문항과 유형 분석, 문제 풀이에 대해 연구에 연구를 거듭하고 있으며, 제가 감히 대한민국 최고의 TOPIK 강사라고 추천해 드리고 싶은 분들입니다.

본 교재가 나오기까지 고마운 분들께 감사의 인사를 전하고자 합니다. 먼저 〈TOPIK Ⅱ 합격레시피 - 종합서〉가 출간된 이후 좋게 평가해 주시고 교재로 채택해 주신 선생님들과 수험생 여러분께 감사드립니다. 그리고 〈종합서〉에 이어서 모든 문항을 세분화하고 색으로 표시하는 일이 번거로운데도 불구하고 깔끔한 교재로 만들어 주신 양승주 편집부 과장님께 감사를 드립니다. 또 〈한글파크〉와 인연을 맺게 해 주신 왕성석 마케팅부 차장님, 꼼꼼하게 교정을 봐 주신 본교 한국어교육센터 팀장님들께도 감사의 인사를 올립니다. 실제 TOPIK 시험의 느낌이 나도록 듣기 녹음에 멋진 목소리를 남겨 주신 조영미, 정훈석 성우님께 고마움을 전합니다. 끝으로 본 교재의 출판을 기꺼이 맡아 주신 〈한글파크〉 엄태상 대표님 이하 편집진 여러분께도 감사드립니다.

2020년 5월

저자를 대표하여 이태환 드림(EHwan Dream).

3

차 례

일러두기

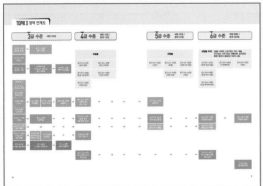

◀ TOPIK Ⅱ 영역 연계도

TOPIK Ⅱ 종합 점수를 기준으로 등급별 분할 점수에 맞게 급수별로 나누어 학습할 수 있도록 하였습니다. 아울러 영역 연계도 학습을 통하여 자신의 실력을 확인하고 나아가 고득점을 받을 수 있도록 구성하였습니다.

▶ TOPIK Ⅱ 비법 레시피

TOPIK Ⅱ 전체 문항을 한눈에 파악할 수 있도록 문항별 지문 성향 및 문제 유형을 정리하였습니다. 시험 직전 전체를 한번 읽어 보고 준비할 수 있도록 구성하였습니다.

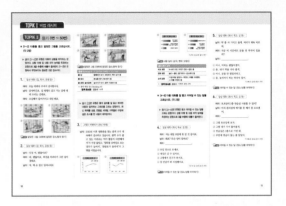

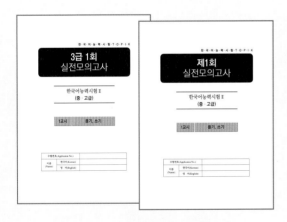

◀ 단계별 모의고사 & 실전모의고사

3급, 4급, 5급, 6급 단계별로 풀어 볼 수 있게 〈급수별 실전모의고사〉를 구성하였습니다.
TOPIK Ⅱ 시험에 대비하여 출제 가능성이 높은 순으로 1회부터 3회까지 실제 시험 유형과 동일하게 〈실전모의고사〉를 구성하였습니다.

▶ 정답과 해설

예상 문제에 대한 정답과 자세한 설명을 정답과 해설에 정리했습니다.

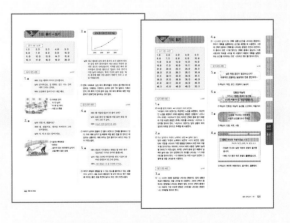

3급 수준 배점 130점

4급 수준 배점 42점 / 합계 172점

읽기 [1~2]번
<알맞은 문법> → 읽기 [3~4]번
<유사 문법>

읽기 [5~8]번
<광고>

듣기 [1~2]번
<알맞은 그림> → 듣기[4~8]번
<이어질 수 있는 말
(장소/상황)> → 듣기 [9~12]번
<이어서 할 행동>

유형별

듣기 [21~22]번 <공적 대화>	듣기 [25~26]번 <최신 인터뷰>
듣기 [23~24]번 <공공 시설 용무>	듣기 [29~30]번 <직업 인터뷰>
듣기 [27~28]번 <의견/의논>	

<내용 일치>

듣기 [13]번
<지인과의 대화>

듣기 [14]번
<안내 방송>

듣기 [15]번
<뉴스> → 읽기 [9]번
<안내문> | 읽기 [11~12]번
<신문 기사> → 읽기 [19~20]번
<설명문> → 읽기 [25~27]번
<제목과 같은
신문 기사>

듣기 [16]번
<인터뷰>

듣기 [17~19]번
<대화> → 듣기 [20]번
<인터뷰> → 읽기 [21~22]번
<중심 생각,
관용 표현/속담>

읽기 [13~15]번
<순서 배열>

읽기 [16~18]번
<대응 유형,
종합 유형> → 쓰기 [51]번
<공개적인 글,
개인적인 글> | 쓰기 [52]번
<설명문> → 읽기[28~31]번
<빈칸 채우기>

읽기 [10]번
<그래프 확인하기> → 듣기 [3]번
<그래프 이해하기> → 쓰기 [53]번
그래프 설명하기

읽기 [23~24]번
<등장인물의 심정,
내용 일치>

5급 수준   배점 40점 / 합계 212점

유형별

듣기 [33~34]번 〈강연〉	듣기 [31~32]번 〈토론〉	듣기 [37~38]번 〈교양 프로그램〉
	듣기 [35~36]번 〈현장 연설〉	듣기 [39~40]번 〈대담〉

6급 수준   배점 88점 / 합계 300점

유형별 주제 : '동물, 미래학, 사회 현상, 역사, 예술, 인간심리, 자연 현상, 전통문화, 정치경제, 환경' 중에서 중복되지 않게 나옴.

듣기 [41~42]번 〈강연-중심 내용〉	듣기 [43~44]번 〈다큐멘터리〉	듣기 [47~48]번 〈대담〉
듣기 [45~46]번 〈강연-세부 내용〉		
듣기 [49~50]번 〈강연-화자의 태도〉		

➡ 읽기 [32~34]번 〈설명문〉

➡ 읽기 [35~38]번 〈정보-중심 생각〉 ➡ ➡ ➡ 읽기 [44~45]번 〈설명문/논설문〉 ➡ 읽기 [48~50]번 〈종합(논설문)〉

➡ 읽기 [39~41]번 〈정보-순서 배열〉 ➡ ➡ 읽기 [46~47]번 〈정보-순서 배열〉

➡ ➡ ➡ ➡ ➡ 읽기 [42~43]번 〈등장인물의 심정, 내용 일치〉

쓰기 [54]번 〈주제별 분류〉

TOPIK^(한국어능력시험) 안내

1. 한국어능력시험의 목적

- 한국어를 모국어로 하지 않는 재외동포·외국인의 한국어 학습 방향 제시 및 한국어 보급 확대
- 한국어 사용능력을 측정·평가하여 그 결과를 국내 대학 유학 및 취업 등에 활용

2. 응시 대상

한국어를 모국어로 하지 않는 재외동포 및 외국인으로서

- 한국어 학습자 및 국내 대학 유학 희망자
- 국내·외 한국 기업체 및 공공기관 취업 희망자
- 외국 학교에 재학 중이거나 졸업한 재외국민

3. 주관 기관

교육부 국립국제교육원

4. 시험의 수준 및 등급

- 시험의 수준 : TOPIK Ⅰ, TOPIK Ⅱ
- 평가 등급 : 6개 등급(1~6급)

TOPIK Ⅰ		TOPIK Ⅱ			
1급	2급	3급	4급	5급	6급
80점 이상	140점 이상	120점 이상	150점 이상	190점 이상	230점 이상

5. 시험 시간

구분	교시	영역	시간
TOPIK Ⅰ	1교시	듣기/읽기	100분
TOPIK Ⅱ	1교시	듣기/쓰기	110분
	2교시	읽기	70분

6. 문항 구성

1) 수준별 구성

시험 수준	교시	영역/시간	유형	문항수	배점	배점총계
TOPIK Ⅰ	1교시	듣기(40분)	객관식	30	100	200
	2교시	읽기(60분)	객관식	40	100	
TOPIK Ⅱ	1교시	듣기(60분)	객관식	50	100	300
		쓰기(50분)	주관식	4	100	
	2교시	읽기(70분)	객관식	50	100	

2) 문제 유형
  ① 객관식 문항(4지 택 1형)
  ② 주관식 문항(쓰기 영역)
    • 문장 완성형(단답) : 2문항
    • 작문형 : 2문항 − 중급 수준의 200~300자 정도의 설명문 1문항
                       − 고급 수준의 600~700자 정도의 논술문 1문항

7. 등급별 평가 기준

시험 수준	교시	배점 총계
TOPIK Ⅱ	3급	− 일상생활을 영위하는 데 별 어려움을 느끼지 않으며, 다양한 공공시설의 이용과 사회적 관계 유지에 필요한 기초적 언어 기능을 수행할 수 있다. − 친숙하고 구체적인 소재는 물론, 자신에게 친숙한 사회적 소재를 문단 단위로 표현하거나 이해할 수 있다. − 문어와 구어의 기본적인 특성을 구분해서 이해하고 사용할 수 있다.
	4급	− 공공시설 이용과 사회적 관계 유지에 필요한 언어 기능을 수행할 수 있으며, 일반적인 업무 수행에 필요한 기능을 어느 정도 수행할 수 있다. − '뉴스, 신문 기사' 중 평이한 내용을 이해할 수 있다. 일반적인 사회적·추상적 소재를 비교적 정확하고 유창하게 이해하고, 사용할 수 있다. − 자주 사용되는 관용적 표현과 대표적인 한국 문화에 대한 이해를 바탕으로 사회·문화적인 내용을 이해하고 사용할 수 있다.
	5급	− 전문 분야에서의 연구나 업무 수행에 필요한 언어 기능을 어느 정도 수행할 수 있다. − '정치, 경제, 사회, 문화' 전반에 걸쳐 친숙하지 않은 소재에 관해서도 이해하고 사용할 수 있다. − 공식적, 비공식적 맥락과 구어적, 문어적 맥락에 따라 언어를 적절히 구분해 사용할 수 있다.
	6급	− 전문 분야에서의 연구나 업무 수행에 필요한 언어 기능을 비교적 정확하고 유창하게 수행할 수 있다. − '정치, 경제, 사회, 문화' 전반에 걸쳐 친숙하지 않은 주제에 관해서도 이용하고 사용할 수 있다. 원어민 화자의 수준에는 이르지 못하나 기능 수행이나 의미 표현에는 어려움을 겪지 않는다.

TOPIK Ⅱ 듣기 (1번 ~ 50번)

※ [1~3] 다음을 듣고 알맞은 그림을 고르십시오. (각 2점)

▶ 듣기 [1~2]번 유형은 대화의 상황을 파악하는 문항이다. 상황 이해 및 내용 파악 능력을 측정하는 문항으로 **3급 수준의 내용**이 출제된다. [1~2]번 유형에서 무엇보다도 중요한 것은 장소이다.

1. 일상 대화 〈집, 회사, 공원 등〉

여자 : 오늘 데려다 주셔서 감사합니다.

남자 : 감사하긴요. 집 방향도 같고 가는 길에 내려 드리는 건데요.

여자 : 조심해서 들어가시고 내일 봬요.

①    ②

③    ④

🍳비법 알맞은 그림 〈대화에 알맞은 장소/동작 찾기〉

2. 일상 대화 〈집, 회사, 공원 등〉

남자 : 민정 씨, 괜찮아요?

여자 : 네. 괜찮아요. 회전을 하려다가 그만 넘어졌네요.

남자 : 자, 제 손 잡고 일어나세요

①    ②

③    ④

🍳비법 알맞은 그림 〈대화에 알맞은 장소/동작 찾기〉

출제 Ranking 3 : 그 장소에서 대화할 수 있는 내용	
❶ 집	텔레비전 보기, 파티하기, 액자 걸기 등
❷ 회사	분실물 찾기, 복사하기 등
❸ 공원, 놀이공원	놀이기구 타기, 공연 구경하기 등

※ 출제 예상 장소 Ranking 40
  〈**합격 레시피** : 종합서〉 44쪽

▶ 듣기 [3]번 유형은 통계 결과를 잘 듣고 해석한 내용과 일치하는 그래프를 고르는 문항이다. 최신 화제를 성별, 연령별, 세대별, 지역별로 구분해 설문 조사를 한 내용이 대부분이다.

3. 그래프 이해하기 〈최신 화제〉

남자 : 2015년 이후 영화관을 찾는 관객 수가 계속해서 감소하고 있습니다. 관객 수가 줄고 있는 이유로는 '여가 활동이 다양해져서'가 가장 많았고, '영화를 모바일로 보는 경우가 늘어서', '관람료가 올라서'가 그 뒤를 이었습니다.

①    ②

③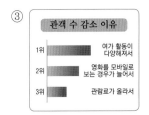
④

TOPIK Ⅱ 〈64회 듣기 3번〉

🍳비법 내용 일치 〈순위, 변화 그래프〉

출제 예상 표현	
비교 표현	N–보다 (더), 차이가 있다↔없다 등
변화 표현	늘다↔줄다, 증가하다↔감소하다 등
순위 표현	가장/제일 많았다↔적었다, 1위를 차지했다, 그 뒤를 이었다 등

※ 〈**합격 레시피**: 종합서〉 어휘와 표현 17쪽

※ [4~8] 다음 대화를 잘 듣고 이어질 수 있는 말을 고르십시오. (각 2점)

▶ 듣기 [4~8]번 유형은 듣고 이어질 수 있는 말을 고르는 문항이다. 상황 이해 및 내용 파악 능력을 측정하는 문항으로 **3급 수준의 내용**이 출제된다.

4. 일상 대화 〈회사, 학교, 집 등〉

여자 : 저는 내일 모임에 못 갈 것 같아요.
남자 : 왜요? 무슨 일이 있어요?
여자 : _____.

① 모임 장소로 오세요.
② 내일은 갈 수 있어요.
③ 고향에서 친구가 와서요.
④ 못 만날까 봐 걱정했어요.

TOPIK Ⅱ 〈64회 듣기 4번〉

🍳비법 이어질 수 있는 말 〈장소/상황 파악하기〉

5. 일상 대화 〈회사, 학교, 집 등〉

남자 : 약 좀 사 가지고 올게. 머리가 계속 아프네.
여자 : 지금 이 시간에도 문을 연 약국이 있을까?
남자 : _____.

① 아니, 머리는 괜찮아졌어.
② 응, 내가 약을 사다 줄게.
③ 아니, 문을 안 열었더라고.
④ 응, 늦게까지 하는 약국이 있어.

TOPIK Ⅱ 〈64회 듣기 5번〉

🍳비법 이어질 수 있는 말 〈장소/상황 파악하기〉

6. 일상 대화 〈회사, 학교, 집 등〉

여자 : 토요일에 3층 연습실 사용할 수 있어?
남자 : 아직 관리실에 얘기를 못 해서 잘 모르겠어.
여자 : _____.

① 그럼 토요일에 보자.
② 그럼 내가 가서 물어볼게.
③ 연습실은 3층으로 가면 돼.
④ 주말에 연습이 없는 줄 알았어.

TOPIK Ⅱ 〈64회 듣기 6번〉

🍳비법 이어질 수 있는 말 〈장소/상황 파악하기〉

7. 일상 대화 〈회사, 학교, 집 등〉

남자 : 공사 소음 때문에 일에 집중이 안 되네요.

여자 : 맞아요. 먼지도 심하고요.

남자 : _____.

① 공사를 하면 깨끗해지겠어요.

② 공사는 내일부터 시작한대요.

③ 공사를 해서 시끄러울 거예요.

④ 공사가 빨리 끝났으면 좋겠어요.

TOPIK Ⅱ 〈64회 듣기 7번〉

비법 이어질 수 있는 말 〈장소/상황 파악하기〉

8. 일상 대화 〈회사, 학교, 집 등〉

여자 : 첫 방송에 대한 시청자 의견은 어때요?

남자 : 재미있다는 의견이 많았습니다. 그런데 음악이 장면에 안 어울린다는 의견도 있었습니다.

여자 : _____.

① 첫 방송이 정말 기대되네요.

② 시청자 의견을 못 들었어요.

③ 장면들이 아름다웠다고 해요.

④ 음악에 더 신경을 써야겠네요.

TOPIK Ⅱ 〈64회 듣기 8번〉

비법 이어질 수 있는 말 〈장소/상황 파악하기〉

출제 Ranking 3	그 장소에서 대화할 수 있는 내용
❶ 회사	분실물 찾기, 복사하기 등
❷ 학교	캠퍼스 함께 걷기 등
❸ 집	텔레비전 보기, 파티하기, 액자 걸기 등

※ 출제 예상 장소/상황 Ranking 20
  〈**합격 레시피**: 종합서〉 51쪽

※ 출제 예상 어휘와 표현
  〈**합격 레시피**: 종합서〉 어휘와 표현 4쪽

※ **[9~12]** 다음 대화를 잘 듣고 여자가 이어서 할 행동으로 알맞은 것을 고르십시오. (각 2점)

▶ 듣기 **[9~12]**번 유형은 여자 혹은 남자가 이어서 할 행동을 고르는 문항이다. 상황 이해 및 추측 능력을 측정하는 문항으로 **3급 수준의 내용**이 출제된다.

듣기 9-12번 출제 유형	
남자의 요구	여자의 계획, 제안
-(으)세요.	-겠습니다.
-아/어 주시겠어요?	-아/어야겠어요.
-(으)ㄹ래요?	-(으)ㄹ게요.
-아/어 줄 수 있어요?	-(으)ㄹ 테니까
-(으)면 돼요.	-(으)려고요.

※ 출제 유형 07
  〈**합격 레시피**: 종합서〉 66-72쪽

9. 일상 대화 〈회사, 학교, 집 등〉

여자 : 선물도 샀고 꽃도 준비했고, 케이크는 어떻게 됐지?

남자 : 케이크는 민수가 사 온다고 했어.

여자 : 그럼 난 생일 카드 좀 쓰고 있어야겠다.

남자 : 그래. 난 민수 어디쯤 왔는지 전화해 볼게.

① 꽃을 가져온다.

② 선물을 고른다.

③ 생일 카드를 쓴다.

④ 민수한테 전화한다.

TOPIK Ⅱ 〈64회 듣기 9번〉

비법 이어서 할 행동 〈장소/상황 파악하기〉

10. 일상 대화 〈회사, 학교, 집 등〉

여자 : 저, 오늘 두 시에 진료 예약했는데요. 김수미라고 합니다.

남자 : 네, 예약 확인되셨고요. 검사 전에 옷을 갈아입으셔야 해요.

여자 : 그래요? 어디로 가면 되지요?

남자 : 오른쪽으로 가시면 탈의실이 있습니다.

① 검사 예약을 한다.
② 진료 시간을 확인한다.
③ 옷을 갈아입으러 간다.
④ 탈의실 위치를 물어본다.

TOPIK II 〈64회 듣기 10번〉

🍳비법 이어서 할 행동 〈장소/상황 파악하기〉

11. 　일상 대화 〈회사, 학교, 집 등〉

남자 : 토마토 심은 날짜까지 붙였으니까 이제 다 끝났어.

여자 : 토마토 심는 게 생각보다 간단하다.

남자 : 그렇지? 이제 화분을 베란다로 옮겨 놓을 테니까 네가 물을 좀 줘.

여자 : 응, 알겠어.

① 화분에 물을 준다.
② 화분에 날짜를 붙인다.
③ 화분에 토마토를 심는다.
④ 화분을 베란다로 옮긴다.

TOPIK II 〈64회 듣기 11번〉

🍳비법 이어서 할 행동 〈장소/상황 파악하기〉

12. 　일상 대화 〈회사, 학교, 집 등〉

남자 : 김수미 씨, 직원 연수 프로그램은 확정됐나요?

여자 : 아직 특강해 주실 분을 못 구했는데요. 오늘 박민석 선생님께 연락 드려 보려고요.

남자 : 그럼 좀 서둘러 주세요. 안 되면 다른 분을 찾아봐야 하니까요.

여자 : 네, 바로 알아보겠습니다.

① 다른 강사를 찾아본다.
② 특강 자료를 정리한다.

③ 박 선생님에게 연락한다.
④ 연수 프로그램을 알아본다.

TOPIK II 〈64회 듣기 12번〉

🍳비법 이어서 할 행동 〈장소/상황 파악하기〉

출제 Ranking 3	그 장소에서 대화할 수 있는 내용
❶ 회사	복사하기, 물건 옮기기 등
❷ 학교	시험 공부하기 등
❸ 집	텔레비전 보기, 파티하기, 액자 걸기 등

※ 출제 예상 장소, 상황 Ranking 10
　〈**합격 레시피**: 종합서〉 65쪽

※ 출제 예상 어휘와 표현
　〈**합격 레시피**: 종합서〉 어휘와 표현 4쪽

※ **[13~16] 다음을 듣고 내용과 일치하는 것을 고르십시오. (각 2점)**

▶ 듣기 [13~16]번 유형은 들은 내용과 일치하는 것을 찾는 문항이다. 세부 내용의 이해 능력을 측정하는 문항으로 **3급 수준의 내용**이 출제된다.

13. 　· 지인과의 대화: 직장 동료, 직장 상사-부하, 친구, 연인, 가족(부부, 부녀, 모자, 남매) 등
　〈개인적인 이야기〉

여자 : 민수야, 너 작년에 심리학 개론 수업 들었지?

남자 : 응. 진짜 좋았어. 너도 그 수업 들으려고?

여자 : 수강 신청은 했는데 다른 학과 수업이라 걱정이 돼서.

남자 : 그 수업, 내용도 재밌고 어렵지 않아서 괜찮을 거야.

① 여자는 심리학과 학생이다.
② 여자는 수강 신청을 하지 못했다.
③ 남자는 심리학 개론 수업에 만족했다.
④ 남자는 여자와 심리학 개론 수업을 들었다.

TOPIK II 〈64회 듣기 13번〉

🍳비법 내용 일치

14. 안내 방송 〈아파트, 백화점, 공원 등〉

남자 : 주민 여러분, 내일은 우리 아파트의 어울림 축제가 있는 날입니다. 놀이터 옆에 아이들을 위한 미니 수영장이 설치될 예정이고, 작년에 이어 올해도 야시장이 열립니다. 오후 세 시, 노래자랑 대회를 시작으로 다양한 행사가 준비되어 있으니 많은 참여 바랍니다.

① 노래자랑 대회는 오후에 한다.
② 어울림 축제는 저녁에 시작한다.
③ 올해 처음으로 야시장이 열린다.
④ 수영장은 놀이터 안에 설치됐다.

TOPIK Ⅱ 〈64회 듣기 14번〉

🍚비법 내용 일치

출제 Ranking 3 안내 방송 및 안내의 내용	
❶ 아파트	편의를 위한 협조 안내, 엘리베이터 고장 안내 등
❷ 백화점	분실물 안내, 특별 상품권 안내 등
❸ 공원	미아 발생 안내, 셔틀버스 운행 안내 등

※ 출제 예상 장소 Ranking 20
　〈**합격 레시피**: 종합서〉 77쪽

15. 뉴스 〈사건사고, 생활 정보, 일기 예보 등〉

여자 : 오늘 오전 8시경 인주역에서 지하철 3호선 열차에 정전 사고가 발생했습니다. 사고 열차가 10분간 멈추면서 출근길 시민들이 큰 불편을 겪었습니다. 이 열차는 지난주에도 정전 사고가 한 차례 있었는데요. 현재 운행을 중단하고 정밀 검사를 하고 있습니다.

① 이 열차는 현재 운행 중이다.
② 이 열차는 인주역에 들어오지 못했다.
③ 이 열차는 지난주에도 정전 사고가 있었다.
④ 이 열차의 정전 사고는 늦은 밤에 발생했다.

TOPIK Ⅱ 〈64회 듣기 15번〉

🍚비법 내용 일치

출제 Ranking 3 뉴스의 내용	
❶ 사건사고	교통사고, 천재지변 등
❷ 일기예보	날씨에 따른 사건사고 등
❸ 생활정보	새로운 정책이나 실생활에 유용한 정보 소개 등

※ 출제 예상 주제 Ranking 10
　〈**합격 레시피**: 종합서〉 80쪽
※ 출제 예상 어휘와 표현
　〈**합격 레시피**: 종합서〉 어휘와 표현 11쪽

16. 인터뷰 〈최신 화제〉

여자 : 오랫동안 나무를 치료해 오셨는데요. 나무는 어떻게 치료를 하나요?

남자 : 병든 나무의 증상을 살피고, 땅의 상태나 주변 나무들도 조사해요. 나무도 다른 식물들처럼 주변 환경에 민감하기 때문이죠. 병이 생긴 원인에 따라 주변 환경을 개선하거나 직접 나무에 약을 처방합니다.

① 병든 나무에는 직접 약을 처방하지 않는다.
② 남자는 나무 치료를 시작한 지 얼마 안 됐다.
③ 남자는 나무 치료를 위해 땅의 상태를 조사한다.
④ 나무는 다른 식물에 비해 환경의 영향을 덜 받는다.

TOPIK Ⅱ 〈64회 듣기 16번〉

🍚비법 내용 일치

※ [17~20] 다음을 듣고 남자의 중심 생각을 고르십시오. (각 2점)

▶ 듣기 [17~20]번 유형은 중심 생각을 파악하는 문항이다. 중심 내용의 이해 능력을 측정하는 문항으로 **3급 수준의 내용**이 출제된다.

17. 일상 대화 〈회사, 학교, 집 등〉

남자 : 아무래도 요가 학원에 다녀야겠어. 혼자서 운동을 하니까 동작이 맞는지 모르겠고 효과도 없는 것 같아.

여자 : 요즘은 인터넷 요가 영상도 많이 있던데, 그걸 보는 건 어때?

남자 : 영상만으로는 안 될 것 같아. 내 동작이 틀려도 알 수 없잖아.

① 운동을 제대로 배워서 하고 싶다.
② 인터넷의 운동 정보는 도움이 된다.
③ 건강을 위해 꾸준히 운동을 해야 한다.
④ 따라 하기 쉬운 요가 영상을 선택해야 한다.

TOPIK II 〈64회 듣기 17번〉

🍳비법 중심 생각 〈-는 게 좋다, -아/어야 한다, 그래서 등〉

18. 일상 대화 〈회사, 학교, 집 등〉

남자 : 수미야, 왜 아무 말도 안 해? 너도 어디 가고 싶은지 말을 해.

여자 : 난 어디든 상관없어. 그냥 여러 사람이 원하는 곳으로 해.

남자 : 모두가 만족할 수 있는 결정을 하려면 네 생각도 정확하게 말해 줘야 돼.

① 갈등이 생기면 빨리 해결해야 한다.
② 자신의 생각을 분명하게 말하면 좋겠다.
③ 상대방이 원하는 것을 먼저 하는 게 좋다.
④ 상대방의 입장을 이해하려면 대화가 필요하다.

TOPIK II 〈64회 듣기 18번〉

🍳비법 중심 생각 〈-는 게 좋다, -아/어야 한다, 그래서 등〉

19. 일상 대화 〈회사, 학교, 집 등〉

여자 : 이거 조금 전에 받은 명함인데요. 디자인이 참 특이하죠?

남자 : 그렇네요. 그림이 있는 것도 인상적이고요.

여자 : 그런데 명함이라고 하기에는 정보가 좀 부족한 것 같지 않아요?

남자 : 디자인 덕분에 이렇게 한 번 더 보게 되니까 전 좋은 것 같아요.

① 이 명함은 디자인이 인상적이어서 좋다.
② 이 명함은 디자인에 더 신경을 써야 한다.
③ 이 명함은 정보를 충분히 넣을 필요가 있다.
④ 이 명함은 명함을 준 사람에 대해 알기 쉽다.

TOPIK II 〈64회 듣기 19번〉

🍳비법 중심 생각 〈-는 게 좋다, -아/어야 한다, 그래서 등〉

20. 인터뷰 〈최신 화제, 전문가, 가수, 가게 주인 등〉

여자 : 기업 행사를 기획할 때는 어떤 부분에 신경을 써야 하나요?

남자 : 행사의 목적이 무엇인지 잘 파악해야 합니다. 신제품 홍보를 위한 행사는 제품의 이미지에 맞게 분위기를 연출해야 하고요 송년회같이 직원들을 위한 행사는 친목을 위한 다양한 프로그램이 필요합니다.

① 기업 행사는 분위기 연출이 가장 어렵다.
② 기업 행사는 프로그램이 다양할수록 좋다.
③ 기업 행사는 행사의 목적을 고려해야 한다.
④ 기업 행사는 직원들이 만족할 수 있어야 한다.

TOPIK II 〈64회 듣기 20번〉

🍳비법 중심 생각 〈-는 게 좋다, -아/어야 한다, 그래서 등〉
질문 내용과 관련

※ 중심 생각 출제 예상 Ranking 10
〈**합격 레시피**: 종합서〉 96~98쪽

※ [21~22] 다음을 듣고 물음에 답하십시오. (각 2점)

▶ 듣기 [21~22]번 유형은 중심 생각과 내용 일치를 찾는 문항이다. 중심 내용의 이해 능력과 세부 내용의 이해를 측정하는 문항으로 **4급 수준의 내용**이 출제된다.

·공식적인 대화 : 회의, 업무 지시 등
·개인적인 대화 : 의견 말하기, 조언 구하기 등

남자 : 최근 조사 자료를 보면 여행객들이 호텔을 선택할 때 가장 많이 참고하는 게 이용 후기라고 해요.

여자 : 맞아요. 우리도 후기 관리에 더 신경을 써야 할 것 같아요. 우리 호텔은 고객 만족도는 높은 데 비해 이용 후기는 적은 편이잖아요.

남자 : 그래서 고객들에게 후기 작성에 대해 적극적으로 알려야 할 것 같아요. 후기를 많이 남길 수 있도록 하는 이벤트도 해 보고요.

여자 : 좋네요. 그럼 어떤 이벤트가 좋을지 한번 생각해 봐요.

21. 남자의 중심 생각으로 알맞은 것을 고르십시오.
① 여행객들의 성향을 조사해야 한다.
② 고객 만족도를 높이는 것이 우선이다.
③ 이용 후기를 늘릴 수 있도록 해야 한다.
④ 후기 분석을 적극적으로 할 필요가 있다.

🍳비법 중심 생각 〈-는 게 좋다, -아/어야 한다, 그래서 등〉

※ 중심 생각 표현 Ranking 10
　〈**합격 레시피**: 종합서〉 96-98쪽

22. 들은 내용으로 맞는 것을 고르십시오.
① 이 호텔에서는 후기 작성 이벤트를 하고 있다.
② 남자는 호텔과 관련된 자료를 조사할 예정이다.
③ 이 호텔을 이용한 고객들은 후기를 많이 남겼다.
④ 여자가 일하는 호텔은 고객 만족도가 높은 편이다.

🍳비법 내용 일치

TOPIK Ⅱ 〈64회 듣기 21-22번〉

※ **[23~24] 다음을 듣고 물음에 답하십시오. (각 2점)**

▶ 듣기 [23~24]번 유형은 대화의 상황과 내용 일치를 찾는 문항이다. 대화 상황을 파악하는 능력과 세부 내용의 이해를 측정하는 문항으로 **4급 수준의 내용**이 출제된다.

공공 시설 용무
〈관공서, 업체, 회사, 호텔, 박물관, 학교 등〉

여자 : 여보세요. 제가 운전면허증을 잃어버려서 다시 발급을 받고 싶은데요. 어떻게 하면 되나요?

남자 : 운전면허 시험장으로 오시면 당일에 받을 수 있습니다. 오실 때 신분증을 꼭 챙겨 오셔야 하고요.

여자 : 인터넷으로는 신청이 안 되나요? 면허 시험장이 너무 멀어서요.

남자 : 인터넷으로도 가능합니다. 신청하실 때 가까운 경찰서를 지정해서 면허증을 받으시면 돼요. 그런데 시간은 두 주 정도 걸립니다.

23. 여자가 무엇을 하고 있는지 고르십시오.
① 면허증 재발급 방법을 문의하고 있다.
② 면허증 재발급 기간을 확인하고 있다.
③ 면허 시험장의 위치를 알아보고 있다.
④ 면허증 발급을 위한 서류를 요청하고 있다.

🍳비법 말하는 사람의 행동
　〈문의, 설명, 제안, 요구, 확인, 신청, 상담, 보고 등〉

출제 Ranking 3	선택지 동사
❶ 알려 주세요.	문의하다, 알아보다 등
❷ 알려 줄게요.	설명하다, 소개하다 등
❸ 제안	제안하다, 권하다 등

※ 출제 예상 Ranking 09
　〈**합격 레시피**: 종합서〉 164쪽

24. 들은 내용으로 맞는 것을 고르십시오.

① 경찰서에서도 면허증을 받을 수 있다.

② 여자는 인터넷으로 신청서를 제출했다.

③ 여자는 면허 시험장에서 가까운 곳에 있다.

④ 인터넷을 이용하면 당일에 면허증 발급이 가능하다.

🍳비법 내용 일치

TOPIK Ⅱ 〈64회 듣기 23–24번〉

※ [25~26] 다음을 듣고 물음에 답하십시오. (각 2점)

▶ 듣기 [25~26]번 유형은 중심 생각과 내용 일치를 찾는 문항이다. 중심 내용의 이해 능력과 세부 내용의 이해를 측정하는 문항으로 **4급 수준의 내용**이 출제된다.

최신 인터뷰 〈최신 화제〉

여자 : 오늘은 소방복을 재활용한 가방을 만들어 화제가 된 대학생들을 만나러 왔습니다. 어떻게 이런 일을 하게 되셨습니까?

남자 : 소방관들이 시민을 위해 얼마나 힘든 환경에서 일하고 있는지를 알리고 싶었어요. 그래서 작년부터 저희의 전공을 살려 버려진 소방복을 재활용해 가방을 만들게 되었습니다. 가방의 소재가 특이하다 보니 자연스럽게 사람들의 관심을 모을 수 있었고 판매까지 하게 되었습니다. 현재는 가방을 판매한 수익금을 소방관의 활동을 알리는 데에 사용하고 있습니다. 저희의 작은 노력이 소방관의 어려움을 한 번 더 떠올리는 계기가 되었으면 좋겠습니다.

---

25. 남자의 중심 생각으로 알맞은 것을 고르십시오.

① 소방관의 근무 환경을 개선해야 한다.

② 사람들이 소방관에 대해 관심을 가지면 좋겠다.

③ 사람들은 소방관의 희생정신을 본받아야 한다.

④ 소방관의 안전을 보장하기 위한 대책이 필요하다.

🍳비법 중심 생각 〈–는 게 좋다, –아/어야 한다, 그래서 등〉 질문 내용과 관련

※ 중심 생각 출제 예상 Ranking 10
〈**합격 레시피**: 종합서〉 96–98쪽

---

26. 들은 내용으로 맞는 것을 고르십시오.

① 남자는 소방관으로 일하고 있다.

② 이 가방은 사람들에게 판매되지 않는다.

③ 이 가방은 소방복을 재활용해 만든 것이다.

④ 남자가 만든 가방은 아직 알려지지 않았다.

🍳비법 내용 일치

TOPIK Ⅱ 〈64회 듣기 25–26번〉

※ [27~28] 다음을 듣고 물음에 답하십시오. (각 2점)

▶ 듣기 [27~28]번 유형은 화자의 의도와 내용 일치를 찾는 문항이다. 화자가 말하는 의도와 세부 내용의 이해를 측정하는 문항으로 **4급 수준의 내용**이 출제된다.

의견/의논 〈사회 문제, 정보 전달, 개인 고민 등〉

남자 : 이번에 김 과장님도 육아 휴직을 신청했
대요. 요즘 우리 회사 남자 직원들 중에
육아 휴직을 신청하는 사람들이 점점 많
아지고 있어요.

여자 : 그러게요. 제도가 바뀌면서 휴직 기간 동
안 월급도 주고 경력 인정도 되니까 예전
보다 신청에 대한 부담이 적어진 거겠죠.

남자 : 제 생각엔 남성 육아를 긍정적으로 보는
시각이 많아진 게 큰 이유인 것 같아요.
정부나 회사에서 남성 육아를 권장하기도
하고요.

여자 : 하긴 요즘 분위기가 많이 달라진 것 같긴
해요.

27. 남자가 여자에게 말하는 의도를 고르십시오.

① 남성 육아의 필요성을 일깨우기 위해

② 남성 육아를 위한 제도를 설명하기 위해

③ 남성 육아의 문제점에 대해 지적하기 위해

④ 남성 육아에 대한 인식 변화를 말하기 위해

🍚**비법** 중심 생각 → 말하는 의도

〈비판, 설명, 권유, 의논, 우려, 동조, 지시 등〉

출제 Ranking 3	
❶ 비판	비판하다, 불만을 제기하다, 문제점을 지적하다
❷ 설명	설명하다, 알려 주다, 언급하다
❸ 권유	제안하다, 권유하다

※ 출제 예상 Ranking 07
〈**합격 레시피**: 종합서〉 167쪽

28. 들은 내용으로 맞는 것을 고르십시오.

① 남자의 회사에는 육아 휴직 신청자가 없다.

② 육아 휴직을 해도 경력을 인정받을 수 있다.

③ 육아 휴직 기간에는 월급이 지급되지 않는다.

④ 정부에서는 육아 휴직 제도의 시행을 준비
하고 있다.

🍚**비법** 내용 일치

TOPIK II 〈64회 듣기 27-28번〉

※ [29~30] 다음을 듣고 물음에 답하십시오. (각 2
점)

▶ 듣기 [29~30]번 유형은 인터뷰 대상자의 직업
과 세부 내용을 파악하는 문항이다. 대화 참여자
를 파악하는 능력과 세부 내용의 이해를 측정하
는 문항으로 **4급 수준의 내용**이 출제된다.

직업 인터뷰 〈최신 화제〉

여자 : 정원의 꽃들이 참 예쁘네요. 선생님은 여
기에서 어떤 일을 하시나요?

남자 : 이곳은 제가 작년부터 환자들에게 정원
가꾸기를 가르치고 있는 곳인데요. 저는
약을 사용하지 않고 식물을 이용해 그분
들의 몸과 마음의 회복을 돕는 활동을 하
고 있어요. 식물을 재배하면서 자연스럽
게 치료 효과를 얻게 하는 거죠.

여자 : 구체적으로 어떤 활동을 통해서 치료가
이루어지나요?

남자 : 정원 가꾸기, 식물 재배하기, 꽃을 이용한
작품 만들기 등의 활동이 대표적인데요. 이
런 크고 작은 신체 활동은 운동 능력을 향
상시킬 수 있어요. 또한 식물의 향기를 맡
으면서 느끼는 기쁨을 치료에 이용하는 것
이죠. 정원에서 함께 재배한 식물을 판매
함으로써 경제적으로 어려움을 겪고 있는
환자들에게 작은 도움도 드리고 있고요.

29. 남자는 누구인지 맞는 것을 고르십시오.

① 식물의 향기를 분석하는 사람

② 문제가 생긴 식물을 관리하는 사람

③ 식물의 재배 방법을 연구하는 사람

④ 식물을 활용해 사람들을 치료하는 사람

🍚**비법** 말하는 사람의 직업

30. 들은 내용으로 맞는 것을 고르십시오.

① 남자는 식물의 향기를 이용해 약을 만든다.

② 정원에서 재배하는 식물은 판매하지 않는다.

③ 남자는 환자들에게 정원 가꾸는 법을 배웠다.

④ 식물을 재배하는 활동은 운동 능력을 향상시킨다.

🍚 **비법** 내용 일치

TOPIK Ⅱ 〈52회 듣기 29-30번〉

※ **[31~32]** 다음을 듣고 물음에 답하십시오. (각 2점)

▶ 듣기 **[31~32]**번 유형은 토론을 듣고 화자의 중심 생각과 태도나 심정을 고르는 문항이다. 중심 생각을 파악하는 능력과 화자의 태도 및 심정을 파악하는 능력을 측정하는 문항으로 **5급 수준의 내용**이 출제된다.

┌──────────────────────────────┐
│ 토론 〈최신 사회 문제, 경제, 정책 문제 등〉 │
└──────────────────────────────┘

남자 : 같은 커피 전문점의 커피가 지역별로 가격이 다른 것에 소비자들이 불만을 표하고 있습니다. 동일한 재료와 방법으로 만드는데 왜 가격이 다른지 이해할 수가 없습니다.

여자 : 커피 값은 임대료 등 매장의 여건에 따른 가격이 다를 수 있다고 생각합니다.

남자 : 그렇다면 임대료가 낮은 지역의 커피 값이 비싼 이유는 뭡니까?

여자 : 임대료만이 커피 값의 가장 중요한 기준이 되는 것은 아닙니다. 시설이나 관리 비용 등 다양한 요인이 있는 거지요. 예를 들어 휴게소처럼 커피를 매장에서 마시지 않고 그냥 사 가는 손님이 많은 곳은 다른 곳에 비해 커피 값을 싸게 받을 수 있는 것처럼요.

31. 남자의 생각으로 알맞은 것을 고르십시오.

① 유동 인구가 많은 곳에 매장을 만들어야 한다.

② 매장의 임대료가 매년 상승하는 것은 바람직하지 않다.

③ 지역에 따라 동일 제품의 가격이 다른 것은 불합리하다.

④ 매장의 관리 비용을 고려하여 커피 값을 책정해야 한다.

🍚 **비법** 중심 생각 〈-는 게 좋다, -아/어야 한다, 그래서 등〉

※ 중심 생각 출제 예상 Ranking 10
〈**합격 레시피**: 종합서〉 202-203쪽

32. 남자의 태도로 알맞은 것을 고르십시오.

① 현재의 상황을 비판하고 있다.

② 자신의 주장을 합리화하고 있다.

③ 문제에 대한 해결책을 제시하고 있다.

④ 상대방의 의견을 긍정적으로 평가하고 있다.

🍚 **비법** 말하는 사람의 태도

찬성	동의, 공감, 지지, 수용, 인정 등
반대	반박, 비판, 지적, 염려 등
기타 표현	절충안, 대안 제시 등

※ 출제 예상 표현
〈**합격 레시피**: 종합서〉 203쪽

TOPIK Ⅱ 〈52회 듣기 31-32번〉

※ **[33~34]** 다음을 듣고 물음에 답하십시오. (각 2점)

▶ 듣기 **[33~34]**번 유형은 강연이나 발표를 듣고 그 주제와 내용과 같은 것을 고르는 문항이다. 주제가 되는 내용을 파악하는 능력과 세부 내용을 이해하는 능력을 측정하는 문항으로 **5급 수준의 내용**이 출제된다. 특정한 주제를 가지고 강연이나 발표를 하는 내용이다.

단독 강연 〈전문적 내용〉

여자 : 비행기가 착륙할 때 바퀴와 지면의 마찰로 인해 엄청난 열이 발생합니다. 그 온도가 워낙 높아 공기를 주입한 타이어에서는 공기에 포함된 산소가 자칫 폭발을 유도할 위험이 있습니다. 그래서 자동차 타이어와 달리 비행기 타이어에는 산소가 혼합되지 않은 질소만을 주입합니다. 타이어 표면의 무늬도 마찰열과 관계가 있는데요. 자동차 타이어에는 복잡한 무늬를 넣어 미끄러짐을 방지하지만 비행기 타이어에는 단순한 세로 줄무늬를 사용하여 지면과의 마찰을 줄이고 착륙 시 발생하는 열을 최소화해 줍니다.

33. 무엇에 대한 내용인지 맞는 것을 고르십시오.
① 질소의 활용 방법
② 질소의 생성 원리
③ 비행기 타이어의 특징
④ 비행기 타이어의 종류

🍲**비법** 반복되는 내용 → 중심 생각(주제)

34. 들은 내용으로 맞는 것을 고르십시오.
① 질소는 자동차 타이어에 주로 사용된다.
② 비행기 타이어에는 복잡한 무늬를 새긴다.
③ 단순한 무늬의 타이어는 잘 미끄러지지 않는다.
④ 질소만 주입한 타이어는 폭발 위험이 줄어든다.

🍲**비법** 내용 일치

TOPIK Ⅱ 〈64회 듣기 33-34번〉

※ [35~36] 다음을 듣고 물음에 답하십시오. (각 2점)

▶ 듣기 [35~36]번 유형은 대화의 상황과 세부 내용을 파악하는 문항이다. 대화 상황을 파악하는 능력과 세부 내용의 이해를 측정하는 문항으로 **5급 수준의 내용**이 출제된다.

현장 연설 〈행사장, 회사 기념식, 시상식 등〉

남자 : 아역 배우로 영화 인생을 시작해서 78세의 나이로 눈을 감기까지, 김민수 선배님의 삶은 오직 영화만을 위한 것이었습니다. 선배님은 배우로서 백여 편의 영화에 출연하며 특유의 개성 넘치는 연기로 우리를 울고 웃게 했습니다. 53세에는 감독으로서 첫 작품을 발표하고, 이후 3편의 영화를 더 남겼습니다. 마지막으로 연출한 작품으로 국제 영화제에서 감독상을 수상하기도 했지요. 뿐만 아니라 영화 박물관의 대표로서 한국 영화의 역사를 기록하는 일에도 힘을 써 온, 누구보다 영화를 사랑하는 분이셨습니다.

35. 남자는 무엇을 하고 있는지 고르십시오.
① 선배의 업적을 소개하고 있다.
② 선배의 영화를 홍보하고 있다.
③ 선배가 만든 작품을 설명하고 있다.
④ 선배에 대한 지지를 부탁하고 있다.

🍲**비법** 말하는 사람의 행동
〈주장, 제시, 전달, 요구, 설명, 발표, 평가 등〉

※ 출제 예상 표현
〈**합격 레시피**: 종합서〉 203, 260쪽

36. 들은 내용으로 맞는 것을 고르십시오.
① 김민수는 배우이자 감독으로 활약했다.

② 김민수는 늦은 나이에 배우로 데뷔했다.

③ 김민수는 백여 편이 넘는 영화를 연출했다.

④ 김민수는 국제 영화제에서 상을 받지 못했다.

🍲**비법** 내용 일치

TOPIK II 〈64회 듣기 35-36번〉

※ [37~38] 다음은 교양프로그램입니다. 잘 듣고 물음에 답하십시오. (각 2점)

▶ 듣기 [37~38]번 유형은 중심 생각과 세부 내용을 파악하는 문항이다. 중심 내용의 이해 능력과 세부 내용의 이해를 측정하는 문항으로 **5급 수준의 내용**이 출제된다.

교양 프로그램 : 전문가와의 대담
〈학문, 예술, 문화, 건강, 여가, 교육 등〉

남자 : 충치뿐 아니라 잇몸병으로 고생하는 젊은 분들이 상당히 많네요.

여자 : 네. 그 수가 전체 잇몸병 환자의 3분의 1을 차지할 정도니까요 2, 30대 환자는 최근 5년 사이에 약 60%나 증가했습니다. 젊은 분들은 잇몸병을 대수롭지 않게 여기는 경향이 있는데요. 손상된 잇몸은 원래대로 회복되지 않습니다. 게다가 잇몸병의 원인이 되는 세균이 온몸을 돌아다니며 다른 신체 기관에 악영향을 끼치기도 하고요. 심각한 경우에 이 세균이 심장병이나 치매를 유발할 수도 있어요. 건강할 때부터 잇몸을 잘 관리하는 것이 좋습니다.

37. 여자의 중심 생각으로 알맞은 것을 고르십시오.

① 잇몸병의 원인을 명확하게 밝혀야 한다.

② 치매 예방을 위해서 잇몸 관리가 중요하다.

③ 젊을 때부터 잇몸 관리에 신경을 써야 한다.

④ 잇몸병에 대한 잘못된 정보를 바로잡아야 한다.

🍲**비법** 중심 생각 〈-는 게 좋다, -아/어야 한다, 그래서 등〉 질문 내용과 관련

※ 중심 생각 출제 예상 Ranking 10
〈합격 레시피: 종합서〉 212쪽

38. 들은 내용과 일치하는 것을 고르십시오.

① 잇몸은 손상되더라도 빠르게 회복된다.

② 잇몸병 환자의 절반 이상이 젊은 사람들이다.

③ 젊은 층의 잇몸병 환자가 줄고 있는 추세이다.

④ 잇몸병을 일으키는 세균은 다른 질환도 유발할 수 있다.

🍲**비법** 내용 일치

TOPIK II 〈64회 듣기 37-38번〉

※ [39~40] 다음은 대담입니다. 잘 듣고 물음에 답하십시오. (각 2점)

▶ 듣기 [39~40]번 유형은 대화의 논리적 흐름과 세부 내용을 파악하는 문항이다. 논리적 흐름을 통해 추론 능력과 세부 내용의 이해 능력을 측정하는 문항으로 **5급 수준의 내용**이 출제된다.

전문가와의 대담 〈정책, 신기술, 환경 등〉

여자 : 국외로 유출된 문화재가 이렇게 많은데, 어떤 방법으로 이런 문화재들을 다시 본국으로 가져올 수 있을까요?

남자 : 관련된 국제 협약이 1970년에 마련되었고, 1990년대 후반부터 문화재 환수에 대한 관심이 높아지면서 국가 간 논의와 공조가 활발해졌습니다. 문화재 환수에는 정부 간 대여나 기증 등의 방식이 있는데요. 기증을 통한 영구적 환수가 바람직하겠지만 나라마다 문화재 보호에 관한 법이 서로 달라서 이것이 쉽지는 않습니다. 현재는 대여하는 방식으로 일시적 환수가 이루어지는 경우가 많습니다.

39. 이 담화 앞의 내용으로 알맞은 것을 고르십시오.
① 민간 주도로 문화재 환수가 이루어지고 있다.
② 해외에 있는 문화재를 대여해서 전시하고 있다.
③ 환수하지 못하고 해외에 남아 있는 문화재가 많다.
④ 문화재 환수를 위해 다른 나라와 협정을 체결했다.

🍳비법 앞의 내용 찾기 – 첫 번째 화자의 말과 관련

40. 들은 내용과 일치하는 것을 고르십시오.
① 각국의 법이 달라 문화재의 영구적 환수가 어렵다.
② 1970년대부터 문화재 환수가 활발해지기 시작했다.
③ 문화재 환수는 주로 기증하는 방식으로 이루어진다.
④ 문화재 환수와 관련된 국제 협약은 존재하지 않는다.

🍳비법 내용 일치

TOPIK Ⅱ 〈64회 듣기 39–40번〉

※ **[41~42] 다음은 강연입니다. 잘 듣고 물음에 답하십시오. (각 2점)**

▶ **듣기 [41~42]**번 유형은 강연을 듣고 중심 내용과 세부 내용을 파악하는 문항이다. 중심 내용의 이해 능력과 세부 내용의 이해 여부를 측정하는 문항으로 **6급 수준의 내용**이 출제된다.

단독 강연
〈동물, 미래학, 사회 현상, 역사, 예술, 인간 심리, 자연 현상, 전통문화, 정치경제: 정책, 환경 등〉

※ 〈**합격 레시피**: 종합서〉 244쪽,
〈**합격 레시피**: 종합서〉 어휘와 표현 43쪽

여자 : 과학자들은 오랜 논의를 거쳐 '감칠맛'을 다섯 번째 미각으로 인정했습니다. '감칠맛'은 음식을 더 맛있게 느끼게 해 식욕을 당기게 합니다. 이제 과학자들은 여섯 번째 미각에 관심을 쏟고 있는데요. 여러 맛들이 언급되고 있지만 '깊은맛'이 유력한 후보로 거론되고 있습니다. '깊은맛'은 식재료를 오래 끓이거나 숙성, 발효시키는 과정에서 우러나는 맛인데요. 그 자체로 맛을 가지고 있지는 않지만 다른 맛들과 결합해 음식의 풍미를 높여 줍니다. 콩을 발효해 만든 된장이나 간장을 기본양념으로 하는 한식에는 '깊은맛'을 맛볼 수 있는 음식이 많습니다.

41. 이 강연의 중심 내용으로 맞는 것을 고르십시오.
① 감칠맛에 대한 연구가 새로이 시작되었다.
② 새로운 미각으로 깊은맛이 주목을 받고 있다.
③ 한식의 조리 과정에서는 발효가 가장 중요하다.
④ 음식의 풍미를 높이는 다양한 방법이 개발되었다.

※ 중심 생각 출제 예상 Ranking 10
〈합격 레시피: 종합서〉 257쪽

42. 들은 내용과 일치하는 것을 고르십시오.

① 감칠맛은 다른 맛과 결합해 풍미를 높인다.
② 감칠맛은 미각으로 인정을 받지 못하고 있다.
③ 깊은맛은 식욕을 당기게 해 주는 특징이 있다.
④ 깊은맛은 식재료를 오래 끓여서 낼 수 있는 맛이다.

비법 **내용 일치**

TOPIK Ⅱ 〈64회 듣기 41-42번〉

※ **[43~44]** 다음은 다큐멘터리입니다. 잘 듣고 물음에 답하십시오. (각 2점)

▶ 듣기 **[43~44]**번 유형은 다큐멘터리를 듣고 중심 내용과 세부 내용을 파악하는 문항이다. 중심 내용의 이해 능력과 세부 내용의 이해 여부를 측정하는 문항으로 **6급 수준의 내용**이 출제된다.

다큐멘터리
〈*동물, 미래학, 사회 현상, 역사, 예술, 인간 심리, 자연 현상, 전통문화, 정치경제: 정책, 환경 등〉
'-(ㄴ/는)다.' 형태의 듣기 연습 필요

※ **〈합격 레시피**: 종합서〉 244쪽.
〈합격 레시피: 종합서〉 어휘와 표현 43쪽

남자 : 새끼 상어가 꼬물꼬물 헤엄을 치는 이 작은 공간은 어미 황갈색수염상어의 자궁 속이다. 새끼 황갈색수염상어는 인간과 마찬가지로 이곳에서 약 10개월을 보낸다.

그런데 영양분을 공급받아야 할 탯줄이 보이지 않는다. 어떻게 영양분을 섭취하는 걸까. 어미 상어는 수정이 되지 않은 수십 개의 무정란을 자궁 속에 가지고 있다. 탯줄이 없어 움직임이 자유로운 새끼 상어는 이 알들을 찾아다니며 먹는다. 어미 상어 배 속에서부터 헤엄치는 법과 먹이 찾는 법을 함께 익히고 있는 셈이다. 세상을 살아갈 만반의 준비를 모두 마친 후 마침내 새끼 상어는 자궁 밖으로 나온다.

43. 이 이야기의 중심 내용으로 맞는 것을 고르십시오.

① 황갈색수염상어가 해양 생태계를 변화시키고 있다.
② 황갈색수염상어의 서식 공간이 점점 좁아지고 있다.
③ 황갈색수염상어의 자궁은 인간의 자궁과 형태가 유사하다.
④ 황갈색수염상어의 새끼는 자궁 속에서 세상에 나올 준비를 한다.

비법 중심 생각〈-는 게 좋다, -아/어야 한다, 그래서 등〉

※ 중심 생각 출제 예상 Ranking 10
〈합격 레시피: 종합서〉 257쪽

44. 새끼 상어가 자궁 속에서 무정란을 먹는 이유로 맞는 것을 고르십시오.

① 공간을 넓히기 위해서
② 영양분을 얻기 위해서
③ 수분을 배출하기 위해서
④ 움직임을 줄이기 위해서

비법 **내용 일치**

〈   〉에 대한 설명으로 맞는 것을 고르십시오.
〈   〉이/가 〈   〉을/를 하는 이유로 알맞은 것을 고르십시오.

TOPIK Ⅱ 〈64회 듣기 43-44번〉

※ [45~46] 다음은 강연입니다. 잘 듣고 물음에 답하십시오. (각 2점)

▶ **듣기 [45~46]**번 유형은 강연을 듣고 세부 내용과 화자의 태도를 파악하는 문항이다. 세부 내용의 이해와 화자의 말하는 방식이나 태도 파악 능력을 측정하는 문항으로 **6급 수준의 내용**이 출제된다.

단독 강연
〈동물, 미래학, 사회 현상, 역사, 예술, 인간 심리, 자연 현상, 전통문화, 정치경제: 정책 , 환경 등〉

※ 〈**합격 레시피**: 종합서〉 244쪽,
　 〈**합격 레시피**: 종합서〉 어휘와 표현 43쪽

여자 : 이 사진 속의 악기는 여러분이 잘 알고 있는 색소폰입니다. 색소폰은 다른 클래식 악기들에 비해 늦은 시기인 19세기에 유럽에서 발명됐는데요. 당시 음악계에서 별로 환영을 받지 못했습니다. 음악계를 주도했던 오케스트라는 이미 악기 편성이 확립돼 있었고, 다른 악기들과 조화를 이뤄 연주하기에 색소폰의 음색이 너무 튀었기 때문이죠. 색소폰이 인기를 얻기 시작한 건 20세기 들어 불기 시작한 재즈 열풍 덕분이었는데요. 흔들리듯 불안하게 들리는 색소폰의 음색이 자유로운 분위기의 재즈와 잘 맞아떨어진 겁니다. 관능적이고 호소력 짙은 소리가 독특한 음색으로 인정받게 된 것이죠.

45. 들은 내용과 일치하는 것을 고르십시오.
① 색소폰은 다른 악기와의 합주에 적합했다.
② 색소폰은 9세기부터 활발하게 사용되었다.
③ 색소폰은 재즈 덕분에 인기를 얻기 시작했다.
④ 색소폰의 음색은 편안하고 안정된 느낌을 준다.

🍳비법 내용 일치

46. 여자가 말하는 방식으로 가장 알맞은 것을 고르십시오.
① 색소폰의 위상 변화를 설명하고 있다.
② 색소폰의 연주 방법을 비교하고 있다.
③ 색소폰의 발명 과정을 요약하고 있다.
④ 색소폰의 세부 형태를 묘사하고 있다.

🍳비법 강연 주제 → 말하는 사람의 태도/방식

찬성	동의, 공감, 지지, 수용, 인정 등
반대	반박, 비판, 지적, 염려 등
기타 표현	나열, 대처, 증명, 판단, 비교 등

※ 출제 예상 표현
〈**합격 레시피**: 종합서〉 203, 260쪽

TOPIK II 〈64회 듣기 45-46번〉

※ [47~48] 다음은 대담입니다. 잘 듣고 물음에 답하십시오. (각 2점)

▶ **듣기 [47~48]**번 유형은 대담을 듣고 세부 내용과 화자의 태도를 파악하는 문항이다. 세부 내용의 이해와 화자의 말하는 방식이나 태도 파악 능력을 측정하는 문항으로 **6급 수준의 내용**이 출제된다.

대담
〈동물, 미래학, 사회 현상, 역사, 예술, 인간 심리, 자연 현상, 전통문화, *정치경제: 정책, 환경 등〉

※ 〈**합격 레시피**: 종합서〉 244쪽,
　 〈**합격 레시피**: 종합서〉 어휘와 표현 43쪽

여자 : 국가지점번호라……. 저는 좀 생소한데요. 이미 시행 중인 제도라고요?

남자 : 네, 국가지점번호 제도는 조난이 발생했을 때 그 위치를 정확하게 알 수 있도록 지역마다 번호를 부여하고 표지판을 설치하는 것입니다. 이 제도는 2013년부터 신속한 구

조를 목적으로 시행이 되었는데요. 아직까지도 표지판이 설치되지 않은 지역이 많고, 잘 알려지지도 않았습니다. 이는 실제 수행을 담당해야 할 지방자치단체들이 업무의 책임을 분명히 하지 않고, 예산 부족을 핑계로 설치를 미루고 있기 때문인데요. 국민들의 안전과도 밀접한 관계가 있는 만큼 시행을 위한 각 지방자치단체들의 적극적인 노력이 있어야 하겠습니다.

47. 들은 내용과 일치하는 것을 고르십시오.

① 이 제도는 곧 시행될 예정이다.

② 이 제도는 신속한 구조를 위해 마련되었다.

③ 이 제도는 국민 대상 홍보가 잘 이루어졌다.

④ 이 제도는 예산 지원이 원활하게 진행되고 있다.

🍲**비법** 내용 일치

48. 남자의 태도로 가장 알맞은 것을 고르십시오.

① 제도에 대한 평가를 유보하고 있다.

② 제도의 긍정적인 효과를 기대하고 있다.

③ 제도 시행을 위한 국민의 협조를 당부하고 있다.

④ 제도 시행의 문제를 지적하며 시정을 촉구하고 있다.

🍲**비법** 대담 주제 → 말하는 사람의 태도/방식

찬성	동의, 공감, 지지, 수용, 인정 등
반대	반박, 비판, 지적, 염려 등
기타 표현	나열, 대처, 증명, 판단, 비교 등

※ 출제 예상 표현
〈**합격 레시피**: 종합서〉 203, 260쪽

TOPIK II 〈64회 듣기 47–48번〉

※ [49~50] 다음은 강연입니다. 잘 듣고 물음에 답하십시오. (각 2점)

▶ 듣기 [49~50]번 유형은 강연을 듣고 세부 내용과 화자의 태도를 파악하는 문항이다. 세부 내용의 이해와 화자의 말하는 방식이나 태도 파악 능력을 측정하는 문항으로 **6급 수준의 내용**이 출제된다.

단독 강연
〈동물, 미래학, 사회 현상, 역사, 예술, 인간 심리, 자연 현상, 전통문화, 정치경제: 정책, 환경 등〉

※ 〈**합격 레시피**: 종합서〉 244쪽.
〈**합격 레시피**: 종합서〉 어휘와 표현 43쪽

여자 : 이것은 조선 후기 왕들의 일기인 '일성록'입니다. 하루의 반성문이란 뜻을 가진 이 책은 왕의 소소한 일상에서부터 국정 업무 전반을 왕의 시점으로 기록한 것인데요. 당시의 왕들은 '일성록'을 신하들이 볼 수 있게 하여 국정 업무에 참고하게 했습니다. 이 일기에는 백성들의 상소와 처리 과정은 물론 그에 대한 왕의 심경까지 기록되어 있고, 18세기부터 20세기에 걸친 세계정세 변화와 동서양의 사회 문화적 교류 양상까지도 상세히 적혀 있습니다. '일성록'은 단순한 일기를 넘어 한국뿐만 아니라 세계 역사에도 매우 중요한 사료로 인정받고 있습니다.

49. 들은 내용과 일치하는 것을 고르십시오.

① 이 책은 왕의 업무 내용을 담고 있다.

② 이 책은 신하들에게 공개되지 않았다.

③ 이 책은 백성의 관점에서 작성되었다.

④ 이 책은 조선 시대 이전에 기록되었다.

🍲**비법** 내용 일치

50. 여자의 태도로 가장 알맞은 것을 고르십시오.

① 기록물의 가치를 높이 평가하고 있다.

② 기록물의 활용 방안을 강구하고 있다.

③ 기록물에 대한 맹신을 경계하고 있다.

④ 기록물의 훼손 가능성을 우려하고 있다.

🍳 **비법** 강연 주제 → 말하는 사람의 태도/방식

찬성	동의, 공감, 지지, 수용, 인정 등
반대	반박, 비판, 지적, 염려 등
기타 표현	나열, 대처, 증명, 판단, 비교 등

※ 출제 예상 표현
〈**합격 레시피**: 종합서〉 203, 260쪽

TOPIK Ⅱ 〈64회 듣기 49~50번〉

TOPIK Ⅱ 쓰기 (51번 ~ 54번)

※ [51~52] 다음을 읽고 ㉠과 ㉡에 들어갈 말을 각 각 한 문장씩으로 쓰십시오. (각 10점)

▶ 쓰기 [51]번 유형은 빈칸에 알맞은 내용을 직접 써서 글을 완성하는 문항이다. 문장을 구성하는 능력을 측정하는 문항으로 **3급 수준의 내용**이 출제된다.

51.

> 수미 씨, 그동안 고마웠습니다.
> 저는 다음 달이면 홍콩으로 일을 (㉠).
> 제가 원하는 회사에 취직을 해서 기쁘지만
> 수미 씨를 자주 못 볼 것 같아 아쉽습니다.
> 선물을 준비했는데 선물이 수미 씨 마음에
> (㉡)

TOPIK Ⅱ 〈64회 쓰기 51번〉

🍳 **비법** 빈칸 채우기

출제 예상 표현	빈칸 채우기
❶ 요청/부탁	-아/어 주십시오. -아/어 주시겠습니까? -기 바랍니다. -고 싶습니다. -았/었으면 좋겠습니다.
❷ 계획	-(으)려고 합니다. -고자 합니다.
❸ 허락/의향	-(으)면 되겠습니까?

※ 유형별 구체적인 풀이 방법
〈**합격 레시피**: 종합서〉 115쪽

▶ 쓰기 [52]번 유형은 빈칸에 알맞은 내용을 직접 써서 글을 완성하는 문항이다. 문장을 구성하는 능력을 측정하는 문항으로 **3급 수준의 내용**이 출제된다.

52. | 정보 전달 : 설명문 〈대응 유형〉

별은 지구에서 멀리 떨어져 있다. 그래서 별빛이 지구까지 오는 데 많은 시간이 걸린다. 지구와 가장 가까운 별의 빛도 지구까지 오는 데 4억 년이 걸린다. 만약 우리가 이 별을 본다면 우리는 이 별의 현재 모습이 아니라 4억 년 전의 (㉠). 이처럼 별빛은 오랜 시간이 지나야 지구에 도달한다. 그래서 어떤 별이 사라져도 우리는 그 사실을 바로 알지 못하고 아주 오랜 시간이 (㉡).

TOPIK Ⅱ 〈64회 쓰기 52번〉

🍳비법 빈칸 채우기

※ 대응 유형
　A : B = A' : (B²)

출제 예상 표현	
❶ 목적과 당위	-(으)려면 -아/어야 한다. -기 위해서는 -아/어야 한다. 따라서 -아/어야 한다.
❷ 결과와 원인	왜냐하면 -기 때문이다.
❸ 부분 부정	-(ㄴ/는)다고 해서 (꼭/반드시) -(으)ㄴ/는 것은 아니다.
❹ 인용	전문가들은 -(으)라고 한다.
❺ 의견	-는 것이 좋다.
❻ 비교	-는 것보다는 -는 것이 낫다.

※ 구체적인 풀이 방법
　〈**합격 레시피**: 종합서〉122쪽

※ [53] 다음을 참고하여 '온라인 쇼핑 시장의 변화'에 대한 글을 200~300자로 쓰시오. 단, 글의 제목을 쓰지 마시오. (30점)

▶ 쓰기 [53]번 유형은 통계 결과 그래프를 보고 풀어서 쓰는 문항이다. 주로 순위를 나타내는 그래프와 변화를 나타내는 그래프가 기본이고 정리 단계에서 비교를 하거나 원인이나 전망을 추가로 써야 한다.

53.

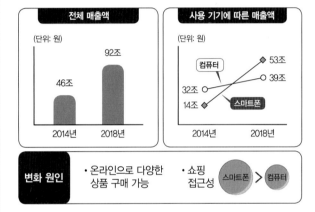

TOPIK Ⅱ 〈64회 쓰기 53번〉

🍳비법 200~300자 작문

출제 예상 표현
〈**합격 레시피**: 종합서〉 어휘와 표현 19쪽

※ [54] 다음을 주제로 하여 자신의 생각을 600~700자로 글을 쓰시오. 단, 문제를 그대로 옮겨 쓰지 마시오. (50점)

▶ 쓰기 [54]번 유형은 제시된 주제에 대한 자신의 생각을 쓰는 문항이다. 주제에 대한 글을 구성하는 능력을 측정하는 문항으로 **고급 수준의 내용**이 출제된다.

사람은 누구나 청소년기를 거쳐 어른이 된다. 아동에서 어른으로 넘어가는 이 시기에 많은 청소년들은 혼란과 방황을 겪으며 성장한다. 아래의 내용을 중심으로 '청소년기의 중요성'에 대한 자신의 생각을 쓰라.

· 청소년기가 중요한 이유는 무엇인가?

· 청소년들은 이 시기에 주로 어떤 특징을 보이는가?

· 청소년의 올바른 성장을 돕기 위해 어떤 노력이 필요한가?

TOPIK Ⅱ 〈64회 쓰기 54번〉

🍳**비법** 600~700자 작문

출제 Ranking 3	
❶ 삶의 자세	대인관계 바람직한 대화법
❷ 현대 사회의 특징	사회 문제 사회 변화
❸ 능력	자기계발 사회적 요구

※ 출제 예상 주제 Ranking 09
  〈**합격 레시피**: 종합서〉 273쪽

TOPIK Ⅱ 읽기 (1번 ~ 50번)

※ [1~2] (　　　)에 들어갈 가장 알맞은 것을 고르십시오. (각 2점)

▶ 읽기 [1~2]번 유형은 문맥에 알맞은 문법을 고르는 문항이다. 기본 문법 사용 능력을 측정하는 문항으로 **3급 수준의 문법**이 출제된다.

1. 문법 · 표현 〈연결어미, 종결어미〉

나는 주말에는 보통 영화를 (　　　) 운동을 한다.
① 보지만   ② 보거나
③ 보려고   ④ 보더니

TOPIK Ⅱ 〈64회 읽기 1번〉

🍳**비법** 빈칸에 알맞은 문법 찾기

연결어미 출제 Ranking 3	문법의 의미와 기능
❶ -다가	행동 전환(의지, 의외)
❷ -고 나서	순서(완료)
❸ -(으)ㄴ/는데	상반(대조), 설명(도입)

※ 출제 예상 Ranking 30
  〈**합격 레시피**: 종합서〉 15쪽

2. 문법 · 표현 〈연결어미, 종결어미〉

동생이 점점 아버지를 (　　　).
① 닮아 간다   ② 닮았나 보다
③ 닮기도 한다   ④ 닮은 적이 없다

TOPIK Ⅱ 〈64회 읽기 2번〉

🍳**비법** 빈칸에 알맞은 문법 찾기

종결어미 출제 Ranking 3	문법의 의미와 기능
❶ -아/어 놓다.	유지(대비)
❷ -기로 했다.	계획(약속, 결심)
❸ -(으)면 되다.	조건(충족)

※ 출제 예상 Ranking 20
  〈**합격 레시피**: 종합서〉 16쪽

※ [3~4] 다음 밑줄 친 부분과 의미가 비슷한 것을 고르십시오. (각 2점)

> ▶ 읽기 [3~4]번 유형은 같은 의미의 문법이나 표현을 고르는 문항이다. 유의 표현 능력을 측정하는 문항으로 보통 **중급 수준의 문항**이 출제되지만 **가끔 4번의 경우 고급 수준의 문법**이 나오는 경우가 있다.

3. 　문법·표현 〈연결어미, 종결어미〉

정부는 일자리를 <u>늘리고자</u> 새로운 정책을 수립했다.

① 늘리자마자　　　　② 늘리더라도
③ 늘리는 대신　　　　④ 늘리기 위해

TOPIK Ⅱ 〈64회 읽기 3번〉

🍲**비법** 유사 문법 찾기

4. 　문법·표현 〈연결어미, 종결어미〉

다음 주가 개강이니 방학도 다 <u>끝난 거나 마찬가지이다.</u>

① 끝난 셈이다　　　　② 끝난 탓이다
③ 끝나기 마련이다　　④ 끝나기 나름이다

TOPIK Ⅱ 〈52회 읽기 4번〉

🍲**비법** 유사 문법 찾기

출제 Ranking 3	문법의 의미와 기능
❶ –(으)ㄴ/는 것 같다. –(으)ㄴ/는 듯 하다. –(으)ㄴ가/나 보다. –(으)ㄴ/는 모양이다.	추측
❷ –(으)ㄹ 정도로 –(으)ㄹ 만큼	정도
❸ –기 마련이다. –(으)ㄴ/는 법이다. –게 돼 있다.	당위

※ 출제 예상 Ranking 40
〈**합격 레시피**: 종합서〉 21쪽

※ [5~8] 다음은 무엇에 대한 글인지 고르십시오. (각 2점)

> ▶ 읽기 [5~8]번 유형은 주제 파악 여부를 측정하는 문항으로 **광고 문제**가 나온다. 광고 내용에서 명사와 동사를 찾은 후 관련 있는 내용을 선택지에서 찾으면 된다.

5. 　제품 광고

더위를 싹~
자연 바람을 선물합니다.

① 에어컨　　　　② 청소기
③ 냉장고　　　　④ 세탁기

TOPIK Ⅱ 〈64회 읽기 5번〉

🍲**비법** 내용 일치

출제 Ranking 3	광고 핵심어
❶ 시계	일정, 1분 1초, 정확하다, 지켜 주다
❷ 안경	눈, 보이다, 선명하다, 먼 곳
❸ 신발	걷다, 편하다

※ 출제 예상 Ranking 40
〈**합격 레시피**: 종합서〉 26쪽

6. 　업소 광고

똑똑하게 모으자!
매일매일 쌓여 가는 행복한 미래

① 병원　　　　② 은행
③ 여행사　　　④ 체육관

🍲**비법** 내용 일치

출제 Ranking 3	광고 핵심어
❶ 백화점	세일, 싸다, 기회
❷ 문구점	학교와 사무실에 필요한 모든 것, 책가방 속, 책상 위 필수품
❸ 지하철	막히다, 약속 시간, 빠르다, 안전하다, 시민의 발

※ 출제 예상 Ranking 40
　〈합격 레시피: 종합서〉 31쪽

7. 　공익 광고

추억은 마음속에, 쓰레기는 가방 안에
건강한 산, 함께 만들어요.

① 건강 관리 　　　② 화재 예방
③ 이웃 사랑 　　　④ 환경 보호

TOPIK II 〈64회 읽기 7번〉

📖비법 내용 일치

출제 Ranking 3		문법의 의미와 기능
❶ 봉사 활동 이웃 사랑	공동체	이웃, 도움, 나누다, 시간, 재능, 관심 등
❷ 자연 보호 일회용품	환경	푸른 숲, 맑은 강, 지키다, 편리하다, 환경, 망치다 등
❸ 전기 절약 자원 절약	절약	끄다, 낭비하다, 아끼다, 소중하다, 전기, 에너지 등

※ 출제 예상 Ranking 20
　〈합격 레시피: 종합서〉 35쪽

8. 　광고 상세 설명

☑ 자료실은 평일 오전 9시부터 오후 6시까지 문을 엽니다.
☑ 책은 1인당 10권, 한 달 동안 빌릴 수 있습니다.

① 이용 안내 　　　② 구입 문의
③ 사용 순서 　　　④ 교환 방법

TOPIK II 〈64회 읽기 8번〉

📖비법 빈칸에 알맞은 문법 찾기

출제 Ranking 3	선택지 어휘
❶ 이용 안내	영업 안내, 운행 안내, 이용 방법, 사용 방법, 사용 설명, 이용 순서, 사용 순서 등
❷ 모집 안내	회원 모집, 사원 모집, 지원 자격 등
❸ 행사 안내	행사 초대 등

※ 출제 예상 Ranking 20
　〈합격 레시피: 종합서〉 39쪽

※ **[9~12] 다음 글 또는 도표의 내용과 같은 것을 고르십시오. (각 2점)**

▶ 읽기 **[9~12]**번 유형은 내용 일치를 찾는 문항이다. 세부 내용의 이해 여부를 측정하는 문항으로 **3급 수준의 문항**이 출제된다.

9. 　안내문 〈지역 행사, 축제, 생활 정보 등〉

제3회 한마음 걷기대회

▶ 일시: 2019년 9월 14일(토) 09:00 ~13:00
▶ 참가대상: 제한 없음
▶ 내용: 3.8km 걷기
　　　　(시민공원부터 인주기념관까지)
▶ 참가비: 무료

① 이 대회는 이번에 처음으로 열린다.
② 이 대회에는 누구나 참가할 수 있다.
③ 이 대회에 참가하려면 돈을 내야 한다.
④ 이 대회의 출발 장소는 인주기념관이다.

TOPIK II 〈64회 읽기 8번〉

📖비법 내용 일치 〈누가, 언제, 어디, 무엇을, 어떻게, 얼마〉

※ 출제 예상 표현
　〈합격 레시피: 종합서〉 어휘와 표현 14쪽

10. 　그래프 확인하기 〈최신 화제 : 설문 조사〉

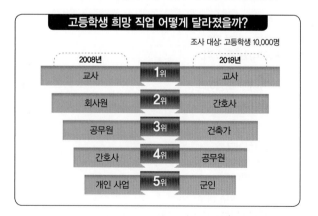

2008년		2018년
교사	1위	교사
회사원	2위	간호사
공무원	3위	건축가
간호사	4위	공무원
개인 사업	5위	군인

고등학생 희망 직업 어떻게 달라졌을까?
조사 대상: 고등학생 10,000명

① 1위 순위의 직업이 바뀌었다.

② 공무원은 순위의 변화가 없었다.

③ 군인이 새롭게 5위 안에 들었다.

④ 간호사는 4위로 순위가 떨어졌다.

TOPIK Ⅱ 〈64회 읽기 10번〉

비법 내용 일치 〈성별, 연령별, 세대별, 지역별 비교〉

출제 예상 표현	
비교 표현	N−보다 (더), 차이가 있다↔없다 등
변화 표현	늘다↔줄다, 증가하다↔감소하다 등
순위 표현	가장/제일 많았다↔적었다 등

※ 〈**합격 레시피**: 종합서〉 어휘와 표현 17쪽

11. 신문 기사 〈미담, 행사 소개, 최신 화제 등〉

　　지난 24일에 '제7회 소비자 선정 최고 브랜드 대상' 시상식이 인주신문사 대강당에서 개최됐다. 이 상은 소비자의 온라인 투표로 수상 브랜드가 선정되어 의미가 크다. 지난해와 같이 100개 브랜드가 상을 받았는데 올해는 처음으로 친환경 화장품 브랜드 두 개가 포함되었다.

① 소비자가 수상 브랜드를 선정했다.

② 기업들이 직접 온라인 투표에 참여했다.

③ 지난해보다 더 많은 브랜드가 선정됐다.

④ 친환경 화장품 브랜드는 상을 못 받았다.

TOPIK Ⅱ 〈64회 읽기 11번〉

비법 내용 일치

12. 신문 기사 〈미담, 행사 소개, 최신 화제 등〉

　　최근 한 나라에서 4,400년 전에 만들어진 무덤이 발견됐다. 이 무덤의 주인은 당시 왕으로 밝혀졌으며 무덤 벽에는 고대 문자와 다양한 색의 그림이 가득했다. 이 무덤은 오랜 시간이 지났지만 색이 거의 그대로 보존되어 있어 역사적 가치가 높다고 전문가들은 전했다. 무덤의 일부는 일반인에게도 곧 공개될 예정이다.

① 무덤의 주인이 누구인지 찾고 있다.

② 무덤 안을 구경하는 사람들이 많아졌다.

③ 무덤 안의 그림은 색의 상태가 좋은 편이다.

④ 무덤 바닥에서 다양한 문자와 그림이 발견됐다.

TOPIK Ⅱ 〈64회 읽기 12번〉

비법 내용 일치

출제 Ranking 3 : 출제 가능한 내용	
❶ 미담	사고 당한 사람 구하기, 분실물 찾아주기, 봉사 활동, 기부 등
❷ 행사 소개	공연, 관람, 전시회, 대회, 홍보 행사, 강연 등
❸ 최신 화제	한국에서 화제가 되고 있는 일

※ 출제 예상 Ranking 08
　〈**합격 레시피**: 종합서〉 88쪽

※ [13~15] 다음을 순서대로 맞게 배열한 것을 고르십시오. (각 2점)

▶ 읽기 [13~15]번 유형은 순서를 파악하는 문항이다. 맥락의 이해 능력을 측정하는 문항으로 **3급 수준의 내용**이 출제된다. 접속사(그리고, 그러나 등), 지시어(이, 그, 저), 조사(N−도, N−까지 등)를 잘 확인해야 한다.

13. 정보 전달 〈개인적인 글, 인간 관련, 일화, 최신 화제 등〉 (가)~(라)의 네 개 문장으로 구성

(가) 회사의 1층 로비를 외부인에게 개방하는 회사가 많아졌다.

(나) 사람들은 작품을 감상하고 커피를 마시면서 시간을 보낸다.

(다) 미술관과 카페를 만들어 사람들이 와서 즐길 수 있게 한 것이다.

(라) 이 공간을 이용하는 사람이 늘면서 회사의 이미지도 좋아지고 있다.

① (가)-(다)-(나)-(라)

② (다)-(나)-(라)-(가)

31

③ (나)-(라)-(다)-(가)

④ (라)-(나)-(가)-(다)

TOPIK II 〈64회 읽기 13번〉

🍳**비법** 순서 배열

14. 정보 전달
〈개인적인 글, 인간 관련, 일화, 최신 화제 등〉
(가)~(라)의 네 개 문장으로 구성

(가) 차에서 내려 앞차의 주인에게 사과하고 사정을 설명했다.

(나) 앞차 주인은 큰 사고가 아니니 괜찮다며 그냥 가라고 했다.

(다) 친절한 배려 덕분에 딸은 무사히 병원에 도착해 치료를 받았다.

(라) 아픈 딸을 병원으로 급하게 데려가다가 앞차와 부딪쳐서 사고를 냈다.

① (나) - (가) - (다) - (라)

② (나) - (가) - (라) - (다)

③ (라) - (가) - (나) - (다)

④ (라) - (가) - (다) - (나)

TOPIK II 〈64회 읽기 14번〉

🍳**비법** 순서 배열

15. 정보 전달
〈개인적인 글, 인간 관련, 일화, 최신 화제 등〉
(가)~(라)의 네 개 문장으로 구성

(가) 선택에 대한 부담으로 구매를 망설이다가 포기하기도 한다.

(나) 선택에 대한 고객의 부담을 줄여 구매를 유도하려는 것이다.

(다) 그래서 마트에서는 품목별로 몇 가지의 제품만 매장에 진열한다.

(라) 소비자는 선택의 폭이 넓을수록 물건을 고를 때 어려움을 겪는다.

① (나)-(가)-(라)-(다)

② (라)-(가)-(다)-(나)

③ (나)-(라)-(가)-(다)

④ (라)-(다)-(가)-(나)

TOPIK II 〈64회 읽기 15번〉

🍳**비법** 순서 배열

출제 Ranking 3	출제 가능한 내용
❶ 개인적인 글	미담, 추억 등
❷ 인간 관련	연령별 특징, 심리, 신체, 아이디어, 스트레스 등
❸ 일화	위인, 한국에서 유명한 전래 동화, 이솝우화 등

※ 출제 예상 Ranking 11
 〈합격 레시피: 종합서〉 104쪽

※ **[16~18]** 다음을 읽고 ( )에 들어갈 내용으로 가장 알맞은 것을 고르십시오. (각 2점)

▶ **읽기 [16~18]**번 유형은 빈칸에 알맞은 내용을 고르는 문항이다. 문장 안에서 필요한 표현을 찾는 능력을 측정하는 문항으로 **3급 수준의 내용**이 출제된다.

16. 정보 전달 〈대응 유형, 종합 유형〉

상담을 통해 책을 추천해 주는 서점이 있어 화제가 되고 있다. 서점 주인은 손님과 오랜 시간 대화를 나눈 후 ( ) 책을 추천해 준다. 상처 받은 사람에게는 위로가 되는 책을, 자신감이 부족한 사람에게는 용기를 주는 책을 추천하는 방식으로 서비스를 제공한다.

① 내용이 재미있는

② 지식을 전달하는

③ 사람들이 많이 읽는

④ 손님의 상황에 맞는

TOPIK II 〈64회 읽기 16번〉

🍳**비법** 빈칸 채우기

17. 정보 전달 〈대응 유형, 종합 유형〉

샌드위치나 샐러드 등은 오래 보관할 수 없어 신선할 때 팔아야 한다. 이런 식품을 영업 마감 시간을 앞두고 사람들에게 할인된 가격으로 판매하는 서비스가 큰 호응을 얻고 있다. 음식점은 남은 음식을 팔아 수익을 얻을 수 있고, 소비자는 (   ) 이용자들의 만족도가 높다.

① 자원을 아낄 수 있어서
② 식품을 저렴하게 살 수 있어서
③ 요리법을 배울 수 있기 때문에
④ 음식을 선택할 수 있기 때문에

TOPIK Ⅱ 〈64회 읽기 17번〉

 비법 빈칸 채우기

18. 정보 전달 〈대응 유형, 종합 유형〉

뮤지컬은 보통 한 역할에 여러 명의 배우들이 출연한다. 배우에 따라 연기나 분위기가 다르기 때문에 같은 작품이라도 색다른 느낌을 받을 수 있다 그래서 뮤지컬 팬들은 (   ) 작품을 즐기기 위해 공연을 반복해서 관람한다.

① 입장료를 할인해 주는
② 유행하는 노래가 나오는
③ 공연장에서 인기가 있는
④ 각 배우들의 개성이 담긴

TOPIK Ⅱ 〈64회 읽기 18번〉

🌩️비법 빈칸 채우기

※ 대응 유형
A : B = A' : (B')

※ 종합 유형

(A)

A'   A"   A‴

※ 각 유형별 구체적인 풀이 방법
〈**합격 레시피**: 종합서〉 109-112쪽

※ [19~20] 다음을 읽고 물음에 답하십시오. (각 2점)

▶ 읽기 [19~20]번 유형은 문맥에 알맞은 어휘와 내용과 일치하는 것을 고르는 문항이다. 어휘 능력과 세부 내용의 이해 능력을 측정하는 문항으로 **3급 수준의 내용**이 출제된다.

정보 전달 : 설명문
〈최신 화제, 상식, 기술, 인간심리, 교육, 과학 등〉

해파리는 몸의 95%가 물로 구성되어 있어 열량이 낮다. 그래서 해파리를 먹고 사는 동물이 거의 없다고 알려져 있었다. 하지만 새나 펭귄, 뱀장어 등 많은 동물들에게 해파리는 좋은 먹잇감이다. 해파리에는 비타민이나 콜라겐 같은 영양 성분이 있기 때문이다. (   ) 해파리는 바다 어디에나 있고 도망치지 않아 사냥하기 쉽기 때문이다.

19. (   )에 들어갈 알맞은 것을 고르십시오.

① 과연   ② 만약
③ 게다가   ④ 이처럼

🌩️비법 접속사/부사

※ 출제 예상 표현
〈**합격 레시피**: 종합서〉 어휘와 표현 16쪽

20. 위 글의 내용과 같은 것을 고르십시오.

① 해파리는 바다 생태계에 피해를 준다.
② 해파리는 잡기 어려운 먹이 자원이다.
③ 해파리는 여러 동물의 먹이가 되고 있다.
④ 해파리는 대부분 콜라겐으로 이루어져 있다.

🌩️비법 내용 일치

TOPIK Ⅱ 〈64회 읽기 19~20번〉

※ **[21~22] 다음을 읽고 물음에 답하십시오. (각 2점)**

▶ **읽기 [21~22]번** 유형은 문맥에 알맞은 어휘와 중심 생각을 고르는 문항이다. 어휘 능력과 중심 내용의 이해 능력을 측정하는 문항으로 **4급 수준의 내용**이 출제된다.

논설문/설명문
〈최신 화제, 상식, 기술, 인간심리, 교육, 과학, 경제 등〉

내비게이션은 목적지까지 길을 안내해 주는 기기이다. 내비게이션이 없이 낯선 곳에 갔다가 길을 못 찾아 (   ) 본 적이 있는 사람이라면 내비게이션이 얼마나 편리한지 느꼈을 것이다. 그러나 우리의 뇌는 스스로 정보를 찾았을 때 그 정보를 오래 기억하는 특성이 있다. 따라서 지나치게 디지털 기기에만 의존하다 보면 정보를 찾고 기억하는 능력이 점점 줄어들어 결국 그 능력을 사용할 수 없게 될지도 모른다.

21. (   )에 들어갈 알맞은 것을 고르십시오.
① 앞뒤를 재어
② 진땀을 흘려
③ 발목을 잡아
④ 귀를 기울여

비법 관용표현/속담

※ 출제 예상 표현
〈합격 레시피: 종합서〉 어휘와 표현 20쪽

22. 위 글의 중심 생각을 고르십시오.
① 디지털 기기는 편리한 생활을 위해 필요하다.
② 운전자에게 내비게이션은 활용도가 매우 높다.
③ 스스로 정보를 찾고 기억하려는 노력을 해야 한다.
④ 내비게이션을 잘 활용하면 기억력 향상에 도움이 된다.

비법 중심 생각 〈–는 게 좋다, –아/어야 한다, 그래서 등〉

※ 중심 생각 출제 예상 Ranking 10
〈합격 레시피: 종합서〉 170쪽

TOPIK II 〈64회 읽기 21–22번〉

※ **[23~24] 다음을 읽고 물음에 답하십시오. (각 2점)**

▶ **읽기 [23~24]번** 유형은 개인적인 글을 읽고 등장인물의 심정이나 태도와 내용이 같은 것을 고르는 문항이다. 글쓴이의 태도를 파악하는 능력과 세부 내용을 이해하는 능력을 측정하는 문항으로 **4급 수준의 내용**이 출제된다.

개인적인 글

친정아버지가 손자들이 보고 싶다며 오랜만에 우리 집에 오셨다. 내가 집안일을 하는 사이에 아버지는 큰애를 데리고 놀이터에 다녀온다며 나가셨다. 한 시간쯤 지났는데 아버지가 다급한 목소리로 전화를 하셨다. 아이가 다쳐서 병원 응급실로 데리고 가신다는 것이었다. 나는 너무 놀라 허둥지둥 응급실로 달려갔다. 아이는 이마가 찢어져 치료를 받고 있었다. 나도 모르게 "아버지, 애 좀 잘 보고 계시지 그러셨어요?"라며 퉁명스럽게 말했다. 아버지는 아무 말씀 없이 치료받는 아이의 손만 꼭 잡고 계셨다. 집에 와서 아이를 재우고 나서야 아버지 손등의 상처가 눈에 들어왔다. 아이의 상처에는 그렇게 가슴 아파하면서 아버지의 상처는 미처 살피지 못했다. 나는 아버지에게 홧김에 내뱉은 말을 생각하며 약을 발라 드렸다.

23. 밑줄 친 부분에 나타난 '나'의 심정으로 알맞은 것을 고르십시오.

① 억울하다　　② 허전하다

③ 후회스럽다　　④ 부담스럽다

🍚비법 **등장인물의 심정 : 감정 어휘**

※ 출제 예상 표현
〈**합격 레시피**: 종합서〉 어휘와 표현 38쪽

24. 위 글의 내용과 같은 것을 고르십시오.

① 나는 친정아버지를 모시고 살고 있다.

② 아버지는 다친 큰애를 데리고 응급실에 가셨다.

③ 나는 병원에서 아이가 다쳤다는 전화를 받았다.

④ 아버지는 매일 큰애와 놀이터에서 놀아 주셨다.

🍚비법 **내용 일치**

TOPIK Ⅱ 〈64회 읽기 23~24번〉

※ **[25~27] 다음은 신문 기사의 제목입니다. 가장 잘 설명한 것을 고르십시오. (각 2점)**

▶ **읽기 [25~27]번** 유형은 신문 기사 제목을 읽고 가장 잘 설명한 것을 고르는 문항이다. 머리글을 이해하는 능력을 측정하는 문항으로 **4급 수준의 내용**이 출제된다.

25.
신문 기사 제목
〈최신 화제, 경제, 정책, 날씨 등〉

관광버스 추락, 안전벨트로 승객 전원 목숨 건져

① 관광버스가 추락했지만 승객들이 안전벨트 덕분에 모두 살았다.

② 관광버스 추락 사고 이후 안전벨트를 하는 승객이 더 많아졌다.

③ 관광버스가 추락하자 일부 승객이 안전벨트를 풀고 탈출하였다.

④ 관광버스가 추락하면서 안전벨트를 한 일부 승객이 크게 다쳤다.

TOPIK Ⅱ 〈64회 읽기 25번〉

🍚비법 **신문 기사 제목과 같은 내용**

26.
신문 기사 제목
〈최신 화제, 경제, 정책, 날씨 등〉

침묵 깬 김민수 의원, 대통령 선거 출마설 부인

① 김 의원이 대통령 선거에 나가느냐는 질문에 계속 답하지 않고 있다.

② 김 의원이 마음을 바꾸어 대통령 선거에 나가겠다고 최종 발표하였다.

③ 김 의원이 대통령 선거에 나간다고 선언하자 사람들이 열렬히 환영했다.

④ 김 의원이 대통령 선거에 나간다는 것이 사실이 아니라고 입장을 밝혔다.

TOPIK Ⅱ 〈64회 읽기 26번〉

🍚비법 **신문 기사 제목과 같은 내용**

27.
신문 기사 제목
〈최신 화제, 경제, 정책, 날씨 등〉

민간 우주선 무사 귀환, 우주여행 시대 '성큼'

① 사람들의 응원 속에 민간 우주선이 긴 우주여행을 마치고 돌아왔다.

② 사람들은 민간 우주선이 우주여행에서 무사히 돌아오기를 기대했다.

③ 민간 우주선이 무사히 돌아오면서 우주여행의 가능성이 더욱 높아졌다.

④ 민간 우주선이 돌아오지 않자 우주여행에 대한 우려의 목소리가 커졌다.

TOPIK Ⅱ 〈64회 읽기 27번〉

비법 신문 기사 제목과 같은 내용

※ 출제 예상 주제 Ranking 09
　〈**합격 레시피**: 종합서〉 176쪽

※ 출제 예상 표현
　〈**합격 레시피**: 종합서〉 어휘와 표현 33쪽

※ [28~31] 다음을 읽고 (　　　)에 들어갈 내용으로 가장 알맞은 것을 고르십시오. (각 2점)

> ▶ 읽기 [28~31]번 유형은 빈칸에 알맞은 내용을 고르는 문항이다. 문장 안에서 필요한 표현을 찾는 능력을 측정하는 문항으로 4급 수준의 내용이 출제된다. 앞에서 공부한 읽기 [16~18]번 유형과 동일한 유형이지만 어휘와 문법의 수준이 높다.

28. 　정보 전달 〈대응 유형, 종합 유형〉

새해에 세운 목표를 효과적으로 이루려면 한 주 단위로 계획을 세우는 것이 좋다. 주마다 계획을 세우면 (　　　) 때문이다. '건강한 식습관 기르기'라는 새해 결심이 한 주 단위가 되면 '라면 안 먹기', '채소 챙겨 먹기'처럼 구체적인 계획으로 바뀐다. 이렇게 하면 작은 목표를 달성하는 횟수가 늘어 한 해의 목표에 가까워진다.

① 한 해의 목표를 확인하기
② 계획을 세우는 데 집중하기
③ 자신의 능력을 보여 줄 수 있기
④ 실천 가능한 계획을 세울 수 있기

TOPIK II 〈64회 읽기 28번〉

비법 빈칸 채우기

29. 　정보 전달 〈대응 유형, 종합 유형〉

무지개는 빛이 공기 중의 물방울을 통과할 때 굴절되어 나타나는 현상이다. 그래서 비가 그친

직후 해가 뜰 때 무지개가 잘 생긴다. 이때 (　　　) 않으면 무지개가 만들어지기 어렵다. 공기에 먼지 등의 오염 물질이 섞이면 물방울들이 먼지 주위로 모여 빛이 통과하는 것을 막기 때문이다.

① 해가 뜨지
② 비가 그치지
③ 빛이 약하지
④ 공기가 깨끗하지

TOPIK II 〈64회 읽기 29번〉

비법 빈칸 채우기

30. 　정보 전달 〈대응 유형, 종합 유형〉

취재 경계선은 취재가 과열되어 발생할 수 있는 불상사를 예방하기 위해 설정한 것이다. 수백 명의 취재진이 화제의 인물에게 몰려들 경우 사고가 발생해 취재를 망칠 수 있다. 그래서 선을 그어 놓고 그 바깥에서 취재하자는 합의를 본 것이다. 비록 법으로 정해져 있지 않지만 언론계가 이 선을 지키려고 노력하는 것은 (　　　) 순간 원활한 보도가 어려워진다는 것을 누구보다 잘 알고 있기 때문이다.

① 취재 정보를 공유하는
② 취재 경계선이 무너지는
③ 취재 내용을 잘못 해석하는
④ 취재 경계선이 새로 설정되는

TOPIK II 〈64회 읽기 30번〉

비법 빈칸 채우기

31. 　정보 전달 〈대응 유형, 종합 유형〉

병원의 규모에 따라 개인이 부담해야 하는 약값을 달리하는 제도가 생겼다. 감기와 같이 비교적 가벼운 병에 걸렸을 때 종합병원에서 진료를 받으면 (　　　) 만든 것이다. 같은 약을 동네 의원에서 받은 처방전으로 사게 되면 약값이 더 적게 나온다. 이 제도를 통해 환자들이 진료에 대한 신뢰 때문에 종합병원으로만 몰리는 현상을 줄일 수 있을 것으로 예상된다.

① 환자가 약값을 조금 더 내게
② 개인이 약값을 비교할 수 있게
③ 병원에서 병원비를 올리지 못하게
④ 병원비의 일부를 병원에서 지원하게

TOPIK Ⅱ 〈64회 읽기 31번〉

 **빈칸 채우기**

※ 대응 유형
  A : B = A' : (B'ᵖ)

※ 종합 유형

(A)
A'   A''   A'''

※ 각 유형별 구체적인 풀이 방법
  〈**합격 레시피**: 종합서〉 186-190쪽

※ [32~34] 다음을 읽고 내용이 같은 것을 고르십시오. (각 2점)

▶ 읽기 [32~34]번 유형은 내용과 같은 것을 고르는 문항이다. 세부 내용의 이해 여부를 측정하는 문항으로 **5급 수준의 내용**이 출제된다.

32. 　정보 전달 : 설명문 〈최신 화제, 정책 등〉

　나비 박사 석주명은 나비의 종류를 분류하고 이름을 지어 준 생물학자이다. 1931년부터 나비를 연구한 그는 한국의 나비가 총 844종이라는 당시의 분류를 248종으로 수정하였다. 날개 무늬나 모양이 조금만 달라도 다른 종이라고 판단한 기존의 분류가 틀렸음을 배추흰나비 16만여 마리의 무늬를 비교해서 밝혔다. 또한 그때까지 한자어나 외래어로 명명된 나비에 '떠들썩 팔랑나비'와 같은 고유어 이름을 지어 주는 데 앞장섰다.

① 석주명은 한국의 나비를 총 844종으로 분류하였다.
② 석주명은 나비 이름을 고유어로 바꾸려고 노력하였다.

③ 석주명은 자신의 배추흰나비 연구에 문제가 있음을 알았다.
④ 석주명은 나비의 날개 모양이 다르면 종이 달라짐을 밝혔다.

TOPIK Ⅱ 〈64회 읽기 32번〉

 **내용 일치**

33. 　정보 전달 : 설명문 〈최신 화제, 정책 등〉

　저축의 방식을 가로 저축과 세로 저축으로 나눠 비유하여 설명할 수 있다. 차량 구입이나 주택 마련과 같이 특정 목적을 위해 한 통장에 집중하여 저축하는 것이 세로 저축이다. 반면 장기적으로 다양한 목적에 따라 자금을 여러 통장에 분산하여 저축하는 것을 가로 저축이라고 한다. 단기적으로 빨리 목돈을 만들고 싶다면 세로 저축을, 은퇴 후의 생활까지 고려한다면 가로 저축을 선택하는 것이 좋다.

① 노후 준비에는 세로 저축이 유리하다.
② 세로 저축보다 가로 저축을 하는 것이 더 좋다.
③ 저축의 목적이 다양하면 가로 저축이 유용하다.
④ 가로 저축은 단기적인 계획이 있을 때 효율적이다.

TOPIK Ⅱ 〈64회 읽기 33번〉

 **내용 일치**

34. 　정보 전달 : 설명문 〈최신 화제, 정책 등〉

　'책가도'는 책장과 책을 중심으로 하여 각종 문방구 등을 그린 그림이다. 학문을 중요시하는 왕의 바람과 출세를 원하는 양반의 마음이 더해져 책가도는 궁중과 사대부를 중심으로 발전하였다. 19세기에는 상인과 농민 계층으로도 확산되면서 그 형식도 자유로워졌다. 그림에서 책장 대신 작은 탁자가 활용되기도 하고 일상 용품이 함께 그려지기도 했다.

① 왕은 책가도에 대해 부정적 인식이 강했다.

② 점차 다양한 계층에서 책가도를 즐기게 되었다.

③ 초기의 책가도에는 일상 용품이 주로 그려졌다.

④ 책가도는 왕의 바람으로 그림의 형식이 바뀌었다.

TOPIK II 〈64회 읽기 34번〉

🍚비법 **내용 일치**

※ [35~38] 다음 글의 주제로 가장 알맞은 것을 고르십시오. (각 2점)

> ▶ **읽기 [35~38]번** 유형은 중심 생각을 파악하는 문항이다. 중심 내용의 이해 능력을 측정하는 문항으로 **5급 수준의 내용**이 출제된다.

35. 정보 전달

문화재 복원 작업은 복원된 부분이 자연스러워야 하고 그 과정에서 문화재가 추가로 손상되지 않아야 한다. 이 때문에 정확한 측정으로 복원할 부분을 원래 모습과 동일하게 만들어 내는 것은 복원의 성공을 결정하는 중요한 요건이다. 최근 3D 스캐너와 프린터가 등장하여 이러한 요건을 충족할 수 있게 되면서 정밀하고 안전한 문화재 복원이 가능해졌다.

① 첨단 장비 덕분에 문화재 복원이 수월해졌다.

② 문화재는 손상 예방을 위한 사전 관리가 중요하다.

③ 복원 환경 탓에 원본이 변형되는 경우가 많아지고 있다.

④ 복원 기술자를 대상으로 한 3D 장치 사용 교육이 필요하다.

TOPIK II 〈64회 읽기 35번〉

🍚비법 **중심 생각 〈–는 게 좋다, –아/어야 한다, 그래서 등〉**

36. 정보 전달

아기는 주변 사물을 손으로 더듬고 만지면서 지각 능력을 발달시킨다. 그런데 이렇게 능동적인 경험뿐만 아니라 사람, 햇빛, 바람 등에 의한 접촉도 주요한 촉각 경험이 된다. 그중 주변 인물과의 피부 접촉은 사랑, 유대감, 신뢰감 등 유아의 정서 발달과 사회성 발달에 매우 중요하다. 연구에 따르면 아기가 태어난 후 몇 년 사이에 이루어진 피부 접촉은 정서 발달에 필수적인 호르몬 분비를 촉진할 뿐만 아니라 지능 발달에도 영향을 미친다고 한다.

① 인간은 촉각을 통해 주변 사물을 이해한다.

② 정서 발달과 지능 발달은 상관관계가 높다.

③ 촉각 경험의 중요성에 대한 연구가 필요하다.

④ 유아의 발달을 위해서는 피부 접촉이 중요하다.

TOPIK II 〈64회 읽기 36번〉

🍚비법 **중심 생각 〈–는 게 좋다, –아/어야 한다, 그래서 등〉**

37. 정보 전달

나무에 붙어 자라는 버섯을 보면 나무로부터 양분을 받으며 별다른 노력 없이 살아간다고 생각하기 쉽다. 하지만 버섯은 나무에게 없어서는 안 될 중요한 존재이다. 나무들은 위기 상황이 발생해도 자리를 옮겨 이를 알릴 수 없기 때문에 뿌리로 소통하며 위험에 대비한다. 이때 뿌리가 짧아 서로 닿지 않는 나무들 사이에서는 실처럼 뻗은 버섯 균사체가 메시지 전달을 대신한다. 그래서 학자들은 버섯 균류를 '숲의 통신망'이라고 부른다.

① 버섯은 다른 식물이 있어야 자랄 수 있다.

② 나무의 뿌리가 숲에서 하는 기능은 다양하다.

③ 버섯은 숲에서 나무들의 정보 교환을 돕는 역할을 한다.

④ 나무의 생활환경에 대한 학자들의 관심이 높아지고 있다.

TOPIK II 〈64회 읽기 37번〉

🍚비법 **중심 생각 〈–는 게 좋다, –아/어야 한다, 그래서 등〉**

38. 정보 전달

　음주 운전으로 인명 피해를 낸 사람에 대한 처벌 강화 법안이 국회에서 통과되었다. 하지만 새 법안은 원래 안건보다 처벌의 강도를 낮춘 것이라는 점에서 반쪽짜리 법안에 불과하다. 이 법안에 따르면 여전히 음주 운전 가해자의 처벌이 미뤄지거나 일정 기간이 지난 후 효력이 없어질 수도 있다. 이는 음주 운전에 대한 경각심을 높이고 재발 위험성을 낮추려던 본래의 취지에는 맞지 않는 것이다.

① 법안이 가진 본래의 취지를 널리 알려야 한다.
② 피해 정도에 따라 처벌의 수위를 조절해야 한다.
③ 새 법안의 통과가 더 이상 미루어져서는 안 된다.
④ 새 법안은 실질적 효과를 거두는 데 미흡한 점이 있다.

TOPIK II 〈64회 읽기 38번〉

🎓**비법** 중심 생각 〈-는 게 좋다, -아/어야 한다, 그래서 등〉

※ 중심 생각 출제 예상 Ranking 10
　〈**합격 레시피**: 종합서〉 222쪽

※ [39~41] 다음 글에서 〈보기〉의 문장이 들어가기에 가장 알맞은 것을 고르십시오. (각 2점)

▶ 읽기 [39~41]번 유형은 순서를 파악하는 문항이다. 문맥의 이해 능력을 측정하는 문항으로 **5급 수준의 내용**이 출제된다. 접속사, 지시어, 조사를 활용하여 알맞은 순서에 문장을 넣으면 된다.

39. 정보 전달
〈다양한 주제, 역사, 책이나 공연 비평 등〉

　왕관은 과거 지배 계층이 착용했던 대표적인 장신구이다. (㉠) 장식도 화려하게 더해져 그것을 쓴 왕의 지위를 더욱 돋보이게 했다. (㉡) 오늘날 왕관이 가졌던 힘과 지위의 의미는 약화되었으나 고귀한 이미지는 남아 여러 디자인에서 발견된다. (㉢) 아름다움이 강조되어야 할 신부의 머리 장식이나 여러 액세서리에 왕관이 활용되고 있는 것이다. (㉣)

보기

그래서 백성들이 구하기 힘든 매우 귀하고 값비싼 재료로 만들어졌다.

① ㉠　　② ㉡　　③ ㉢　　④ ㉣

TOPIK II 〈64회 읽기 39번〉

🎓**비법** 순서 배열

40. 정보 전달
〈다양한 주제, 역사, 책이나 공연 비평 등〉

　멸종 위기에 처한 동물을 보호하려는 노력이 계속되고 있으나 주된 연구와 지원이 몇몇 동물에 쏠리고 있어 문제가 되고 있다. (㉠) 한 조사에 따르면 동물 보호 기금의 모금 액수도 북극곰, 판다같이 인기 있는 동물들에게 편중되었다고 한다. (㉡) 이런 가운데 그간 관심을 받지 못했던 동물들을 보호하기 위한 단체가 등장했다. (㉢) 이러한 노력은 동물 보호를 위한 마음에도 편견이 깃들어 있었음을 일깨우고 있다. (㉣)

보기

그들은 못생기고 혐오감을 준다는 이유만으로 외면당한 동물들을 대중에게 알리는 활동을 한다.

① ㉠　　② ㉡　　③ ㉢　　④ ㉣

TOPIK II 〈64회 읽기 40번〉

🎓**비법** 순서 배열

41.

> 정보 전달
> 〈다양한 주제, 역사, 책이나 공연 비평 등〉

'젊은 작가상'을 수상한 최은영이 두 번째 소설집 『내게 무해한 사람』을 펴냈다. (㉠) 2년여에 걸쳐 여러 지면에 발표했던 작품들을 한 권에 모은 것이다. (㉡) 그들처럼 누군가에 대한 배반, 원치 않았던 이별 등 매듭짓지 못한 일들을 다시 떠올린다는 것은 괴로운 과정일 것이다. (㉢) 그러나 작가는 이미 지나간 시간에 대해 후회할 필요는 없으며 상처도 힘이 될 수 있다는 메시지로 독자의 마음을 움직인다. (㉣)

―――― 보기 ――――
일곱 편의 단편에는 오해와 잘못으로 멀어진 사람들에 대한 이야기가 담겨 있다.

① ㉠ ② ㉡ ③ ㉢ ④ ㉣

TOPIK Ⅱ 〈64회 읽기 41번〉

🍳비법 순서 배열

※ [42~43] 다음을 읽고 물음에 답하십시오. (각 2점)

▶ 읽기 [42~43]번 유형은 소설을 읽고 등장인물의 심정이나 태도가 내용과 같은 것을 고르는 문항이다. 등장인물의 태도를 파악하는 능력과 세부 내용을 이해하는 능력을 측정하는 문항으로 **6급 수준의 내용**이 출제된다.

소설 〈1930년대 후반부터 현재까지의 한국 소설〉

눈이 멈추고 며칠이 지났다. 나는 현아가 내 시집을 받고 어떤 반응을 보였을까가 궁금해서 안달이 났다. 그러나 다른 때와 달리 현아네 집에 가 보기가 망설여졌다. 학교는 이미 겨울방학이어서 친구를 학교에서 볼 일도 없었다. 몇 번씩

이나 현아네 집 골목에 들어섰다가 발길을 돌리곤 했다. 오다가다 우연히라도 현아를 만나기를 바랐지만 그런 기적은 일어나지 않았다. 현아에게서 아무런 반응을 못 들은 나는 더 이상 시를 쓸 수가 없었다. (중략) 그때부터 난 몹시 추운 겨울을 보내야 했다. 대학 입시가 끝나고 고등학교 졸업식까지 끝난 겨우내 찬바람을 가슴에 안은 채 거리를 쏘다니며 막 입에 대기 시작한 술을 마구 마시고 홀로 자취방에 돌아와 울며 지냈다. 그러면서도 현아를 직접 찾아갈 용기는 내지 못했다. 내 딴에는 이 세상에서 가장 감동스런 시를 써서 주었는데도 아무런 반응을 보이지 않은 현아에 대한 원망이 치솟을 대로 치솟아서 그랬는지도 모른다. 그 일을 계기로 다시는 잠언 시고 연애 시고 내 안에서는 시 비슷한 것조차도 나오지 않았다. 그래서 모든 걸 잊기로 했다. 시 나부랭이 같은 건 다시는 쓰지 않으리라! 시도 밉고 여자도 밉고, 나아가 세상이 다 미웠다.

---

42. 밑줄 친 부분에 나타난 '나'의 심정으로 알맞은 것을 고르십시오.
① 서럽다 ② 두렵다
③ 놀랍다 ④ 아쉽다

🍳비법 등장인물의 심정 : 감정 어휘

※ 출제 예상 표현
〈**합격 레시피**: 종합서〉 어휘와 표현 41쪽

---

43. 위 글의 내용과 같은 것을 고르십시오.
① 나는 현아의 집이 어디인지 모른다.
② 나는 현아에게 직접 시를 써서 선물했다.
③ 나는 겨울방학이 끝난 후에 현아와 연락했다.
④ 나는 대학 입시가 끝난 후 시를 짓기 시작했다.

🍳비법 내용 일치

※ [44~45] 다음을 읽고 물음에 답하십시오. (각 2점)

▶ 읽기 [44~45]번 유형은 설명문이나 논설문을 읽고 중심 생각과 빈칸에 알맞은 내용을 고르는 문항이다. 주제를 찾고 문장 안에서 필요한 표현을 찾는 능력을 측정하는 문항으로 **6급 수준의 내용**이 출제된다.

정보 전달: 설명문/논설문
〈동물, 미래학, 사회 현상, 역사, 예술, 인간 심리, 자연 현상, 전통문화, 정치경제: 정책, 환경 등〉

※ 〈**합격 레시피**: 종합서〉 244쪽,
　〈**합격 레시피**: 종합서〉 어휘와 표현 43쪽

성대하고 까다로운 제사 준비 탓에 유교 예법을 비판하는 사람들이 많다. 하지만 현재 우리가 지키고 있는 예법은 (　　　) 잘못된 예법이 전해져 온 것이다. 유교 전문가들은 제사든 차례든 조상을 공경하는 마음과 자손들의 화목이 중요하다고 말한다. 선조들은 제사를 드릴 때 좋은 음식을 많이 준비하는 것보다 그 음식을 준비하는 마음과 정성을 중시했던 것이다. 유서 깊은 집안에서는 이러한 제사의 본질을 제대로 이해하여 상차림은 간소하게 하되 집안사람들이 모두 모여 함께 제사를 드리는 경우가 많다. 형식보다 정성이 중요하다는 유교의 가르침을 지키고 있는 것이다.

44. 위 글의 주제로 알맞은 것을 고르십시오.
　① 조상을 모시는 제사상 차림은 점차 간소화되고 있다.
　② 유교 문화는 후손들에 의해 유동적으로 변화되고 있다.
　③ 명절에 제사를 드리는 전통은 예법에 맞게 유지되고 있다.

　④ 유교 예법에서 중요한 것은 정성을 다해 예를 갖추는 것이다.

🍲**비법** 중심 생각 〈-는 게 좋다, -아/어야 한다, 그래서 등〉

※ 중심 생각 출제 예상 Ranking 10
　〈**합격 레시피**: 종합서〉 245쪽

45. (　　　)에 들어갈 내용으로 가장 알맞은 것을 고르십시오.
　① 상차림이 간소화된
　② 후손들의 바람이 반영된
　③ 유교의 본뜻을 살리지 못한
　④ 현실에 맞게 축소되지 않은

🍲**비법** 빈칸 채우기

※ 대응 유형
　A : B = A' : (B')

※ 종합 유형

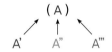

※ 각 유형별 구체적인 풀이 방법
　〈**합격 레시피**: 종합서〉 245쪽

TOPIK Ⅱ 〈64회 읽기 44-45번〉

※ [46~47] 다음을 읽고 물음에 답하십시오. (각 2점)

▶ 읽기 [46~47]번 유형은 설명문을 읽고 순서와 세부 내용을 파악하는 문항이다. 문맥의 이해 능력과 세부 내용의 이해 여부를 측정하는 문항으로 **6급 수준의 내용**이 출제된다.

정보 전달: 설명문
〈동물, 미래학, 사회 현상, 역사, 예술, 인간 심리, 자연 현상, 전통문화, 정치경제: 정책, 환경 등〉

※ 〈**합격 레시피**: 종합서〉 244쪽,
　〈**합격 레시피**: 종합서〉 어휘와 표현 43쪽

1인 미디어 시대가 되면서 개인 방송을 이용한 새로운 시장 형태가 등장해 주목받고 있다. 이 시장은 SNS를 통해 제품이 유통되고 판매된다는 특징이 있다. (㉠) 대표적인 판매 방식은 1인 미디어 운영자가 방송 중에 특정 물건을 의도적으로 노출하여 구매를 유도하는 것이다. 이때 관심이 생긴 시청자는 그 운영자에게서 물건을 산다. (㉡) SNS 계정만 있으면 누구든지 판매를 시작할 수 있으며 제품 홍보부터 구매까지 모든 과정이 SNS상에서 이루어진다. (㉢) 덕분에 초기 사업 비용이 거의 들지 않는다는 장점이 있다. (㉣) 하지만 개별 사업자의 수가 무한하게 늘 수 있기 때문에 향후 경제 변화를 이끌 핵심 시장으로의 성장이 예상된다.

> **보기**
> 이와 같은 시장 형태가 전체 소비 시장에 미치는 영향력은 아직 미미하다.

46. 위 글에서 〈보기〉의 글이 들어가기에 가장 알맞은 곳을 고르십시오.

① ㉠   ② ㉡   ③ ㉢   ④ ㉣

🍲**비법** 순서 배열

47. 위 글의 내용과 같은 것을 고르십시오.
① 1인 미디어 운영자는 이 시장의 운영에 참여할 수 없다.
② 1인 미디어 시청자는 방송을 보다가 제품을 구매할 수 있다.
③ 이 시장의 운영자들은 시장 경제에 부정적인 영향을 미친다.
④ 이 시장을 처음 시작할 때는 충분한 자본 투자가 필수적이다.

🍲**비법** 내용 일치

TOPIK Ⅱ 〈64회 읽기 46~47번〉

※ [48~50] 다음을 읽고 물음에 답하십시오. (각 2점)

> ▶ 읽기 [48~50]번 유형은 논설문을 읽고 글의 목적, 빈칸에 알맞은 내용, 필자의 태도를 파악하는 문항이다. 글의 목적뿐만 아니라 이유나 근거를 파악하는 능력과 상황이나 맥락을 활용하는 능력, 태도나 심정을 파악하는 능력을 측정하는 문항으로 **6급 수준의 내용**이 출제된다.

> 정보 전달: 논설문
> 〈동물, 미래학, 사회 현상, 역사, 예술, 인간 심리, 자연 현상, 전통문화, 정치경제: 정책, 환경 등〉
>
> ※ 〈**합격 레시피**: 종합서〉 244쪽,
>   〈**합격 레시피**: 종합서〉 어휘와 표현 43쪽

올해 '자치경찰제'가 전국으로 확대될 예정이다. 자치경찰제는 지방자치단체가 경찰의 운영 및 관리를 담당하도록 하는 제도를 말한다. <u>이 제도가 실시되면 경찰이 지역 주민의 삶에 밀착돼 지역 특성에 맞는 다양한 서비스를 주민들에게 제공할 수 있을 것으로 보인다.</u> 그러나 제도적 취약점과 예측되는 부작용이 있을 수 있다. 무엇보다 현장에서의 혼선이 예상된다. 제도에 따르면 자치경찰은 교통사고나 가정 폭력 조사 등 생활 안전 부분을 담당하고 국가 보안이나 전국 단위의 수사는 지금처럼 국가경찰이 맡는다. 이처럼 경찰 조직이 이중 구조일 때 어려움을 겪는 것은 국민이 될 수 있다. 영역 구분이 애매한 사건이 발생하면 자치경찰과 국가경찰이 함께 출동하거나 사건을 서로 떠넘기다가 신속하고 치밀한 대응이 이뤄지지 않을 수 있기 때문이다. ( ) 치안의 질이 떨어진다면 새 제도의 시행 의의가 퇴색될 수 있을 것이다.

48. 위 글을 쓴 목적으로 알맞은 것을 고르십시오.
① 제도 확대 시행의 의의를 강조하기 위해서

② 제도 시행의 구체적 방안을 제시하기 위해서

③ 제도의 취지와 주민 요구의 차이를 설명하기 위해서

④ 제도 시행 후 생길 수 있는 문제를 지적하기 위해서

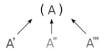 중심 생각 → 목적

〈−는 게 좋다, −아/어야 한다, 그래서 등〉

찬성	동의, 공감, 지지, 수용, 인정 등
반대	반박, 비판, 지적, 염려 등
기타 표현	나열, 대처, 증명, 판단, 비교 등

※ 출제 예상 표현
〈**합격 레시피**: 종합서〉 203, 260쪽

49. (   )에 들어갈 내용으로 가장 알맞은 것을 고르십시오.

① 경찰들의 업무 과다로

② 업무의 충돌과 혼선으로

③ 자치경찰의 배치 감소로

④ 제도의 단계적 시행으로

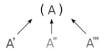 빈칸 채우기

※ 대응 유형
A : B = A′ : (B°)

※ 종합 유형

(A)

A′   A″   A‴

※ 각 유형별 구체적인 풀이 방법
〈**합격 레시피**: 종합서〉 245쪽

50. 밑줄 친 부분에 나타난 필자의 태도로 알맞은 것을 고르십시오.

① 자치경찰과 지역 주민의 관계 변화에 대해 예상하고 있다.

② 자치경찰제가 주민에게 미칠 긍정적 영향을 기대하고 있다.

③ 자치경찰제가 제공해야 할 서비스의 조건을 강조하고 있다.

④ 지역 친화적 서비스가 특정 지역에 쏠릴 것을 우려하고 있다.

 말하는 사람의 태도

찬성	동의, 공감, 지지, 수용, 인정 등
반대	반박, 비판, 지적, 염려 등
기타 표현	나열, 대처, 증명, 판단, 비교 등

※ 출제 예상 표현
〈**합격 레시피**: 종합서〉 203, 260쪽

TOPIK Ⅱ 〈64회 읽기 48−50번〉

한국어 능력시험 TOPIK II

실전모의고사

정답과 해설

듣기 1번~20번

1. ①	2. ①	3. ①	4. ④	5. ①
6. ④	7. ②	8. ②	9. ②	10. ②
11. ③	12. ③	13. ③	14. ①	15. ④
16. ①	17. ②	18. ②	19. ②	20. ③

듣기 1번~3번 p.007

1. ❶

여자: 오늘 데려다 주셔서 감사합니다.

남자: 감사하긴요. 집 방향도 같고 가는 길에 내려 드리는 건데요.

여자: 조심해서 들어가시고 내일 봬요.

➡ 아파트 단지
차 안 남자
차 문 앞 여자
서로 손 흔듦

2. ❶

남자: 민정 씨, 괜찮아요?

여자: 네, 괜찮아요. 회전을 하려다가 그만 넘어졌네요.

남자: 자, 제 손 잡고 일어나세요.

➡ 실내스케이트장
안전모
넘어져 있는 여자에게 남자가 손을 뻗어 잡은 상태

3. ❶

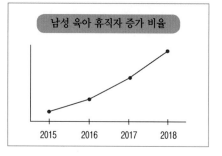

남성 육아 휴직자 증가 비율

2015 2016 2017 2018

남자: 최근 발표된 남성 육아 휴직자 조사 결과에 따르면 남성 육아 휴직자들이 지난 4년간 꾸준히 증가한 것으로 나타났습니다. 이처럼 남성 육아 휴직자들이 증가한 원인으로 '일보다 가족 먼저'가 가장 높게 나타났고, '휴직 기간의 급여 상승', '육아 휴직에 대한 직장 분위기 변화'가 각각 그 뒤를 이었습니다.

➡ 변화 그래프로 '남성 육아 휴직자들이 꾸준히 증가했다'에 해당하는 그래프는 ①번이다. 순위의 경우 '1위 일보다 가족이 먼저, 2위 휴직 기간의 급여 상승, 3위 육아 휴직에 대한 직장 분위기 변화'인데 일치하는 것이 없다.

듣기 4번~8번 p.008

4. ❹

여자: 왜 이렇게 얼굴이 안 좋아 보여?

남자: 요즘 회사 일 때문에 며칠 동안 잠을 못 자서 그런 거 같아.

여자: 오늘은 일찍 들어가서 쉬어.

➡ 여자가 남자의 얼굴이 안 좋아 보인다고 안부를 물어보고 있다. 이에 대해 남자가 일 때문에 며칠 동안 잠을 못 잤다고 대답하는 상황이다. 이때 여자는 집에 들어가서 쉬라고 하는 것이 자연스럽다.

5. ❶

여자: 휴일에 가족들하고 캠핑을 할 만한 데가 있을까요? 가까운 곳이면 좋겠는데.

남자: 서울 근교에 주차장이랑 편의 시설이 완비된 캠핑장이 몇 군데 있어요.

여자: 그럼 괜찮은 곳 좀 추천해 주세요.

➡ 여자가 휴일에 캠핑을 할 수 있는 장소를 물어보고 있는 상황이다. 남자가 서울 근교에 캠핑장이 몇 군데 있다고 했기 때문에 여자는 좋은 곳을 추천해 달라고 하는 것이 자연스럽다.

6. ④

남자: 저, 다음 달부터 퇴근 후에 중국어를 배워 보려고요.

여자: 갑자기 중국어 공부는 왜 하려고요?

남자: <u>저도 남들처럼 자기계발 좀 할까 해서요.</u>

○ 남자는 다음 달부터 퇴근 후 중국어를 배우려고 한다. 이에 대해 여자는 중국어를 배우는 이유를 물어보는 상황이다. 이때 남자는 중국어를 배우는 이유에 대해 대답하는 것이 자연스럽다.

7. ②

여자: 발표 준비 때문에 인터넷으로 책을 주문했는데 배송이 늦어진대.

남자: 그래? 그 책 도서관에 있지 않을까?

여자: <u>도서관에 갔더니 전부 대출 중이더라고.</u>

○ 여자는 인터넷으로 주문한 책의 배송이 늦어진다고 말하고 남자가 도서관에 그 책이 있지 않겠냐고 말하는 상황이다. 이때 여자는 이미 도서관에 가 봤는데 모두 대출 중이라고 대답하는 것이 자연스럽다.

8. ②

여자: 부장님, 메일로 보내 드린 회사 창립 기념일 행사 계획안, 그대로 진행할까요?

남자: 아니요. 검토해 봤는데 회사 소개 부분을 좀 더 자세하게 설명했으면 좋겠어요.

여자: <u>네. 그럼 바로 보완하도록 하겠습니다.</u>

○ 여자가 부장에게 행사 진행에 대한 내용을 확인받고 있다. 이에 대해 남자는 회사 소개 부분을 더 자세하게 설명할 것을 지시하는 상황이다. 이때 여자는 내용을 보완하겠다고 말하는 것이 자연스럽다.

듣기 9번~12번   p.009

9. ②

남자: 여보, 아이가 열이 안 떨어지는데 어떡하지요?

여자: 아까 저녁 먹고 해열제 먹였지요?

남자: 그럼요. 당연히 먹였지요.

여자: 그럼 당신은 아이 옷 좀 벗기세요. 저는 수건에 물 좀 적셔서 가지고 올게요.

○ 유형 (6) 〈여자의 계획, 제안〉이다. 여자는 남자에게 아이의 옷

을 벗기라고 하면서 자신은 "수건에 물 좀 적셔서 가지고 올게요."라고 말하고 있다.

10. ②

남자: 손님, 찾으시는 옷이 있으세요?

여자: 네. 여기 이 치마가 마음에 드는데 제가 찾는 사이즈가 없네요.

남자: 잠시만요. 이 사이즈는 지금 매장에 없는데요. 주문서에 주소를 써 주시면 택배로 보내 드릴 수 있습니다.

여자: 그래요? 그럼 이 치마로 주문할게요. 주문서 갖다 주세요.

○ 유형 (6) 〈여자의 계획, 제안〉이다. 남자는 여자에게 주문서에 주소를 써 주면 물건을 택배로 보내 주겠다고 한다. 이에 대해 여자는 설명을 들은 후 "주문서 갖다 주세요."라고 대답했다.

11. ③

여자: 오빠, 이거 내가 만든 건데, 한번 먹어 봐.

남자: 웬 만두. 우와 맛있겠다. 어, 근데 찍어 먹을 간장 없어?

여자: 알았어. 잠깐만 기다려. 양념 간장 만들어 줄게.

남자: 응. 고마워.

○ 유형 (5) 〈여자의 계획, 제안〉이다. 여자는 "양념 간장 만들어 줄게."라고 말하고 있다. 이에 대해 남자는 "응, 고마워."라고 대답했다.

12. ③

여자: 행사에 사용할 현수막을 좀 만들려고 하는데요. 문구 알려 드리면 디자인, 편집 다 해 주지요?

남자: 네. 물론입니다. 내용을 파일로 보내 주시면 됩니다. 참, 현수막 크기도 알려 주셔야 합니다.

여자: 현수막 크기요? 그럼 현수막 크기를 잰 후에 문구랑 함께 메일로 보내 드릴게요.

남자: 네. 감사합니다.

○ 유형 (5) 〈여자의 계획, 제안〉이다. 여자는 "현수막 크기를 잰 후에 문구랑 함께 메일로 보내 드릴게요."라고 말하고 있다. 이에 대해 남자는 "네, 감사합니다."라고 대답했다.

13.

> 여자: 요즘 Ⓐ주말마다 테니스를 치러 다닌다면서요?
>
> 남자: 네. 원래 테니스를 좋아하는데 마침 Ⓑ집 근처에 테니스장이 생겼거든요.
>
> 여자: 시설이 좋은 Ⓒ테니스장은 이용 요금이 생각보다 비싸던데. 거긴 어때요?
>
> 남자: 시간당 육천 원인데요. 6개월씩 가입하면 50%를 할인해 줘요. 그렇게 이용하니까 비싼 건 아니에요.

◯ ① 두 사람은 지금 테니스장에 있다.
   ➡ 두 사람은 지금 테니스장에 (없다). not B
  ② ~~여자는~~ 주말마다 테니스를 치러 다닌다.
   ➡ (남자는) 주말마다 테니스를 치러 다닌다. not A
  ❸ 남자는 테니스를 치러 갈 때 할인을 받는다.
   ➡ 정답
  ④ 여자는 테니스장 이용 요금이 ~~싸다고~~ 생각한다.
   ➡ 여자는 테니스장 이용 요금이 (비싸다고) 생각한다. not C

14.

> 여자: (딩동댕) 잠시 안내 말씀 드립니다. 내일부터 도서관 2층 Ⓐ전자 정보 열람실의 카펫 및 바닥 청소를 실시할 예정입니다. Ⓑ청소가 진행되는 이틀 동안 전자 정보 열람실을 이용하실 수 없습니다. 그리고 이 기간 동안 Ⓒ2층 전 구역의 출입이 불가능합니다. 전자 정보 자료는 1층 컴퓨터실이나 개인 컴퓨터로 계속 이용할 수 있으니 참고해 주시기 바랍니다. 감사합니다. (딩동댕)

◯ ❶ 전자 정보 자료는 계속 열람할 수 있다.
   ➡ 정답
  ② 청소 기간 동안 ~~3층~~에 출입할 수 없다.
   ➡ 청소 기간 동안 (2층에) 출입할 수 없다. not C
  ③ 전자 정보 열람실에 ~~컴퓨터 설치 공사를 한다.~~
   ➡ 전자 정보 (열람실의 카펫 및 바닥 청소를 한다). not A
  ④ 내일부터 2일 동안 ~~도서관 전체를~~ 이용하지 못한다.
   ➡ 내일부터 2일 동안 (전자 정보 열람실을) 이용하지 못한다. not B

15.

> 남자: 방금 들어온 소식입니다. 은혜시에서 발생한 대형 산불이 이제 막 진화되었다고 합니다. Ⓐ산불이 발생한 지 3일 만에 진화 작업은 끝났으나 이번 불로 Ⓑ하루아침에 집을 잃은 주민들로 혼란스러운 상황입니다. 정부에서 은혜시를 특별재난지역으로 선포하고 피해 주민들을 위한 임시 숙소를 은혜시 체육관에 마련하였습니다. 그리고 Ⓒ현재 정확한 피해 규모를 확인하고 있습니다.

◯ ① 산불 진화 후 주민들은 집으로 ~~돌아갔다.~~
   ➡ 산불 진화 후 주민들은 집으로 (돌아가지 못했다). not B
  ② 산불은 발생한 지 ~~나흘~~ 만에 진화되었다.
   ➡ 산불은 발생한 지 (3일 만에) 진화되었다. not A
  ③ 정부는 정확한 산불 피해 정도를 ~~확인했다.~~
   ➡ 정부는 정확한 산불 피해 정도를 (확인하고 있다). not C
  ❹ 피해 주민은 체육관에서 임시로 지내고 있다.
   ➡ 정답

16.

> 여자: 여기는 Ⓐ맨손으로 물고기를 잡는 축제 현장입니다. 아이와 함께 온 가족 방문객이 정말 많은데요. 인기 비결이 무엇인가요?
>
> 남자: 정해진 구역 안에 물고기를 풀어 놓으면 손님들이 비닐 주머니만 가지고 물속에 들어가 잡는 거지요. 맨손으로 물고기를 잡는 게 쉽지는 않습니다. 잡아 봐야 겨우 한두 마리죠. 물고기를 몇 마리 잡느냐보다는 가족과 즐거운 시간을 보낼 수 있다는 것이 인기 비결인 것 같습니다.

◯ ❶ 아이와 함께 온 가족들에게 인기가 많다.
   ➡ 정답
  ② 사람들이 ~~도구를 이용해~~ 물고기를 잡는다.
   ➡ 사람들이 (맨손으로) 물고기를 잡는다. not A
  ③ 맨손으로 물고기를 잡는 방법을 ~~가르쳐 준다.~~
   ➡ 정보 없음
  ④ 물고기를 가장 많이 잡은 사람에게 상을 준다.
   ➡ 정보 없음

p.011

17. ❷

남자: 민정아, 넌 회의할 때마다 아무 말도 안 하고 듣기만 하더라. 니 생각도 있을 거 아니야?

여자: 응. 그냥. 괜히 이야기를 꺼냈다가 사람들이 비웃으면 어떡해?

남자: 남들이 비웃을까 봐 자기 의견을 말하지 않는 게 좋은 걸까? 그러면 평범해 보일 수 있어도 자신감이 없어 보여서 별로일 것 같은데.

⭘ 중심 생각 Ranking 유형 (1) '-는 게 좋다.'에 해당한다. "남들이 비웃을까 봐 자기 의견을 말하지 않는 게 좋은 걸까?"와 같은 내용을 선택지에서 고르면 된다.

18. ❷

남자: 요즘은 라디오를 듣는 사람이 많지 않은 것 같아.

여자: 그건 인터넷으로 보이는 라디오가 많이 생겨서 그럴 거야. 게다가 대부분 스마트폰을 통해 소리도 듣고 영상도 볼 수 있으니까.

남자: 난 오히려 소리와 영상을 동시에 보니까 별로던데. 라디오는 들으면서 이것저것 상상할 수 있어서 좋았는데.

⭘ 중심 생각 Ranking 유형 (8) '-아/어서 좋다.'에 해당한다. "라디오는 들으면서 이것저것 상상할 수 있어서 좋다."와 같은 내용을 선택지에서 고르면 된다.

19. ❷

여자: 이거 아침에 선거 운동하는 국회의원에게 받은 명함인데요. 디자인이 꽤 특이한 것 같아요.

남자: 그러네요. 디자인은 괜찮은데 자기 이력을 너무 많이 쓴 거 아니에요?

여자: 선거철이고 자신을 홍보하려면 자세하게 써야 하니까 이러는 거겠지요.

남자: 아무리 그래도 국회의원과 상관없는 정보까지 빽빽하게 쓸 필요는 없을 것 같은데. 자기 홍보라기보다 너무 자기를 과시하려는 것 같아서 이상해 보여요.

⭘ 중심 생각 Ranking 유형 (4) '-는 게 필요하다.'와 유형 (10) 두 문장 반복에 해당한다. "국회의원과 상관없는 정보까지 빽빽하게 쓸 필요는 없다."와 같은 내용을 선택지에서 고르면 된다.

20. ❸

여자: 아흔이 넘는 나이에도 변함없이 방송을 진행하고 계시는데요. 건강을 유지하시는 비결이 무엇인지 궁금합니다.

남자: 특별한 비결은 없고요. 저는 외출할 때 주로 버스나 지하철을 이용합니다. 거의 매일 버스나 지하철로 이동하다 보니 저도 모르게 많이 걷게 되더라고요. 아무래도 꾸준히 한 걷기 운동 덕분에 지금까지 건강하게 생활할 수 있는 것 같습니다.

⭘ 중심 생각 Ranking 유형 (7) -(ㄴ/는)다고 생각하다.'에 해당한다. "꾸준히 한 걷기 운동 덕분에 지금까지 건강하게 생활할 수 있는 것이라고 생각한다."와 같은 내용을 선택지에서 고르면 된다.

p.012

51. ㉠ 못 갔습니다 / 가지 못했습니다
ⓒ 들었으면 좋겠습니다

> 민정 씨, 집들이는 잘 했는지 궁금합니다. 집들이에 초대 받았는데 제가 급한 일이 생겨서 집들이에 (못 갔습니다 / 가지 못했습니다). 그래서 많이 아쉽습니다. 대신 선물로 화분을 하나 준비했습니다. 제가 준비한 선물이 민정 씨 마음에 (들었으면 좋겠습니다).
>
> 김준기 드림.

⭘ 개인적인 글
(1) -(스)ㅂ니다.
(2) 글을 쓰는 사람: 나
(3) 글을 읽는 사람: 민정 씨 – 친한 사람
(4) (㉠)는 초대를 받았는데 급한 일이 생긴 결과 '집들이에 (가지 못했다)'를 써야 한다.
(5) (ⓒ)의 앞에 '준비한 선물이 마음에'가 있다. 그러므로 '마음에'와 호응하는 '(들다)'를 써야 한다.

52. ㉠ 모든 개미들이 열심히 일을 하는 것은 아니다
㉡ 일을 하지 않고 그냥 논다는

> 　사람들은 보통 ❹모든 개미들이 ❽열심히 일을 한다고 생각한다. 그러나 (❹'모든 개미들이 ❽'열심히 일을 하는 것은 아니다). 개미는 하루에 여섯 시간 정도 일하는데 먹이를 먹기 위해 일 하는 개미는 전체 개미의 20%에 불과하다. 다시 말해 개미의 ❹80%는 ❽일하지 않고 그냥 노는 것이다. 더욱 흥미로운 사실은 일하는 개미만을 뽑아 새로운 집단을 구성해 주면 이 중 ❹'80% 는 ❽'(일을 하지 않고 그냥 논다는) 점이다.

○ (㉠)
문법: –(으)ㄴ/는 것은 아니다.
대응: ❹모든 개미들이 ❽열심히 일을 한다고 생각한다.
　　　(반의) 그러나 (❹'모든 개미들이 ❽'열심히 일을 하는
　　　것은 아니다).
(㉡)
문법: –ㄴ/는다는 점이다.
대응: ❹80%는 ❽일하지 않고 그냥 노는 것이다.
　　　❹'80%는 ❽'(일을 하지 않고 그냥 논다는) 점이다.

쓰기 53번　　　　　　　　　　　p.013

53.

	은	혜	시	청	에	서		은	혜		시	민		50	00	명	을		대
상	으	로		쓰	레	기		소	각	장		설	치	에		대	하	여	
설	문		조	사	를		하	였	다	.		그		결	과		쓰	레	기
소	각	장		설	치	에		반	대	하	는		사	람	이		80	%	,
소	각	장		설	치	에		찬	성	하	는		사	람	이		20	%	로
나	타	났	다	.		쓰	레	기		소	각	장		설	치	를		반	대	하
는		이	유	는		유	해		물	질	의		발	생	과		집	값	
하	락	에		대	한		우	려		때	문	인		것	으	로		드	러
났	다	.		이	러	한		문	제	를		해	결	하	기		위	해	서	는
세	금		감	면		혜	택	을		제	공	하	고		소	각	장		설
치	로		인	한		부	수	입		효	과	를		홍	보	하	는		것
이		필	요	하	다	.													

> 읽기 1번~20번
>
> | 1. ③ | 2. ① | 3. ① | 4. ③ | 5. ① |
> |---|---|---|---|---|
> | 6. ① | 7. ④ | 8. ① | 9. ④ | 10. ③ |
> | 11. ④ | 12. ① | 13. ② | 14. ② | 15. ④ |
> | 16. ④ | 17. ③ | 18. ② | 19. ① | 20. ② |

읽기 1번~2번　　　　　　　　　　p.017

1. ③

○ 시간이 지나다. ➡ 고향에 계신 부모님이 그리워진다.
'고향에 계신 부모님이 그리워진다.'라고 현재 자신의 감정을 표현했다. '시간이 많이 지나면서 부모님이 그리워진다.'의 의 미이다. 이때 호응하는 문법은 〈설명: 비례〉를 나타내는 '–(으) ㄹ수록'을 찾아야 한다. '–(으)ㄹ수록'은 앞의 행동이나 상태가 더해지는 정도에 따라 그 결과의 정도도 심해질 때 사용한다.

2. ①

○ 버스에서 졸다가 ➡ 내려야 할 곳을 지나치다.
앞의 내용인 '버스에서 졸다가'의 '–다가'가 〈행동: 의외〉를 나 타내기 때문에 ②번 '지나쳐 버렸다.'를 답으로 찾을 수 있는 난이도가 높은 문제이다. 하지만 여기에서는 부사 '하마터면 –(으)ㄹ 뻔했다.'의 문형으로 답을 찾아야 한다. '–(으)ㄹ 뻔했 다.'는 〈행동: 직전〉을 나타내는 문법인데 보통 안도나 아쉬움 을 표현할 때 사용한다. 여기에서는 '지나치다'가 부정의 뜻을 가지고 있어서 '지나치는 일이 일어나지 않아서 다행이다.'라는 뜻이다.

읽기 3번~4번　　　　　　　　　　p.017

3. ①

○ '–게'는 〈목적〉을 나타내는 문법이다. 잊어버리지 않는 것이 목 적이고 그 목적에 맞는 행동으로 수첩에 메모를 한 것이다. 따 라서 선택지 중에서 〈목적〉을 나타내는 문법인 '–도록'을 찾아 야 한다.

4. ③

○ '–(으)ㄹ지도 모르다.'는 〈추측〉을 나타내는 문법이다. '끝내야 하는 일이 있어서 늦게 퇴근할 가능성이 있다'라는 의미이다. 따라서 선택지 중에서 의미가 가장 비슷한 문법은 〈가능〉을 나타내는 '–(으)ㄹ 수도 있다.'이다.

읽기 5번~8번   p.017

5. ❶

> 바쁜 아침, 밥 대신 든든하게!
> 유기농 밀가루로 건강하게 만들었습니다.

⟹ 핵심어: 아침, 밥 대신, 밀가루

6. ❶

> 신간 도서 10% 할인 이벤트!
> 국내·외 도서는 물론, 문구 용품까지 모두 한 곳에~

⟹ 핵심어: 도서, 할인, 문구 용품

7. ❹

> 여름철 실내 온도, 1℃만 높이세요.
> 지구의 미래가 달라집니다.

⟹ 핵심어: 여름철, 실내 온도, 1℃, 높이다

8. ❶

> ☑ 카드를 넣으십시오.
> ☑ 충전을 원하는 금액을 입력하십시오.
> ☑ 충전이 끝난 후 카드를 가져가십시오.

⟹ 핵심어: 카드, 충전, 넣다, 입력하다, 가져가다

읽기 9번~12번   p.019

9.

> **은혜시 어린이 축구단 신규 회원 모집**
> ❶ 은혜시에 거주하는 초등학생이면 누구나
> 신청 가능합니다.
> ✖ 접   수: 2020년 2월 3일(월)
>   오전 9시부터 선착순 44명
> ✖ ❸접수 방법: 은혜시청 홈페이지
>   (www.eunhye.go.kr)
> ✖ ❸입단 비용: 200,000원(축구단 운동복 포함)
> ✖ 문의 전화: 02) 1234-5678
> ※ 축구화는 개별적으로 준비해야 합니다.

⟹ ① 접수는 전화로 할 수 있다.
  ➡ 접수는 (홈페이지에서) 할 수 있다. not B
  ② 은혜 시민이면 누구든지 신청할 수 있다.
  ➡ (은혜시에 거주하는 초등학생이면) 누구든지 신청할 수
    있다. not A

③ 입단 비용에 축구화 비용이 포함되어 있다.
  ➡ 입단 비용에 (운동복) 비용이 포함되어 있다. not C
❹ 축구단 회원이 되면 운동복을 받을 수 있다.
  ➡ 정답

10.

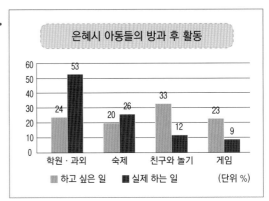

⟹ 개인별 비교
  ① 학원이나 과외를 하는 아동이 제일 적다.
    ➡ 학원이나 과외를 하는 아동이 제일 (많다). (53%)
  ② 아동들은 숙제보다 게임을 더 많이 한다.
    ➡ 아동들은 숙제보다 게임을 더 (적게) 한다.
      숙제(26%) ＞ 게임(9%)
  ❸ 친구와 놀고 싶어 하는 아동이 가장 많다. (33%) ➡ 정답
  ④ 아동들은 학원이나 과외보다 게임을 더 희망한다.
    ➡ 아동들은 (게임보다 학원이나 과외를) 더 희망한다.
      학원·과외(24%) ＞ 게임(23%)

11.

> 은혜시의 공무원들은 ❶여름부터 일주일에 한 번
> 반바지를 입고 출근을 할 수 있게 됐다. ❸여름철 실
> 내 온도를 28도로 맞춰야 하는 공공 기관에서 정장
> 을 입고 근무하는 것은 불편하다는 의견이 있었기
> 때문이다. 이 정책은 특히 20-30대 젊은 공무원들
> 에게 많은 호응을 얻고 있다. 반바지 근무가 허용되
> 면 좀 더 자유로운 분위기에 서 일을 할 수 있게 되
> 어 ❹업무 효율도 높아질 것으로 기대하고 있다.

⟹ ① 반바지 근무가 허용되고 업무 효율이 많이 높아졌다.
    ➡ 반바지 근무가 (허용되면) 업무 효율이 많이 (높아질 것
      이다). not C
  ② 여름철 공공 기관에서는 실내 온도를 25도로 맞춰야 한다.
    ➡ 여름철 공공 기관에서는 실내 온도를 (28도로) 맞춰야
      한다. not B
  ③ 공무원들은 일주일에 두 번 반바지를 입고 일할 수 있다.
    ➡ 공무원들은 일주일에 (한 번) 반바지를 입고 일할 수 있
      다. not A
  ❹ 20-30대 공무원들은 반바지를 입고 근무하는 것을 좋아
    한다. ➡ 정답

12.

> Ⓐ맥주는 개봉하고 바로 마시지 않으면 탄산이 빠져나가서 다시 마시기가 쉽지 않다. 그래서 Ⓑ대부분 마시다 남은 맥주를 버리게 된다. 하지만 남은 맥주를 활용할 수 있는 방법이 있다. 맥주를 컵에 따라서 냉장고 안에 넣어 두면 냉장고 안의 냄새를 제거하는 데 효과적이다. 또한 요리할 때 Ⓒ가스레인지에 튀는 기름도 맥주를 이용하면 깨끗하게 닦을 수 있다.

◐ ❶ 맥주는 냉장고 안의 냄새를 없애 준다.
　➡ 정답
② 가스레인지에 묻은 기름은 맥주로 닦아지 않는다.
　➡ 가스레인지에 묻은 기름은 맥주로 (닦을 수 있다). not C
③ 맥주는 개봉한 후에도 탄산이 그대로 남아 있다.
　➡ 맥주는 개봉한 (후에는) 탄산이 (빠져나간다). not A
④ 대부분의 사람들은 남은 맥주를 버리지 않고 냉장고에 보관한다.
　➡ 대부분의 사람들은 남은 맥주를 (버린다). not B

읽기 13번~15번　　　　　　p.021

13. ❷

◐ 정보 Ranking 유형 (02) 〈인간 관련〉으로 (가)와 (라) 중 첫 번째 문장을 찾아야 한다. (라)의 문장에 숨의 속도가 구체적으로 설명되었고 '압력도 매우 강하다.'라는 문장이 있기 때문에 첫 번째 문장이 아니다. 따라서 (가)가 첫 번째 문장이다.
(가) 재채기를 할 때 눈을 감는 것은 숨의 속도와 압력과 관련이 있는데 / (라) 그 속도는 매우 빠르고 압력도 강하다 / (다) 그 때의 압력 때문에 눈알이 튀어나오는 것을 막기 위해 눈을 감는 것이다. / (나) 또한 눈을 감는 것은 재채기를 할 때 나오는 분비물이나 세균이 눈에 들어가지 않게 하는 효과도 있다. / 로 내용이 구성된다.

14. ❷

◐ 정보 Ranking 유형 (03) 〈일화〉로 (나)와 (라) 중 첫 번째 문장을 찾아야 한다. (라)의 문장에서 원님이 농부의 마음씨가 착하다고 생각해야 하는 사건을 알 수 없기 때문에 첫 번째 문장이 아니다. 따라서 (나)가 첫 번째 문장이다.
(나) 옛날에 착한 농부가 큰 무를 원님에게 선물했는데 / (라) 원님이 농부가 착하다면서 큰 황소를 선물로 주었다. / (다) 이 소식을 들은 못된 농부가 더 큰 선물을 받고 싶어서 큰 황소를 원님에게 주었고 / (가) 그러자 원님은 못된 농부에게 착한 농부에게서 받은 큰 무를 주었다. / 로 내용이 구성된다.

15. ❹

◐ 정보 Ranking 유형 (01) 〈개인적인 글〉로 (다)와 (라) 중 첫 번째 문장을 찾아야 한다. (다)와 (라) 중에서 전통 시장을 자주 이용하고 그 이유는 필요한 만큼 살 수 있어서라는 내용이 자연스럽기 때문에 (라)가 첫 번째 문장이다.
(라) 나는 대형 마트보다 전통 시장을 자주 이용하는데 / (다) 그 이유는 필요한 만큼만 살 수 있기 때문이다. / (나) 반면에 대형 마트에는 물건을 여러 개 묶어서 파는 경우가 대부분이라서 / (가) 필요 이상으로 물건을 사게 될 때가 많다. / 로 내용이 구성된다.

읽기 16번~18번　　　　　　p.022

16. ❹

> 여름철에 운전을 할 때 선글라스를 착용하는 사람들이 많다. 사람들은 보통 운전을 마치면 선글라스를 차량 안에 있는 안경 보관함에 둔다. 하지만 Ⓐ뜨거운 여름에 선글라스를 차 안에 두면 Ⓑ렌즈가 (망가지기 십상이다). 왜냐하면 선글라스는 Ⓐ'열에 약해서 Ⓑ'렌즈의 표면이 손상된다. 이렇게 손상된 선글라스를 쓰게 되면 시력이 나빠질 수도 있다.

◐ 대응 유형으로 비슷한 표현을 활용하여 빈칸에 들어갈 알맞은 내용을 찾으면 된다.
Ⓐ뜨거운 여름에 차 안에 두면 Ⓑ렌즈가 (망가지기 십상이다).
Ⓐ'열에 약해서 Ⓑ'렌즈의 표면이 손상된다.

17. ❸

> 마트에서는 주로 수익이 많이 나는 상품을 진열대의 Ⓐ오른쪽에 배치한다. 이는 소비자가 수익이 높은 Ⓑ(상품에 관심을 갖도록) 유도하기 위해서이다. 사람의 시선은 대개 왼쪽에서 오른쪽으로 이동한다. 그래서 소비자들은 상대적으로 진열대 왼쪽보다는 Ⓐ'오른쪽에 있는 상품이 Ⓑ'더 눈에 띄어 해당 물건을 사게 되는 경우가 많다.

◐ 대응 유형으로 비슷한 표현을 활용하여 빈칸에 들어갈 알맞은 내용을 찾으면 된다.
Ⓐ오른쪽에 배치한다. 이는 Ⓑ(상품에 관심을 갖도록) 유도하기 위해서이다.
Ⓐ'오른쪽에 있는 상품이 Ⓑ'더 눈에 띄어 사게 된다.

18. ❷

영화에서 배경 음악은 분위기를 연출하는 데 중요한 역할을 한다. 예를 들어 남녀 주인공이 🅐'이 별하는 장면에서 슬픈 음악이 나오면 관객들의 감정을 뒤흔든다. 또 🅐"쫓고 쫓기는 장면에서 속도감 있는 음악이 나오면 관객들에게 긴장감을 함께 느끼게 해 준다. 이처럼 영화 장면에서 🅐(어떤 음악이 나오느냐에 따라) 영화의 분위기와 관객이 느끼는 감정의 정도가 달라진다.

○ 종합 유형

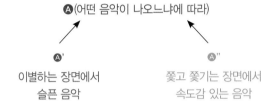

🅐(어떤 음악이 나오느냐에 따라)

🅐'   🅐"
이별하는 장면에서   쫓고 쫓기는 장면에서
슬픈 음악   속도감 있는 음악

| 읽기 19~20번 | p.023 |

🅐비누는 때를 씻어 낼 때 쓰는 물건으로 일상생활에 없어서는 안 되는 물건이다. (   ) 🅑인류가 비누를 사용하게 된 것은 우연한 계기를 통해서이다. 고대 로마인들은 종교 의식 때 신에게 제물로 동물을 바쳤다. 이 의식은 동물을 태우는 행위였는데 이때 동물의 기름이 나뭇재에 떨어져 응고된 것이 남게 되었다. 이것들이 빗물에 씻겨 내려가 강둑에 모이게 되었는데 🅒로마의 여성들이 비가 내린 후 이곳에서 빨래를 하면 더 깨끗이 빨린다는 것을 발견하게 되었다. 이렇게 사용한 것이 최초 비누의 기원이라고 전해진다.

19. ❶

○ 빈칸 앞에서 비누에 대한 도입 설명을 한 후 앞의 내용과 관련시키면서 비누의 기원에 대한 이야기로 화제를 전환하고 있다. 따라서 화제 전환의 기능을 하는 '① 그런데'가 정답이다.

20.

○ ① 나뭇재는 때를 씻어 내는 데 효과적이다.
    ➡ (비누는) 때를 씻어 내는 데 효과적이다. not A
❷ 인류 최초의 비누는 기름과 나뭇재가 재료였다.
    ➡ 정답
③ 로마인은 깨끗하게 빨래하기 위하여 비누를 만들었다.
    ➡ 로마인은 깨끗하게 빨래하기 위하여 (강둑에서 빨래를 했다). not C
④ 인류는 수많은 노력 끝에 비누를 제조하는 데 성공했다.
    ➡ 인류는 (우연한 계기를 통해서 비누를 사용하게 되었다). not B

3급 2회 듣기 – 쓰기

듣기 1번~20번

1. ①	2. ②	3. ③	4. ③	5. ④
6. ③	7. ③	8. ②	9. ③	10. ②
11. ①	12. ④	13. ①	14. ②	15. ④
16. ②	17. ④	18. ①	19. ①	20. ①

듣기 1번~3번   p.027

1. ❶

남자: 고객님, 뭐 찾으시는 모델이 있으세요?

여자: 그건 아니고. 부모님이 쓰실 거라 화면이 좀 큰 걸 찾고 있어요.

남자: 어르신들에게 인기가 많은 기기는 여기 있습니다.

○ 휴대전화 매장
진열대 앞
핸드폰 고르는 여자
진열대에서 기기를 권하는 남자 종업원

2. ❷

여자: 두 사람이 함께 타는 자전거는 처음인데.

남자: 나도 처음이야. 앞에서 내가 열심히 페달 밟을게.

여자: 응. 나도 도와줄게. 걱정 마.

○ 공원
이인용 자전거
앞의 남자
뒤의 여자

3. ❸

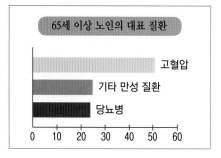

65세 이상 노인의 대표 질환

고혈압
기타 만성 질환
당뇨병

0 10 20 30 40 50 60

남자: 65세 이상 노인을 대상으로 자신의 건강 상태가 어떠한지에 대해 물어본 결과 절반이 넘는 51%가 '나쁘다'라고 응답했습니다. 앓고 있는 질환으로는 고혈압이 가장 많았고, 기타 만성 질환, 당뇨병이 그 뒤를 이었습니다.

○ 순위 그래프로 65세 이상 노인이 앓고 있는 질병이 '1위 고혈압, 2위 기타 만성 질환, 3위 당뇨병'에 해당하는 그래프는 ③번이다. 자신의 건강 상태에 대한 질문에 대해서는 51%가 '나쁘다'라고 응답했는데 일치하는 것이 없다.

듣기 4번~8번   p.028

4. ❸

남자: 저, 내일 민정 씨네 집들이에 못 갈 것 같아요.

여자: 왜요? 무슨 일이 있어요?

남자: 일이 좀 생겨서 고향에 내려가야 해요.

○ 남자는 내일 민정 씨의 집들이에 갈 수 없다고 이야기하고 있다. 이에 대해 여자는 갈 수 없는 이유를 물어보는 상황이다. 이때 남자는 그 이유에 대해 대답하는 것이 자연스럽다.

5. ❹

여자: 어, 시험 기간이라서 도서관에 자리가 없네.

남자: 그러네. 그럼 우리 커피숍에 가서 공부할까?

여자: 아니. 커피숍은 시끄러워서 싫어.

○ 여자는 도서관에 자리가 없다고 말하고 남자는 커피숍에서 공부하자고 제안하는 상황이다. 이때 여자는 남자의 의견에 동의하거나 반대하는 것이 자연스럽다.

6. ③

남자: 민정 씨, 클래식 음악 좋아한다고 했지
　　요?

여자: 네. 그런데 왜요?

남자: 저한테 표가 생겼는데 같이 갈래요?

○ 남자는 여자에게 클래식 음악을 좋아하는지 확인 질문을 하
고 있다. 이에 대해 여자는 그렇다면서 이유를 물어보고 있는
상황이다. 이때 남자는 같이 음악회에 가자고 제안하는 것이
자연스럽다.

7. ③

남자: 집 앞에서 공사를 해서 그런지 먼지가
　　심하네요.

여자: 맞아요. 그래서 창문도 못 열어 놓는다
　　니까요.

남자: 공사가 빨리 끝났으면 좋겠어요.

○ 여자는 집 앞에서 하는 공사 때문에 창문도 열 수 없다고 불
평하는 상황이다. 이에 대해 남자는 공사가 빨리 끝났으면 좋
겠다고 대답하는 것이 자연스럽다.

8. ②

여자: 준기 씨, 보고서 마감이 5일밖에 안 남
　　았는데 서둘러야 하지 않아요?

남자: 아직 시간 많이 남았잖아요. 서두를 필
　　요 없을 것 같은데.

여자: 미리 해 놓으면 좋지 않겠어요?

○ 여자가 남자에게 보고서 마감일이 얼마 남지 않았다고 재촉
하고 있다. 이에 대해 남자는 아직 시간이 많아서 서두를 필요
는 없다고 대답하는 상황이다. 이때 여자는 미리 해 놓을 것을
권유하는 것이 자연스럽다.

듣기 9번~12번　　　　　　　　　　　　　p.029

9. ③

여자: 친구 생일인데 뭘 선물해야 할지 고민이야.

남자: 친구에게 필요한 물건이 좋지 않을까?

여자: 그런데 무엇이 필요한지 모르겠어.

남자: 그럼 직접 전화해서 물어보는 게 어때?

○ 유형 (4) 〈남자의 요구〉이다. 남자는 친구 생일에 무엇을 선물
해야 할지 고민하는 여자에게 직접 전화해서 물어보라고 제안
하고 있다.

10. ②

남자: 이번 축제 노래자랑 대회에서 부를 노래
　　말이야. 어떤 노래가 좋을까?

여자: 글쎄. 아직 잘 모르겠어.

남자: 그럼 우리 수업 끝나고 노래방에 가서
　　골라 보자.

여자: 좋아. 수업 끝나자마자 정문에서 만나.

○ 유형 (2) 〈남자의 요구〉이다. 남자는 수업 끝나고 노래방에 가
서 부를 노래를 골라 보자고 제안하고 있다. 이에 대해 여자
는 "좋아. 수업 끝나자마자 정문에서 만나."라고 대답했다.

11. ①

여자: 저, 회원 카드를 하나 만들고 싶은데요.

남자: 아, 회원 카드요? 우선 번호표 뽑으시고
　　앉아서 기다려 주시겠습니까?

여자: 번호표는 뽑았어요.

남자: 그럼, 신청서 먼저 드릴 테니까 표시한
　　데 다 써 주세요. 그리고 순서 기다리시
　　면 됩니다.

○ 유형 (4) 〈남자의 요구〉이다. 남자는 여자에게 회원 카드 신청
서를 먼저 드릴 테니까 표시한 데 다 써 달라고 요구하고 있
다.

12. ④

여자: 김준기 씨, 직원 연수 준비는 잘 되고 있
　　지요?

남자: 네. 그런데 연수 때 특강해 주실 분을
　　아직 못 구했는데요. 고객 심리 쪽으로
　　모셔야 하는데 마땅한 분이 없네요.

여자: 그래요? 제 대학 지도 교수님이 고객 심
　　리 전공인데 한번 부탁해 볼까요?

남자: 정말요? 그럼 고맙지요.

○ 유형 (6) 〈여자의 계획, 제안〉이다. 여자는 연수 때 특강할 분
을 찾지 못했다는 남자의 말을 듣고 자신의 지도 교수님이 고
객 심리 전공이라고 하면서 "(제가) 한번 부탁해 볼까요?"라고
말하고 있다. 이에 대해 남자는 "정말요? 그럼 고맙지요."라고
대답했다.

13.

여자: 여보, Ⓐ내일 일찍 일어나야 하니까 어서 자요.

남자: 당신 먼저 자요. 나는 아직 할 일이 있어서요.

여자: 할 일이 그렇게 많아요?

남자: 네, 좀 많네요. 오늘 일찍 자기는 틀린 것 같아요.

❶ 남자는 할 일이 많아서 일찍 잘 수 없다.
   ➡ 정답
② 남자는 내일 일찍 일어나자 않아도 된다.
   ➡ 남자는 내일 일찍 (일어나야 한다). not A
③ 남자는 잠을 잘 자기 위해 노력하고 있다.
   ➡ 정보 없음
④ 남자는 여자가 일을 끝낼 때까지 기다려야 한다.
   ➡ 정보 없음

14.

여자: (딩동댕) 본교 취업지원팀에서는 Ⓐ다음 주 월요일과 화요일, 이틀 동안 본교 체육관에서 '성공적인 면접'이라는 주제로 특강과 상담을 진행합니다. Ⓑ특강과 상담은 대기업 인사 담당자 출신 전문가가 진행하는데, 특강이 끝난 후 오후 2시부터 5시까지 일대일로 개인 상담이 진행됩니다. 관심 있는 학생은 학교 홈페이지를 통해 신청해 주시기 바랍니다.

① 대기업 사장 출신 전문가가 특강을 한다.
   ➡ 대기업 (인사 담당자) 출신 전문가가 특강을 한다. not B
❷ 미리 신청해야 특강과 상담을 받을 수 있다.
   ➡ 정답
③ 취업 특강과 상담은 취업박람회에서 열린다.
   ➡ 취업 특강과 상담은 (본교 체육관)에서 열린다. not A
④ 특강과 상담은 다음 주에 3일 동안 진행된다.
   ➡ 특강과 상담은 다음 주에 (2일) 동안 진행된다. not A

15.

남자: 정부에서는 매년 Ⓐ11월 1일부터 한 달간 불조심 강조의 달로 정하고 있습니다. Ⓑ11월은 건조한 날씨가 지속되는 데다가 Ⓒ전열 기구 사용이 늘어나면서 화재 위험성이 높아집니다. 따라서 화재 예방에 특별히 유의해야 하는데요. 특히 산불 예방을 위해 화재 예방 감시원을 투입해 산불 취약 지역에 대한 감시와 쓰레기를 태우는 행위 등을 단속할 예정입니다.

① 불조심 강조 기간은 두 달 동안이다.
   ➡ 불조심 강조 기간은 (한 달) 동안이다. not A
② 11월에는 전열 기구의 판매가 늘어난다.
   ➡ 11월에는 전열 기구의 (사용이) 늘어난다. not C
③ 10월이 되면서 건조한 날씨가 이어지고 있다.
   ➡ (11월이) 되면서 건조한 날씨가 이어지고 있다. not B
❹ 산불 취약 지역에 화재 예방 감시원이 투입된다.
   ➡ 정답

16.

여자: 이곳에는 중학생 해설사가 유적에 대해 설명해 주는 프로그램이 있다고 들었습니다.

남자: 네, 이곳에서는 또래 Ⓐ청소년들이 유적지를 방문하면 중학생 해설사가 직접 친구들에게 유적에 대한 여러 지식을 알기 쉽게 설명해 줍니다. Ⓑ벌써 1년째 이 프로그램을 운영하고 있는데요. 청소년 눈높이에 맞는 설명을 할 수 있어 저희 유적지를 찾는 Ⓒ청소년들에게 많은 도움이 되고 있습니다.

① 이곳은 현재 청소년들이 거의 방문하지 않는다.
   ➡ 이곳은 현재 청소년들이 (방문한다). not A
❷ 이곳에 가면 청소년 해설사의 설명을 들을 수 있다.
   ➡ 정답
③ 이곳을 방문한 학부모들에게 많은 도움이 되고 있다.
   ➡ 이곳을 방문한 (청소년들에게) 많은 도움이 되고 있다. not C
④ 이곳에서는 1년 후에 청소년 해설사를 모집할 계획이다.
   ➡ 이곳에서는 (1년째 청소년 해설사 프로그램을 운영하고 있다). not B

17. ④

남자: 이 호텔이 교통이 편리하겠다. 우리 이 호텔로 예약할까?

여자: 이 호텔은 너무 비싼 거 같아. 여행 기간 내내 여기서 지내면 경비가 너무 많이 들지 않겠어?

남자: 여행지 숙소는 좀 비싸더라도 교통이 편리해야 해. 숙소 근처 교통이 불편하면 교통비도 많이 들 거야.

○ 중심 생각 Ranking 유형 (2) '-아/어야'에 해당한다. "여행지 숙소는 좀 비싸더라도 교통이 편리해야 해."와 같은 내용을 선택지에서 고르면 된다.

18. ❶

여자: 아이들이 볼 만한 책, 인터넷 서점에서 사는 게 어때요? 배송도 빠르고 편리하잖아요.

남자: 책은 직접 보고 사는 게 좋지 않을까요?

여자: 그럴 필요 없을 것 같은데. 요즘엔 미리보기 기능도 있고 독자들의 평가도 볼 수 있거든요.

남자: 아무리 그래도 아이들 보는 책은 직접 보고 다른 책과 비교해 가면서 사는 게 나을 것 같은데.

○ 중심 생각 Ranking 유형 (1) '-는 게 낫다'에 해당한다. "아이들이 보는 책은 직접 보고 사는 게 낫다."와 같은 내용을 선택지에서 고르면 된다.

19. ❶

여자: 봉사 활동을 해 보고 싶은데 처음이라 뭘 해야 할지 모르겠어요.

남자: 시청에서 연말에 있을 문화 행사 자원봉사자를 모집한대요. 한번 신청해 보세요.

여자: 그럴까요? 준기 씨도 해 본 적 있어요?

남자: 네. 몇 번 해 봤는데 꽤 의미 있었던 것 같아요. 새로운 경험도 되고 다양한 분야의 사람들을 만날 수 있어서 아주 좋았어요.

○ 중심 생각 Ranking 유형 (8) '-아/어서 좋다'에 해당한다. "자원 봉사에 참여하니까 새로운 경험이 되어서 좋았다"와 같은 내용을 선택지에서 고르면 된다.

20. ❶

여자: 원장님, 이 어린이집은 아이들을 위한 체육 프로그램을 운영 중이라고 들었습니다. 다섯 살에서 일곱 살 사이의 아이들에게 이 프로그램이 어떤 도움이 되나요?

남자: 이 또래의 아이들은 집중력이 좀 떨어지지만 에너지가 넘칩니다. 그렇기 때문에 독서처럼 한 자리에 조용히 앉아서 하는 것은 싫어합니다. 따라서 독서 같은 걸 강요하는 것보다는 집중력을 높일 수 있는 탁구 같은 운동을 배우게 하는 것이 좋습니다. 그래서 체육 프로그램을 시작하게 되었는데요. 아이들도 좋아하고 무엇보다 아이들의 집중력이 많이 좋아졌습니다.

○ 중심 생각 Ranking 유형 (9) '무엇보다도'에 해당한다. "체육 활동을 시작한 후에 무엇보다 아이들의 집중력이 많이 좋아졌다"와 같은 내용을 선택지에서 고르면 된다.

51. ㉠ 사용할 수 없습니다
ㄴ 고쳐 주시기 바랍니다

제목: 세면기 물이 이상해요.   작성자: 왕보하

기숙사 510호에 사는 학생입니다.
방에 있는 세면기 수돗물이 이상합니다.
물 색깔이 갈색이라서 물을 (사용할 수 없습니다).
그리고 이상한 냄새도 나는 것 같습니다.
물을 사용할 수 없어 불편하니 빨리 수도를 (고쳐 주시기 바랍니다).

○ 개인적인 글
(1) -(스)ㅂ니다.
(2) 글을 쓰는 사람: 나
(3) 글을 읽는 사람: 기숙사 관리자
(4) (㉠)는 수돗물 색깔이 갈색으로 변한 결과 '물을 (사용할 수 없다)'를 써야 한다.
(5) (ㄴ)의 앞에 '물을 사용할 수 없어 불편하니'가 있다. 그러므로 요청 사항인 '수도를 (고치다)'를 써야 한다.
(6) 높임말 사용

52. ㉠ 잠을 자기 전에 먹는 것이 좋다
ㄴ 빠져나가기 때문이다

비타민 C는 언제 먹는 것이 효과적일까? 먹는 시간에 대한 사람들의 의견은 매우 다양하다. 그러나 우리가 일반적으로 먹는 ④비타민 C는 물에 잘 녹는 '수용성' 비타민이기 때문에 (⑧잠을 자기 전에 먹는 것이 좋다). 왜냐하면 ⑥아침이나 낮에 먹으면 ⑩오줌이 되어 몸 밖으로 (빠져나가기 때문이다). 그렇지만 ⑧'⑥'잠을 자기 전에 먹으면 밤새 화장실에 가는 일이 적기 때문에 ④'⑩'비타민 C가 오줌으로 빠져나가는 일을 막을 수 있다.

⊙ (㉠)
문법: –는 것이 좋다.
대응: ④비타민 C는 (⑧잠을 자기 전에 먹는 것이 좋다).
⑧'잠을 자기 전에 먹으면 ④'비타민 C가 오줌으로 빠져나가는 일을 막을 수 있다.
(㉡)
문법: 왜냐하면 –기 때문이다.
대응: ⑥아침이나 낮에 먹으면 ⑩오줌이 되어 몸 밖으로 (빠져나가기 때문이다).
(반의) 그렇지만 ⑥'잠을 자기 전에 먹으면 ⑩'오줌으로 빠져나가는 일을 막을 수 있다.

쓰기 53번   p.033

53.

은	혜	시	의		출	산	율		변	화	를		살	펴	보	면	,		출
산	율	은		19	97	년		2.	4	명	에	서		20	07	년		1.	6
명	,		20	17	년	에	는		1.	05	명	으	로		지	난		20	년
동	안		꾸	준	히		감	소	하	였	다	.		이	러	한		변	화	의
원	인	으	로	는		우	선		불	안	정	한		경	제		상	황	을
들		수		있	다	.		또	한		자	녀		양	육	에		대	한
부	담	도		출	산	율		변	화	에		큰		영	향	을		미	친
것	으	로		보	인	다	.		앞	으	로		이	러	한		현	상	이
계	속		이	어	진	다	면		20	20	년	부	터	는		고	령	화	가
가	속	화	되	고		노	동	력	도		감	소	할		것	으	로		예
상	된	다	.																

읽기 1번~20번				
1. ③	2. ①	3. ④	4. ④	5. ②
6. ④	7. ①	8. ①	9. ④	10. ④
11. ②	12. ②	13. ③	14. ③	15. ④
16. ④	17. ①	18. ①	19. ④	20. ②

읽기 1번~2번   p.037

1. ❸

⊙ 케이크를 직접 만들다. ➡ 어머니께 드릴 예정이다.
'케이크를 어머니께 직접 드릴 예정이다.'는 〈계획〉을 표현했다. '케이크를 직접 만든 후에 어머니께 드릴 예정이다.'의 의미이다. 이때 호응하는 문법은 〈순서: 계기〉를 나타내는 '–아/어서'를 찾아야 한다. '–아/어서'는 앞의 행동이 일어난 다음에 연관성을 가지고 뒤의 행동이 일어날 때 사용한다.

2. ❶

⊙ 식당에 사람이 많은 걸 보니까 ➡ 음식이 맛있다.
앞의 내용인 '식당에 사람이 많은 걸 보니까'는 뒤의 내용을 추측하기 위한 근거를 나타낸다. 이때 호응하는 문법은 〈추측: 관찰〉을 나타내는 '–나 보다.'를 찾아야 한다. '–나 보다'는 말하는 사람이 관찰한 것을 근거로 현재 상황을 추측할 때 사용한다.

읽기 3번~4번   p.037

3. ❹

⊙ '–아/어 봐야'는 〈조건〉을 나타내는 문법인데 보통 필수 조건이나 소용없는 행동을 표현할 때 사용한다. 여기에서는 '다른 가게에 가 봐야 가격이 비슷해서 소용이 없다.'라는 뜻이다. 그런데 선택지 중에서는 〈조건〉을 나타내는 문법이 없다. 따라서 선택지 중에서 '–아/어 봐야'와 가장 비슷한 문법은 〈가정: 상반〉을 나타내는 '–아/어 봐도'이다.

4. ❹

⊙ '–(으)ㄹ 뿐이다.'는 〈유일·한정〉을 나타내는 문법이다. '항상 도와줘서 고마운 마음밖에 없다'라는 의미이다. 따라서 선택지 중에서 〈유일·한정〉을 나타내는 문법인 '–(으)ㄹ 따름이다.'를 찾아야 한다.

읽기 5번~8번

p.037

5. ❷

얇고 가벼운 디자인!
더 빨라진 속도!
화면은 키우고 무게는 줄였습니다.

◉ 핵심어: 얇다, 가볍다, 디자인, 빨라지다, 속도, 화면

6. ❹

깨끗하고 편안한 주거 환경!
세탁실, 매점 등 다양한 편의시설 완비

◉ 핵심어: 편안하다, 주거, 세탁실, 매점, 편의시설

7. ❶

졸리면 위험합니다.
단 한 번의 졸음으로 모든 것이 사라집니다.

◉ 핵심어: 졸리다, 위험하다, 졸음

8. ❶

☒ 공연이 시작되면 입장이 불가능합니다.
☒ 음식물은 가지고 들어가실 수 없습니다.

◉ 핵심어: 공연, 입장, 음식물, 가지고 들어갈 수 없다

읽기 9번~12번

p.039

9.

제22회 심청 효행 대상 전국 공모
효도하는 당신을 응원합니다.

✽ Ⓐ추 천 인: 각 급 학교장
✽ Ⓑ추천 대상: 한국 국적으로 만 7~18세 각 급 학교에 재학 중인 여학생
✽ 발표 일자: 2020년 11월~12월 중 발표
✽ 시상 내역: 상금 1,000만 원 및 특전
✽ 접수 기간: 2020년 9월 1일(화) ~ 9월 18일(금)
✽ Ⓒ접수 방법: 가천문화재단 홈페이지 및 우편 이용

◉ ① 접수는 ~~우편으로만~~ 할 수 있다.
➡ 접수는 (홈페이지와 우편으로) 할 수 있다. not C
② 각 학교의 ~~담임~~ 선생님이 추천해야 한다.
➡ 각 학교의 (교장) 선생님이 추천해야 한다. not A
③ ~~한국 사람이면~~ 누구나 추천을 받을 수 있다.
➡ (한국 국적, 만 7~18세 여학생이면) 누구나 추천을 받을 수 있다. not B
❹ 이 상을 받으려면 학교에 다니고 있어야 한다.
➡ 정답

10.

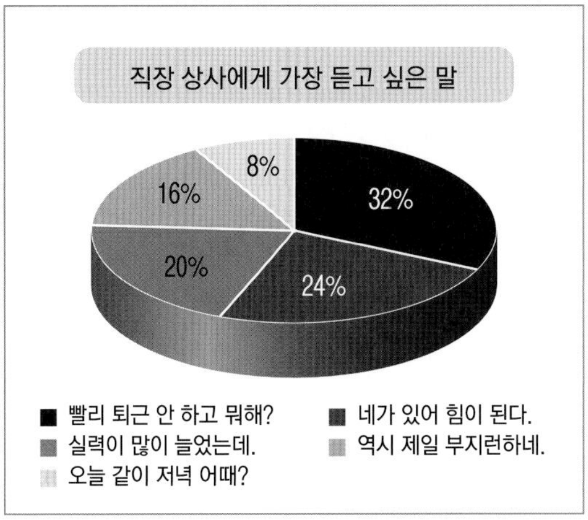

◉ 수치 비교
① 힘이 된다는 말과 실력이 늘었다는 말을 듣고 싶어 하는 직장인의 비율은 ~~같다~~.
➡ 힘이 된다는 말과 실력이 늘었다는 말을 듣고 싶어 하는 직장인의 비율은 (다르다).
힘이 된다(24%) > 실력이 늘었다(20%)
② 실력이 많이 늘었다는 말을 듣고 싶어 하는 ~~직장인들이 가장 적다~~.
➡ 실력이 많이 늘었다는 말을 듣고 싶어 하는 (직장인들은 세 번째이다).
빨리 퇴근하라(32%) > 힘이 된다(24%) > 실력이 늘었다(20%)
③ 직장인들의 ~~절반 이상은~~ 부지런하다는 말을 듣고 싶어 한다.
➡ 직장인들의 (16%는) 부지런하다는 말을 듣고 싶어 한다.
❹ 빨리 퇴근하라는 말을 듣고 싶어 하는 직장인들이 가장 많다. ➡ 정답

11.

Ⓐ최근 혼자 밥을 먹는 사람들이 많아지면서 대학교 학생 식당에도 1인 좌석이 등장하고 있다. 1인 좌석을 이용하는 학생들은 다른 사람의 눈치를 보지 않고 혼자 식사를 할 수 있어 편하다고 말한다. 현재 Ⓑ1인 좌석은 대학생들로부터 좋은 반응을 얻고 있어 Ⓒ앞으로 1인 좌석을 설치한 학생 식당은 더 늘어날 전망이다.

◉ ① 혼자 식사를 하는 사람들이 ~~줄어들고~~ 있다.
➡ 혼자 식사를 하는 사람들이 (늘어나고) 있다. not A
❷ 대학교 학생 식당에도 1인 좌석을 설치했다.
➡ 정답
③ 1인 좌석은 앞으로 ~~사라질~~ 것으로 예상된다.

④ 1인 좌석에 대한 학생들의 평가가 좋지 않다.
➡ 1인 좌석에 대한 학생들의 평가가 (좋다). not B

12.

> 요리를 하다가 보면 종종 냄비를 새까맣게 태우게 될 때가 있다. 아무리 여러 번 닦아도 냄비가 깨끗해지지 않는다. 그럴 때는 ⒶO사과 껍질과 식초가 도움이 된다. 먼저 ⒷO탄 냄비에 사과 껍질과 식초 반 컵을 넣은 다음 물을 붓고 강한 불로 끓인다. 물이 서서히 끓어오를 때 뚜껑을 닫고 중간 불이나 약한 불에 5분 정도 더 끓인 후에 닦으면 냄비가 깨끗해진다.

◐ ① 탄 냄비를 5분 동안 강한 불로 끓이면 깨끗해진다.
➡ 탄 냄비를 (사과 껍질과 식초를 이용하면) 깨끗해진다. not A
❷ 탄 냄비를 깨끗하게 하는 데에 사과 껍질이 도움이 된다.
➡ 정답
③ 탄 냄비에 물을 끓인 후 사과 껍질과 식초를 넣으면 된다.
➡ 탄 냄비에 (사과 껍질과 식초를 넣은 다음 물을 넣고 끓이면) 된다. not B
④ 탄 냄비를 식초에 5분 정도 담가 두었다가 설거지를 하면 된다.
➡ 정보 없음

읽기 13번~15번   p.041

13. ❸

◐ 정보 Ranking 유형 (04) 〈건강〉으로 (가)와 (나) 중 첫 번째 문장을 찾아야 한다. (가)의 문장에서 〈포함〉의 문법인 '시력도'와 〈이유〉의 문법인 '믿기 때문이다.'가 있어서 첫 번째 문장이 아니다. 따라서 (나)가 첫 번째 문장이다.
(나) 안경을 한번 구매하면 3년이 넘게 착용하는 것으로 조사되었는데 / (가) 오래 쓰는 이유는 큰 불편함이 없고 시력도 변화가 없다고 믿기 때문이다. / (다) 하지만 사람의 시력은 변하기 때문에 6개월에 한 번씩은 시력 검사를 하는 것이 좋은데 / (라) 시력 검사를 하지 않으면 안경과 변화된 시력이 맞지 않아 눈이 더 나빠질 수 있다. / 로 내용이 구성된다.

14. ❸

◐ 정보 Ranking 유형 (03) 〈일화〉로 (나)와 (다) 중 첫 번째 문장을 찾아야 한다. (나)의 문장에서 '강아지'에 대한 구체적인 설명이 없는 반면에 (다)의 문장에서는 언제, 어떤 강아지라고 구체적인 설명이 있다. 따라서 (다)가 첫 번째 문장이다.
(다) 어느 날 욕심 많은 강아지가 큰 뼈다귀를 물고 다리를 건너다가 / (나) 우연히 물속에서 자기보다 더 큰 뼈를 물고 있는 강아지를 보게 되었다. / (라) 더 큰 뼈다귀를 갖고 싶었던 강아지는 큰 소리를 짖다가 자기의 뼈다귀를 놓쳤는데 / (가) 물

속에 있던 강아지가 바로 자신이었다는 것을 알고 후회했다. / 로 내용이 구성된다.

15. ④

◐ 정보 Ranking 유형 (07) 〈유래〉로 (가)와 (다) 중 첫 번째 문장을 찾아야 한다. (가)의 문장에 〈이유〉의 문법인 '편하기 때문이었다.'가 있어서 첫 번째 문장이 아니다. 따라서 (다)가 첫 번째 문장이다.
(다) 오늘날 많은 여성들은 자신을 아름답게 가꾸기 위해 하이힐을 신지만 / (라) 예전에는 주로 남자들이 하이힐을 신었다. / (가) 남자들이 하이힐을 신었던 이유는 굽이 높아서 말을 탈 때 편하기 때문이었다. / (나) 또한 당시에는 길거리에 사람과 동물의 오물이 많아서 이를 피하기 위해 신었다고도 한다. / 로 내용이 구성된다.

읽기 16번~18번   p.042

16. ④

> 마시던 콜라를 냉장고에 오래 보관하면 탄산이 빠져나가서 맛이 변한다. 하지만 콜라의 탄산을 그대로 유지한 채 ⒶO오랫동안 보관할 수 있는 방법이 있다. 그 방법은 ⒷO콜라병을 (거꾸로 놓는 것)이다. 이렇게 하면 콜라 안에 탄산이 그대로 남아 있어서 시간이 오래 지나도 본래의 맛을 느낄 수 있다. 그러므로 콜라를 Ⓐ'오래 보관하고 싶다면 냉장고에 넣을 때 Ⓑ'병을 뒤집어 놓아야 한다.

◐ 대응 유형으로 비슷한 표현을 활용하여 빈칸에 들어갈 알맞은 내용을 찾으면 된다.
ⒶO오랫동안 보관할 수 있는 방법은 ⒷO콜라병을 (거꾸로 놓는 것)이다.
Ⓐ'오래 보관하고 싶다면 Ⓑ'병을 뒤집어 놓아야 한다.

17. ❶

> 조선 시대의 아이들은 본명 이외에 아이일 때 부르는 이름인 아명이 있었다. 아명은 똥이나 뺑이 들어간 이름으로 지었는데 그 이유가 있다. 그것은 Ⓐ똥이나 뺑이라는 글자가 한자에 없기 때문이었다. Ⓐ'죽은 사람을 데리러 오는 저승사자가 한자로 쓰인 명부에서 (이름을 찾을 수 없어서) 그냥 지나가 Ⓐ"오래 살 수 있다는 믿음이 있었기 때문이다. 이는 어린아이들을 위험으로부터 지키고 싶어 했던 선조들의 마음이 이름에 반영된 것이라 할 수 있다.

◐ 종합 유형
아명을 똥이나 뺑이 들어간 이름으로 지은 이유:

Ⓐ똥이나 뺑이라는 글자가 한자에 없다
↓
Ⓐ'죽은 사람을 데리러 오는 저승사자가 한자로 쓰인 명부에서 (이름을 찾을 수 없어서) 그냥 지나간다
↓
Ⓐ"오래 살 수 있다

18. ❶

사람의 머리는 여러 개의 뼈로 둘러싸여 있다. 그 중에서 머리를 싸고 있는 뼈를 두개골이라고 한다. 두개골은 눈, 귀, 코, 입 등의 기관이 들어갈 공간을 마련해 주고 뇌를 보호해 준다. Ⓐ두개골은 매우 단단하기 때문에 Ⓐ'외부에서 가해지는 힘을 견디고 쉽게 Ⓐ"부서지지 않는다. 만약 Ⓑ두개골이 없었다면 Ⓑ'(작은 외부 충격에도) 뇌가 Ⓑ"손상을 입게 되었을 것이다.

◎ 종합 유형

Ⓐ두개골은 단단하다   Ⓑ두개골이 없었다면
↓   ↓
Ⓐ'외부의 힘   Ⓑ'(작은 외부 충격)
↓   ↓
Ⓐ"부서지지 않는다   Ⓑ"손상을 입는다

| 읽기 19~20번 | p.043 |

혈액이 굳는 것을 방지하는 약 '와파린'은 원래 쥐를 퇴치하기 위해 사용하던 것이었다. 이 약은 먹으면 출혈이 멈추지 않아 아주 위험한 약으로 알려져 있었다. 그런데 Ⓐ이 약을 대량으로 복용하여 자살을 시도한 군인들이 모두 살아남는 일이 있었다. 이 일을 계기로 안전성이 검증되어 약의 효능에 대한 본격적인 연구가 시작되었다. 현재 이 약은 원래의 용도였던 쥐 퇴치제보다 (   ) Ⓑ뇌경색 등의 병을 치료하는 치료제로 널리 알려져 있다.

19. ❹

◎ 빈칸 앞에서 쥐를 퇴치하기 위해 사용하던 용도보다는 예상과 다르게 뇌경색 등의 병을 치료하는 치료제로 널리 알려져 있다고 설명하고 있다. 따라서 예상과 다른 의외의 상황을 설명하는 '④ 오히려'가 정답이다.

20.

◎ ① 이 약을 복용한 군인들은 ~~모두 사망하였다.~~
➡ 이 약을 복용한 군인들은 (자살을 시도했지만 모두 살아남았다). not A
❷ 이 약은 처음에 쥐를 없애기 위해 판매되었다. ➡ 정답

③ 이 약을 찾는 뇌경색 환자들이 줄어들고 있다.
➡ 정보 없음
④ 이 약은 동물의 질병을 치료하기 위해 사용된다.
➡ 이 약은 (뇌경색 등의 병을) 치료하기 위해 사용된다. not B

4급 1회 듣기

듣기 21번~30번

21. ①	22. ②	23. ③	24. ②	25. ④
26. ②	27. ④	28. ①	29. ④	30. ③

듣기 21번~22번   p.047

여자: 사장님, Ⓐ우리 회사도 다른 회사처럼 인력풀제를 활용하면 어떨까요? 지원자의 이력서를 미리 받아 놓고 관리를 하면 좋을 것 같습니다.

남자: 음, 요즘 그런 회사가 많아졌다는 이야기는 들었어요. 그런데 Ⓑ지원자 수가 많을 텐데 관리하기가 번거롭지 않을까요?

여자: 직원이 필요할 때마다 공고를 내고 이력서를 받는 데 걸리는 시간과 복잡한 채용 단계를 생각한다면 오히려 인력풀제가 더 나을 것 같습니다.

남자: 그렇겠네요. 여러 단계의 과정을 거치지 않고 빠르게 채용할 수 있는 장점이 있겠네요. 그럼 기획안을 한번 작성해 보세요.

21. ❶

⟳ ⟨회의⟩ 상황으로 중심 생각 Ranking 유형 (1) '-는 게 낫다.'와 유형 (5) '-는 게 어때요?'에 해당한다. 여자의 중심 생각은 '우리 회사도 다른 회사처럼 인력풀제를 활용하면 어떨까?', 그리고 '이력서를 받는 데 걸리는 시간과 복잡한 채용 단계를 생각하면 인력풀제가 더 나을 것 같다.'이다.

22.

⟳ ① 이 회사는 인력풀제를 도입하였다.
   ➡ 이 회사는 인력풀제를 (도입하려고 한다). not A
❷ 인력풀제를 활용하는 회사가 늘었다.
   ➡ 정답
③ 남자는 인력풀제를 도입할 것을 건의했다.
   ➡ (여자는) 인력풀제를 도입할 것을 건의했다. not A
④ 여자는 인력풀제의 단점을 우려하고 있다.
   ➡ (남자는) 인력풀제의 단점을 우려하고 있다. not B

남자: 은혜시 시립 양로원이지요? Ⓐ제가 자원봉사를 하고 싶은데요. 무슨 봉사를 할 수 있는지 안내 좀 해 주시겠습니까?

여자: 네, Ⓑ한 달에 한 번씩 양로원을 방문하는데요. 어르신들과 대화를 나누면서 손발톱 깎아 드리기, 안마해 드리기, 목욕 시켜 드리기 등을 하고 있습니다.

남자: 그렇군요. 그리고 Ⓒ기부도 좀 하고 싶은데요. 어떻게 하면 될까요?

여자: 저희 양로원 홈페이지 아래 부분을 보시면 후원 계좌가 있습니다. Ⓒ그 계좌로 송금해 주시면 됩니다.

23. ❸

⟳ 남자는 양로원에서 봉사를 하고 싶어서 어떤 봉사 활동을 할 수 있는지, 기부는 어떻게 해야 하는지에 대해 문의하고 있다.

24.

⟳ ① 이 센터에서는 기부를 받지 않는다.
   ➡ 이 센터에서는 기부를 (받는다). not C
❷ 남자는 센터를 통해 후원금을 보낼 것이다.
   ➡ 정답
③ 양로원은 한 달에 두 번씩 방문할 수 있다.
   ➡ 양로원은 한 달에 (한 번씩) 방문할 수 있다. not B
④ 남자는 매달 양로원에서 봉사 활동을 한다.
   ➡ 남자는 매달 양로원에서 봉사 활동을 (하고 싶어한다). not A

듣기 25번~26번   p.048

여자: 사장님, '소리 없는 빵집'이라는 제과점을 운영하시는데요. 좀 특별한 사연이 있다면서요?

남자: '소리 없는 빵집'이라는 이름은 Ⓐ음악을 안 틀거나 너무 조용해서 그런 게 아니고 Ⓑ종업원 대부분이 청각 장애인이기 때문입니다. 저의 원래 직업이 빵을 만드는 일이었는데요. 제가 빵 만드는 법을 가르쳤던 청각 장애인들이 취직에 어려움을 겪는 것을 보고 창업을 결심했습니다. 종업원들에게 취업의 기회를 줘 능력과 노력으로 자신을 증명하게 하고 싶었거든요. 주문을 받을 때는 손짓과 눈빛으로 의사소통하거나 메모를 이용합니다. 그래서 Ⓒ일반 가게보다 주문과 계산에 시간이 오래 걸립니다. 하지만 손님들께서 불편해하기보다 응원을 해 주십니다.

25. ④

⮕ 중심 생각 Ranking 유형 (6) '-고 싶다.'에 해당한다. 여자는 '소리 없는 빵집'의 특별한 사연을 질문하고 있다. 이에 대한 남자의 중심 생각은 '청각 장애인 종업원들에게 취업의 기회를 줘 능력과 노력으로 자신을 증명하게 하고 싶었다.'이다.

26.

⮕ ① 이 빵집은 음악을 틀지 않는다.
　　⮕ 이 빵집은 음악을 (튼다). not A
❷ 이 빵집은 주문을 할 때 메모를 이용한다.
　　➡ 정답
③ 이 빵집은 청각 장애인들이 창업을 하였다.
　　⮕ 이 빵집은 청각 장애인들이 (종업원이다). not B
④ 이 빵집은 주문과 계산에 걸리는 시간이 짧다.
　　⮕ 이 빵집은 주문과 계산에 걸리는 시간이 (길다). not C

듣기 27번~28번　　　　　p.048

여자: 텔레비전에서 보니까 ❹강아지를 훈련시켜 주는 곳이 있던데. 우리 강아지도 한번 맡겨 볼까?

남자: 왜? 너희 집 강아지 아직 어리잖아.

여자: 한 살 정도 됐는데 심하게 ❸말썽을 부려서. 여러 번 혼을 냈지만 소용이 없어.

남자: 그 정도 가지고 애완견 훈련소까지 보낼 필요가 있을까? 네가 평소에 너무 예뻐해서 그런 거야. 잘못을 하면 분명한 태도로 야단을 쳐야 해. 눈을 똑바로 맞추고 힘 있는 목소리로 주의를 줘야 하고.

여자: 그래? 훈련소에 안 맡겨도 될까? 그럼 오늘부터 네 말대로 혼을 내 봐야겠다.

27. ④

⮕ 말하는 의도는 중심 생각을 푸는 방법으로 답을 고르면 된다. 여자의 중심 생각은 Ranking 유형 (2) '-아/어야 하다.'와 유형 (10) '두 문장 반복'에 해당한다. 여자는 말썽 부리는 강아지를 훈련시키는 방법에 대해 반복해서 말하고 있다. 따라서 여자가 남자에게 말하는 의도는 '강아지가 말을 잘 듣는 방법'에 대해 알아보는 것이다.

28.

⮕ ❶ 여자는 강아지 때문에 고민이 있다.
　　➡ 정답
② 여자는 강아지가 아파서 병원에 갔다.
　　➡ 정보 없음

③ 여자는 애완견 훈련소에서 상담을 했다.
　　⮕ 여자는 애완견 훈련소에서 상담을 (안 했다). not A
④ 여자는 강아지가 말썽을 부려도 혼을 안 낸다.
　　⮕ 여자는 강아지가 (말썽을 부리면 혼을 낸다). not B

듣기 29번~30번　　　　　p.049

여자: 커피에도 등급이 있다는 점이 무척 신기하네요. 이 일을 하게 되신 특별한 계기가 있으신가요?

남자: ❹저는 커피를 즐겨 마시는 편인데요. 커피를 자주 마시다 보니 어떤 원두를 쓰느냐에 따라 맛이 달라진다는 것을 알게 됐습니다. 커피 원두의 종류와 특성이 다양하다는 점이 흥미롭더라고요. 그래서 관심을 갖고 공부를 하게 됐습니다.

여자: 그렇군요. 커피의 등급을 결정하는 일이 쉽지는 않을 것 같습니다.

남자: 네. 커피의 향기나 맛에 대한 감별 능력은 물론이고 ❸커피 원산지에 대한 지식도 갖추어야 하지요. 또 기후나 ❸재배 방식이 커피 맛에 어떤 영향을 주는지도 파악해야 하기 때문에 지금도 끊임없이 공부하고 있습니다.

29. ④

⮕ 여자는 첫 번째 질문에서 커피에도 등급이 있다는 것이 신기하다고 하면서 이 일을 하게 된 계기를 질문하고 있다. 또한 여자가 커피의 등급을 결정하는 일이 쉽지 않을 것 같다고 하자 남자는 커피의 등급을 결정하기 위해 필요한 지식을 설명하고 있다.

30.

⮕ ① 남자는 커피를 가끔 마시는 편이다.
　　⮕ 남자는 커피를 (즐겨) 마시는 편이다. not A
② 남자는 커피 원산지에 대해 잘 모른다.
　　⮕ 남자는 커피 원산지에 대해 잘 (알고 있다). not B
❸ 원두의 특성에 따라 커피 맛이 달라진다.
　　➡ 정답
④ 원두 재배 방식은 커피의 맛과 관계가 없다.
　　⮕ 원두 재배 방식은 커피의 맛과 관계가 (있다). not C

읽기 21번~22번　　　　　　　　　　　　p.053

일상생활에서 하는 가벼운 대화는 쓸데없는 수다나 잡담으로 생각하는 사람이 많다. 그러나 이러한 대화는 분위기를 부드럽게 만들고 어색한 사람들 사이에 (　　　　) 친밀감을 형성하는 데 도움이 되기도 한다. 가벼운 대화를 하는 것은 상대방에 대해 알고 싶다거나 친해지고 싶다는 의도를 갖고 있다. 또 대화를 통해 자신과 타인의 공통점을 찾으려는 것이다. 왜냐하면 사람은 공통점을 찾았을 때 금세 친밀감을 느끼게 되기 때문이다.

21. ❸

⬭ '이러한 대화는 어색한 사람들 사이에 (어떻게 해서) 친밀감을 형성하는 데 도움이 된다.'이다. 사람과 사람 사이가 친해지기 위한 방법으로는 다른 사람에게 자신의 속마음을 보여 주는 것이다. 따라서 이러한 의미를 나타내는 관용 표현은 '마음을 열다.'이다.

22. ❷

⬭ 중심 생각 Ranking 유형 (09) '-는 데 도움이 된다.'에 해당한다.
　'수다나 잡담은 분위기를 부드럽게 만들고 어색한 사람들 사이에 친밀감을 형성하는 데 도움이 된다.'와 같은 의미를 선택지에서 고르면 된다.

읽기 23번~24번　　　　　　　　　　　　p.054

갑자기 급한 일이 생겨 다섯 살 난 아들을 데리고 외출을 할 수밖에 없었다. 아이와 함께 처음으로 시내버스를 타고 나가는 것이라 신경이 많이 쓰였다. 아이에게 집 주소, 전화번호를 다시 한 번 외우게 해 보고, 낯선 사람을 봐도 절대로 따라 가지 말라는 말도 다시 한 번 강조해 주었다. ❹집에서 다섯 정거장 떨어진 곳으로 아이와 함께 일을 보러 갔다. 일을 보는 중에 잠깐 아이의 손을 놓았다. 그런데 일

을 마치고 나서 보니 아이가 없었다. 주변을 아무리 둘러봐도 아이를 찾을 수 없었다. 그렇게 서너 시간 아이를 찾았지만 결국 찾지 못했다. ❸경찰서에 신고를 하고 ❸일단 집에 가서 연락을 기다려 보기로 했다. 걱정스러운 마음에 집으로 돌아오는데 아이가 집 앞에서 친구들과 놀고 있는 모습이 보였다. 나는 순간 온몸의 힘이 쑥 빠지는 것 같았다. 얼른 달려가서 아이를 붙들고 어떻게 집에 왔냐고 물었다. 아이는 웃으며 엄마를 못 찾아서 어떤 아저씨에게 집에 가는 버스를 물어본 후 혼자 왔다는 것이었다.

23. ❶

⬭ 밑줄 친 부분 '나는 순간 온몸의 힘이 쑥 빠지는 것 같았다.'의 앞과 뒤의 내용을 보면
　앞: 나는 아이를 잃어버린 후 아이를 찾다가 못 찾았다. 경찰서에 신고를 하고 걱정스러운 마음으로 집에서 기다려 보기로 하고 집으로 돌아오는 중이었다. 그때 집 앞에서 놀고 있는 아이를 발견했다.
　뒤: 아이에게 어떻게 집에 왔냐고 묻고 그 대답을 들었다.
　이때 등장인물의 심정은 어떨까? 아이를 잃어버리고 걱정스러운 마음으로 돌아오다가 아이를 발견한 후 '온몸에 힘이 쑥 빠지는 것 같았다.'는 것은 긴장이 풀리면서 '다행이다.', '안도가 되다.'라는 느낌을 받았을 것이다. 따라서 '마음이 놓이다.'가 가장 자연스럽다.

24.

⬭ ❶ 아이는 집 앞에서 놀고 있었다.
　　➡ 정답
　② 엄마는 집에서 아이의 전화를 기다렸다.
　　➡ 엄마는 집에서 아이의 (소식을 기다리기로 했다). not C
　③ 엄마는 버스에 아이를 두고 혼자 내렸다.
　　➡ 엄마는 (버스를 타고 아이와 함께 일을 보러 갔다).
　　　not A
　④ 아이는 엄마를 찾지 못해 경찰서에 혼자 갔다.
　　➡ (엄마는 아이를) 찾지 못해 경찰서에 혼자 갔다. not B

읽기 25번~27번　　　　　　　　　　　　p.055

25. ❹

대학 병원 찾는 경증 환자, 진료비 부담 커져

부정적
상황

⬭ 신문기사 제목 Ranking 유형 (03) 정책 관련
　대학 병원을 찾는 경증 환자들은 앞으로 진료비의 부담이 커질 것(부정적 상황)이라고 보도하고 있다.

26. ④

영업 실적 악화, 내년 성과급 '반 토막' 예상

부정적   부정적
상황   상황

◌ 신문기사 제목 Ranking 유형 (02) 경제 관련
영업 실적이 악화되었기 때문에(부정적 상황) 내년에는 성과급이 절반 정도로 줄어들 것(부정적 상황)이라고 예상하고 있다.

27. ②

가뭄으로 농산물 가격 폭등, 시민들 울상

부정적   부정적
상황   상황

◌ 신문기사 제목 Ranking 유형 (04) 날씨 정보
가뭄 때문에 농산물 가격이 많이 올라서(부정적 상황) 시민들이 걱정하고 있다(부정적 상황)고 보도하고 있다.

읽기 28번~31번   p.056

28. ③

어두운 영화관에 들어갔을 때 누구나 잠시 앞이 잘 보이지 않는 경험을 한 적이 있을 것이다. 이것은 우리 눈 안에 동공이 있기 때문이다. ④밝은 곳에서는 ⑧(동공이 축소되어) 빛이 적게 들어오는 반면에 ④'어두운 곳에서는 ⑧'동공이 확대되어 많은 빛이 들어온다. 때문에 동공이 작아진 상태에서 어두운 영화관 안으로 들어가면 빛이 거의 들어오지 않아 일시적으로 앞이 잘 보이지 않는 것이다.

◌ 대응 유형으로 반의어를 활용하여 빈칸에 들어갈 알맞은 내용을 찾으면 된다.
④밝은 곳에서는 ⑧(동공이 축소되어) 빛이 적게 들어온다.
④'어두운 곳에서는 ⑧'동공이 확대되어 많은 빛이 들어온다.

29. ②

박쥐는 어두운 동굴에서 사는 야행성 동물이다. 박쥐가 ④어두운 공간에서 ⑧(활동할 수 있는) 것은 초음파를 이용하기 때문이다. 하지만 초음파를 이용하기 위해 진화를 하면서 다른 감각 기관이 퇴화할 수밖에 없었다. 실제로 박쥐는 눈이 거의 퇴화된 상태이기 때문에 눈으로는 물체를 직접 분간하기 어렵다. 그래서 박쥐는 ④'어두운 공간에서 시력 대신에 ⑧'초음파로 거리를 측정하고 방향을 탐색한다.

◌ 대응 유형으로 비슷한 표현을 활용하여 빈칸에 들어갈 알맞은 내용을 찾으면 된다.
④어두운 공간에서 ⑧(활동할 수 있는) 것은 초음파를 이용하기 때문이다.
④'어두운 공간에서 ⑧'초음파로 거리를 측정하고 방향을 탐색한다.

30. ④

연구 결과에 따르면 직원들이 직장에서 ④자신의 의견을 자유롭게 제시할 수 있을 때 ⑧업무 성과가 향상된다고 한다. 그러나 자유롭게 의견을 낼 수 있는 분위기를 만드는 것은 쉽지 않다. 부하 직원의 입장에서 보면 말실수를 할 경우 자신에게 피해가 생길지도 모른다는 두려움 때문에 입을 다물게 된다. 따라서 ⑧'업무 성과를 높이기 위해서는 상사가 먼저 ④'(직원들과 생각을 나눌 수 있도록) 편안한 분위기를 만들어야 할 것이다.

◌ 대응 유형으로 비슷한 표현을 활용하여 빈칸에 들어갈 알맞은 내용을 찾으면 된다.
④자신의 의견을 자유롭게 제시할 수 있을 때 ⑧업무 성과가 향상된다.
⑧'업무 성과를 높이기 위해서는 ④'(직원들과 생각을 나눌 수 있도록) 해야 할 것이다.

31. ②

조선 후기 국제 무역의 중심에는 '만상'이 있었다. '만상'이란 국경 도시인 의주에서 중국과 무역 활동을 하던 상인으로 '의주 상인'이라고도 한다. 조선 전기까지는 무역에 대한 ④정부의 통제가 심했기 때문에 ⑧소규모 무역에 머물렀다. 하지만 조선 후 ④'국가의 통제를 받지 않게 되면서 개인적인 무역이 활발해짐에 따라 ⑧'(규모가 커져 갔다). 이들은 주로 금, 은, 인삼을 수출하였고 비단, 약재를 수입함으로써 부를 축적해 갔다.

◌ 대응 유형으로 반대 표현을 활용하여 빈칸에 들어갈 알맞은 내용을 찾으면 된다.
④정부의 통제가 심했기 때문에 ⑧소규모 무역에 머물렀다.
④'국가의 통제를 받지 않게 되면서 ⑧'(규모가 커져 갔다).

3급
1회
2회

4급
1회
2회

5급
1회
2회

6급
1회
2회

실전
모의고사
1회
2회
3회

4급 | 1회   **65**

4급 2회 듣기

듣기 21번~22번   p.061

여자: **Ⓐ**여름이 다가와서 그런지 다이어트를 위한 강좌를 신청하는 사람들이 늘고 있네요.

남자: 네. 요가나 발레 강좌에 신청자가 너무 몰려서 수업이 어렵습니다. 이번 기회에 **Ⓑ**복싱과 같은 좀 더 활동적인 강좌를 새로 개설하는 건 어떨까요?

여자: 글쎄요. 저희 문화센터에는 여성 회원들이 많아서 신청자가 별로 없을 것 같은데요.

남자: **Ⓒ**신문 기사에서 봤는데 여성들 사이에서 다이어트 복싱 수업이 인기가 많다고 합니다. 복싱 강좌를 열면 성과가 있을 거라고 생각합니다.

21. ④

⊙ 〈회의〉 상황으로 중심 생각 Ranking 유형 (5) '–는 게 어때요?'와 유형 (7) '–(ㄴ/는)다고 생각하다.'에 해당한다. 남자의 중심 생각은 '복싱과 같은 활동적인 강좌를 새로 개설하는 건 어떨까.', 그리고 '다이어트 복싱 강좌를 열면 성과가 있다.'이다.

22.

⊙ ① 여름에는 문화센터 회원이 줄어든다.
  ➡ 여름에는 문화센터 회원이 (늘어난다). not A
② 이 문화센터는 복싱 수업을 새로 개설했다.
  ➡ 이 문화센터는 복싱 수업을 (개설하지 않았다). not B
❸ 요가나 발레 수업은 회원들에게 인기가 많다.
  ➡ 정답
④ 남자는 다이어트 복싱에 대한 기사를 본 적이 없다.
  ➡ 남자는 다이어트 복싱에 대한 기사를 본 적이 (있다). not C

듣기 23번~24번   p.061

남자: 경찰서지요? 제가 **Ⓐ**일주일 전쯤 **Ⓑ**안전띠를 착용하지 않고 운전하다가 범칙금 고지서를 받았는데요. 그 고지서를 잃어버렸는데 다시 경찰서에 가야 하나요?

여자: 네. **Ⓒ**고지서를 재발급 받으시려면 경찰서로 직접 오셔야 합니다. 그런 다음 은행에 내시면 됩니다.

남자: 제가 좀 바빠서 시간이 없는데 은행 계좌로 납부하는 방법은 없나요? 10일이 넘으면 가산금도 내야 하잖아요.

여자: 그러시면 은행 계좌번호를 가르쳐 드릴 테니까 전화번호를 알려 주시겠습니까? 그 계좌로 범칙금을 입금하시면 됩니다. 주의하실 점은 본인 이름으로 입금을 하셔야 합니다.

23. ❸

⊙ 남자는 범칙금 고지서를 잃어버렸을 때 범칙금을 내는 방법을 경찰서에 확인하고 있다.

24.

⊙ ① 남자는 신호 위반으로 스티커를 떼였다.
  ➡ 남자는 (안전띠를 착용하지 않아) 스티커를 떼였다.
    not B
② 남자는 열흘 전에 교통법규를 위반하였다.
  ➡ 남자는 (일주일 전에) 교통법규를 위반하였다. not A
③ 경찰서에서는 고지서를 재발급하지 않는다.
  ➡ 경찰서에서는 고지서를 (재발급해 준다). not C
❹ 경찰서에 가지 않고도 범칙금을 낼 수 있다.
  ➡ 정답

듣기 25번~26번   p.062

여자: 이번에 제작하신 영화로 국제 영화제에서 큰 상도 받으셨고 관객 수도 900만 명을 넘었다고 들었는데 그 비결이 뭐라고 생각하십니까?

남자: 그 비결은 예측 불가능한 줄거리 때문이 아닐까 생각합니다. 흔히 우리가 부자와 가난한 사람들의 이야기로 영화를 만들 때 여러 가지 쉽게 예상할 수 있는 줄거리가 있지요. 하지만 이 영화는 그런 모든 틀에서 많이 벗어나 있다고 생각합니다. **Ⓐ**저는 예측할 수 없는 색다른 것들을 많이 추구하는데 이런 점들 때문에 **Ⓑ**관객 여러분들이 이 영화를 사랑해 주시는 것 같습니다.

25. ❹

➡ 중심 생각 Ranking 유형 (7) '-(ㄴ/는)다고 생각하다.'에 해당한다. 여자는 남자가 제작한 영화가 많은 인기를 얻게 된 비결을 질문하고 있다. 이에 대한 남자의 중심 생각은 '그 비결은 예측 불가능한 줄거리 때문이라고 생각한다.'이다.

26.

➡ ① 이 남자는 대중들이 줄거리를 쉽게 예측할 수 있는 영화를 추구한다.
   ➡ 이 남자는 대중들이 줄거리를 쉽게 예측할 수 (없는) 영화를 추구한다. not A
② 이 영화를 제작하기 위해 900명 이상의 사람들이 동원되었다.
   ➡ 정보 없음
③ 이 영화는 관객들로부터 주목받지 못하고 있다.
   ➡ 이 영화는 관객들로부터 (주목받고 있다). not B
❹ 이 남자는 국제 영화제에서 인정을 받았다.
   ➡ 정답

듣기 27번~28번   p.062

여자: ❹어제 걸어가다가 전동 킥보드하고 부딪힐 뻔했어. 요즘 전동 킥보드를 타는 사람이 꽤 많이 늘어난 것 같아.

남자: ❹나도 뉴스에서 봤어. ❹사람들이 지나가는 인도에서 타는 사람도 있다면서? 어디로 다녀야 하는지 몰라서 그런가?

여자: 인도는 사람들이 걸어 다니는 길인데 들어오면 안 되지. 인도에서 타면 벌금도 내야 한다고 들었어. 단속을 더 철저히 해야 하는 거 아니야?

남자: 전동 킥보드 인구가 점점 늘어나는데 무조건 인도로 들어오는 걸 막기만 한다고 해서 문제가 해결되겠어? 다른 방법을 찾아봐야지.

27. ❸

➡ 말하는 의도는 중심 생각을 푸는 방법으로 답을 고르면 된다. 여자의 중심 생각은 Ranking 유형 (2) '-아/어야 하다.'에 해당한다. 여자는 인도에서 전동 킥보드를 타는 사람들에 대한 단속을 더 철저히 해야 한다고 말하고 있다. 따라서 여자가 남자에게 말하는 의도는 '전동 킥보드 인도 진입 규제'를 주장하는 것이다.

28.

➡ ① 인도에서 전동 킥보드를 타는 사람이 없다.
   ➡ 인도에서 전동 킥보드를 타는 사람이 (있다). not C

❷ 전동 킥보드를 타는 사람이 점점 많아지고 있다.
   ➡ 정답
③ 남자는 신문에서 전동 킥보드 관련 내용을 봤다.
   ➡ 남자는 (뉴스에서) 전동 킥보드 관련 내용을 봤다. not B
④ 여자는 전동 킥보드를 타다가 다른 사람과 부딪혔다.
   ➡ 여자는 (걸어가다가 전동 킥보드하고 부딪힐 뻔했다). not A

듣기 29번~30번   p.063

여자: 최근 펫시터를 시작하셨다고 들었는데요. 어떤 직업인지 소개 좀 해 주시겠습니까?

남자: 명절이나 휴가 같은 일정이 생겼을 때 ❹집을 비우신 동안 혼자 있는 반려동물들을 대신 돌봐 주는 직업입니다. 식사를 챙겨 주고 산책을 시켜 주는 등의 일을 하고 있습니다. 이곳은 반려동물들이 넓은 공간에서 생활할 수 있기 때문에 ❸좁은 애견호텔보다 더 많이 이용해 주시는 것 같습니다.

여자: 이 일을 하기 위해 어떤 준비를 하셨나요?

남자: ❹반려동물들은 저마다 성격도 다르고 훈련된 정도도 다릅니다. 반려동물의 특성을 잘 이해해야 하기 때문에 반려동물 관리사 자격증을 땄습니다.

29. ❶

➡ 여자가 남자에게 직업에 대한 소개를 요청하자 남자는 집을 비우는 동안 혼자 있는 반려동물들을 대신 돌봐 주는 직업이라고 설명하고 있다.

30.

➡ ① 모든 동물들은 비슷한 특성을 가지고 있다.
   ➡ 모든 동물들은 (각기 다른) 특성을 가지고 있다. not C
❷ 이 남자는 펫시터가 되기 위해 자격증을 준비했다.
   ➡ 정답
③ 오랫동안 집을 비울 때 반려동물을 맡길 수 있는 곳이 없다.
   ➡ 오랫동안 집을 비울 때 반려동물을 맡길 수 있는 곳이 (있다). not A
④ 애견호텔은 이곳보다 넓어서 반려동물들이 편하게 생활할 수 있다.
   ➡ 애견호텔은 이곳보다 (좁아서 반려동물이 편하게 생활할 수 없다). not B

읽기 21번~31번

21. ②	22. ③	23. ①	24. ①	25. ④
26. ③	27. ②	28. ①	29. ④	30. ④
31. ②				

읽기 21번~22번   p.067

다리가 불편한 휠체어 이용자들을 위해 도심 곳곳에는 경사로가 설치되어 있다. 그런데 경사로의 기울기가 너무 심해 제 역할을 하지 못하는 곳이 많다. 경사로가 너무 가파르면 혼자서는 경사로를 이용할 수 없어 그대로 (   ) 된다. 또한 경사로에 다른 구조물이 세워져 있어서 이용하기가 불편한 경우도 많다. 관계 기관은 이러한 문제점들을 파악하고 휠체어 이용자들이 안전하게 이동할 수 있도록 더욱 관심을 기울여야 할 것이다.

21. ❷

◉ '경사로가 너무 가파르면 혼자서는 경사로를 이용할 수 없어 그대로 (어떻게) 된다.'이다. 이때 (어떻게)의 의미는 '멈춰 있다.', '움직이지 못하다' 등의 내용이 자연스럽다. 따라서 이러한 의미를 나타내는 관용 표현은 '발이 묶이다.'이다.

22. ❸

◉ 중심 생각 Ranking 유형 (02) '-아/어야 하다.'에 해당한다. '경사로가 가파른 문제점들을 파악하고 휠체어 이용자들이 안전하게 이동할 수 있도록 더욱 관심을 기울여야 한다.'와 같은 의미를 선택지에서 고르면 된다.

읽기 23번~24번   p.068

대학에 입학한 지 얼마 안 되었을 무렵 아버지 사업이 실패하면서 우리 집안 형편은 매우 어려워졌다. 하루 세끼를 챙겨 먹는 건 내게 사치일 정도였다. 아침은 거의 먹지 못했고 저녁은 빵으로 간단하게 해결해야만 했다. ❹유일한 친구였던 룸메이트는 내 힘든 사정을 눈치 채고 날 챙겨 주려고 애썼다. 당시 학교 근처의 시장에서 팔던 우동이 정말 맛있었는데 룸메이트는 어떻게 내 마음을 알았는지 ❸시장에 다녀올 때마다 우동을 한 그릇씩 사 왔다. "❸같이 간 친구가 약속이 있다면서 먼저 가 버렸지 뭐야. 그래서 포장해 왔는

데 난 배부르니까 너 먹을래?" 혹시나 자신의 행동이 나에게 상처를 주지 않을까 염려하며 매번 다른 핑계를 댔다. 나는 지금도 그때를 떠올릴 때마다 눈시울이 뜨거워진다.

23. ❶

◉ 밑줄 친 부분 '나는 지금도 그때를 떠올릴 때마다 눈시울이 뜨거워진다.'의 앞의 내용을 보면
앞: 집안 형편이 어려워 식사를 제대로 챙기지 못하는 나를 위해 우동을 사다 주었던 룸메이트가 있었다. 그 행동이 나에게 상처를 주지 않을까 염려하며 매번 다른 핑계를 댔던 룸메이트를 회상하고 있다.
이때 등장인물의 심정은 어떨까? 집안 형편이 어려운 나를 배려해 준 고마운 친구를 회상하면 '눈시울이 뜨거워진다.'라고 하였다. '눈시울이 뜨거워지다.'는 '눈물이 날 것 같다.'는 의미이다. 따라서 이때의 눈물은 '고마움의 눈물'이 가장 자연스럽다.

24.

◉ ❶ 나는 대학에 입학한 후 경제적으로 힘들었다.
　　➡ 정답
② 나는 대학시절에 좋은 친구들을 많이 사귀었다.
　　➡ 나는 대학시절에 (사귄 유일한 친구는 룸메이트였다). not A
③ 룸메이트는 매일 학교 근처 시장에서 우동을 먹었다.
　　➡ 룸메이트는 학교 근처 (시장에 다녀올 때마다) 우동을 (사 왔다). not B
④ 룸메이트는 약속이 취소될 때마다 우동을 포장해 왔다.
　　➡ 룸메이트는 약속이 (취소되었다고 핑계를 대면서) 우동을 포장해 왔다. not C

읽기 25번~27번   p.069

25. ❹

축구 대표팀 골 가뭄 지속, 감독 교체 요구 높아

부정적 상황 ——— 부정적 상황

◉ 신문기사 제목 Ranking 유형 (06) 스포츠
축구 대표팀이 성적이 좋지 않아서(부정적 상황) 감독을 교체하라는 요구가 높아지고 있다(부정적 상황)고 보도하고 있다.

26. ❸

서울 첫 얼음, 난방용품 '불티'

긍정적 상황

○ 신문기사 제목 Ranking 유형 (04) 날씨 정보
서울에 첫 얼음이 얼었는데 난방용품이 아주 잘 팔리고 있다
(긍정적 상황)고 보도하고 있다. 이때 '불티'는 '불티나다.'인데
'물건을 내놓기가 무섭게 빨리 팔린다.'의 의미이다.

27. ②

물에 빠진 20대 남성, 익사 직전 구조

부정적　　　　　　　　　긍정적
상황　　　　　　　　　　상황

○ 신문기사 제목 Ranking 유형 (09) 사건사고
물에 빠진 20대 남성(부정적 상황)이 물에 빠져 죽기 전에 구
조되었다(긍정적 상황)고 보도하고 있다.

읽기 28번~31번   p.070

28. ①

여름이 되면 햇빛을 피하기 위해 양산을 쓰는 사
람들이 많다. 특히 빛을 반사하는 특성을 가진 흰
색 양산이 인기가 많다. 하지만 ❹흰색 양산은 햇
빛뿐만 아니라 땅에서 올라오는 열까지 반사시켜
사람에게 열이 전달되기 때문에 ❸온도가 더 올라
간다. 반면에 흡수율이 좋은 ❹'검은색 양산은 땅
에서 올라오는 열을 모두 흡수해서 ❸'(온도를 떨
어뜨려) 준다. 그러므로 검은색 양산을 쓸 때 더
시원하게 느껴지는 것이다.

○ 대응 유형으로 반의어를 활용하여 빈칸에 들어갈 알맞은 내
용을 찾으면 된다.
❹흰색 양산은 열을 반사시켜 ❸온도가 더 올라간다.
❹'검은색 양산은 열을 흡수해서 ❸'(온도를 떨어뜨려) 준다.

29. ④

쇼트트랙 선수들은 경기를 할 때 왼손에 특이한
모양의 장갑을 낀다. '개구리 장갑'이라고 불리는
이 장갑은 선수들의 경기력을 높이는 데 중요한
역할을 한다. 쇼트트랙 선수들은 곡선 주로를 돌
때 넘어지지 않기 위해 왼손으로 빙판을 짚는다.
이때 ❹마찰력이 생겨 순간적으로 ❸속도가 줄어
들게 된다. 그러나 왼손에 이 장갑을 착용하면 장
갑의 끝부분에 ❹'(마찰력을 줄여 주는) 물질이 붙
어 있어 선수들은 ❸'속도를 유지하면서 곡선 주
로를 돌 수 있게 된다.

○ 대응 유형으로 반대 표현을 활용하여 빈칸에 들어갈 알맞은
내용을 찾으면 된다.
❹마찰력이 생겨 ❸속도가 줄어들게 된다.
❹'(마찰력을 줄여 주는) 물질이 있어 ❸'속도를 유지하면서
돌 수 있게 된다.

30. ④

우유는 영양이 풍부해서 성인들도 즐겨 마시
는 식품이다. 그런데 ❹우유만 마셨다 하면 ❹'배
가 아파서 화장실을 찾는 사람들이 있다. 이런 증
상은 우유에 들어 있는 유당을 소화하지 못하기
때문에 생긴다. 그렇다고 해서 우유를 평생 마실
수 없는 것은 아니다. 이런 사람들은 유당을 소화
할 수 있는 능력을 기르면 된다. 우유를 마실 때
❸다른 식품과 함께 섭취하거나 따뜻하게 데워 마
시면 ❸'(증상이 덜해진다). 또는 ❸우유 대신 우
유를 유산균으로 발효시킨 요거트를 마시면 ❸'우
유에 대한 적응력을 기를 수 있다.

○ 종합 유형

	❹우유를 마시면	→	❹'배가 아프다
하지만	❸다른 식품과 함께 섭취	→	❸'(증상이 덜해진다) = 배가 덜 아프다
또는	❸우유 대신 요거트	→	❸'우유에 대한 적응력을 기를 수 있다 = 배가 덜 아프다

31. ②

기업들은 판매량을 늘리기 위해 여러 전략을 세
운다. 그중 한 가지 방법이 판매 시간을 짧게 하는
것이다. 이는 구입할 수 있는 시간이 얼마 남지 않
았음을 강조해서 소비자들의 구매를 유도하는 방
법이다. 그러나 ❹부적절하게 이런 전략을 사용
해서는 안 된다. 일주일 간 판매한다고 했던 물건
을 판매 종료 후 얼마 지나지 않아 다시 판매하고
있다면 ❹'기존 고객은 (배신감을 느끼게 되고) 이
사실에 대한 소문이 널리 퍼져 결국 ❹"회사의 이
미지에 악영향을 주게 될 것이다.

○ 종합 유형

❹부적절한 전략 사용
↓
❹'기존 고객은 (배신감을 느끼게 되고)
↓
❹"회사의 이미지에 악영향을 준다

여자: 여러분, 만약 태양이 사라진다면 어떤 일이 생길까요? 먼저 바람이 불지 않고 비나 눈이 내리지 않아서 기후 변화가 멈추게 될 겁니다. 바람은 태양이 ④공기를 뜨겁게 만들고 그 공기가 차가운 공기 쪽으로 이동하면서 생기기 때문입니다. 또 ⑧태양열은 바닷물을 증발시켜 구름을 만들고, 구름이 모여 비나 눈을 내리게 하기 때문입니다. 그런데 태양이 사라진다면 이것 모두 불가능하지요. 다른 하나는 산소가 사라지게 될 겁니다. 산소는 식물의 광합성으로 만들어지는데 태양이 사라진다면 식물이 광합성을 할 수 없습니다. 그러면 ⓒ산소를 만들 수 없고 식물이 살아남을 수 없지요. 이어 식물이 사라지면 식물을 먹이로 하는 초식동물이, 그 초식동물을 먹이로 하는 육식동물과 인간까지 모두가 사라질 겁니다.

33. ④

○ 내용을 듣기 전 선택지를 확인하면 '태양'이 주제이다. 그리고 내용에서는 만약 태양이 사라지면 생기는 현상에 대해 자세하게 설명하고 있다.

34.

○ ❶ 식물은 광합성을 통해 산소를 만든다.
　　➡ 정답
② 기후 변화가 멈추면 생물체가 사라진다.
　　➡ (산소가 사라지면) 생물체가 사라진다. not C
③ 바람이 불어야 바닷물을 증발시킬 수 있다.
　　➡ (태양열은) 바닷물을 증발시킬 수 있다. not B
④ 공기는 차가운 쪽에서 뜨거운 쪽으로 이동한다.
　　➡ 공기는 (뜨거운 쪽에서 차가운 쪽으로) 이동한다. not A

듣기 31번~32번

31. ③	32. ④	33. ④	34. ①	35. ②
36. ③	37. ④	38. ④	39. ①	40. ③

여자: 한복을 입은 관람객의 고궁 무료관람이 가능해지면서 한복에 대한 사람들의 관심이 높아졌는데요. 이런 혜택을 전통 한복에만 적용시키자는 건 시대와 맞지 않은 생각입니다.

남자: 이 제도의 취지는 전통 한복의 아름다움을 알리는 것입니다. 하지만 관람객들이 입은 개량 한복을 보면 전통 한복의 모습은 거의 찾아볼 수 없습니다.

여자: 시민들의 이야기를 들어보면 디자인이 예뻐서 개량 한복을 찾는 경우도 많았습니다. 평소에는 잘 입지 않는 한복을 이렇게라도 입는 것이 더 낫지 않겠습니까?

남자: 예쁘다는 이유로 개량 한복만 찾다가는 전통적인 한복의 모습은 사라져 버릴 수도 있습니다. 전통 한복의 아름다움을 알리기 위해서라도 전통 한복을 입은 관람객들에게만 고궁 무료입장을 허용해야 합니다.

31. ③

○ 중심 생각 Ranking 유형 (2) '-아/어야 하다'에 해당한다. 남자의 생각은 개량 한복에서는 전통 한복의 모습을 거의 찾아볼 수 없기 때문에 전통 한복을 입은 관람객들에게만 고궁 무료관람을 허용해야 한다는 것으로 정리할 수 있다.

32. ④

○ 남자는 관람객들이 입은 개량 한복에서는 전통적인 모습을 찾아볼 수 없다고 했다. 따라서 개량 한복을 입은 관람객들에게도 무료입장을 허용한다면 앞으로 전통적인 한복의 모습이 사라져 버릴 수도 있다고 하면서 태도의 변화 없이 일관적으로 자신의 의견을 주장하고 있다.

남자: ④20대 후반부터 정치를 시작하여 89세의 나이로 눈을 감기까지 김대삼 선배님의 삶은 오직 올바른 정치만을 위한 것이었습니다. 선배님은 어둡고 힘들었던 시절 국민들과 함께 민주화를 위해 목숨을 걸고 투쟁하셨습니다. ⑧국회의원을 6번이나 역임하셨고 ⓒ수많은 법안들을 만드셨습니다. 정계 은퇴 이후에는 복지 재단을 설립하여 우리 사회의 소외 계층을 돕는 일에 몰두하기도 하셨습니다. 항상 우리 곁에 계실 줄 알았던 선배님을 볼 수 없다고 생각하니 슬픔을 말로 표현할 수가 없습니다. 김 선배님, 남은 일은 저희에게 맡기시고 부디 편하게 눈을 감으시기 바랍니다.

35. ❷

○ 내용을 듣기 전 선택지를 확인하면 '선배', '정치', '인생'과 관련된 내용이 주제이다. 남자는 정치인이었던 선배가 생전에 이룬 일들을 언급하면서 선배를 잃은 슬픔을 이야기하고 있다.

36.

○ ① 선배는 수많은 책을 출판하였다.
   ➡ 선배는 수많은 (법안을 만들었다). not C
② 선배는 ~~30대부터~~ 정치를 시작했다.
   ➡ 선배는 (20대 후반부터) 정치를 시작했다. not A
❸ 선배는 은퇴 후 복지 재단을 만들었다.
   ➡ 정답
④ 선배는 국회의원에 ~~다섯 차례~~ 당선됐다.
   ➡ 선배는 국회의원에 (여섯 차례) 당선됐다. not B

듣기 37번~38번   p.076

여자: 선생님은 '채소 전도사'라고 알려져 있는데요. 사람들에게 채소를 권하는 이유가 뭔가요?

남자: ❹한국인의 식단이 육식 중심으로 바뀌면서 상대적으로 채소를 적게 먹게 되었지요. ❺제가 사람들에게 채소를 권하는 이유는 바로 비타민 때문입니다. 채소는 다량의 비타민을 함유하고 있습니다. 사람의 몸은 하루에 적당량의 비타민이 필요한데 채소를 먹는 것으로 충분히 섭취할 수 있습니다. 여기서 알아 두어야 할 것은 채소를 먹는 방법과 양입니다. 흔히 채소를 익히면 비타민이 파괴된다고 하는 사람들이 많습니다. 그래서 익히지 않고 먹어야 한다고 말을 하지요. 하지만 채소를 익히지 않고 생으로 먹다 보면 많은 양을 먹을 수 없습니다. 반면에 ❻채소를 살짝 데쳐서 먹으면 생으로 먹을 때보다 많은 양의 채소를 먹을 수 있습니다. 이렇게 먹는 것으로 비타민의 하루 필요량을 충분히 섭취할 수 있게 됩니다.

37. ❹

○ 중심 생각 Ranking 유형 (10) '이렇듯'에 해당한다. 사람들에게 채소를 권하는 이유를 묻는 질문에 남자는 사람의 몸은 일정량의 비타민이 필요한데 채소를 먹는 것으로 비타민을 충분히 섭취할 수 있기 때문이라고 대답했다.

38.

○ ① 채소를 먹는 이유는 ~~수분 섭취~~ 때문이다.
   ➡ 채소를 먹는 이유는 (비타민) 때문이다. not B
② 채식을 선호하는 사람들이 ~~늘어나고~~ 있다.
   ➡ 채식을 선호하는 사람들이 (줄어들고) 있다. not A

③ 채소는 ~~생으로~~ 먹어야 많이 먹을 수 있다.
   ➡ 채소는 (살짝 데쳐서) 먹어야 많이 먹을 수 있다. not C
❹ 채소를 익히면 비타민이 파괴된다는 사람도 있다.
   ➡ 정답

듣기 39번~40번   p.077

여자: 컴퓨터 그래픽 기술이 이미 사망한 영화배우까지도 가상으로 재현한다는 점이 참 놀라운데요. 영화계의 반응은 어떻습니까?

남자: 네. 이 영화처럼 오랜 기간 시리즈로 제작된 경우 그 사이 배우들이 사망하는 경우가 있습니다. 이때 이 재현 기술을 사용하게 됩니다. 처음엔 사망한 배우를 다시 화면에서 만날 수 있다는 점에서 기대를 모았습니다. 그러나 실제 영화를 관람한 사람들 중에는 실망했다는 반응이 많았습니다. ❹가상으로 재현된 배우가 나오는 장면이 부자연스러워서 내용에 대한 몰입도가 떨어진다는 평이 많았지요. ❺영화 포스터에서는 큰 차이를 느끼지 못했지만 ❻영화에서의 연기력에서 차이를 느꼈다는 경우도 있었고요. 컴퓨터 그래픽 기술이 놀라울 정도로 정교하게 발달한 것은 인정하지만 세상을 떠난 배우를 부활시키는 것까지는 아직 무리가 있는 것으로 보입니다.

39. ❶

○ 여자는 컴퓨터 그래픽 기술로 이미 사망한 영화배우도 재현한다는 점이 놀랍다고 하면서 대담을 시작한다. 이에 대해 남자는 다시 한번 그 사실에 대해 설명하고 있다.

40.

○ ① 영화 포스터에 나오는 배우들은 모두 실제 배우들이다.
   ➡ 영화 포스터에 나오는 (배우들 중 가상으로 재현된 배우도 있다). not B
② 가상으로 재현된 배우들의 연기가 실제 배우만큼 훌륭했다.
   ➡ 가상으로 재현된 배우들의 (연기력은 실제 배우와 차이가 있었다). not C
❸ 영화팬들은 가상으로 재현된 배우의 등장에 관심을 가졌다.
   ➡ 정답
④ ~~실제 배우들이~~ 연기한 부분의 몰입도가 상대적으로 떨어졌다.
   ➡ (가상으로 재현된 배우들이) 연기한 부분의 몰입도가 상대적으로 떨어졌다. not A

읽기 32번~41번

32. ③	33. ③	34. ②	35. ③	36. ④
37. ④	38. ②	39. ③	40. ②	41. ③

읽기 32번~34번   p.081

32.

유통 기한은 식품을 만들고 나서 유통할 수 있는 기간을 말한다. 그런데 ❹소비자들은 유통 기한까지 그 식품을 반드시 먹어야 한다고 생각하거나 그냥 버려야 한다고 생각한다. 하지만 정확한 유통 기한의 뜻은 먹는 기간이 아니라 소비자에게 제품을 팔 수 있는 기간이다. 소비자에게 중요한 것은 유통 기한이 아니라 소비 기한이다. 소비 기한은 식품을 먹어도 안전하다고 판단되는 기한을 말한다. ❺식품에 따라 소비 기한이 다르지만 알아둔다면 무조건 버리는 일은 없을 것이다. 다만 소비 기한의 경우 보관법을 엄격하게 지켜야 한다.

○ ① 식품은 소비 기한과 유통 기한이 일치한다.
  ➡ 식품은 소비 기한과 유통 기한이 (일치하지 않는다). not B
② 유통 기한이 지난 식품은 반드시 버려야 한다.
  ➡ 유통 기한이 지난 식품은 반드시 (버려야 한다고 생각한다). not A
❸ 소비 기한은 식품의 보관법을 잘 지켜야 한다.
  ➡ 정답
④ 유통 기한이 지난 식품은 싸게 구입할 수 있다.
  ➡ 정보 없음

33.

광고의 기법 중 이성적 광고는 제품에 대한 정보를 소비자에게 효과적으로 전달하는 데 초점을 맞춘다. 그리고 ❹언어 기호 즉, 광고 문구나 사실주의적 이미지에 중점에 둔다. 광고가 성공하면 장기간 이미지를 굳힐 수 있지만 ❺성공하기까지 비용과 시간이 오래 소요된다. 반면 감성적 광고는 소비자의 정서적 반응을 유발하는 데 초점을 맞춘다. 그리고 비언어적 시각 기호 즉, ❻사진이나 일러스트에 중점을 둔다. 이성적 광고보다 홍보 효과가 빨라서 요즘은 사람들의 감성에 호소하는 광고가 주를 이룬다.

○ ① 이성적 광고는 비언어적 기호를 활용한다.
  ➡ 이성적 광고는 (언어적) 기호를 활용한다. not A
② 감성적 광고는 광고 문구를 통해 제품을 광고한다.
  ➡ 감성적 광고는 (사진이나 일러스트를) 통해 제품을 광고한다. not C
❸ 이성적 광고가 감성적 광고에 비해 광고 효과가 더 느리다.
  ➡ 정답
④ 감성적 광고는 성공하기까지 비용과 시간이 많이 걸린다.
  ➡ (이성적) 광고는 성공하기까지 비용과 시간이 많이 걸린다. not B

34.

'동의보감'은 조선 시대 의원 허준이 총 230여 권의 국내외 각종 의학 관련 책을 모아 정리한 의서이다. ❹당시에는 조선 의학과 중국 명나라를 통해 들어온 중국 의학이 혼재되어 있었다. 허준은 이런 의서들을 통일된 시각에서 정리하여 통합적 의학 체계를 만들었다. 특히 다른 의서들과 달리 책의 독자층이 다양하고 넓었다. 이는 의학 지식뿐만 아니라 ❺민간에서 쉽게 구할 수 있는 재료를 이용하여 ❻백성들 스스로 쉽게 병을 치료할 수 있도록 배려했기 때문이다.

○ ① 동의보감은 당시 중국 의학의 영향을 받았다.
  ➡ 동의보감은 당시 (조선과 중국 의학이 혼재된 것을 통일된 시각으로 정리하였다). not A
❷ 동의보감은 국내외 의학을 통합한 의학책이다.
  ➡ 정답
③ 동의보감은 일반 백성들이 활용하기에 어려웠다.
  ➡ 동의보감은 일반 백성들이 활용하기에 (쉬웠다). not C
④ 동의보감은 널리 알려지지 않은 재료가 소개되어 있다.
  ➡ 동의보감은 (쉽게 구할 수 있는) 재료가 소개되어 있다. not B

읽기 35번~38번   p.082

35. ❸

배낭여행을 갈 때 짐이 많으면 여행이 힘들어질 수밖에 없다. 그렇다면 어떻게 짐을 싸면 효과적일까? 사람들은 보통 무거운 짐을 가장 아래쪽에 넣고 가벼운 짐을 위쪽에 넣는다. 하지만 이렇게 짐을 싸면 훨씬 더 무겁게 느껴져서 허리를 더 많이 숙이게 된다. 이렇게 되면 허리와 무릎에 무리가 가게 된다. 따라서 무거운 짐은 척추와 가장 가깝게 두는 것이 안정적이다. 다시 말해 등 쪽으로 무거운 짐을 두어야 무게를 분산시킬 수 있는 것이다.

○ 중심 생각 Ranking 유형 (01) '-는 것이 좋다(안정적이다).'와 (10) 두 문장 이상 반복에 해당한다.

– 무거운 짐은 척추와 가깝게 두는 것이 안정적이다.
– 등쪽으로 무거운 짐을 두어야 무게를 분산시킬 수 있다.
이 두 문장과 같은 의미를 선택지에서 고르면 된다.

36. ④

최근 수소차에 대한 관심이 뜨겁다. 정부는 앞으로 버스와 택시 등을 수소차로 대체하고 향후 2~3년 안에 획기적으로 늘리겠다는 계획을 발표했다. 수소는 온실가스와 대기 오염 물질을 만들지 않아 화석 연료를 대체할 친환경적인 에너지원으로 평가 받고 있다. 또한 일반 전기차는 충전 시간이 8시간 정도 소요되지만 수소차는 5분 충전으로 600km 이상을 달릴 수 있어 효율성이 높다. 앞으로 충전소 확충 등의 문제가 잘 해결된다면 수소차는 미래의 교통수단으로 자리 잡게 될 것이다.

◐ 중심 생각 Ranking 유형 (10) 두 문장 이상 반복에 해당한다.
최근 수소차에 대한 관심이 뜨겁고 수소차는 미래의 교통수단으로 자리 잡게 될 것이라고 반복하고 있다. 이와 같은 의미를 선택지에서 고르면 된다.

37. ④

일을 진행하다가 만족스러운 결과가 예상되지 않아도 그동안 투자한 시간이나 노력이 아까워서 포기하지 못하고 결국 손해를 보는 경우가 있다. 이러한 피해를 줄이고 합리적인 결정을 하기 위해서는 자신이 잘못 판단한 부분을 빠르게 인정하고 목표를 다시 설정해야 한다. 때로는 현실을 인정하고 빠르게 포기하는 것이 도움이 된다. 그러므로 처음 세운 목표를 무조건 고집하기보다는 상황에 맞게 목표를 바꿀 수 있어야 한다.

◐ 중심 생각 Ranking 유형 (02) '–아/어야 하다.'와 (03) '그래서(그러므로)'에 해당한다. 게다가 (10) 두 문장 이상 반복까지 하고 있다.
'피해를 줄이고 합리적인 결정을 하기 위해 목표를 다시 설정해야 한다.'와 같은 의미를 선택지에서 고르면 된다.

38. ②

남성의 뇌는 여성에 비해 정보를 받아들이고 명령을 내리는 구조가 단순하다. 그래서 한 가지 일에 집중해 이를 짧은 시간에 해결하는 능력이 뛰어나다. 반면 여성의 뇌는 남성보다 훨씬 복잡한 과정을 거쳐 정보 전달이 이루어진다. 이 때문에 상황을 파악하고 그에 맞는 명령을 수행하기까지 긴 시간이 걸린다. 흔히 평균적으로 남성 운전자들의 주차 속도가 여성에 비해 더 빠르다는 것도 이러한 뇌 구조에서 오는 차이 때문이라고 한다.

◐ 중심 생각 Ranking 유형 (03) '그래서(이 때문에)'에 해당한다.
'남성의 뇌는 한 가지 일에 집중해 이를 짧은 시간에 해결하는 능력이 뛰어난 반면 여성의 뇌는 상황을 파악하고 그에 맞는 명령을 수행하기까지 긴 시간이 걸려 차이를 보인다.'와 같은 의미를 선택지에서 고르면 된다.

읽기 39번~41번   p.084

39. ③

대나무 그물은 500여 년의 역사를 가진 전통적인 멸치잡이 도구이다. (㉠) 대나무 그물은 멸치가 바닷물에 휩쓸려 들어오게 하기 위해 물살이 거세고 빠른 곳에 설치한다. (㉡) 이 도구는 밀물에 열리고 썰물에 닫히도록 설계되어 물살에 흘러 들어온 멸치들을 꼼짝없이 가둔다. (㉢) 이렇게 건져 올린 멸치는 육질이 단단하고 그물을 직접 던져 잡지 않기 때문에 상처가 거의 나지 않는다. (㉣) 뿐만 아니라 워낙 소량만 잡히기 때문에 상품 가치가 높다.

> **보기**
>
> 그물에 갇힌 멸치는 하루에 서너 번 배를 타고 들어가 뜰채로 건져 올린다.

◐ 〈보기〉의 '그물에 갇힌 멸치'라는 정보가 들어 있는 문장을 찾으면 (㉢) 앞에 '멸치들을 꼼짝없이 가둔다.'를 찾을 수 있다. 그리고 '뜰채로 건져 올린다.'라는 정보가 들어 있는 문장을 찾으면 (㉢) 뒤에 '이렇게 건져 올린 멸치'를 찾을 수 있다.

40. ②

한반도의 분단 흔적이자 생태계의 보고인 비무장지대를 남북 공동의 세계유산으로 등재하기 위해 남북이 협의 중이다. (㉠) 또한 비무장지대의 세계유산으로서의 가치를 찾기 위한 학술 연구도 기획하고 있다. (㉡) 비무장지대는 한국전쟁 이후 인간의 손길이 닿지 않아 생태계가 보존되어 있다는 점에서 그 가치를 높이 평가받고 있다. (㉢) 뿐만 아니라 한국 전쟁의 흔적이 남아 있어 역사 유적지로서의 의미도 크다. (㉣)

> **보기**
>
> 이를 위해 한국 측에서는 먼저 비무장지대 관련 문헌 및 실태 조사를 할 예정이다.

◐ 〈보기〉의 지시어 '이를 위해'라는 정보가 들어 있는 문장을 찾으면 (㉠) 앞에 '세계유산으로 등재하기 위해'와 (㉡) 앞에 '세계유산으로서의 가치를 찾기 위한'을 찾을 수 있다. 따라서 〈보기〉의 문장은 '앞의 두 가지 목적을 이루기 위해'라는 의미이기 때문에 (㉡)이 들어가기에 가장 알맞은 곳이다.

41. ❸

요리와 관련된 연극은 매우 흥미진진한 요소를 지니고 있다. (㉠) 코를 자극하는 맛있는 냄새와 먹음직스러운 시각적인 효과는 우리의 가장 원초적인 본능을 자극한다. (㉡) 하지만 연극 『상주국수집』은 제목과는 다른 이야기가 전개된다. 몇 시간을 우려낸 멸치 국물 냄새도, 맛있게 먹을 만한 면발도 없다. (㉢) 느린 진행 속에서 모녀의 가족 관계 속으로 들어가다 보면 어느새 관객도 한 공간에서 함께하는 연극의 일부가 된다. (㉣)

그 대신 20년이라는 기억과 지치도록 싸우는 모녀의 공간이 느리게 표현된다.

❍ 〈보기〉의 지시어 '그 대신'이라는 정보가 들어 있는 문장을 찾으면 (㉢) 앞에 '연극 『상주국수집』은 냄새도, 먹을 만한 면발도 없다.'를 찾을 수 있다. 그리고 '모녀의 공간이 느리게 표현된다.'라는 정보가 들어 있는 문장을 찾으면 (㉢) 뒤에 '느린 진행 속에서 모녀의 가족 관계'를 찾을 수 있다.

듣기 31번~32번

31. ①	32. ④	33. ①	34. ①	35. ④
36. ④	37. ②	38. ③	39. ②	40. ②

듣기 31번~32번　　　　　　　　　　　p.089

여자: 우리 학교도 다른 학교와 같이 여름 교복을 반바지로 바꾸는 게 어떨까요? 정장형 교복이 학생다움을 표현하는 데 좋지만 우리 학생들도 현재 교복이 활동할 때 불편하다고 말합니다.

남자: 다른 교복을 보니까 모자 달린 티셔츠와 반바지를 입더라고요. 무척 편해 보이고 괜찮은 느낌이었습니다. 사실 기존 교복은 유행을 타다 보니 폭이 좁아져 팔을 올리기조차 힘들었습니다. 비싸기도 했고요.

여자: 그렇지요. 학생들이 하루 중 가장 오래 머무는 공간은 학교입니다. 따라서 편한 교복이 반드시 필요합니다.

남자: 맞습니다. 신문을 보니까 이미 시행한 학교의 학부모와 교사, 학생들 모두 대만족이라고 하더라고요. 또 학습 효율이 올라갔다는 보고도 있습니다. 이번 여름부터 교복을 바꾸어야 합니다.

31. ❶

◎ 중심 생각 Ranking 유형 (2) '-아/어야 하다'에 해당한다. 남자의 생각은 여름에 티셔츠와 반바지를 교복으로 입는 것이 편해 보이고 학습 효율도 올라가기 때문에 **편한 교복으로 바꿔야 한다**는 것으로 정리할 수 있다.

32. ❹

◎ 여름 교복을 정장형에서 편한 반바지로 바꿔야 한다는 여자의 의견에 대해 남자는 이를 시행한 다른 학교의 예를 들면서 상대방의 의견을 적극적으로 지지하고 있다.

듣기 33번~34번　　　　　　　　　　　p.089

여자: 꽃은 곤충을 유혹하기 위해서 향기를 냅니다. 그 목적은 번식을 하기 위해서입니다. 움직일 수 없는 꽃은 곤충의 도움을 받아야 번식을 할 수 있습니다. 그래서 도움을 받을 곤충들을 유혹하기 위해 꽃마다 독특한 냄새를 풍깁니다. 예를 들어 ❹벌이나 나비한테는 달콤한 향기를 내뿜고, 벌레한테는 구린내와 같은 불쾌한 냄새를 내뿜습니다. 유혹하려고 하는 곤충에 따라 냄새가 다른 것이지요. 또 곤충의 활동 시간에 따라서 방법을 다르게 하기도 합니다. 밤에 활동하는 나방은 시각 정보로는 꽃을 찾을 수가 없습니다. 그래서 나방을 유혹해야 하는 꽃은 다른 꽃보다 더 멀리 가도록 냄새를 내뿜게 됩니다.

33. ❶

◎ 내용을 듣기 전 선택지를 확인하면 '꽃'이 주제이다. 그리고 내용에서는 꽃이 향기를 풍기는 목적을 여러 곤충의 예를 들어 구체적으로 설명하고 있다.

34.

◎ ❶ 나방을 유혹하려는 꽃은 냄새를 멀리 내뿜는다.
　　➡ 정답
② 나비는 ~~불쾌한 냄새와~~ 꽃을 좋아한다.
　　➡ 나비는 (달콤한 향기의) 꽃을 좋아한다. not A
③ 벌은 달콤한 향기의 꽃을 ~~싫어한다.~~
　　➡ 벌은 달콤한 향기의 꽃을 (좋아한다). not A
④ ~~태부분의 벌레는 밤에 활동한다.~~
　　➡ 정보 없음

듣기 35번~36번　　　　　　　　　　　p.090

남자: 존경하는 시민 여러분! 기호 1번 김준기입니다. 이번 선거에 출마한 모든 후보들은 경기가 침체된 우리 시의 경제를 활성화하기 위하여 대기업의 공장을 우리 시로 유치하겠다, 시민 복지 시설을 확충하겠다는 공약을 하고 있습니다. 사실 이런 것들은 우리 모두를 위하여 필요한 일이기 때문에 누가 당선되든지 관계없을 것 같습니다. 하지만 저는 ❹제가 꼭 당선되어야만 하는 이유를 말씀 드리고자 합니다. ❸제가 지난 임기 동안 추진해 온 우리 시의 하천 정비 사업과 연계된 체육 시설 확충과 산책로 활성화 사업을 제 손으로 마무리를 짓고 싶습니다. 저에게 한 번 더 기회를 주신다면 더 나은 도시를 만들기 위해 열심히 일하는 시장이 되겠습니다.

3급
1회
2회

4급
1회
2회

5급
1회
2회

6급
1회
2회

실전
모의고사
1회
2회
3회

35. ④

🔵 남자는 기호 1번 후보라고 자신을 소개한 후 시장이 되면 더 나은 도시를 만들기 위해 열심히 일하겠으니 자신에게 기회를 달라고 호소하고 있다.

36.

🔵 ① 남자는 이번에 처음으로 시장에 출마했다.
   ➡ 남자는 이번에 처음으로 시장에 (출마한 것이 아니다). not B

② 남자는 추진 중이던 정책을 모두 마무리했다.
   ➡ 남자는 추진 중이던 정책을 모두 (마무리하고 싶다). not B

③ 이 도시는 선거에서 누가 당선되어도 상관없다.
   ➡ 이 도시는 선거에서 (당선되어야 하는 사람이 있다). not A

❹ 이 도시는 다른 도시보다 경기가 침체되어 있다.
   ➡ 정답

듣기 37번~38번   p.090

여자: 박사님, ❹최근 수면 장애로 고생하는 사람들이 늘고 있는데요. 그 원인 중 하나가 스마트폰이라고 하던데, 그게 사실인가요?

남자: 네, 사실입니다. ❷잠을 잘 자려면 잠을 자기 위한 준비 단계가 필요합니다. 그런데 스마트폰이 확대 보급되면서 잠을 자기 전 스마트폰을 보는 사람들이 많아졌습니다. 준비 단계가 없어진 겁니다. 실제로 스마트폰을 보다가 잠이 든 사람의 뇌를 관찰한 실험 결과가 있는데요. 이 사람의 뇌는 잠이 든 후에도 스마트폰을 보고 있을 때처럼 활동을 하고 있었습니다. 잠이 들었지만 뇌는 계속 활발히 움직이는 것이지요. 이처럼 잠을 자기 전에 뇌가 자극을 많이 받을수록 숙면을 취하기가 어려워집니다. 따라서 잠을 잘 자려면 자기 전에 되도록 뇌가 자극을 많이 받는 일, 즉 스마트폰을 보는 것을 피해야 합니다.

37. ②

🔵 중심 생각 Ranking 유형 (2) '-아/어야 하다'에 해당한다. 잠을 잘 자기 위해서는 자기 전에 가능한 스마트폰을 보는 것을 피해야 한다는 것이 남자의 중심 생각이다.

38.

🔵 ① 잠을 잘 자려면 준비 운동을 해야 한다.
   ➡ 잠을 잘 자려면 (잠을 자기 위한 준비 단계가 필요하다). not B

② 수면 장애는 스트레스가 주된 원인이다.
   ➡ 정보 없음

❸ 뇌가 자극을 받으면 숙면을 취하기 어렵다.
   ➡ 정답

④ 스마트폰을 활용하면 수면 장애를 극복할 수 있다.
   ➡ 스마트폰(으로 인해 수면 장애가 생길 수 있다). not A

듣기 39번~40번   p.091

여자: 오존층 파괴를 막기 위한 조치를 취하지 않으면 앞으로 이런 피해는 더 많아질 수밖에 없겠네요.

남자: 네, 연구 결과, 오존층 파괴의 원인이 되는 프레온 가스는 약 100년 동안 대기 중에 남아 있는 것으로 조사되었습니다. ❹이미 수년 전부터 오존층의 파괴를 막고 환경을 보호하기 위해서 프레온 가스 사용 규제에 대한 국제적 협약들이 만들어졌습니다. 실제로 국제적 규제만 철저히 지켜진다면 오존층의 파괴는 줄어들 것입니다. 하지만 ❸일부 국가에서 경제적인 이유로 계속 프레온 가스를 사용함으로써 문제가 발생하고 있습니다. 현재 세계 각국에서 프레온 가스를 대체할 수 있는 여러 물질들에 대한 연구가 진행 중에 있으니 결과를 기다려봐야겠지요.

39. ②

🔵 여자는 적절한 조치를 취하지 않으면 앞으로 오존층 파괴로 인한 피해는 더 많아질 거라고 하면서 대담을 시작한다. 이에 대해 남자는 오존층 파괴 문제에 대해 설명하고 있다.

40.

🔵 ① 오존층 파괴를 막기 위한 국제적 협약이 만들어질 예정이다.
   ➡ 오존층 파괴를 막기 위한 국제적 협약이 (만들어졌다). not A

❷ 여러 나라에서 프레온 가스를 대체할 물질을 개발 중이다.
   ➡ 정답

③ 프레온 가스를 줄이기 위해 모든 국가가 노력하고 있다.
   ➡ 프레온 가스를 (계속 사용하는 나라들이 있다). not B

④ 오존층 파괴 문제는 100년 후에 더욱 심각해질 것이다.
   ➡ 정보 없음

읽기 32번~41번

32. ②	33. ③	34. ②	35. ②	36. ①
37. ③	38. ①	39. ③	40. ③	41. ①

읽기 32번~34번   p.095

32.

요즘은 ④친환경 농법으로 농사를 짓는 농가가 증가하고 있다. 친환경 농법이란 환경 오염을 막기 위해 화학 비료나 농약 사용을 최소화하여 농산물을 생산하는 농업 방식이다. 친환경 농법으로 오리를 이용하기도 하는데 이를 '오리 농법'이라고 한다. ⑤오리를 논에 풀어 놓으면 오리가 벼에 붙어 있는 해충을 잡아먹는다. 이뿐만 아니라 논에서 활동하며 배설을 하는데 이 ⑥배설물이 거름이 되어 화학 비료를 사용할 필요가 없게 되는 것이다.

○ ① 무분별하게 농약을 사용하는 농가가 늘어나고 있다.
   ➡ (친환경 농법을) 사용하는 농가가 늘어나고 있다. not A
❷ 오리를 이용하여 농사를 지으면 환경 보호에 도움이 된다.
   ➡ 정답
③ 오리를 논에 풀어 놓으면 해충으로 인해 피해를 입을 수 있다.
   ➡ 오리를 논에 풀어 놓으면 해충으로 인해 피해를 (막을) 수 있다. not B
④ 최근 오리의 배설물로 화학 비료를 만드는 방법이 개발되고 있다.
   ➡ 최근 오리의 배설물로 (인해) 화학 비료를 (사용할 필요가 없게 되었다). not C

33.

한국 역사상 최초의 여론 조사는 조선 시대 세종 대왕 때에 있었다. 이 여론 조사는 새로운 세금 제도인 '공법'에 대하여 찬반을 묻는 조사였다. 조사는 다섯 달 동안이나 이루어졌고 약 17만 명이 참여하였다. 이렇게 진행된 조사 결과는 ④찬성이 9만 8000여 명이었고 반대는 7만 4000명이었다. 지역과 신분에 따라 찬반 비율이 다르자 ⑤세종은 공법 시행을 뒤로 미루게 되었다. 아무리 좋은 법도 신하와 백성들이 싫어한다면 시행할 수 없다고 생각했기 때문이었다.

○ ① 이 제도는 찬성보다 반대가 더 많았다.
   ➡ 이 제도는 찬성보다 반대가 더 (적었다). not A
② 이 제도는 여론 조사 후에 바로 시행되었다.
   ➡ 이 제도는 여론 조사 후에 바로 (시행되지 못하고 미루게 되었다). not B
❸ 세종 때 한국 최초의 여론 조사가 실시되었다.
   ➡ 정답
④ 세종이 실시한 여론 조사는 역대 최대 규모였다.
   ➡ 정보 없음

34.

한국의 전통 놀이인 줄다리기는 주로 정월 대보름에 하는 마을 행사였다. ④줄다리기를 하기 전 마을 사람들이 모여 줄을 꼬는데 이 과정은 사람들의 화합을 유도하는 역할을 하였다. 그런 다음 줄다리기는 남녀로 나누어 했는데 이때 대부분 여자들이 줄다리기에서 이겼다. 이는 ⑤아기를 낳는 여자들이 이겨야 농사가 잘 된다고 믿었기 때문이다. 그래서 남자들이 일부러 져 주는 것이었다. 이처럼 줄다리기는 두 편으로 나누어 경쟁을 하지만 ⑥한 해 농사가 풍년이 들기를 바라면서 하는 놀이인 것이다.

○ ① 줄다리기에 사용되는 줄은 남자들이 꼬았다.
   ➡ 줄다리기에 사용되는 줄은 (마을 사람들이) 꼬았다. not A
❷ 남자들은 줄다리기를 져 주면 풍년이 든다고 믿었다.
   ➡ 정답
③ 마을 사람들의 화합을 위해 줄다리기 놀이가 생겼다.
   ➡ (한 해 농사가 풍년이 들기를 바라기 위해) 줄다리기 놀이가 생겼다. not C
④ 줄다리기에서 여자가 이기면 아커들을 많이 낳는다고 여겼다.
   ➡ 줄다리기에서 (아기를 낳는) 여자가 이기면 (농사가 잘 된다고) 여겼다. not B

읽기 35번~38번   p.096

35. ❷

도로의 소음을 줄이기 위한 방음벽 설치가 늘어나면서 조류의 충돌 사고가 증가하고 있다. 특히 유리로 만들어진 투명 방음벽은 충돌 사고를 일으키는 주된 원인이다. 조류의 충돌을 막기 위해 투명 방음벽에 독수리와 같은 맹금류를 그려 넣는 방안이 마련됐지만 효과를 보지 못하고 있다. 조류의 희생을 줄이기 위해서는 정부가 좀 더 적극적으로 다양한 대안을 찾고 나아가 조류 충돌 방지 조치를 의무화하는 법을 제정할 필요가 있다.

3급 1회 2회 / 4급 1회 2회 / 5급 1회 2회 / 6급 1회 2회 / 실전 모의고사 1회 2회 3회

○ 중심 생각 Ranking 유형 (04) '-(으)ㄹ 필요가 있다.'에 해당한다.
'조류의 투명 방음벽 충돌 사고를 줄이기 위한 대안 찾기와 법 제정을 할 필요가 있다.'와 같은 의미를 선택지에서 고르면 된다.

36. ❶

> 사람들은 일상생활에서 겪게 되는 일들 중 잘 되는 일보다 안 되는 일이 더 많다고 느낀다. 평상시에 하는 일들을 무사히 마치게 되면 그 기억은 머릿속에 잘 남지 않는다. 하지만 일이 잘 안 풀린 경우나 우연히 재수 없는 일을 겪은 경우 그것은 특별한 기억이기 때문에 머릿속에 오래도록 또렷하게 남게 된다. 이를 '선택적 기억'이라고 하는데 이런 현상은 사람들로 하여금 '왜 나만 항상 재수가 없는 걸까'라는 생각을 하게 만든다.

○ 중심 생각 Ranking 유형 (10) 두 문장 이상 반복에 해당한다.
 – 사람들은 잘 되는 일보다 안 되는 일이 더 많다고 느낀다.
 – 일이 잘 안 풀린 경우나 우연히 재수 없는 일을 겪은 경우 머릿속에 오래도록 또렷하게 남게 된다.
 – 이를 '선택적 기억'이라고 하는데 이런 현상은 자신만 재수가 없다고 생각하게 만든다.
위의 세 문장을 정리하면 '사람들은 일이 잘 안 풀린 경우를 오래도록 기억하는데 이것은 선택적 기억 때문이다.'인데 이와 같은 내용을 선택지에서 고르면 된다.

37. ❸

> 생태계 속의 생물들은 대부분 서로 먹고 먹히는 관계에 놓여 있다. 하지만 모든 생물들이 서로 먹고 먹히기만 하는 것은 아니다. 서로 도움을 주고받으며 살아가는 관계도 있다. 이것을 공생이라고 한다. 예를 들어 나비와 꽃의 경우 나비는 꽃의 꿀을 먹고 꽃은 나비를 통해 꽃가루를 다른 꽃에 옮겨 번식을 할 수 있다. 진딧물과 개미의 경우에도 진딧물은 개미에게 먹이를 주고 개미는 다른 벌레들로부터 진딧물을 보호해 준다.

○ 중심 생각 Ranking 유형 (10) 두 문장 이상 반복에 해당한다.
'생물들은 서로 도움을 주고받으면서 살아가는 공생 관계가 있다.'라고 반복하였고 뒤에 나비와 꽃, 진딧물과 개미의 예를 들어 설명하고 있다. 이와 같은 내용을 선택지에서 고르면 된다.

38. ❶

> 시판되는 생수에서 엄청난 양의 미세 플라스틱이 검출됐다. 전문가들은 생수를 생산하는 과정에서 생수병에 있는 미세 플라스틱이 녹아 들어간 것으로 보고 있다. 이러한 미세 플라스틱은 매우 작아 눈에 보이지는 않지만 중금속을 비롯해서 건강에 악영향을 끼치는 수많은 물질들이 들어 있다. 또한 플라스틱은 일단 사람의 몸에 들어가면 쉽게 없어지지 않기 때문에 장기적으로 노출된다면 건강에 심각한 문제를 일으킬 수도 있다. 더 늦기 전에 이에 대한 정부 차원에서의 대응이 시급하다.

○ 중심 생각 Ranking 유형 (04) '-는 게 필요하다.(-이/가 시급하다.)에 해당한다.
'더 늦기 전에 생수에서 검출된 미세 플라스틱에 대한 정부 차원에서의 대응이 필요하다.'와 같은 내용을 선택지에서 고르면 된다.

읽기 39번~41번   p.098

39. ❸

> 현대와 같은 통신 수단이 없던 시대에 외적의 침입과 같이 위급한 소식을 전달할 때는 산봉우리에 불을 피우는 봉수 제도가 있었다. (㉠) 하지만 전달할 내용이 많거나 비밀스럽게 전달해야 할 때는 봉수 제도가 마땅치 않았기 때문에 파발 제도를 만들었다. (㉡) 파발은 사람이 도보로 전달하는 보발과 말을 이용하는 기발이 있었다. (㉢) 전국에 세 개의 파발 길을 만들고 중간에 역참이라는 관리소를 만들어 안정적인 통신 체계를 갖추기도 하였다. (㉣) 그러나 조선 말기에 전화와 전신 등이 들어오면서 폐지되었다.

보기

> 처음에는 보발이 대부분**이었지만** 차츰 기발이 도입**되었다.**

○ 〈보기〉의 '보발'과 '기발'에 대한 정보가 들어 있는 문장을 찾으면 (㉢) 앞의 문장에서 찾을 수 있다. 따라서 〈보기〉의 문장은 (㉢)이 들어가기에 가장 알맞은 곳이다.

40. ❸

위대한 지도자들에게는 몇 가지 공통점이 있다.
(㉠) 우선 이들은 인재를 찾고 인재의 능력
을 개발하기 위해 노력을 기울인다는 사실이다.
(㉡) 왜냐하면 시간이 지나면 기계는 망가지
거나 고장이 나지만 사람의 능력은 개발하면 개발
할수록 더 좋아진다고 믿기 때문이다. (㉢) 그
이유는 구성원들이 제 역할에 맞게 능력을 발휘해
주어야 조직의 목표 달성이 수월해지기 때문이다.
(㉣)

> **보기**
> 또 이들은 구성원의 능력에 맞게 자기 역할을
> 정해 준다.

◐ 〈보기〉의 접속사와 지시어 '또 이들은'과 대응되는 문장은
(㉠) 뒤에 있는 '우선 이들은'이다. 이어서 이유가 나온다.
그리고 '구성원의 능력에 맞게'라는 정보가 들어 있는 문장은
(㉢) 뒤에 이유를 설명하는 내용에 '구성원들이 제 역할
에 맞게'를 찾을 수 있다. 따라서 〈보기〉의 문장은 (㉢)이
들어가기에 가장 알맞은 곳이다.

41. ❶

5년에 걸쳐 유럽 곳곳을 여행한 유국민 씨가 유
럽 도시 기행 시리즈 첫 번째 책 『유럽의 도시에
서』를 펴냈다. (㉠) 특히 저자는 각 도시에서
벌어진 역사적인 사건과 그 지역에 뚜렷한 흔적을
남긴 사람들의 생애에도 관심을 가진다. (㉡)
찬란한 역사 속 주인공들이 활동했던 도시의 공간
하나하나가 저자 특유의 목소리로 생동감 있게 묘
사된다. (㉢) 그의 해설을 따라가다 보면 마치
저자와 함께 역사 속으로 들어간 듯한 느낌을 받
을 수 있다. (㉣)

> **보기**
> 이 책에는 유럽 각 도시의 건축물과 거리, 광장
> 의 특징이 알기 쉽게 정리되어 있다.

◐ 〈보기〉의 지시어 '이 책에는'의 정보는 (㉠) 앞에서 찾을
수 있다. 그리고 책에 나온 내용은 (㉠) 뒤에서 하나씩 찾
을 수 있다. 따라서 〈보기〉의 문장은 (㉠)이 들어가기에
가장 알맞은 곳이다.

듣기 41번~50번				
41. ②	42. ③	43. ④	44. ③	45. ③
46. ①	47. ①	48. ④	49. ③	50. ④

듣기 41번~42번   p.103

여자: 사오십 대 중년이 되면 미식가가 된다는 말을 들어본 적이 있습니까? 실제로 유명한 음식점은 유난히 중년들로 붐빕니다. 그 이유는 무엇일까요? ④경제적인 여유라고 생각하겠지만 아닙니다. 그 이유는 인체의 비밀에 있는데요. 원래 사람의 혀는 다섯 가지 맛 정도밖에 구별할 수 없지만 실제로는 후각의 기능이 결합되어 수천 가지의 맛을 느낄 수 있습니다. 그런데 ⑧중년이 되면 미각과 후각을 느끼는 신경 세포가 더 발달하게 됩니다. 그래서 ⑥음식의 맛이나 냄새를 더 예민하게 느끼고 입맛도 더욱 까다로워집니다. 하지만 이 신경 세포는 40대 중반에 최고로 발달한 뒤 서서히 퇴화하게 됩니다.

41. ❷

⊙ 중심 생각 Ranking 유형 (10) '두 문장 반복'에 해당한다.
"사오십 대 중년이 되면 미식가가 된다."
"중년이 되면 미각과 후각을 느끼는 신경 세포가 더 발달하게 된다."
"음식의 맛이나 냄새를 더 예민하게 느끼고 입맛도 더욱 까다로워진다."와 같은 내용의 반복을 통해 중심 생각을 나타내고 있다.

42.

⊙ ① 나이가 들면 음식의 맛을 잘 구별하지 못한다.
    ➡ 나이가 들면 음식의 맛을 (더 예민하게 느낀다). not C
② 사십 대가 되면 미각과 후각의 기능이 떨어진다.
    ➡ 사십 대가 되면 미각과 후각의 기능이 (더 발달하게 된다). not B
❸ 미각과 후각이 결합해 다양한 맛을 느낄 수 있다.
    ➡ 정답
④ 경제적 여유 때문에 유명한 맛집에 중년들이 많다.
    ➡ (경제적인 여유라고 생각하겠지만 아니다). not A

남자: 제주도 북쪽에 위치한 섬, 우도. 이곳에는 '주간명월'이라 불리는 동굴이 있다. 이 이름은 낮에 동굴 속 바닷물에 비친 태양이 달처럼 보인다고 해서 붙여졌다고 한다. 동굴 속에 바닷물이 있는 이유는 이곳이 해식 동굴이기 때문이다. 해식 동굴이란 파도에 의해 만들어진 동굴을 말한다. 파도가 오랜 시간 절벽의 약한 부분을 깎아 내면서 동굴이 생기는 것이다. 일반적으로 절벽의 갈라진 틈이나 약한 부분이 파도에 의해 깎여 들어가기 때문에 파도가 닿은 정도에 따라 깊어진다. 해안선 절벽에 위치해 있는 해식 동굴은 배를 타야만 볼 수 있다는 것이 특징이다. 이처럼 해식 동굴은 형성 과정의 신비로움과 주변 경치의 아름다움이 어우러져 관광 자원으로서의 가치가 매우 높다.

43. ❹

⊙ 중심 생각 Ranking 유형 (10) '두 문장 반복'에 해당한다.
'이처럼'은 앞의 내용을 다시 한 번 정리하고 반복할 때 사용한다. 따라서 '해식 동굴은 형성 과정의 신비로움과 주변 경치의 아름다움이 어우러져 관광 자원으로서의 가치가 매우 높다.'와 같은 내용을 선택지에서 고르면 된다.

44. ❸

⊙ '해식 동굴을 배를 타야만 볼 수 있는 이유'에 대한 정보를 어느 부분에서 말하는지를 잘 들어야 한다. 해식 동굴을 배를 타야만 볼 수 있는 이유를 '해안선 절벽에 위치해 있기 때문'이라고 설명하고 있다.

듣기 45번~46번   p.104

여자: 유명 백화점에 고가의 수입 시계 매장이 문을 열었을 때 ④시계의 가격이 비싸다 보니 장사가 되지 않을 거라는 예상이 대부분이었습니다. 그런데 오히려 이 매장은 수십 억 원에 달하는 수입을 올렸지요. ⑧전 세계 인구의 1%만 차는 시계라는 홍보가 효과를 본 것입니다. 그렇다면 이런 현상은 왜 생기는 걸까요? 그건 부유한 사람들은 다른 사람과 차별성을 추구하는 경향이 있기 때문입니다. 이처럼 일반 대중이 쉽게 살 수 없는 명품을 선호하고 차별성을 과시하려는 것을 '스놉 효과'라고 합니다. 흥미로운 점은 자신들이 즐겨 사용하던 상품이라도 ⑥일반 대중에게 대중화되면 구매자는 흥미를 잃게 됩니다. 그리고 일반 대중이 잘 모르는 다른 상품으로 소비 대상을 바꾸고 싶어 한다는 점입니다.

45.

○ ① '스놉 효과'는 상품이 일반인에게 대중화되어도 지속된다.
- ➡ 스놉 효과는 상품이 (일반 대중에게 대중화되면 구매자는 흥미를 잃게 된다). not C
② 일반 대중이 많이 구입한 시계라는 홍보가 효과를 보았다.
- ➡ (전 세계 인구의 1%만) 구입한 시계라는 홍보가 효과를 보았다. not B
❸ '스놉 효과'는 남들과 달라 보이려는 욕구를 이용한 판매 전략이다.
- ➡ 정답
④ 고가의 시계 매장이 처음 생겼을 때 매출어 오를 거라고 예상했다.
- ➡ 고가의 시계 매장이 처음 생겼을 때 (장사가 되지 않을 거라고) 예상했다. not A

46. ❶

○ 먼저 중심 생각을 찾아보는 것이 좋다. 중심 생각 Ranking 유형 (10) '두 문장 반복'에 해당한다.
'이처럼'은 앞의 내용을 다시 한 번 정리하고 반복할 때 사용한다. 따라서 중심 생각은 "이처럼 일반 대중이 쉽게 살 수 없는 명품을 선호하고 차별성을 과시하려는 것을 '스놉 효과'라고 한다."이다. 여자는 고가의 수입 시계 매장을 예로 들어 '스놉 효과'의 의미를 설명하고 있다.

듣기 47번~48번　　　　　　p.104

여자: 바닷가 근처에 지어지고 있는 아파트에 우려되는 부분이 있다는 말씀이시지요? 박사님.

남자: 네. 해안가 아파트는 아름다운 경관과 희소성 때문에 큰 인기를 끌고 있습니다. 지난 몇 년간 꾸준히 건설이 되고 있고요. 하지만 아파트의 입지 조건만 고려한 건설은 문제가 있습니다. 환경 보호를 목적으로 ❹자연 경관을 해치지 않는 범위 내에서 건설을 허가해 왔지만 이제는 안전에 대한 고민을 해야 할 때입니다. 전 세계적으로 이상 기후 현상이 증가하면서 그에 따른 자연재해가 해안가에 집중되고 있습니다. 이는 ❻해안가에 건물이 많을수록 그 피해가 더 커질 수 있다는 말입니다. 따라서 ❻해안가의 대규모 아파트 단지는 자연재해에 대한 안전 대책을 최우선적으로 고려해 건설해야 합니다.

47.

○ ❶ 이상 기후 현상으로 해안가의 피해가 커지고 있다.
- ➡ 정답
② 해안가에 건물을 많이 지을수록 도시 전경어 아름답다.
- ➡ 해안가에 건물을 많이 지을수록 (피해가 더 커질 수 있다). not B

③ 환경 보호를 위해 해안가 아파트 건설을 중지해야 한다.
- ➡ (자연재해에 대한 안전 대책을 최우선적으로 고려해 건설해야 한다). not C
④ 해안가를 주거지로 개발하면서 자연 경관이 훼손되었다.
- ➡ (자연 경관을 해치지 않는 범위 내에서 건설했다). not A

48. ❹

○ 질문자가 '바닷가 근처에 지어지고 있는 아파트의 우려되는 부분'을 질문하였다. 이에 마지막 문장에서 화자는 "해안가의 대규모 아파트 단지는 자연재해에 대한 안전 대책을 최우선적으로 고려해 건설해야 한다."면서 해안가 아파트에 생길 문제점에 대한 대책을 제시하고 있다.

듣기 49번~50번　　　　　　p.105

여자: 오늘은 한국의 전통 가옥, 한옥의 마당에 대해 알아보도록 하겠습니다. 한여름, ❹한옥 마루에 앉아 있으면 바람이 불어 시원한데요. 그 비결이 바로 이 마당에 있습니다. 한여름 더운 날씨에는 마당이 뜨거워지면서 따뜻한 공기가 위로 올라가게 됩니다. 동시에 집 뒤쪽에 있던 차가운 공기는 마당 쪽으로 내려오게 되지요. 한옥을 설계할 때 마당에 햇볕이 잘 들게 하는 것도 이런 이유 때문인데요. ❻집 뒤쪽에 있던 차가운 공기가 마당 쪽으로 이동하면서 자연스럽게 바람이 불게 됩니다. 한옥을 보면 ❻집 크기에 관계없이 모든 집에 마당이 있습니다. 나무도 별로 없고 아무 역할도 하지 않는 것 같지만 사실은 더운 여름을 이겨내기 위한 선조들의 지혜인 것이지요.

49.

○ ① 한옥의 마당은 공거의 이동을 막는다.
- ➡ 한옥의 마당은 (공기를 이동하게 한다). not B
② 크거가 작은 한옥에는 보통 마당이 없다.
- ➡ (집 크기에 관계없이 모든 집에 마당이 있다). not C
❸ 한옥은 마당에 햇볕이 잘 들도록 설계한다.
- ➡ 정답
④ 한옥의 마루에는 바람이 들어오지 않는다.
- ➡ 한옥의 마루에는 바람이 (불어 시원하다). not A

50. ❹

○ 먼저 중심 생각을 찾아보는 것이 좋다. 중심 생각 Ranking 유형 (10) '두 문장 반복'으로 "한옥 설계 기술의 과학적 우수성"에 대해 설명하고 있다. 또한 여자는 이것이 "선조들의 지혜"라면서 그 우수성을 인정하고 있다.

54.

1. 서론: 지도자의 개념과 역할
   - 조직원을 이끌어 가는 사람
   - 조직의 성공과 실패를 결정한다.

2. 본론
   (1) 지도자가 갖추어야 할 조건
      - 통솔력
      - 추진력
      - 그 외
   (2) 지도자가 경계해야 할 것
      - 독단적인 판단

3. 결론
   - 통솔력과 추진력을 갖추되 조직원을 존중하고 공감과
     소통을 하기 위해 노력해야 한다.

지	도	자	란		조	직	의		공	동		목	표	를		실	현	하	
기		위	하	여		조	직	원	들	을		이	끌	어		나	아	가	는	
사	람	을		말	한	다	.		그	래	서		지	도	자	는		조	직	의		서
성	공	과		실	패	를		결	정	하	는		데		매	우		중	요		론
한		역	할	을		한	다	고		할		수		있	다	.		그	렇	다	
면		진	정	한		지	도	자	란		어	떤		사	람	일	까	?	

지	도	자	의		조	건	은		통	솔	력	과		추	진	력	이	라	
고		생	각	한	다	.		먼	저		통	솔	력	이	란		조	직	을	
효	율	적	으	로		이	끌	어		나	아	가	는		능	력	을		말	
한	다	.		이	를		위	해	서	는		인	재	를		잘		관	리	해	
야		하	는	데		인	재	를		찾	고		능	력	을		계	발	해	
주	기		위	해		노	력	해	야		한	다	.		그	리	고		각	자	
의		능	력	에		맞	게		역	할	을		정	해		주	고		그	
역	할	을		잘		수	행	할		수		있	도	록		도	와	주	어	
야		한	다	.		다	음	으	로		추	진	력	이	란		목	표	를	
향	해		업	무	를		효	율	적	으	로		끌	고		나	가	는	
힘	을		말	한	다	.		그	러	기		위	해	서	는		지	도	자	의		본
능	력	이		뛰	어	나	야		하	고		일	을		추	진	할		때		론
도		방	향	이		명	확	해	야		한	다	.		이		외	에	도	
지	도	자	의		조	건	으	로		겸	손	함	,		도	덕	성	,		책	임	
감		등	이		있	을		것	이	다	.		하	지	만		경	계	해	야	
할		점	도		있	다	는		것	을		잊	어	서	는		안		된	
다	.		진	정	한		지	도	자	는		조	직	을		이	끌	어		가	
는		데		있	어	서		자	신	의		독	단	적	인		판	단	을	
경	계	해	야		한	다	.		따	라	서		구	성	원	들	의		의	견	
을		수	용	하	고		새	로	운		방	향	을		제	시	할		수	
있	는		공	감	과		소	통	의		자	세	를		갖	추	는		것	
이		필	요	하	다	.	

지	금	까	지		지	도	자	의		역	할	과		조	건	,		경	계	
해	야		할		점	에		대	해		정	리	해		보	았	다	.	
진	정	한		지	도	자	가		되	려	면		통	솔	력	과		추	진		결
력	을		갖	추	고		조	직	을		이	끌	어		가	되		조	직		론
원	들	의		의	견	과		인	격	을		존	중	하	고		공	감	과	
소	통	을		하	기		위	해	서		노	력	하	는		자	세	가	
필	요	할		것	이	다	.	

6급 1회 읽기

읽기 42번~50번

42. ④	43. ③	44. ④	45. ①	46. ④
47. ①	48. ②	49. ①	50. ③	

읽기 42번~43번   p.109

게리는 주저했다. 창구 직원이 그를 점점 이상히 여기는 눈치가 역력해졌다.

"사실 저는 명백히 ❹한국인 부모님한테서 태어났단 말입니다. 그런데 아저씨도 보셔서 알겠지만 생긴 건 명백히 혼혈인이라 이거죠."

창구 직원은 입을 벌린 채 의자 깊숙이 몸을 젖혔다. 그는 한참을 그러고 있었다.

〈중략〉

"이 친구 보게. 어떻게 자네가 혼혈인가? 멀쩡한 양친을 두고."

창구 직원은 지금까지 부산을 떤 일이 억울한지 자리에서 벌떡 일어나 민원실 사람들이 다 듣도록 목청을 높였다.

"❷내가 이 창구에서만도 오 년인데 ❸혼혈로 면제를 받겠다고 온 사람은 자네가 첨이야. 전국으로 따져도 기껏해야 일 년에 열댓 명이 나올까 말까 한 경우라고. 이건 엄연히 병역 기피 행위야. 이곳에서 당장 헌병에 넘길 수도 있어, 이 친구야. 젊은 사람이 병역 의무를 신성하게 받을 생각은 안 하고 그런 썩어 빠진 궁리나 해서 쓰겠어?"

42. ❹

⊙ 밑줄 친 부분의 앞 내용을 보면 남자가 한국인 부모님한테서 태어났지만 생긴 건 혼혈인이라고 한참을 주장했다. 이때 창구 직원의 태도는 '황당하다'가 자연스럽다.

43.

◯ ① 게리는 군대에 <del>가기</del>를 원한다.
➡ 게리는 (면제 받기를) 원한다. not C
② 게리의 부모는 <del>한국인이 아니다</del>.
➡ 게리의 부모는 (한국인이다). not A
❸ 게리의 외모는 혼혈인처럼 보인다.
➡ 정답
④ <del>캐라</del>는 오 년 동안 민원실에서 근무했다.
➡ (창구 직원은) 오 년 동안 민원실에서 근무했다. not B

읽기 44번~45번   p.110

의회의 의사 결정 방법을 보면 전체적인 합의가 되지 않아도 과반수 이상이 동의한다면 일정한 기간 후 자동으로 법안을 통과시키는 경우가 있다. 이는 꼭 필요한 정책임에도 의회에서 합의가 되지 않아 결국 무산되는 상황을 막기 위한 것이다. 그러나 이러한 제도를 두고 의원들 간의 충분한 논의나 합의 없이 다수파의 의견대로 결정하는 것이 (Ⓐ갈등을 야기할 수 있다는) 비판도 있다. 그럼에도 이 제도는 사회에 필요한 정책이 Ⓐ'의원들의 의견 차이로 인해 장기간 표류하다가 폐기되는 것을 막을 수 있다는 점에서 가치가 있다. 민주주의에서 의회는 Ⓐ"의견의 대립이 있을 수밖에 없는 곳이다. 의견의 대립이 필연적인 곳에서 완벽한 합의만을 추구하다가는 반드시 시행되어야 하는 법안이 묻혀버릴 수 있다. 의원들 간 합의가 어려운 쟁점이 묻히지 않고 세상 밖으로 나올 수 있는 방법이 바로 신속처리안건 지정이다. 이를 통해 국민과 국가에 도움이 되는 법안이 사회에 나올 수 있는 기회를 확대하고 끊임없이 이어지는 의회 내 의견 대립으로 인한 시간 낭비를 막을 수 있다.

44. ❹

◯ '중심 생각 Ranking 유형 (10) '두 문장 반복'에 해당한다.
'합의가 되지 않아 결국 무산되는 상황을 막는다.'
'의견 차이로 인해 장기간 표류하다가 폐기되는 것을 막는다.'
'합의가 어려운 쟁점이 묻히지 않고 세상 밖으로 나올 수 있다.'
'법안이 사회에 나올 수 있는 기회를 확대한다.'와 같은 내용의 반복을 통해 중심 생각을 나타내고 있다.

45. ❶

◯ 종합 유형으로 의원들 간의 충분한 논의나 합의 없이 다수파의 의견대로 결정하면 어떠한 문제가 생기는지 생각해야 한다.

Ⓐ(갈등을 야기할 수 있다)

Ⓐ'   Ⓐ"
의원들의 의견 차이   의견의 대립

읽기 46번~47번   p.111

나무는 가을이 되면 단풍이 지고 겨울이 되기 전 나뭇잎이 떨어진다. 이러한 현상은 왜 생긴 것일까? 모든 동식물은 추운 겨울을 지내기 위해 월동 준비를 한다. Ⓐ그나마 자유롭게 움직일 수 있는 동물들은 나무에 비해 낫지만 한 곳에 뿌리를 내리고 살아가는 나무들에게는 겨울나기가 만만치 않다. (㉠) 그런데 나무들은 독특한 생존 방식을 통해 겨울을 보낸다. (㉡) 그것은 겨울이 되기 전에 잎을 떨어뜨려 영양분의 소실을 최소화하는 것이다. (㉢) 나무는 Ⓑ잎을 떨어뜨리기 위해 잎과 가지에 연결되는 부위에 '떨켜'를 만든다. (㉣) 이렇게 되면 떨켜에 의해 잎은 말라 버리고 곧 땅으로 떨어지게 되는 것이다. 또 떨어진 낙엽은 나무 밑을 덮어 Ⓒ뿌리를 추위로부터 막아 주는 역할을 한다.

46. ❹

> **보기**
> 떨켜는 가지에서 잎으로 수분이 이동되는 것을 막는 역할을 한다.

◯ 〈보기〉는 떨켜의 역할을 나타낸다. (㉣) 앞에 떨켜를 만든다고 했고 (㉣) 뒤에 또 다른 떨켜의 역할이 있으므로 〈보기〉의 문장은 (㉣)에 위치해야 한다.

47.

◯ ❶ 나무의 잎이 지는 현상은 떨켜의 역할 때문이다.
➡ 정답
② 떨어진 나뭇잎은 겨울 동안 <del>나무의 영양분이 된다</del>.
➡ 떨어진 나뭇잎은 겨울 동안 (뿌리를 추위로부터 막아 준다). not C
③ 나뭇잎이 떨어진 <del>이후에</del> 떨켜가 만들어지기 시작한다.
➡ 나뭇잎이 (떨어지기 전에) 떨켜가 만들어지기 시작한다. not B
④ 월동 준비의 어려움은 동물이나 식물에게 <del>큰 차이가 없다</del>.
➡ (월동 준비는 동물보다 식물이 더 어렵다). not A

최근 몇 년 사이에 도시 공용 자전거가 폭발적인 성장세를 보이고 있다. 그동안 도시 공용 자전거는 무인으로 운영되는 시스템으로 인해 카드 등록, 회원 가입 등에 불편을 느끼는 사람이 많았다. 이에 대해 서울시에서는 휴대전화 번호의 유효성만 확인되면 회원 가입 없이 자전거를 대여할 수 있도록 했으며 외국인 관광객도 인터넷으로 이용권을 구입하면 자유롭게 이용할 수 있게 되었다. 이러한 노력을 바탕으로 공용 자전거 이용이 더욱 활발해진다면 공유 경제 활성화와 교통 혼잡 해소 등의 효과를 기대할 수 있다. 그러나 공용 자전거 사업이 장기적으로 성장세를 유지하려면 넘어야 할 산이 있다. 공용 자전거 시스템을 운영하고 있는 세계 유명 도시에서는 도난 방지나 정비와 같은 ❹관리의 문제 때문에 어려움을 겪는 경우가 많다. 우리의 공용 자전거가 이러한 길을 걷지 않으려면 관계 기관의 상시적인 관리 시스템이 뒷받침되어야 한다. 고장 난 자전거는 결국 ❺이용자들의 안전을 위협하고 도시의 미관을 해치게 된다. ❺'이러한 상황이 생기지 않도록 ❹'(지속적인 관리에 힘쓴다면) 도시 공용 자전거는 점차 확대되고 있는 공유 경제 시장 속에서 도시의 주요한 교통수단으로 자리 잡을 수 있을 것이다.

48. ❷

○ 글을 쓴 목적은 먼저 중심 생각(주제)을 찾아야 한다. 이 글은 중심 생각 Ranking 유형 (2) '-아/어야 하다'에 해당한다. 따라서 중심 생각은 '공용 자전거가 어려움을 겪지 않으려면 관계 기관의 상시적인 관리 시스템이 뒷받침되어야 한다.'이다.

49. ❶

○ 대응 유형으로 비슷한 표현을 활용하여 빈칸에 들어갈 알맞은 내용을 찾으면 된다.
   ❹관리의 문제 때문에 ❺이용자들의 안전을 위협하고 도시의 미관을 해치게 된다.
   ❺'이러한 상황이 생기지 않도록 ❹'(지속적인 관리에 힘써야 한다).

50. ❸

○ '공용 자전거 이용이 더욱 활발해진다면 공유 경제 활성화와 교통 혼잡 해소 등의 효과를 기대할 수 있다.'에서 필자는 공용 자전거 사업의 긍정적인 면을 말하고 있다. 이와 같은 내용을 선택지에서 고르면 된다.

남자: 큰 고래 한 마리가 분수를 뿜으며 헤엄치고 있다. 이 고래는 수컷인데 몸길이는 10미터, 몸무게는 40톤 정도가 된다. 고래는 머리 부분이 몸길이의 삼분의 일을 차지하고 분수 구멍이 머리 앞쪽에 나 있다. 고래는 물속에서 살지만 어류와 같이 아가미가 없기 때문에 물속에서 숨을 쉴 수 없다. 그래서 규칙적으로 수면 위로 올라온 후 분수 구멍을 통해 허파 호흡을 한다. 그런데 고래는 잠을 어떻게 잘까? 고래는 잠을 잘 때 분수 구멍을 수면 위로 내놓고 천천히 움직이면서 잔다. 한편 고래의 뇌파를 분석해 본 결과 왼쪽 뇌와 오른쪽 뇌가 교대로 자는 것을 확인할 수 있었다. 즉 한 쪽 뇌가 깨어 있어서 잠을 잘 때도 호흡을 유지하고 있는 것이다. 그렇기 때문에 수면 가까이에서 잠이 들어도 익사하지 않는 것이다.

듣기 41번~50번

41. ④	42. ②	43. ①	44. ③	45. ②
46. ②	47. ①	48. ③	49. ①	50. ③

43. ①

◉ 중심 생각 Ranking 유형 (3) '그래서'에 해당한다.
'규칙적으로 수면 위로 올라온 후 분수 구멍을 통해 허파 호흡을 한다.'와 같은 내용을 선택지에서 고르면 된다.

44. ③

◉ '고래가 수면 중에 숨을 쉴 수 있는 이유'에 대한 정보를 어느 부분에서 말하는지를 잘 들어야 한다. 고래가 잠을 잘 때도 호흡을 유지할 수 있는 이유를 '한쪽 뇌가 깨어 있어서'라고 설명하고 있다.

남자: 지금 보시는 이 나무 제품은 표면을 보호하여 수명을 길게 하기 위하여 옻칠을 하였습니다. 옻은 옻나무에서 뽑아낸 수액을 말하는데요. 천연 염료인 옻은 항균 기능과 살충력이 있어서 벌레로부터 목제품을 지켜 줍니다. 또한 습기를 제거하는 기능이 있어서 가구가 뒤틀리거나 ④곰팡이가 피는 것을 막아 줍니다. 예로부터 옻은 ⑤옷장, 밥상, 그릇과 같은 생활 용품뿐만 아니라 장신구에도 쓰였습니다. 옻칠을 하면 목제품의 수명이 길어지고 색도 선명해져서 실용성과 아름다움을 모두 갖출 수 있었습니다. 그래서 ⑥예로부터 옻은 귀한 재료로 여겨졌습니다.

41. ④

◉ 중심 생각 Ranking 유형 (10) '두 문장 반복'에 해당한다.
"수명을 길게 하기 위하여 옻칠을 한다."
"옻은 습기를 제거하는 기능이 있다."
"옻칠을 하면 목제품의 수명이 길어지고 색도 선명해져서 실용성과 아름다움을 모두 갖출 수 있다."와 같은 내용의 반복을 통해 중심 생각을 나타내고 있다.

42.

◉ ① 옻칠은 곰팡이가 ~~피는 단점이 있다.~~
  ➡ 옻칠은 곰팡이가 (피는 것을 막아 준다). not A
❷ 목제품에 옻칠을 하면 색이 선명해진다.
  ➡ 정답
③ 옻나무 수액의 ~~효과는 최근에 밝혀졌다.~~
  ➡ 옻나무 수액은 (예로부터 귀한 재료로 여겨졌다). not C
④ ~~그릇과 같은 식용 용기는 옻칠을 할 수 없다.~~
  ➡ 그릇과 같은 식용 용기(에도 쓰였다). not B

여자: 많은 사람들은 전화라고 하면 알렉산더 벨을 가장 먼저 떠올립니다. 하지만 ④전화를 최초로 발명한 사람은 독일의 교사였던 필립 라이스였습니다. 벨은 전화에 대한 특허를 제일 먼저 신청한 사람인데요. 그렇다면 벨이 전화를 발명한 사람으로 기억되고 전화 사업에 성공할 수 있었던 이유는 무엇일까요? 사실 ⑤벨이 특허권자로 인정받게 된 것은 전화의 대중화를 위한 노력 덕분입니다. 벨이 전화에 대한 특허를 신청했을 당시 대부분의 사람들은 전화의 실용성이나 상업적 가치에 대해 별로 중요하게 생각하지 않았습니다. 반면에 벨은 전화기가 통신 수단으로 ⑥사용될 수 있을 것으로 확신하고 대중화를 위해 노력했지요. 이러한 사실을 통해 우리는 성공을 위해서는 최초 발명보다도 대중화를 위한 노력이 중요하다는 것을 알 수 있습니다.

45.

○ ① 벨은 특허권을 얻는 데 ~~실패했다.~~
  ➡ 벨은 특허권을 얻는 데 (성공했다). not B
❷ 벨은 전화의 대중화를 위해 노력했다.
  ➡ 정답
③ 벨은 전화의 실용성에 대해 ~~의심했다.~~
  ➡ 벨은 전화의 실용성에 대해 (확신했다). not C
④ ~~벨은~~ 전화를 최초로 발명한 사람이다.
  ➡ (필립 라이스는) 전화를 최초로 발명한 사람이다. not A

46. ❷

○ 먼저 중심 생각을 찾아보는 것이 좋다. 중심 생각 Ranking 유형 (4) '–는 게 중요하다.'로 중심 생각은 "성공을 위해서는 최초 발명보다도 대중화를 위한 노력이 중요하다."이다. 여자는 대중화 노력에 대한 중요성을 강조하고 있다.

듣기 47번~48번   p.118

여자: 전자책의 보급과 **Ⓐ**대형 서점의 높은 할인율로 인해 동네 서점들이 점점 사라져 가고 있습니다. 그래서 **Ⓑ**몇 년 전에는 결국 책의 할인율을 법적으로 제한하게 되었는데요. 최근 **Ⓒ**동네 서점가에서는 할인 자체를 금지하는 완전 도서 정가제 시행을 요구합니다. 이에 대해 어떻게 생각하시는지요?

남자: 물론 완전 도서 정가제가 시행된다면 대형 서점과의 가격 경쟁에서 동네 서점을 보호하는 효과는 있을 겁니다. 그렇지만 장기적으로 봤을 때 동네 서점이 살아남기 위해서는 지역성이라는 장점을 활용해야 합니다. 해당 지역의 특징을 살린다든지, 주민들의 문화 공간으로 활용한다든지 말입니다. 책의 할인율을 제한하는 것도 좋지만 그보다는 동네 서점만의 장점을 이용하여 동네 서점이 생존할 수 있는 방안을 마련하는 것이 더 좋다고 봅니다.

47.

○ **❶** 동네 서점의 수가 점점 줄어들고 있다.
  ➡ 정답
② 동네 서점에서는 도서 정가제 ~~폐지를~~ 요구한다.
  ➡ 동네 서점에서는 도서 정가제 (시행을) 요구한다. not C
③ ~~앞으로~~ 책의 할인율을 법적으로 ~~제한하게 될 것이다.~~
  ➡ (몇 년 전에) 책의 할인율을 법적으로 (제한했다). not B
④ 대형 서점에서 판매하는 도서의 할인율이 ~~높지 않다.~~
  ➡ 대형 서점에서 판매하는 도서의 할인율이 (높다). not A

---

48. ❸

○ 질문자가 '완전 도서 정가제 시행 요구에 대한 생각'을 질문하였다. 이에 마지막 문장에서 화자는 "해당 지역의 특징을 살리거나 주민들의 문화 공간으로 활용하는 등의 방법을 예로 들며 동네 서점만의 장점을 이용하여 동네 서점이 생존할 수 있는 방안을 마련하는 것이 더 좋다."면서 문제 해결 방안을 제시하고 있다.

듣기 49번~50번   p.119

여자: 이것은 **Ⓐ**조선 시대 승정원에서 기록한 승정원일기입니다. 승정원이란 지금의 대통령 비서실과 같은 역할을 했던 기관인데요. 왕의 명령을 받아서 전달하고, 다시 신하들의 반응 등을 왕에게 전달하는 일을 하였지요. 승정원일기는 매일매일 취급한 문서, 사건 등을 기록한 일기입니다. 이 일기의 특징은 매우 **Ⓑ**객관적으로, 있는 그대로의 사실을 옮겨 적었다는 것입니다. 내용 중에는 당시 상황을 대화체로 상세하게 기록한 것도 있어 그 가치가 매우 높습니다. 이 외에도 그날의 날씨, 당시 **Ⓒ**주변국의 정세 등이 상세하게 적혀 있습니다. 승정원일기는 단순한 일기가 아닌 조선 시대 기후 연구, 주변 국가의 역사 연구에도 중요한 사료로서 가치가 뛰어납니다.

49.

○ **❶** 이 책은 왕의 명령과 관련된 내용을 담고 있다.
  ➡ 정답
② 이 책은 주변국과의 외교 관계를 ~~알 수 없다.~~
  ➡ 이 책은 주변국과의 외교 관계를 (알 수 있다). not C
③ 이 책은 ~~조선 시대 이전부터 작성되어 왔다.~~
  ➡ 이 책은 (조선 시대에 작성되었다). not A
④ 이 책은 왕의 일상을 ~~주관적으로~~ 서술했다.
  ➡ 이 책은 왕의 일상을 (객관적으로) 서술했다. not B

50. ❸

○ 먼저 중심 생각을 찾아보는 것이 좋다. 중심 생각 Ranking 유형 (10) '두 문장 반복'으로 "승정원일기는 가치가 뛰어나다."면서 그 가치를 높게 평가하고 있다.

54.

1. 서론
   (1) 인간의 특성
      - 사회적 존재
   (2) 인간관계의 중요성
      - 생활의 만족도가 달라진다.

2. 본론
   (1) 바람직한 인간관계
      - 바람직한 인간관계를 유지하지 못하는 것은 이기심 때문이다.
      - 바람직한 인간관계란 이기심을 버리고 서로에게 도움이 되는 관계이다.

3. 결론
   (1) 바람직한 인간관계를 맺고 유지할 수 있는 방법
      - 서로를 인정하는 자세
      - 서로를 존중하는 마음
      - 갈등 발생 시 이해하려고 노력하는 자세

서론

인간은 끊임없이 다른 사람과 관계를 맺으면서 살아가는 사회적 존재이다. 그런데 인간관계는 매우 다양해서 편안하고 행복한 관계가 있는가 하면 불편하고 힘든 관계도 있다. 이런 관계에 따라 생활의 만족도가 달라지므로 인간관계는 인간이 살아가는 데 매우 중요하다고 할 수 있다.

본론

만약 편안한 관계보다 불편한 관계가 더 많다면 자신의 생활은 불행해질 것이다. 인간관계에서 불편한 관계가 되는 원인은 다양하지만 그 중에서도 주요한 원인은 인간의 이기심이다. 이기심이란 자신의 이익만을 생각하고 상대방에게 도움을 받기만 바라는 마음을 말한다. 이러한 이기심 때문에 자신의 이익만 생각하다가 보면 오히려 서로에게 불이익이 될 수 있어 바람직한 인간관계를 유지할 수 없게 된다. 따라서 바람직한 인간관계란 자신의 이익과 관계없이 서로에게 도움이 되는 관계이다.

결론

이런 관계를 맺고 유지하기 위해서는 서로를 인정하는 자세가 필요하다. 상대방이 자신과 다르다는 것을 인정해야 서로 간의 갈등을 줄일 수 있기 때문이다. 또한 서로를 존중하는 마음도 필

요하다. 아무리 가까운 사이라도 서로를 존중하지 않는다면 자존심이 상할 수 있기 때문이다. 이처럼 서로를 인정하고 존중하는 상호작용이 바탕이 될 때 좋은 인간관계를 맺게 될 것이다. 그러나 때때로 갈등이 발생할 수도 있다. 그런 경우에는 서로를 이해하려고 노력하면서 슬기롭게 갈등을 해결해야 바람직한 인간관계를 유지할 수 있을 것이다.

읽기 42번~50번

| 42. ① | 43. ② | 44. ③ | 45. ③ | 46. ④ |
| 47. ④ | 48. ② | 49. ③ | 50. ② | |

읽기 42번~43번
p.123

집에 오니, 어머니는 문간에서 기다리고 있다가 나를 안고 들어왔습니다. "그 꽃은 어디서 났니? 퍽 곱구나." 하고 어머니가 말씀하셨습니다. 그러나 나는 갑자기 말문이 막혔습니다. '🅐이걸 엄마 드릴라구 유치원서 가져왔어.' 하고 말하기가 어째 몹시 부끄러운 생각이 들었습니다. 그래 잠깐 망설이다가

"응. 이 꽃! 저, 사랑 아저씨가 엄마 갖다 주라고 줘."

하고 불쑥 말했습니다. 🅑그런 거짓말이 어디서 그렇게 툭 튀어나왔는지 나도 모르지요. 꽃을 들고 냄새를 맡고 있던 어머니는 내 말이 끝나기가 무섭게 무엇에 몹시 놀란 사람처럼 화다닥하였습니다. 그리고, 금시에 어머니 얼굴이 그 꽃보다 더 빨갛게 되었습니다. 그 꽃을 든 어머니 손가락이 파르르 떠는 것을 나는 보았습니다. 어머니는 무슨 무서운 것을 생각하는 듯이 방 안을 휘 한 번 둘러보시더니,

"옥희야, 그런 걸 받아 오문 안 돼."

하고 말하는 목소리는 몹시 떨렸습니다. 나는 🅒꽃을 그렇게도 좋아하는 어머니가, 이 꽃을 받고 그처럼 성을 낼 줄은 참으로 뜻밖이었습니다. 어머니가 그렇게도 성을 내는 것을 보니까 그 꽃을 내가 가져왔다고 그러지 않고, 아저씨가 주더라고 거짓말을 한 것이 참 잘되었다고 나는 속으로 생각했습니다.

42. ❶

○ 밑줄 친 부분의 앞 내용을 보면 어머니가 (1)놀란 것 같았고 (2)얼굴이 빨개졌고 (3)손을 떨고 있었다. 이때 어머니의 심정은 '긴장하고 있다.'가 자연스럽다.

43.

○ ① 어머니는 평소에 꽃을 싫어한다.
➡ 어머니는 평소에 꽃을 (좋아한다). not C
❷ 옥희는 유치원에서 꽃을 가져왔다.
➡ 정답
③ 어머니는 옥희에게 거짓말을 했다.
➡ (옥희는 어머니에게) 거짓말을 했다. not B
④ 옥희는 사랑 아저씨에게 꽃을 줬다.
➡ 옥희는 (어머니)에게 꽃을 줬다. not A

읽기 44번~45번   p.124

국내 한 문구 회사에서 특별한 스마트펜을 출시하였다. 이 펜은 ❹종이에 쓴 글을 (❺스마트폰에 그대로 옮겨 주는) 제품이다. 펜에 내장된 센서가 전용 ❹'노트에 적힌 필기 내용을 ❺'스마트폰으로 실시간 전송하여 언제, 어디서나 쉽게 확인할 수 있다. 뿐만 아니라 글씨의 색깔과 두께를 원하는 대로 바꿀 수도 있고 녹음을 하면서 동시에 필기를 할 수도 있기 때문에 학교나 학원에서 강의를 들을 때 매우 유용하게 활용할 수 있다. 이 펜은 종이가 주는 특유의 질감 등을 느끼면서 손글씨로 적는 것과 같은 익숙한 편리함을 원하는 사용자에게 더할 나위 없이 좋은 제품이다. 이처럼 편리한 휴대성을 갖춘 이 펜은 앞으로 교육, 의료, 금융 등 여러 분야에서 활용성이 높아질 것으로 기대된다.

44. ❸

○ 중심 생각 Ranking 유형 (10) '두 문장 반복'에 해당한다.
스마트펜의 여러 가지 장점을 소개한 후에 이처럼 편리한 휴대성을 갖춘 이 펜은 앞으로 교육, 의료, 금융 등 여러 분야에서 활용성이 높아질 것으로 기대된다고 하였다. 따라서 이와 같은 의미를 선택지에서 고르면 된다.

45. ❸

○ 대응유형으로 비슷한 표현을 활용하여 빈칸에 들어갈 알맞은 내용을 찾으면 된다.
❹종이에 쓴 글을 (❺스마트폰에 그대로 옮겨 준다).
❹'노트에 적힌 필기 내용을 ❺'스마트폰으로 실시간 전송한다.

읽기 46번~47번   p.125

동굴 벽화로 대표되는 원시인들의 미술은 한마디로 주술적이라고 정의할 수 있다. 이들의 벽화는 고대 원시 신앙과 생존에 관련된 주술적 표현이나 실생활과 직접 관계가 있는 것들의 표현이 대부분이다. (㉠) 이들이 벽화를 그린 이유에 대해서 다양한 추론이 있다. (㉡) 그중 사냥감이 멀리 달아나지 않고 가까이 머물러 있기를 바라는 마음에서 비롯되었을 것이라는 추론이 가장 설득력이 있다. (㉢) 그런데 ❹초기의 벽화가 주로 동물이 소재로 그려졌다면 그 이후의 벽화에서는 동물이 사라지고 해와 비가 그려진 것을 볼 수 있다. (㉣) ❺바로 그들의 생존 방식이 사냥에서 농사로 바뀌었고 ❻주술의 목적도 농사가 잘되기를 바라는 마음으로 바뀌었다는 추론이다. 이처럼 벽화는 그려진 시기에 따라 원시인들의 생존 방식의 변화를 보여 주기 때문에 중요한 사료라고 할 수 있다.

46. ❹

보기

이처럼 벽화의 소재가 달라진 이유는 원시인들의 생존 방식이 바뀌었기 때문이라고 추론할 수 있다.

○ 〈보기〉는 벽화의 소재가 달라진 이유를 나타낸다. (㉣) 앞에 소재가 동물에서 해와 비로 바뀌었다는 내용이 있고 (㉣) 뒤에 생존 방식이 사냥에서 농사로 바뀌었다는 내용이 있으므로 〈보기〉의 문장은 (㉣)에 위치해야 한다.

47.

○ ① 벽화의 소재가 해와 비에서 동물로 바뀌었다.
➡ 벽화의 소재가 (동물에서 해와 비로 바뀌었다). not A
② 원시인의 생존 방식은 농사에서 사냥으로 바뀌었다.
➡ 원시인의 생존 방식은 (사냥에서 농사로) 바뀌었다.
not B
③ 벽화의 소재는 바뀌었지만 주술적 목적은 바뀌지 않았다.
➡ 벽화의 소재는 바뀌었지만 (주술적 목적도 바뀌었다).
not C
❹ 동굴 벽화의 소재 변화는 원시인의 생존 방식 변화와 관계가 깊다.
➡ 정답

p.126

계란 산란 일자 표기 의무화에 대한 논란이 뜨겁다. 기존에는 계란 유통 시 농장 고유 번호와 사육 환경만 숫자로 표기했는데 여기에 산란 일자가 추가되는 것에 대해 농장에서 반발하고 나선 것이다. 일반적으로 계란의 유통기한은 30일 정도이다. 그런데 여기에 산란 일자까지 표기하면 소비자들은 며칠만 지나도 오래된 계란이라고 여겨 구입하지 않게 될 것이고 그 부담은 모두 양계 농장에 돌아갈 것이라는 이유에서다. 물론 이 제도를 통해 소비자들은 계란의 신선도를 확인할 수 있다. 그러나 문제는 산란 일자만으로는 계란의 신선도를 정확하게 판단할 수 없다는 데 있다. 전문가들에 의하면 Ⓐ계란의 신선도는 산란 일자보다 오히려 유통 Ⓑ(온도에 더 많이 좌우된다고) 한다. 계란 산란 일자에만 신경을 쓰다가는 더 중요한 유통 과정이 소홀해질 수 있다. 오히려 여러 나라들은 Ⓑ'계란 유통 온도가 Ⓐ'신선도에 가장 큰 영향을 미친다는 것을 알고 이를 엄격하게 규제하고 있다. 따라서 계란 배송, 보관 등 모든 유통 과정에서 적정 온도를 유지할 수 있는 냉장 시스템 구축을 의무화하는 것이 더 시급하다고 할 수 있다.

48. ❷

○ 글을 쓴 목적은 먼저 중심 생각(주제)를 찾아야 한다. 이 글은 중심 생각 Ranking 유형 (10) '두 문장 반복'에 해당한다. 따라서 중심 생각은 '계란 산란 일자 표기보다 유통 온도가 중요하다.'이다. 이를 바탕으로 글을 쓴 목적을 고르면 답은 '❷계란 산란 일자 표기의 문제점을 지적하려고'가 된다.

49. ❸

○ 대응 유형으로 비슷한 표현을 활용하여 빈칸에 들어갈 알맞은 내용을 찾으면 된다.
Ⓐ계란의 신선도는 Ⓑ(온도에 더 많이 좌우된다).
Ⓑ'계란 유통 온도가 Ⓐ'신선도에 가장 큰 영향을 미친다.

50. ❷

○ '물론 이 제도를 통해 소비자들은 계란의 신선도를 확인할 수 있다.'에서 필자는 계란 산란 일자 표기 의무화의 긍정적인 부분을 인정하고 있다. 이와 같은 내용을 선택지에서 고르면 된다.

듣기 1번~50번				
1. ①	2. ②	3. ①	4. ②	5. ②
6. ①	7. ①	8. ③	9. ③	10. ④
11. ②	12. ①	13. ②	14. ④	15. ③
16. ②	17. ①	18. ②	19. ③	20. ③
21. ④	22. ③	23. ①	24. ②	25. ②
26. ④	27. ②	28. ③	29. ③	30. ②
31. ④	32. ④	33. ③	34. ③	35. ①
36. ①	37. ②	38. ①	39. ④	40. ③
41. ③	42. ②	43. ④	44. ①	45. ④
46. ②	47. ④	48. ③	49. ④	50. ④

듣기 1번~3번   p.131

1. ❶

남자: 저, 죄송한데요. 화장실이 어디에 있나요?

여자: 저쪽 편의점 보이시지요? 그 옆에 있습니다.

남자: 네. 감사합니다.

➡ 공항 안내 데스크
➡ 남자 위치 물어봄
➡ 여자 손으로 방향 지시

2. ❷

여자: 오늘은 어디까지 갈 거예요?

남자: 산 중턱에 있는 절까지 다녀오는 거 어때요?

여자: 네. 좋아요. 거기는 아직 안 가 봤어요.

➡ 산 입구
➡ 등산로 안내도
➡ 남자 손으로 위치 가리키기
　(절 표시)
➡ 여자 보고 있기

3. ❶

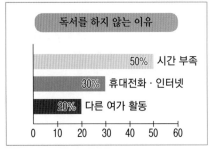

독서를 하지 않는 이유	
50%	시간 부족
30%	휴대전화 · 인터넷
20%	다른 여가 활동

0　10　20　30　40　50　60

여자: 최근 발표된 성인 독서 실태 조사에 따르면 성인 5,000명 중 40%가 도서를 한 달에 한 권도 읽지 않는 것으로 조사되었습니다. 그 이유로는 '시간이 부족해서'라고 응답한 사람이 가장 많았고 '휴대전화·인터넷 때문에', '다른 여가 활동을 해서'가 그 뒤를 이었습니다.

➡ 순위 그래프로 독서를 하지 않는 이유가 '1위 시간이 부족해서, 2위 휴대전화·인터넷 때문에, 3위 다른 여가 활동을 해서'에 해당하는 그래프는 ①번이다. 성인 독서 실태에 대한 질문에서는 40%가 한 달에 한 권도 책을 읽지 않는 것으로 나타났는데 일치하는 것이 없다.

듣기 4번~8번   p.132

4. ❷

남자: 민정 씨, 몸은 좀 괜찮아졌어요? 어제 많이 아파 보이던데.

여자: 네. 어제 약 먹고 푹 잤더니 좋아졌어요.

남자: <u>좋아졌다니 다행이에요.</u>

➡ 남자는 여자의 건강을 걱정하며 안부를 물어보고 있다. 이에 대해 여자는 괜찮아졌다고 대답하는 상황이다. 이때 남자는 몸이 좋아져서 다행이라고 말하는 것이 자연스럽다.

5. ❷

여자: 이 집은 방도 넓고 창문도 커서 좋네요.

남자: 마음에 들어요? 그럼 우리 이 집으로 정할까요?

여자: <u>그럼 우리 바로 계약해요.</u>

➡ 여자와 남자가 같이 계약할 집을 보고 있는 상황이다. 여자가 집이 마음에 든다고 하자 남자가 이 집으로 정할지 물어보고 있다. 이때 여자는 계약하자고 이야기하는 것이 자연스럽다.

6. ❶

여자: 어휴, 두 시간째 앉아서 보고서를 썼더니 너무 힘들다. 우리 커피 한잔할까?

남자: 오늘 벌써 세 잔이나 마셨잖아.

여자: <u>그럼 잠깐 쉬었다가 할까?</u>

➡ 여자가 남자에게 커피를 마시자고 제안을 하고 남자는 이미 세 잔이나 마셨다고 하면서 거절하는 상황이다. 이때 여자는 잠깐 쉬었다가 하자고 말하는 것이 자연스럽다.

7. ❶

남자: 다음 주에 회사에서 응급 처치 교육이 있다면서요?

여자: 네. 반드시 참가해야 한다고 하더라고요.

남자: <u>그렇다면 꼭 들어야겠네요.</u>

➡ 남자가 다음 주에 회사에서 응급 처치 교육이 있다고 하자 여자가 반드시 참가해야 한다고 말하는 상황이다. 이에 대해 남자는 그러면 꼭 들어야겠다고 대답하는 것이 자연스럽다.

8. ❸

남자: 어제 친구랑 같이 단풍 구경을 갔다 왔어요.

여자: 주말이라 복잡했을 텐데 괜찮았어요?

남자: <u>사람들이 많았지만 정말 좋았어요.</u>

➡ 남자가 어제 단풍 구경을 다녀온 이야기를 하자 여자가 복잡하지 않았냐고 물어보는 상황이다. 이때 남자는 사람들이 많았지만 좋았다고 대답하는 것이 자연스럽다.

듣기 9번~12번   p.133

9. ❸

남자: 영화 시작 전에 도착해서 다행이다.

여자: 그러게. 우선 예매한 표부터 찾자.

남자: 표는 저기 무인발급기에서 내가 찾아올게.

여자: 알았어. 그럼 난 음료수 사 올 테니까 상영관 입구에서 기다려.

➡ 유형 (6) 〈여자의 계획, 제안〉이다. 여자는 예매한 표를 찾으러 가는 남자에게 "음료수 사 올 테니까 상영관 입구에서 기다려."라고 말하고 있다.

10. ❹

남자: 어서 오세요. 무슨 꽃을 찾으세요?

여자: 장미꽃이요. 생일 선물이니까 100송이를 박스에 포장해 주세요.

남자: 알겠습니다. 이 박스 마음에 드세요?

여자: 네. 좋네요. 카드로 계산할게요.

➡ 유형 (6) 〈여자의 계획, 제안〉이다. 여자는 생일 선물로 장미꽃을 구입한 후에 "카드로 계산할게요."라고 말하고 있다.

11. ❷

남자: 청소기가 고장이 났나 봐요. 삑삑 소리만 나는데 서비스 센터에 전화해 볼까요?

여자: 그거 고장 난 거 아니에요. 먼지 통 갈 때가 돼서 그래요.

남자: 그래요? 그럼 먼지 통 좀 갖다 줄래요? 내가 갈게요.

여자: 알았어요. 찾아볼 테니까 잠시만 기다려요.

➡ 유형 (6) 〈여자의 계획, 제안〉이다. 여자는 청소기의 먼지 통을 갖다 달라는 남자의 말을 듣고 "(먼지 통을) 찾아볼 테니까 잠시만 기다려요."라고 말하고 있다.

12. ❶

남자: 주말에 있는 행사 준비 다 끝났습니까?

여자: 네. 안내 책자, 행사 물품 모두 준비를 끝냈습니다.

남자: 그렇군요. 참석자들에게 초대장은 보냈습니까?

여자: 지금 메일로 보내려던 참입니다. 바로 보내겠습니다.

➡ 유형 (6) 〈여자의 계획, 제안〉이다. 여자는 참석자들에게 초대장을 보냈냐는 남자의 말을 듣고 (초대장을) 바로 보내겠다고 대답하고 있다.

p.134

13.

여자: 신혼여행은 잘 다녀오셨어요?

남자: 네. 덕분에 잘 다녀왔어요. 이번 주 토요일에 부서 직원들과 집들이를 할까 하는데 괜찮을까요?

여자: ④이번 주에는 회사에 일이 많아서 모두 힘들 거예요.

남자: ⑧그럼 다음 주 토요일 저녁은 괜찮겠지요?

➡ ① 남자는 여자의 결혼식에 다녀왔다.
  ➡ 정보 없음
❷ 남자는 결혼한 지 얼마 되지 않았다.
  ➡ 정답
③ 여자는 다음 주까지 회사일 때문에 바쁘다.
  ➡ 여자는 (이번 주까지) 회사일 때문에 바쁘다. not A
④ 여자는 이번 주 토요일에 집들이를 할 생각이다.
  ➡ (남자는 다음 주) 토요일에 집들이를 할 생각이다. not B

14.

여자: (딩동댕) 우리 회사 여름철 전기에너지 절약 방침에 따라 사원 여러분의 협조를 부탁드립니다. 사무실의 실내 온도는 28도를 유지해 주시고 점심시간에는 개인용 컴퓨터 등 전기 제품을 꺼 주시기 바랍니다. 그리고 ④점심시간과 퇴근 시간 한 시간 전에는 냉방기 가동이 중지되며 엘리베이터는 2층과 3층에서는 서지 않으니 참고해 주시기 바랍니다. (딩동댕)

➡ ① 점심시간에 내부 공사로 인해 정전이 된다.
  ➡ 정보 없음
② 점심시간에는 엘리베이터가 운행되지 않는다.
  ➡ 정보 없음
③ 퇴근 시간 30분 전에 냉방기 가동이 중지된다.
  ➡ 퇴근 시간 (1시간 전에) 냉방기 가동이 중지된다. not A
❹ 사무실은 실내 온도를 일정하게 유지해야 한다.
  ➡ 정답

15.

남자: 경상남도 거제시의 아름다운 섬 '저도'가 47년 만에 오는 9월부터 일반인에게 개방됩니다. ④이 섬은 대통령 휴양지로 지정되어 일반인에게 공개되지 않았었는데요. ⑧대통령이 지난 대선 때 공개를 약속하면서 이루어지게 되었습니다. 대통령은 이곳의 시설 등을 잘 활용해 남해안의 새로운 관광지로 잘 활용되길 바란다고 말하였습니다. ⑥저도의 개방은 주 5일, 오전 10시 반부터 오후 6시까지 하루 600명에게 허용됩니다.

➡ ① 이 섬은 일주일 내내 개방될 예정이다.
  ➡ 이 섬은 (주 5일) 개방될 예정이다. not C
② 대통령 휴양지로 유명하여 관람객이 많았다.
  ➡ 대통령 휴양지로 (지정되어 일반인에게 공개되지 않았다). not A
❸ 일반인들이 이 섬을 방문할 수 있게 되었다.
  ➡ 정답
④ 이 섬은 국민들의 요구로 일반인에게 개방되었다.
  ➡ 이 섬은 (대통령이 공개를 약속하면서) 일반인에게 개방되었다. not B

16.

남자: 집에서 직접 만든 간식을 판매하신다고 들었는데요. 어떻게 이 일을 시작하게 되셨는지 궁금합니다.

여자: 사실 아이를 키우는 엄마라면 누구나 아이들 간식 때문에 걱정이 많으실 겁니다. ④시중에서 판매하는 간식은 안심하고 먹일 수도 없고요. 그래서 저희 아이들을 위한 간식을 집에서 직접 만들기로 했습니다. 그러다가 ⑧제가 만든 간식을 사고 싶어 하는 주변 분들이 있어 판매를 시작하게 되었습니다. ⑥올해는 직접 만든 간식을 판매하는 인터넷 쇼핑몰을 열 계획입니다.

➡ ① 여자는 간식을 판매하는 인터넷 쇼핑몰을 열었다.
  ➡ 여자는 간식을 판매하는 인터넷 쇼핑몰을 (열 계획이다). not C
❷ 여자는 집에서 직접 아이들을 위한 간식을 만든다.
  ➡ 정답
③ 여자는 시중에서 판매하는 간식이 좋다고 생각한다.
  ➡ 여자는 시중에서 판매하는 간식이 좋다고 (생각하지 않는다). not A
④ 여자는 주변 사람들에게 무료로 간식을 나눠 주었다.
  ➡ 여자는 주변 사람들에게 (간식을 판매했다). not B

17. ❶

남자: 개를 한번 키워 볼까 하는데, 어떨까요?

여자: 준기 씨, 아파트에 살잖아요. 이웃 사람들이 싫어하지 않을까요?

남자: 자기 집에서 개를 키우는 걸 다른 사람이 뭐라고 할 수 있을까요? 물론 아파트 주민들이 싫어하지 않도록 조용하게 키울 생각이에요. 그렇게 할 수만 있다면 별로 문제없다고 봐요.

◎ 중심 생각 Ranking 유형 (7) '-(ㄴ/는)다고 보다'에 해당한다. "자기 집에서 개를 키우는 건 별로 문제없다고 본다"와 같은 내용을 선택지에서 고르면 된다.

18. ❷

남자: 노트북 산다더니 뭘 살지 결정했어?

여자: 내가 직접 사 본 적이 없어서 제대로 고를 수 있을지 모르겠어.

남자: 너한테 필요한 성능의 컴퓨터가 무엇인지를 먼저 정해. 어떤 작업을 주로 하느냐에 따라서 차이가 있으니까 디자인만 보고 사면 나중에 후회할지도 몰라. 그리고 수리 보증 기간도 꼭 따져 보고.

◎ 중심 생각 Ranking 유형 (5) '-아/어 보세요.'와 중심 생각 Ranking 유형 (10) '반복'에 해당한다. "필요한 성능이 무엇인지 정하고 수리 보증 기간을 따져 본 후에 컴퓨터를 구입해야 한다"와 같은 내용을 선택지에서 고르면 된다.

19. ❸

여자: 오늘 연극 정말 좋았어. 특히 관객을 연극에 참여하게 하니까 더 재미있더라.

남자: 그래? 난 별로던데. 연극 중간에 관객을 무대로 나오라고 할 때마다 계속 긴장을 했거든.

여자: 난 배우와 관객이 하나가 된 것 같아서 오히려 좋았는데.

남자: 글쎄. 관객이 자꾸 무대에 올라가니까 연극의 흐름도 끊기고 시간도 오래 걸리고. 난 집중이 잘 안 돼서 아쉬웠어.

◎ 중심 생각 Ranking 유형 (10) '두 문장 반복'에 해당한다. "연극 중간에 관객을 무대로 나오라고 할 때마다 긴장을 했다. 관객이 자꾸 무대에 올라가니까 집중이 잘 안 됐다."와 같은 내용을 선택지에서 고르면 된다.

20. ❸

여자: 선생님께서는 나이 드신 어른들을 위해 한글을 가르치고 계신데요. 이렇게 특별한 봉사 활동을 하시는 이유가 있나요?

남자: 저희 학교의 학생들은 젊은 시절 가난 때문에 배움의 기회를 놓친 60~70대의 어른들입니다. 그분들에게 조금이나마 도움이 되고 싶어 이 일을 하게 됐는데요. 이 일을 하다 보면 오히려 제가 어르신들에게 많은 것을 배우게 됩니다. 어르신들이 보여주시는 배움에 대한 열정을 보면 제가 본받을 부분이 더 많은 것 같습니다.

◎ 중심 생각 Ranking 유형 (10) '두 문장 반복'에 해당한다. "이 일을 하다 보면 어르신들에게 많은 것을 배우게 됩니다, 제가 본받을 부분이 더 많은 것 같습니다"와 같은 내용을 선택지에서 고르면 된다.

여자: 실장님, 지난번에 말씀드렸던 그 양말이요, Ⓐ사원들을 대상으로 조사해 보니 좋은 아이디어라는 의견이 많았습니다.

남자: 그래요? 양쪽 양말의 디자인이 다른 게 좋다니 좀 의외네요.

여자: 요즘 Ⓑ소비자들은 독특한 디자인을 선호하니까 Ⓒ분명 관심을 끌 수 있을 거라고 생각합니다.

남자: 음, 그럼 일반 소비자들을 대상으로 조사를 좀 해 볼 필요가 있겠어요. 디자인을 몇 개 더 추가해 보세요. 판매 가능한 연령대도 좀 더 넓히고요.

21. ❹

◎ 〈회의〉 상황으로 중심 생각 Ranking 유형 (4) '-(으)ㄹ 필요가 있다.'에 해당한다. 남자의 중심 생각은 '일반 소비자들을 대상으로 조사를 좀 더 해 볼 필요가 있다.'이다.

22.

◎ ① 여자가 개발한 양말이 많이 팔리고 있다.
➡ 여자가 개발한 양말이 (관심을 끌 수 있을 거라고 생각한다). not C

② 여자는 독특한 디자인의 양말을 선호한다.
➡ (소비자들은) 독특한 디자인의 양말을 선호한다. not B

❸ 양말에 대한 사원들의 반응이 좋은 편이다.
➡ 정답

④ 남자는 회사 직원들을 대상으로 조사를 했다.
➡ (여자는) 회사 직원들을 대상으로 조사를 했다. not A

남자: 거기 '은혜문화센터'지요? 이번에 시작하는 도자기 만들기 수업 때문에 전화 드렸는데요.

여자: 네, 무엇을 도와 드릴까요?

남자: 도자기 수업은 어디에서 하는지 알고 싶고요, 또 무슨 도자기를 만드는지 알고 싶어서요.

여자: 이번 프로그램은 '나만의 그릇을 만드는 시간'이라고 해서 🅐접시와 물병을 만들 예정입니다. 🅑이론 수업은 저희 센터에서 진행하고요, 도자기는 전통 가마터를 방문해서 그릇을 직접 만들고 🅒구울 예정입니다.

23. ❶

▷ 여자는 도자기 수업의 장소, 수업 내용 등을 남자에게 안내하고 있다.

24.

▷ ① 이론 수업은 <s>따로 하지 않는다</s>.
   ➡ 이론 수업은 (센터에서 진행한다). not B
② 도자기를 굽는 과정을 볼 수 없다.
   ➡ 도자기를 (직접 굽는다). not C
③ 이 프로그램은 <s>컵과</s> 물병을 만든다.
   ➡ 이 프로그램은 (접시와) 물병을 만든다. not A
❹ 도자기를 만들러 전통 가마터에 간다.
   ➡ 정답

여자: 시장님, 은혜시 전체 🅐횡단보도 대기 공간에 노란색으로 안전구역을 표시하셨다고 들었는데요. 그렇게 하신 이유가 무엇인가요?

남자: 🅑국제아동인권센터에서 개발한 어린이 안전보호구역인 '옐로카펫'을 적용한 건데요. 어린이 교통사고를 최대한 줄이고자 시행하였습니다. 이 안전구역은 횡단보도를 이용하려는 어린이가 안전하게 신호를 기다리는 공간이기도 하지만 눈에 잘 띄는 노란색으로 칠해 횡단보도 앞 어린이가 운전자에게 잘 보이게 하는 효과도 있습니다. 실제로 효과가 커서 점점 확대되고 있습니다. 어린이의 안전을 지키는 것이 무엇보다 중요한 만큼 🅒모든 도시에 시행되기를 바랍니다.

25. ❷

▷ 중심 생각 Ranking 유형 (4) '-는 게 중요하다'와 유형 (9) '무엇보다도'에 해당한다. 여자는 횡단보도 대기 공간에 노란색으로 안전 구역을 표시한 이유를 질문하고 있다. 이에 대한 남자의 중심 생각은 '어린이의 안전을 지키는 것이 무엇보다 중요하다.'이다.

26.

▷ ① 이 사업은 모든 도시에서 <s>시행하고 있다</s>.
   ➡ 이 사업은 모든 도시에서 (시행하지 않는다). not C
② 은혜시에서 노란색 안전구역을 개발하였다.
   ➡ (국제아동인권센터에서) 노란색 안전구역을 개발하였다. not B
③ 은혜시는 횡단보도 <s>색을</s> 노란색으로 바꾸었다.
   ➡ 은혜시는 횡단보도 (대기 공간을) 노란색으로 바꾸었다. not A
❹ 이 사업은 어린이 교통사고를 줄이기 위한 것이다.
   ➡ 정답

여자: 신문에서 봤는데 🅐대리나 과장 같은 직함 대신 이름 뒤에 '님'을 붙여서 부르는 회사가 꽤 늘어났대요. 🅑분위기가 자유로워지는 효과가 생겨서 좋다고 하더라고요.

남자: 과연 좋기만 할까요? 저는 그렇게 하는 게 한국인의 정서와 잘 맞을지 모르겠어요.

여자: 왜요? 그렇게 호칭을 사용하다 보면 분위기가 자유로워지니까 의사소통이 더 활발해지지 않을까요?

남자: 글쎄요. 호칭만 바꾼다고 분위기가 달라질까요? 그리고 무엇보다 윗사람의 이름을 부르는 건 한국의 예절에 어긋나는 것 같은데요.

27. ❷

▷ 말하는 의도는 중심 생각을 푸는 방법으로 답을 고르면 된다. 여자의 중심 생각은 Ranking 유형 (8) '-아/어서 좋다.'와 유형 (10) '두 문장 반복'에 해당한다. 여자는 회사에서 호칭을 바꿔서 사용하면 분위기가 자유로워지고 의사소통도 활발해지는 효과가 있다고 말한다. 따라서 여자가 남자에게 말하는 의도는 '호칭 문화의 변화'에 대해 말하는 것이다.

28.

▷ ① 호칭 방식을 바꾸는 회사가 <s>줄었다</s>.
   ➡ 호칭 방식을 바꾸는 회사가 (늘었다). not A

② 호칭을 바꾸어도 분위기에 변화가 없다.
　　➡ 호칭을 (바꾼 후에 분위기가 자유로워졌다). not B
❸ 남자는 바뀐 호칭 방식에 대해 부정적이다.
　　➡ 정답
④ 여자의 회사는 새로운 호칭 방식을 도입했다.
　　➡ 정보 없음

듣기 29번~30번　　　　　　　　　　　p.138

여자: 장애인을 위한 구두 가게를 운영하고 계신데요. 이 일을 하게 된 계기가 있으신가요?

남자: 원래 아버지가 운영하시던 가게입니다. 제가 대신 가게를 맡게 된 건 5년 정도 되었습니다. ❹처음에는 이 일을 정말 하기 싫었지요. 장애인용 구두는 만드는 과정도 복잡하고 수익도 크지 않았거든요.

여자: 그러셨군요. 하지만 지금 이렇게 계속 운영하고 계시잖아요.

남자: 네. 일을 시작한 후 얼마 되지 않았을 때 선천적 혹은 교통사고로 장애인이 되어 발에 맞지 않는 신발로 고통당하는 사람들이 많다는 걸 알게 되었습니다. 그분들에게 세상에서 하나뿐인 자기만의 신발을 만들어 드린다는 생각을 하니 ❸그만둘 수가 없었습니다. 그 일을 계기로 이 직업을 천직이라고 생각하게 되었고요.

29. ❸

◎ 여자는 남자에게 장애인을 위한 구두 가게를 운영하게 된 계기를 질문하고 있다. 그리고 남자가 장애인용 구두는 만드는 과정도 복잡하고 수익도 크지 않아 처음에는 이 일을 하기 싫었다고 대답하는 부분과 장애인에게 세상에서 하나뿐인 신발을 만들어 드린다고 이야기하는 부분에서 남자의 직업을 알 수 있다.

30.

◎ ① 남자는 이 일을 곧 그만둘 예정이다.
　　➡ 남자는 이 일을 (그만둘 수가 없다). not B
❷ 남자는 이 가게를 운영한 지 5년 되었다.
　　➡ 정답
③ 남자는 처음부터 이 일에 관심이 많았다.
　　➡ 남자는 (처음에는 이 일을 하기 싫었다). not A
④ 남자는 어렸을 때 교통사고로 장애를 입었다.
　　➡ 정보 없음

듣기 31번~32번　　　　　　　　　　　p.138

여자: 우리 지역에 이미 쓰레기 소각장이 있는데 거기에다가 소각장을 더 신설하겠다는 시의 정책에는 찬성할 수가 없습니다.

남자: 쓰레기를 땅에 묻는 방법을 완전히 없애고 소각을 하려면 소각장의 시설 개선과 신설이 반드시 필요합니다. 그것이 환경오염을 최소화할 수 있는 방법입니다.

여자: 그렇다면 굳이 우리 지역이 아니더라도 소각장을 세울 수 있는 다른 지역을 찾으면 되지 않겠습니까?

남자: 여러 장소를 고려해 봤지만 현재 시설을 활용하려면 이곳밖에 없습니다. 그리고 이번 사업은 시민 여러분의 동의가 반드시 필요합니다. 소각장을 지하에 만들어 그 위에 공원을 조성하겠으며 굴뚝은 전망대로 만들겠습니다. 시민의 삶의 질을 높이겠다는 시의 약속을 믿어 주십시오.

31. ❹

◎ 중심 생각 Ranking 유형 (4) '-는 게 필요하다'에 해당한다. 남자의 생각은 쓰레기를 땅에 묻는 방식을 완전히 없애기 위해서는 소각장의 시설 개선과 신설이 반드시 필요하다로 정리할 수 있다.

32. ❹

◎ 남자는 환경오염을 최소화하면서 현재 시설을 활용하기 위한 방안으로 해당 지역 소각장 시설의 개선과 신설이라는 해결책을 내놓고 있다.

듣기 33번~34번　　　　　　　　　　　p.139

남자: ❹운전자가 없어도 운행이 가능한 ❸자율주행차가 상용화되는 것도 머지않게 되었습니다. 자율주행차가 상용화만 된다면 인간의 삶은 훨씬 윤택해질 겁니다. 하지만 우려되는 문제점들도 몇 가지 남아 있습니다. 그 중 하나는 보안성과 사생활 보호 문제입니다. 자율주행차는 실시간으로 주변 정보를 수집하고 시스템에 보고를 하게 됩니다. 이는 운전자의 집 주소나 이동 경로 등의 개인 정보가 외부로 유출될 가능성이 있습니다. ❸또 다른 문제는 교통사고가 났을 때 책임의 문제입니다. 이런 상황에서 그 책임은 운전자, 자동차 제조사, 시스템 개발사 중 누가 져야 할까요?

33. ❸

➡ 내용을 듣기 전 선택지를 확인하면 '자율주행차'가 주제이다. 그리고 내용에서는 자율주행차가 상용화될 경우 생기는 문제점에 대해 자세하게 설명하고 있다.

34.

➡ ① 자율주행차는 아마 상용화되었다.
　➡ 자율주행차는 (곧 상용화될 것이다). not B
② 자율주행차는 교통사고가 발생하지 않는다.
　➡ 자율주행차는 교통사고가 (발생한다). not C
❸ 자율주행차는 개인 정보 유출의 문제가 있다.
　➡ 정답
④ 자율주행차는 운전자가 반드시 승차해야 한다.
　➡ 자율주행차는 운전자가 (승차하지 않아도 된다). not A

듣기 35번~36번   p.139

남자: 저는 오늘 현역 프로야구 선수에서 은퇴합니다. 34년 간 앞만 보고 달려온 야구 인생이었습니다. 은퇴를 말씀드리는 지금도 솔직히 실감이 나지 않습니다. 당장 ❹내일이라도 '언제 그랬냐'는 듯이 야구장으로 출근해 동료들과 함께 훈련하고 시합을 할 것 같습니다. 하지만 은퇴가 실감 나지 않더라도 지금이 제가 물러날 시간이란 사실은 변하지 않을 것입니다. 그것이 제 야구 인생을 명예롭게 마무리하고, 후배들에게 길을 열어 주는 일이라고 믿기 때문입니다. 비록 현역에서는 은퇴하지만 ❺2년간의 미국 연수 후 다시 돌아와 부끄럽지 않은 지도자가 되도록 노력하겠습니다.

35. ❶

➡ 내용을 듣기 전 선택지를 확인하면 '야구', '은퇴'와 관련된 것이 주제이다. 남자는 현역 야구 선수에서 은퇴하면서 느끼는 감정과 앞으로의 계획을 이야기하고 있다.

36.

➡ ❶ 남자는 34년 동안 야구 선수로서 활동하였다.
　➡ 정답
② 남자는 내일 동료들과 함께 훈련을 하기로 했다.
　➡ 남자는 내일 동료들과 함께 훈련을 (할 것 같다). not A
③ 남자는 후배들을 위하여 일찍 은퇴하기로 했다.
　➡ 정보 없음
④ 남자는 미국에서 2년 동안 지도자 연수를 받았다.
　➡ 남자는 미국에서 2년 동안 지도자 연수를 (받을 예정이다). not B

듣기 37번~38번   p.140

여자: 주변에서 보면 비타민을 챙겨 먹는 사람들이 많은데요. 종종 비타민 과다 섭취로 인한 부작용으로 병원을 찾는 사람이 많습니다. 선생님, 어떤 문제가 있는 건가요?

남자: ❹사실 제때 음식을 골고루 먹으면 별도의 비타민이 필요가 없습니다. 하지만 여러 가지 이유로 비타민을 충분히 섭취하지 못하는 경우 별도의 비타민을 먹는 것이 좋습니다. 그런데 사람들은 보통 비타민은 무조건 건강에 도움이 된다고 생각합니다. 그러나 꼭 그런 것만은 아닙니다. 비타민 A와 D의 경우 필요 이상으로 섭취하면 몸에 축적이 되어 건강을 해칠 수 있습니다. ❺비타민 A의 경우 두통과 피부 건조, 가려움증 등의 부작용이, ❻비타민 D의 경우 고혈압, 구토, 변비 등의 부작용이 생길 수 있지요. 따라서 비타민을 몸에 좋다고 무조건 많이 먹는 것은 피하는 것이 바람직합니다.

37. ❷

➡ 중심 생각 Ranking 유형 (1) '-는 것이 좋다'에 해당한다. 비타민 과다 섭취가 어떤 문제가 있느냐는 질문에 남자는 비타민의 여러 부작용을 설명하면서 비타민을 무조건 많이 먹는 것은 피하는 것이 좋다고 대답했다.

38.

➡ ❶ 비타민 A와 D는 몸에 축적이 되면 건강을 해칠 수 있다.
　➡ 정답
② 비타민 A를 과다 섭취하면 고혈압 등의 부작용을 보인다.
　➡ 비타민 A를 과다 섭취하면 (두통과 피부 건조, 가려움증) 등의 부작용을 보인다. not B
③ 비타민 D를 과다 섭취하면 피부 건조 등의 부작용을 보인다.
　➡ 비타민 D를 과다 섭취하면 (고혈압, 구토, 변비) 등의 부작용을 보인다. not C
④ 비타민은 음식을 제때 골고루 먹어도 충분히 섭취할 수 없다.
　➡ 비타민은 음식을 제때 골고루 (먹으면 충분히 섭취할 수 있다). not A

여자: 안면 인식 기술이 이제 단순히 본인 인증을 위한 수단에서 벗어나 금융, 의료, 공공 서비스에까지 사용되고 있군요.

남자: 네, 그렇습니다. ⓐ안면 인식 기술이 발달함에 따라 앞으로는 금융 업무를 보기 위해 신분증을 챙길 필요가 없을 것입니다. 또 현재 ⓑ이미 6만 명 이상이 모인 장소에서 특정한 사람을 찾아낼 수 있을 정도로 기술이 발달해 빠른 속도로 범인을 찾아낼 수 있게 되었습니다. 하지만 안면 인식 기술이 보편화되면서 생길 수 있는 문제점도 있습니다. 범인을 식별하기 위해 곳곳에 설치한 무인 카메라가 개개인의 행동을 감시하고 통제할 수 있다는 점입니다. 개개인의 행동 양식과 이동 경로가 노출된다면 사생활이 침해받을 수 있다는 문제가 있습니다.

39. ❶

⇨ 여자는 안면 인식 기술이 본인 인증뿐만 아니라 금융, 의료, 공공 서비스 등에도 사용되고 있다고 하면서 대담을 시작한다. 그리고 남자는 이에 대해 구체적인 설명을 덧붙이고 있다.

40.

⇨ ① 이 기술은 아직 특정한 사람을 구분할 수 없다.
    ➡ 이 기술은 (이미 특정한 사람을 구분할 수 있다). not B
② 이 기술이 발달하면 본인 인증이 더 복잡해진다.
    ➡ 이 기술이 발달하면 본인 인증이 더 (간단해진다).
    not A
❸ 이 기술은 사생활을 침해할 수 있다는 단점이 있다.
    ➡ 정답
④ 이 기술로 인해 금융 업무를 처리하는 시간이 더 길어졌다.
    ➡ 정보 없음

여자: 식물은 스스로 이동할 수 없어 한 자리에서 죽을 때까지 살아갑니다. 그래서 빛과 물, 영양분을 얻기 위해 생존 경쟁이 벌어집니다. 소나무는 ⓐ뿌리에서 '갈로타닌'이라는 화학 물질을 분비하여 주변에 다른 식물이 자라지 못하게 합니다. 실제로 소나무가 있는 주변에는 작은 풀조차 찾아보기가 힘든 것을 확인할 수 있습니다. 그렇다면 소나무는 왜 이런 생존 방식을 선택했을까요? 소나무는 어릴 때 햇빛을 받아야 하는데 잎이 넓은 나무들이 주변에 있으면 생존 경쟁에서 밀리게 됩니다. 그래서 이와 같은 생존 방식을 택하게 된 것이지요. ⓑ고추의 '캡사이신'이 매운 맛을 내는 이유도 다른 동물의 먹잇감이 되지 않고, 상처가 났을 때 병균으로부터 열매를 보호하려는 생존 방식의 결과입니다.

41. ❸

⇨ 중심 생각 Ranking 유형 (3) '그래서'에 해당한다.
"빛과 물, 영양분을 얻기 위해 생존 경쟁이 벌어진다."라고 말한 후에 소나무와 고추의 예를 들고 있다. 이와 같은 내용을 선택지에서 고르면 된다.

42.

⇨ ① 소나무는 줄기에서 화학 물질을 분비한다.
    ➡ 소나무는 (뿌리)에서 화학 물질을 분비한다. not A
❷ 소나무 주변에는 다른 식물이 자라지 못한다.
    ➡ 정답
③ 고추는 매운맛 때문에 동물의 먹잇감이 된다.
    ➡ 고추는 매운맛 때문에 동물의 (먹잇감이 되지 않는다).
    not B
④ 고추는 상처가 나면 열매를 땅에 떨어뜨린다.
    ➡ 정보 없음

남자: 이 새 모양의 토기는 무덤 속에서 발굴된 부장품이다. 과거에는 사람이 죽으면 죽음을 슬퍼하며 평소 사용하던 물건들을 함께 무덤에 묻었다. 그런데 이 새 모양의 토기는 다른 부장품과 달리 특별한 의미를 갖고 있다. 그렇다면 무슨 의미로 함께 묻었을까? 이는 한반도의 고대인들이 날아다니는 새를 하늘과 땅을 연결해 주는 존재로 생각하였기 때문이다. 즉 새가 죽은 사람의 영혼을 하늘로 인도한다고 믿었던 것이다. 이러한 사후 세계에 대한 믿음이 더욱 널리 퍼져 나가면서 새 모양의 토기가 많이 묻히게 된 것이다. 이처럼 새 모양의 토기는 새가 죽은 사람의 영혼을 하늘로 이끌어 주는 존재라는 믿음에서 유래한 것이다.

43. ❹

○ 중심 생각 Ranking 유형 (10) '두 문장 반복'에 해당한다. '새가 죽은 사람의 영혼을 하늘로 인도한다고 믿었다.' '새 모양의 토기는 새가 죽은 사람의 영혼을 하늘로 이끌어 주는 존재라는 믿음에서 유래한 것이다.'와 같은 내용의 반복을 통해 중심 생각을 나타내고 있다.

44. ❶

○ '무덤에 부장품을 묻은 이유'에 대한 정보를 어느 부분에서 말하는지를 잘 들어야 한다. 무덤에 평소 사용하던 물건들을 함께 묻은 이유를 '죽음을 슬퍼하기 위해서'라고 설명하고 있다.

여자: 토마토는 과일일까요, 채소일까요? 19세기 미국에서는 토마토를 채소로 결론내린 적이 있습니다. 그 이유가 재미있는데요. 당시 미국의 관세법에 따르면 과일을 수입할 경우에는 관세가 없었지만 채소의 경우에는 관세가 높았습니다. 미국 세관에서 토마토를 채소로 분류해 관세를 부과하자 한 수입업자가 소송을 제기하게 되었습니다. 별것 아닌 것 같은 이 문제를 두고 법적인 싸움이 벌어지게 된 것이지요. 재판 결과 법정에서는 토마토를 후식으로 먹지 않고 ❹주로 요리에 사용한다는 점을 이유로 채소라고 규정하게 되었습니다. 소송을 제기한 토마토 수입업자는 ❸재판에서 저서 관세를 내게 되었고. 사실 ❸토마토는 식물학, 원예학 등에서 제시하는 분류 기준에 따라 과일이 될 수도 있고 채소가 될 수도 있다고 합니다.

45.

○ ① 현재 미국에서는 토마토를 과일로 분류한다.
　➡ (토마토는 분류 기준에 따라 과일이 될 수도 있고 채소가 될 수도 있다). not C
② 미국에서는 토마토를 요리에 사용하지 않는다.
　➡ 미국에서는 토마토를 (요리에 사용한다). not A
③ 토마토 수입업자는 재판에서 어겨 관세를 내지 않았다.
　➡ 토마토 수입업자는 재판에서 (저서 관세를 내게 되었다). not B
❹ 19세기 미국에서는 채소를 수입할 때 관세를 내야 했다.
　➡ 정답

46. ❷

○ 먼저 중심 생각을 찾아보는 것이 좋다. 중심 생각 Ranking 유형 (10) '두 문장 반복'으로 '토마토가 과일인지 채소인지에 대한 논쟁'에 대하여 이야기하고 있다. 여자는 미국의 재판 결과를 예로 들어 토마토의 특성을 설명하고 있다.

여자: 최근 동물 실험이 중단되어야 한다는 목소리가 높은데요. 박사님께서는 이에 대해 어떻게 생각하시는지요?

남자: ❹매년 전 세계에서 수억 마리의 동물들이 인간의 질병 치료를 위한 목적으로 희생되고 있습니다. ❸보다 안전한 약품을 개발하기 위해서는 동물 실험이 불가피하다는 주장도 있는데요. 저는 그렇게 생각하지 않습니다. 무엇보다 동물 실험의 정확성이 그렇게 높지 않기 때문입니다. 성분에 따라 다르긴 하지만 약품에 대해 동물이 보이는 반응과 인간이 보이는 반응이 완전히 일치한다고 보기가 힘듭니다. 최근 들어 ❸동물 실험을 대체할 수 있는 여러 방법들이 개발되고 있는데요. 일반적으로 결과의 신뢰도가 뛰어나다고 알려져 있습니다.

47.

○ ① 실험에 의해 희생되는 동물들이 줄고 있다.
　➡ (매년 수억 마리의 동물들이 희생되고 있다). not A
② 동물 실험 결과의 신뢰도는 뛰어난 편이다.
　➡ (동물 실험을 대체할 수 있는 여러 방법들의) 신뢰도는 뛰어난 편이다. not C
③ 동물 실험이 중단되면 신약 개발은 불가능하다.
　➡ 동물 실험이 (중단된다고 해서 신약 개발이 불가능한 것은 아니다). not B
❹ 약품에 대한 동물과 인간의 반응은 다를 수 있다.
　➡ 정답

48. ❸

❍ 질문자가 '동물 실험 중단에 대한 생각'을 질문하였다. 이에 마지막 문장에서 화자는 "동물 실험의 정확성이 높지 않고, 최근에 개발된 동물 실험을 대체할 수 있는 여러 방법들이 일반적으로 결과의 신뢰도가 뛰어나다고 알려져 있다."면서 동물 실험 대체 방법에 대해서는 긍정적인 태도를, 동물 실험에 대해서는 부정적인 태도를 보이고 있다.

듣기 49번~50번　　　　　　　　　　p.143

여자: 조선 시대는 한국 미술사상 회화가 가장 발전했던 때입니다. 이 시기에는 그림을 그리는 일을 담당하던 관청인 도화서가 설치되었고 다수의 화가들이 두드러진 활동을 전개했는데요. ❹조선 이전에는 귀족 중심의 화려하고 세련된 문화가 주를 이루고 있었다면, ❺조선 시대에는 검소하고 실용적이며 소박한 성격의 것으로 발전하게 되었습니다. 또한 조선 시대 이전에는 불교가 발달하여 불교와 관련된 그림을 주로 그렸지만 ❻조선 시대 이후에는 불교의 영향에서 벗어나 풍경을 묘사한 진경산수화, 서민들의 생활 모습을 생생하게 담은 풍속화, 꽃과 새, 동물 등을 소재로 그린 민화 등으로 주제가 다양해졌지요. 이처럼 조선 시대에는 역사상 가장 한국적이면서 수준 높은 미술 작품이 만들어졌습니다.

49.

❍ ① 조선 시대의 회화는 종교적 색채가 강했다.
➡ 조선 시대의 회화는 (종교의 영향에서 벗어났다). not C
② 조선 시대 이전에는 서민들의 문화가 중심이 되었다.
➡ 조선 시대 이전에는 (귀족) 문화가 중심이 되었다. not A
③ 조선 시대부터 화려한 귀족 문화가 발전하기 시작했다.
➡ 조선 시대부터 (검소하고 실용적이며 소박한) 문화가 발전하기 시작했다. not B
❹ 조선 시대에 도화서가 설치되어 많은 화가들이 활발하게 활동했다.
➡ 정답

50. ❹

❍ 먼저 중심 생각을 찾아보는 것이 좋다. 중심 생각 Ranking 유형 (10) '두 문장 반복'으로 "조선 시대에는 역사상 가장 수준 높은 미술 작품이 만들어졌다."면서 그 가치를 높게 평가하고 있다.

쓰기 51번~52번　　　　　　　　　　p.144

51. ㉠ 키울 수 없습니다
ⓛ 연락해 주시기 바랍니다

```
　　　　자유 게시판
< 목록보기

제목 : 강아지를 무료로 드립니다.

글쓴이: 김준기　　날짜: 2020-10-09 (금)

강아지를 키우실 분을 찾습니다.
지난주에 저희 집에 강아지 네 마리가 태어
났습니다.
하지만 저희 집이 작아서 네 마리를 모두
(키울 수 없습니다).
그래서 강아지가 필요하신 분께 무료로 드
리려고 합니다.
강아지를 데려가실 분은 (연락해 주시기 바
랍니다).
제 전화번호는 010-1234-5678입니다.

강아지 사진은 아래 첨부 파일을 확인해 보
시면 됩니다.

　　　　　🖉 첨부파일.jpg
```

❍ 공개적인 글
(1) -(스)ㅂ니다.
(2) 글을 쓰는 사람: 나
(3) 강아지를 키울 사람을 찾기 위해 쓴 글이다. 그러므로 (㉠)는 '집이 작아서 네 마리를 모두 (키울 수 없다)'를 써야 한다.
(4) (ⓛ)의 뒤 문장에 전화번호가 있다.
(5) 높임말 사용

52. ㉠ 즐길 수 없다
ⓛ 다르기 때문이다

　　사람의 혀는 단맛, 쓴맛, 짠맛, 신맛 외에 온도를 느낀다. 그리고 ❻온도에 따라 ❼맛을 더 강하게 느끼거나 약하게 느끼게 된다. 치킨은 뜨거울 때 먹고 ❹맥주는 시원할 때 마셔야 ❺그 맛을 제대로 즐길 수 있다. 치킨이 차갑고 ❹'맥주가 미지근하면 ❺'제맛을 (즐길 수 없다). 왜냐하면 같은 음식이라도 ❻'온도에 따라 ❼'느껴지는 맛이 (다르기 때문이다).

❍ (㉠)
문법: -수 있다/없다.
대응: ❹맥주는 시원할 때 마셔야 ❺그 맛을 제대로 즐길 수 있다.

4급 1회 2회

5급 1회 2회

6급 1회 2회

실전 모의고사 1회 2회 3회

(반의) **Ⓐ**'맥주가 미지근하면 **Ⓑ**'제맛을 (즐길 수 없다).

(㉡)

문법: 왜냐하면 -기 때문이다.

대응: **Ⓒ**온도에 따라 **Ⓓ**맛을 더 강하게 느끼거나 약하게 느끼게 된다.

Ⓒ'온도에 따라 **Ⓓ**'느껴지는 맛이 (다르기 때문이다).

쓰기 53번   p.145

53.

귀촌 인구의 변화를 살펴보면, 귀촌 인구 수는 2008년 27만 명에서 2013년 42만 명, 2018년에는 51만 명으로, 지난 10년 동안 증가하였다. 특히 2008년부터 2013년까지 귀촌 인구 수가 급격히 증가한 것으로 나타났다. 이러한 증가의 원인으로는 우선 수도권 지역의 주거난이 심각해진 것을 들 수 있다. 취업난과 조기 퇴직 등으로 인한 일자리 불안도 귀촌 인구의 증가에 영향을 미친 것으로 보인다. 이러한 현상이 계속 이어진다면 2020년에는 귀촌 인구 수가 60만 명에 이를 것으로 예상된다.

쓰기 54번   p.145

54.

1. 서론: 고령화 사회의 원인
 - 의학의 발달과 식생활의 향상 → 평균 수명 증가
 - 결혼율 감소와 출산율 감소 → 저출산에 따른 인구 구조의 변화

2. 본론: 고령화 사회의 문제점
 - 생산 가능 인구 감소
 - 노인 복지 지출 증가로 국가 재정 악화
 - 악순환의 반복

3. 결론: 고령화 사회에 대처하기 위한 대책
 - 노인층의 정년 연장과 고용 확대
 - 출산 장려 정책을 바탕으로 경제적 부담 해소
 - 생산 가능 인구 확보와 문제점 해결

[서론]
한국은 65세 이상의 노인 인구 비율이 높아져 가는 고령화 사회로 진입했다. 그 원인으로는 의학의 발달과 식생활의 향상 등으로 인해 평균 수명이 증가한 것을 들 수 있다. 또 저출산에 따른 인구 구조의 변화도 들 수 있다. 이는 젊은층의 결혼율이 감소한 것과 결혼을 해도 여러 가지 경제적 문제로 인해 출산율이 감소했기 때문이다.

[본론]
고령화 사회의 문제점으로는 우선 15세부터 49세까지의 생산 가능 인구가 감소하고 있다는 점이다. 생산 가능 인구가 줄어들면 경제는 침체될 것이고 경제 규모도 작아질 수밖에 없을 것이다. 게다가 정부의 세금 수입도 줄게 될 것이다. 다음으로 노인 인구의 증가로 인해 노인 복지 지출이 늘어 국가의 재정이 악화될 우려가 있다. 또한 이 문제를 해결하기 위해서는 젊은층의 세금 부담이 커질 수밖에 없을 것이다. 그러나 더 큰 문제점은 해결책이 보이지 않고 이러한 악순환이 반복될 가능성이 높아지고 있다는 점이다.

[결론]
이러한 문제점을 해결하려면 노인층과 저출산에 대한 대책을 동시에 세워야 할 것이다. 노인층을 위해서는 정년 연장과 노인 고용 확대를 해야 할 것이다. 또 저출산에 대한 대책으로 출산 장려 정책을 바탕으로 육아 문제와 교육비 등에 대한 경제적 부담을 복지 정책을 통해 해결해야 할 것이다. 이렇게 된다면 생산 가능 인구를 확보할 수 있을 것이고 고령화 사회의 문제점도 점차 해결해 나아갈 수 있을 것이다.

읽기 1번~50번

1. ④	2. ④	3. ②	4. ②	5. ①
6. ④	7. ①	8. ④	9. ③	10. ④
11. ②	12. ③	13. ③	14. ②	15. ③
16. ④	17. ①	18. ③	19. ①	20. ④
21. ②	22. ④	23. ①	24. ④	25. ①
26. ②	27. ③	28. ①	29. ③	30. ④
31. ①	32. ①	33. ②	34. ④	35. ③
36. ②	37. ②	38. ④	39. ②	40. ④
41. ③	42. ①	43. ②	44. ④	45. ②
46. ①	47. ④	48. ②	49. ②	50. ①

읽기 1번~2번   p.149

1. ④

◐ 머리를 짧게 자르다. ➡ 나이보다 어려 보인다.
　'나이보다 어려 보인다.'는 주관적인 느낌을 표현했다. 주관적인 느낌을 표현하기 위해 호응하는 문법은 〈경험〉의 '-(으)니까'나 〈이유〉 '-아/어서'가 있다. 하지만 선택지 중에 없기 때문에 가장 비슷한 문법인 〈추측: 이유〉를 나타내는 '-아/어서 그런지'를 찾아야 한다. '-아/어서 그런지'는 앞의 상황이 뒤의 결과의 이유일 것이라고 추측할 때 사용한다.

2. ④

◐ 무슨 일이든지 꾸준히 노력하다 보면 ➡ 실력이 늘다.
　앞의 내용인 '꾸준히 노력하다 보면'의 '-다가 보면'은 〈경험: 반복 가정〉을 나타내어 '어떤 행동을 반복해서 하면 뒤에 어떻게 될 것이다'라는 의미이다. 따라서 뒤의 내용은 '실력이 늘게 될 것이다.'가 자연스럽다. 하지만 선택지 중에 없기 때문에 '실력이 늘게 되는 것이 당연하다.'의 의미를 나타내는 '-기 마련이다.'를 찾아야 한다. '-기 마련이다.'는 어떤 사실이 당연히 그렇게 될 것을 나타낼 때 사용한다.

읽기 3번~4번   p.149

3. ②

◐ '-는 대로'는 〈방법: 일관〉을 나타내는 문법이다. 앞의 상황과 똑같이 행동하는 것을 나타낼 때 사용한다. 그런데 선택지 중에서는 〈방법〉을 나타내는 문법이 없다. 따라서 선택지 중에서 '-는 대로'와 가장 비슷한 문법은 〈비유〉를 나타내는 문법인 '-는 것처럼'을 찾아야 한다.

4. ②

◐ '-(으)려던 참이다.'는 〈계획: 실행 순간〉을 나타내는 문법이다. 주어가 계획을 실행하려는 순간을 표현할 때 사용한다. 그런데 선택지 중에서 〈계획〉을 나타내는 문법은 ②번과 ③번이다. 이 중에서 ③번 '-기로 했다.'는 〈계획〉 중에서 결심이나 다른 사람과의 약속을 나타낼 때 사용하기 때문에 계획을 실행하려는 순간을 의미하는 ②번 '-(으)려고 했다.'를 찾아야 한다.

읽기 5번~8번   p.149

5. ①

넓은 작업 공간이 필요하십니까?
마음대로 조절하는 높낮이로 한층 편안하게~

◐ 핵심어: 작업, 공간, 조절하다, 높낮이

6. ④

친환경 무농약
맛있고 저렴한 국내산 농산물
신선한 먹을거리로 보답하겠습니다.

◐ 핵심어: 친환경, 무농약, 농산물, 신선하다, 먹을거리

7. ①

도움을 기다리는 이웃에게
사랑의 손길을 보내 주세요.

◐ 핵심어: 도움, 이웃, 사랑

8. ④

제목 : 편안한 여행이었습니다!
작성자: 이○○, 30대, 여, 2020.10.11.
• 친절한 안내와 설명 덕분에 관광이 즐거웠습니다.
• 여행 기간 동안 묵은 호텔도 훌륭했습니다.

◐ 핵심어: 편안한 여행이었다, 즐거웠다, 훌륭했다

3급 1회 2회 4급 1회 2회 5급 1회 2회 6급 1회 2회 실전 모의고사 1회

읽기 9번~12번

p.151

9.

2020 남산 걷기 대회

✽ Ⓐ일 시 : 5월 11일(토) 09:00~12:00
✽ 장 소 : 남산 백범광장
✽ Ⓑ대 상 : 남녀노소 누구나
✽ 참 가 비 : 무료
✽ 참가 방법 : 홈페이지에서 〈사전 접수〉 클릭

※ 걷기 대회가 끝나면 무료로 도시락을 드립니다.
※ Ⓒ마지막 순서로 행운권을 추첨하여 기념품을 드릴 예정이니 꼭 참석하시기 바랍니다.

① 걷기 대회는 ~~일요일~~ 오전에 진행된다.
➡ 걷기 대회는 (토요일) 오전에 진행된다. not A

② ~~서울에 거주하는 사람만~~ 신청할 수 있다.
➡ (남녀노소 누구나) 신청할 수 있다. not B

❸ 대회에 참가하려면 인터넷으로 신청해야 한다.
➡ 정답

④ 행운권 추첨에 뽑히면 ~~도시락을~~ 받을 수 있다.
➡ 행운권 추첨에 뽑히면 (기념품을) 받을 수 있다. not C

10.

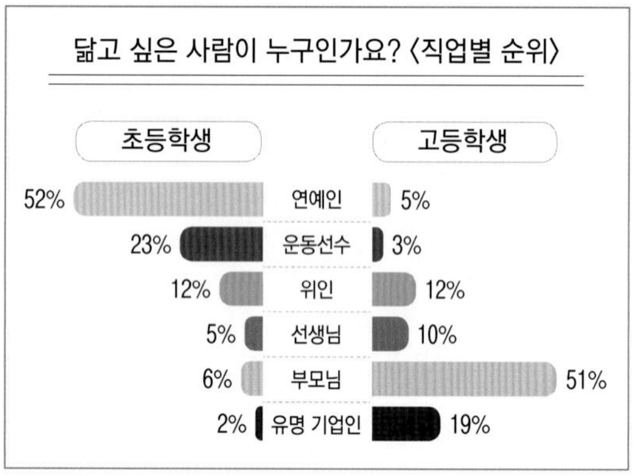

닮고 싶은 사람이 누구인가요? 〈직업별 순위〉
초등학생
고등학생
52% 연예인 5%
23% 운동선수 3%
12% 위인 12%
5% 선생님 10%
6% 부모님 51%
2% 유명 기업인 19%

연령별 비교

① 초등학생은 ~~부모님을~~ 가장 많이 닮고 싶어 한다.
➡ 초등학생은 (연예인을) 가장 많이 닮고 싶어 한다.
연예인(1위 52%)

② 위인을 선택한 비율은 ~~초등학생이 고등학생보다 많다~~.
➡ 위인을 선택한 비율은 (초등학생과 고등학생의 비율이 같다).
위인: 초등학생(12%) = 고등학생(12%)

③ 고등학생은 ~~유명 기업인보다 연예인을~~ 더 닮고 싶어 한다.
➡ 고등학생은 (연예인보다 유명 기업인을) 더 닮고 싶어 한다.
유명 기업인(19%) > 연예인(5%)

❹ 운동선수를 선택한 비율은 고등학생이 초등학생보다 더 적다. ➡ 정답

11.

다음 달부터 은혜시에서는 소형 태양광 발전기 설치 비용을 지원할 예정이다. 소형 태양광 발전기를 설치하면 한 달에 평균 35kw의 전기를 생산할 수가 있어 냉·난방비를 절약할 수 있다. Ⓐ설치가 간단하고 이사를 하는 경우에도 쉽게 해체가 가능하기 때문에 Ⓑ일반 가전제품처럼 편하게 사용할 수 있다. 지원 신청은 Ⓒ은혜시청 홈페이지에서 신청서를 받아 작성한 후 이메일로 신청하면 된다.

① 신청을 하려면 ~~직접 은혜시청에 방문해야 한다~~.
➡ 신청을 하려면 (신청서 작성 후 이메일로 하면 된다). not C

❷ 소형 태양광 발전기를 설치하면 전기세를 아낄 수 있다.
➡ 정답

③ 설치가 ~~복잡하지만~~ 이사를 하는 경우에 가지고 갈 수 있다.
➡ 설치가 (간단하고) 이사를 하는 경우에 가지고 갈 수 있다. not A

④ 소형 태양광 발전기는 ~~가전제품 판매점에서 쉽게 구입할 수 있다~~.
➡ 소형 태양광 발전기는 (가전제품처럼 편하게 사용할) 수 있다. not B

12.

지난달 김 모 씨를 구한 승무원들의 이야기가 화제이다. 비행기 출발 후 Ⓐ승객인 김 모 씨가 갑자기 쓰러졌다. Ⓑ비행기에 탑승하고 있던 의사는 승무원에게 김 모 씨를 병원으로 당장 옮겨야 한다고 했다. 이에 Ⓒ승무원들은 김 모 씨를 병원으로 옮기기 위해 승객의 동의를 구한 뒤 근처 공항에 비상 착륙을 했다. 비록 비상 착륙을 위해 15톤의 기름을 버려야 했지만 무사히 김 모 씨를 구할 수 있었다.

① 당시 비행기에 의사가 타고 ~~있지 않았다~~.
➡ 당시 비행기에 의사가 타고 (있었다). not B

② ~~비행기 사고로 김 모 씨가 부상을 당했다~~.
➡ (비행기에서 김 모 씨가 갑자기 쓰러졌다). not A

❸ 비상 착륙으로 인해 기름 15톤을 낭비했다.
➡ 정답

④ 김 모 씨는 ~~비행기 안에서 바로~~ 치료를 받았다.
➡ 김 모 씨는 (병원으로 옮겨서) 치료를 받았다. not C

읽기 13번~15번

p.153

13. ❸

정보 Ranking 유형 (10) 〈최신 화제〉로 (가)와 (다) 중 첫 번째 문장을 찾아야 한다. (가)와 (다)는 접속사, 지시어, 조사 등으로 첫 번째 문장을 찾기 어렵다. 따라서 이어질 수 있는 문장

으로 찾아야 하는 난도가 높은 문제이다. (가)의 '동그란 휴지 심은 휴지가 쉽게 풀린다.'와 (라)의 '네모난 휴지 심은 휴지가 쉽게 풀리지 않는다.'가 상반되는 문장으로 이어질 수 있다. 따라서 (다)가 첫 번째 문장이다.
(다) 최근 네모 모양의 휴지 심이 개발되었다. / (가) 보통 휴지 심은 동그란 모양으로 만들어져 휴지가 쉽게 풀리나 / (라) 네모난 휴지 심은 휴지가 쉽게 풀리지 않아 휴지를 적게 쓰게 된다. / (나) 게다가 운송이나 보관 시 공간 절약에도 유리하다. / 로 내용이 구성된다.

14. ❷

◉ 정보 Ranking 유형 (05) 〈정보〉로 (나)와 (다) 중 첫 번째 문장을 찾아야 한다. (다)의 문장에서 바닷물 속 소금기와 어느 온도에 대한 정보가 구체적이지 않기 때문에 첫 번째 문장이 아니다. 따라서 (나)가 첫 번째 문장이다.
(나) 순수한 물은 기온이 0도가 되면 얼기 시작하지만 / (라) 0도가 되어도 바닷물은 잘 얼지 않는다. / (가) 그 이유는 바닷물 속에 들어 있는 소금기 때문인데 / (다) 이 소금기가 어는 온도를 떨어뜨려 잘 얼지 않는 것이다. / 로 내용이 구성된다.

15. ❸

◉ 정보 Ranking 유형 (04) 〈건강〉으로 (다)와 (라) 중 첫 번째 문장을 찾아야 한다. (다)의 문장에서 〈포함〉의 문법인 '환자도', 앞의 내용과 비교하는 '마찬가지이다.'가 있어서 첫 번째 문장이 아니다. 따라서 (라)가 첫 번째 문장이다.
(라) 사람들은 매일 달리기를 하면 건강에 좋을 거라고 생각한다. / (가) 실제로 달리기는 큰 운동 효과를 볼 수 있으나 / (나) 비만 환자에게 역효과가 날 수 있고 / (다) 이는 관절염을 앓고 있는 환자도 마찬가지이다. / 로 내용이 구성된다.

읽기 16번~18번   p.154

16. ❹

대부분의 사람들은 저녁 식사 후에 바로 양치질을 하기 보다는 시간이 한참 지난 후 자기 전에 양치질을 한다. 그러나 이것은 ❹(치아 건강에 좋지 않은) 습관이다. 식후 1분 30초 정도가 지나면 ❹'세균의 활동이 시작되며 시간이 지날수록 ❹"세균이 급속도로 번식을 하기 때문이다. 그러므로 치아 건강을 위해서는 식사 후에 바로 양치질을 하는 것이 좋다.

◉ 종합 유형

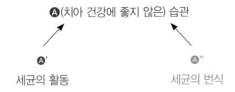

❹(치아 건강에 좋지 않은) 습관

❹'
세균의 활동

❹"
세균의 번식

17. ❸

음력 1월 15일은 새해 첫 보름달이 뜨는 날인 정월 대보름이다. 정월 대보름 아침에는 딱딱한 땅콩, 호두, 밤 등을 이로 깨물어 먹는 풍습이 있다. 이를 '부럼 깨물기'라고 한다. 옛날에는 겨울 내내 채소와 과일을 충분히 먹지 못했기 때문에 비타민 섭취가 제대로 되지 않아서 ❹이가 약해지고 ❸피부병이 생겨 고생을 하곤 했다. 그래서 ❹'이를 튼튼하게 하고 ❸'(피부병을 예방하기) 위해서 이런 풍습이 만들어진 것이다.

◉ 대응 유형으로 비슷한 표현을 활용하여 빈칸에 들어갈 알맞은 내용을 찾으면 된다.
❹이가 약해지고 ❸피부병이 생겨 고생을 하곤 했다.
❹'이를 튼튼하게 하고 ❸'(피부병을 예방하기) 위해서 만들어진 것이다.

18. ❸

보리, 홉 등 천연 원료로 만들어진 맥주는 장시간 햇빛을 받을 경우 자외선 때문에 맛이 변할 수 있다. 그러나 ❹갈색 병에 맥주를 담으면 ❸맥주의 맛이 쉽게 변하지 않는다. 이는 갈색이 자외선을 차단하는 효과가 있기 때문이다. 그래서 현재 판매되는 대부분의 맥주는 ❸'(맛의 변질을 막기 위해) ❹'갈색 병에 담겨 판매된다.

◉ 대응 유형으로 비슷한 표현을 활용하여 빈칸에 들어갈 알맞은 내용을 찾으면 된다.
❹갈색 병에 맥주를 담으면 ❸맥주의 맛이 쉽게 변하지 않는다.
❸'(맛의 변질을 막기 위해) ❹'갈색 병에 담겨 판매된다.

읽기 19~20번   p.155

❹최근 미래를 위해 살기보다 현재를 즐기려는 사람들이 증가하고 있다. ❸이들은 편안한 미래를 위해 집을 사려고 노력하지 않는다. (   ) 여행, 취미 생활, 외식 등 현재를 즐기기 위한 일에는 아낌없이 돈을 쓴다. 바로 오늘의 행복을 위한 투자를 아끼지 않는다는 것이다. ●예전에는 미래를 위해 저축하고 돈을 아끼는 생활 방식이 일반적이었다면 이들은 현재 자신의 삶에 기쁨을 주는 소비를 낭비나 불필요한 소비로 여기지 않고 한 번뿐인 인생을 행복하게 살기 위한 투자로 여긴다.

19. ❶

◉ 빈칸 앞에서 현재를 즐기려는 사람들이 증가하고 있는데 이들은 미래를 위해 돈을 쓰지 않는다는 내용이 나온다. 빈칸 뒤에서 현재를 즐기기 위한 일에는 돈을 쓴다는 내용이 나와 빈칸 앞뒤의 관계는 상반 관계이다.

20.

◎ ① ~~최근 미래를 위해 저축하는 사람들이 늘고 있다.~~
   ➡ 최근 (현재를 즐기려는) 사람들이 늘고 있다. not A
② 현재를 즐기려는 사람들은 집을 사기 위해 ~~돈을 절약한다.~~
   ➡ 현재를 즐기려는 사람들은 집을 사기 위해 (노력하지 않는다). not B
③ 예전에는 ~~여행이나 취미 생활을 위해 돈을 쓰는 사람들이~~ 많았다.
   ➡ 예전에는 (미래를 위해) 돈을 (저축하고 아끼는) 사람들이 많았다. not C
❹ 현재를 즐기려는 사람들은 여행을 가는 데에 돈을 아끼지 않는다.
   ➡ 정답

읽기 21번~22번   p.156

> 의사가 효과가 없는 가짜 약이나 가짜 치료법을 환자에게 처방을 했는데 환자의 병세가 좋아졌다는 말을 들으면 (   ) 사람들이 많다. 그러나 병을 치료하는 데 전혀 효과가 없는 약이나 행위이더라도 환자의 긍정적인 믿음으로 인해 증세가 호전되는 경우가 있는데 이를 플라세보 효과라고 한다. 플라세보 효과를 활용한 치료는 심리적인 요인이 강하게 작용하는 병에 효과가 뛰어난 것으로 알려져 있어 실제 치료에 이용되고 있다.

21. ❷

◎ '가짜 약이나 치료법을 환자에게 처방했는데 환자의 병세가 좋아졌다는 말을 들으면 (어떤) 사람들이 많다.'이다. 이때 (어떤)의 의미는 '믿을 수 없다.', '믿기 어렵다.' 등의 내용이 자연스럽다.

22. ❹

◎ 중심 생각 Ranking 유형 (10) 두 문장 이상 반복에 해당한다.
   – 병을 치료하는 데 전혀 효과가 없는 약이나 행위가 환자의 긍정적인 믿음으로 인해 증세가 호전되는 플라세보 효과
   – 플라세보 효과를 활용한 치료는 심리적인 요인이 강하게 작용하는 병에 효과가 뛰어남
이 두 문장과 같은 의미를 선택지에서 고르면 된다.

읽기 23번~24번   p.157

> 지난여름, 몇 달 간 ❹아르바이트를 해서 모은 돈으로 드디어 원하던 자전거를 사게 되었다. ❸자전거를 산 첫날 나는 한껏 들뜬 마음으로 새 자전거를 타고 집 근처 공원에 가 보기로 했다. 공원 입구에 들어섰을 때쯤 갑자기 화장실이 너무 가고 싶었던 나는 화장실 근처에 자전거를 대충 세워 놓고 화장실로 들어갔다. 잠시 후 화장실에서 나오는 순간 나는 그만 눈앞이 캄캄해지고 말았다. 화장실 옆에 세워 두었던 자전거가 보이지 않았던 것이다. 주위를 아무리 둘러봐도 내 자전거는 없었다. '누가 내 자전거를 훔쳐 간 게 분명해.' 그때 할아버지 한 분이 눈에 익은 자전거 한 대를 타고 이쪽으로 오는 것이 보였다. 분명 내 자전거였다. '저 할아버지가 자전거 도둑이란 말이야?' 나는 잔뜩 화가 나서 할아버지 쪽으로 달려갔다. 할아버지께서는 "학생, 미안해. 저쪽에 세워 둔 내 자전거하고 너무 비슷해서 말이야. 내 자전거인 줄 알았어."라고 하시며 나에게 거듭 미안하다고 하셨다. 어쩔 줄 모르며 사과하시는 할아버지를 보고 나는 "제대로 세워 두지 않은 제 잘못도 있지요. 괜찮습니다."라고 대답했다. ❸잃어버린 줄만 알았던 자전거를 다시 찾은 나는 안도의 한숨을 내쉬었다.

23. ❶

◎ 밑줄 친 부분 '나는 그만 눈앞이 캄캄해지고 말았다.'의 앞과 뒤의 내용을 보면
앞: 아르바이트를 해서 모은 돈으로 원하던 자전거를 샀다. 새 자전거를 타고 나왔다가 잠시 화장실에 갔다 왔다.
뒤: 화장실 옆에 세워 두었던 자전거가 보이지 않았다. 그래서 누가 훔쳐 간 것이라고 생각하고 있다.
이때 등장인물의 심정은 어떨까? 자전거를 찾을 방법이 없어 '눈앞이 캄캄해지고 말았다.'라고 하였다. '눈앞이 캄캄하다.'는 '어떻게 해야 할지 몰라서 답답하다.'는 의미이다. 따라서 '막막하다.'가 가장 자연스럽다.

24.

◎ ① ~~나는 할아버지와 같이 공원에 갔다.~~
   ➡ 나는 (혼자서 자전거를 타고) 공원에 갔다. not B
② ~~잃어버린 자전거를 찾을 수 없었다.~~
   ➡ 잃어버린 자전거를 찾을 수 (있었다). not C
③ ~~나는 자전거를 타고 아르바이트를 했다.~~
   ➡ 나는 (아르바이트를 해서 자전거를 샀다). not A
❹ 화장실에 다녀온 사이에 자전거가 없어졌다.
   ➡ 정답

25. ❶

나사 풀린 점검, 놀이기구 사고 불러

😕————————😕
부정적   부정적
상황   상황

○ 신문기사 제목 Ranking 유형 (09) 사건사고
놀이기구 점검을 제대로 하지 않아서(부정적 상황) 사고가 생
겼다(부정적 상황)고 보도하고 있다.

26. ❷

날개 단 달걀값, 작년보다 50% 이상 뛰어

😕————————😕
부정적   부정적
상황   상황

○ 신문기사 제목 Ranking 유형 (02) 경제 관련
달걀값이 너무 많이 올랐는데(부정적 상황) 작년보다 50% 이
상 올랐다(부정적 상황)고 보도하고 있다.

27. ❸

폭염으로 에어컨 사용 급증, 전기 수급 비상

😕————————😕
부정적   부정적
상황   상황

○ 신문기사 제목 Ranking 유형 (01) 최신 화제
폭염으로 에어컨 사용이 급격히 증가하면서(부정적 상황) 전
기의 수요와 공급에 문제가 생겼다(부정적 상황)고 보도하고
있다.

28. ❶

　과식이나 급격한 기온 변화로 인해 호흡 근육에
이상이 생겨서 딸꾹질을 하는 경우가 있다. 딸꾹
질은 어느 정도 시간이 지나면 자연스럽게 멈추지
만 중요한 자리에 있거나 일을 하는 공간에서 급
하게 멈춰야 한다면 어떻게 하는 것이 좋을까? 이
럴 때는 ❹'혀를 10초 동안 조금 아플 정도로 잡
아당겼다 풀어 주는 동작을 반복하는 것이 좋다.
이렇게 하면 ❹"호흡 근육이 자극을 받게 되어
❹(딸꾹질을 멎게 할 수) 있다.

○ 종합 유형

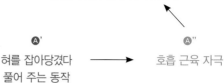

❹(딸꾹질을 멎게 할 수) 있다.

❹'   ❹"
혀를 잡아당겼다 ——→ 호흡 근육 자극
풀어 주는 동작

29. ❶

　사과의 껍질을 깎아 보관하면 사과의 표면이 공
기 중의 산소와 만나 갈색으로 변한다. 이렇게 과
일이 ❹갈색으로 변하는 현상을 갈변현상이라고
한다. 이런 갈변현상을 (방지할 수 있는) 방법이 있
다. ❸바로 소금물을 사용하는 것이다. ❸'사과 표
면에 소금물을 묻혀서 보관하면 ❹'사과의 색이
변하는 것을 막을 수 있을 뿐만 아니라 소금의 짠
맛이 과일을 더 달고 맛있게 해 준다.

○ 대응 유형으로 비슷한 표현을 활용하여 빈칸에 들어갈 알맞은
내용을 찾으면 된다.
❹갈색으로 변하는 갈변현상을 (방지할 수 있는) 방법이 있다.
❸소금물을 사용하는 것이다.
❸'소금물을 묻혀서 보관하면 ❹'색이 변하는 것을 막을 수
있다.

30. ❹

　사람들은 칭찬에 민감하다. 특히 아이의 경우에
더욱 그렇다. 사람들은 칭찬을 할 때 결과에만 집
중하는 경향이 있다. 결과를 칭찬 받은 아이는 그
순간에는 기분이 좋을지 몰라도 장기적으로 보면
독이 될 수 있다. 그렇기 때문에 칭찬을 할 때에는
과정을 칭찬하는 것이 바람직하다. 왜냐하면 과정
을 칭찬 받은 아이는 ❹과정에 충실해야 ❸좋은
결과를 얻을 수 있다고 생각하기 때문이다. 그리고
❹'실패도 하나의 (과정으로 인식하면서) ❸'다음
에는 좀 더 나은 결과를 얻기 위해 더 많은 노력을
하게 된다.

○ 대응 유형으로 비슷한 표현을 활용하여 빈칸에 들어갈 알맞은
내용을 찾으면 된다.
❹과정에 충실해야 ❸좋은 결과를 얻을 수 있다.
❹'실패도 하나의 (과정으로 인식하면서) ❸'나은 결과를 얻기
위해 노력을 하게 된다.

3급
1회
2회

4급
1회
2회

5급
1회
2회

6급
1회
2회

실전
모의고사

1회
2회
3회

31. ❶

> 유럽에 서식하는 '잔점박이푸른부전나비'는 속임수를 써서 개미가 자신의 알을 키우도록 한다. 이 나비는 습지에서 자라는 풀 위에 알을 낳는데 습지를 돌아다니던 개미가 나비의 알을 자신의 알로 착각하고 집으로 가져가 키운다. 이처럼 개미가 나비의 알을 자신의 알로 착각한 것은 ❹나비와 개미의 ❸(알 냄새가 비슷하기) 때문이다. 이는 다른 새의 둥지에 알을 낳아 키우는 뻐꾸기의 수법과 유사하다. 뻐꾸기가 다른 새의 알 색깔과 무늬를 모방한 것처럼 ❹'나비는 개미의 ❸'알 냄새를 모방한 것이다.

➡ 대응 유형으로 비슷한 표현을 활용하여 빈칸에 들어갈 알맞은 내용을 찾으면 된다.
    ❹나비와 개미의 ❸(알 냄새가 비슷하기) 때문이다.
    ❹'나비는 개미의 ❸'알 냄새를 모방한 것이다.

읽기 32번~34번   p.161

32.

> '조창'은 고려 시대에 국가가 세금으로 거둔 곡식을 모아 보관하고 이를 배로 운송하기 위해 설치한 국영 창고이다. ❹고려 시대에는 화폐 대신 곡식으로 세금을 거두었기 때문에 운반하기가 쉽지 않았다. 곡식은 부피가 크고 무거운 데다가 ❸당시 육지 교통이 발달되지 못했기 때문이다. 이에 배를 이용해 강이나 바다 등의 수로로 운반하는 방법이 마련되었다. ❻조선 시대에 들어와서도 조창의 수와 위치가 조금 바뀌었을 뿐 조창 제도가 계속 유지되었다.

➡ ❶ 조창은 국가에서 설치하여 운영했다.
    ➡ 정답
② 고려 시대에는 ~~화폐로~~ 세금을 거두었다.
    ➡ 고려 시대에는 (곡식으로) 세금을 거두었다. not A
③ 고려 시대에는 ~~육로가 발달되어 육로를 통해~~ 곡식을 운반했다.
    ➡ 고려 시대에는 육로가 (발달되지 못해서 수로를) 통해 곡식을 운반했다. not B
④ ~~조선 시대가 시작되면서 조창이 모두 폐지되어 운영되지 않았다.~~
    ➡ 조선 시대가 (시작되어서도) 조창이 (폐지되지 않고 계속 운영되었다). not C

33.

> 얼마 전 한 기업에서 '❹계단 이용하기 캠페인'이 성과를 거두었다고 한다. 이 캠페인의 성공 비결은 ❸건물 입구에서부터 계단 쪽으로 향하는 길에 빨간색 모양의 발자국 스티커를 붙인 것이다. 이 스티커를 붙인 기간 동안 엘리베이터보다 계단을 선택하는 사람들이 70% 이상 늘어났다. 발자국 스티커를 본 사람들이 무의식적으로 발자국 모양을 따라간 것이다. 에너지 절약을 위해 시행한 ❻이 방법은 어떤 문구보다 훨씬 효과가 좋아 다른 곳에서도 도입을 검토 중이다.

➡ ① 이 캠페인은 효과가 좋아 여러 곳에서 ~~시행하고 있다.~~
    ➡ 이 캠페인은 효과가 좋아 여러 곳에서 (시행을 검토하고 있다). not C
❷ 발자국 모양의 스티커로 사람들의 계단 이용을 유도했다.
    ➡ 정답
③ 건물 입구에 붙인 발자국 모양의 스티커는 ~~효과가 없었다.~~
    ➡ 건물 입구에 붙인 발자국 모양의 스티커는 (효과를 거두었다). not A
④ 이 캠페인에서는 ~~엘리베이터에 에너지 절약 문구를 붙였다.~~
    ➡ 이 캠페인에서는 (건물 입구에서부터 계단 쪽으로 향하는 길에 빨간색 모양의 발자국 스티커를) 붙였다. not B

34.

> 삽살개는 한국 고유의 품종으로 ❹과거 한반도 동남부 지역에 주로 서식하던 개이다. ❸삽살개라는 이름은 귀신이나 불운을 쫓는다는 뜻의 한자에서 유래되었으며 삽사리라고 불리기도 한다. 신라 시대에는 주로 귀족들에 의해 길러지다가 고려 시대부터 일반 서민들이 기르기 시작한 것으로 알려져 있다. 영리하며 ❻자신의 주인에게는 충직하지만 다른 동물에게는 사납고 용맹한 것이 특징이다. 현재 한국의 천연기념물로 지정되어 있으며 고유의 품종을 유지하기 위해 많은 노력이 이루어지고 있다.

➡ ① 삽살개의 이름은 ~~지명에서~~ 유래하였다.
    ➡ 삽살개의 이름은 (귀신이나 불운을 쫓는다는 뜻의 한자에서) 유래하였다. not B
② 삽살개는 한반도 ~~북부 지방에서만~~ 길렀다.
    ➡ 삽살개는 한반도 (동남부 지방에서 서식했다). not A
❸ 삽살개는 한국의 천연기념물로 지정되었다.
    ➡ 정답
④ 삽살개는 자신의 주인에게 ~~사납고 용맹스럽다.~~
    ➡ 삽살개는 자신의 주인에게 (충직하다). not C

읽기 35번~38번 p.162

35. ❶

사람들이 살아가면서 만들어 낸 지역이나 장소의 이름을 지명이라고 한다. 지명은 그 지역의 특성과 밀접한 관계가 있다. 예를 들면 '이태원'처럼 '원'으로 끝나는 지명은 옛날에 여관이 있었음을 말해 준다. '장승배기'는 장승이 있었던 마을이었다는 것을 알 수 있고 '말죽거리'는 말에게 죽을 끓여 먹였던 곳임을 알 수 있다. 이처럼 지명을 통해 그 지역의 특징뿐만 아니라 생활 모습과 역사까지 알 수 있다.

➲ 중심 생각 Ranking 유형 (10) '이처럼'에 해당한다.
'지명을 통해 지역의 특징뿐만 아니라 생활 모습과 역사까지 알 수 있다.'와 같은 의미를 선택지에서 고르면 된다.

36. ❷

오존은 대기 중에서 농도가 높아지면 시력 장애나 호흡기 질환 등을 유발시킨다. 그러나 이런 위험성이 있는 물질도 과학적으로 잘 이용하면 생활에 도움이 될 수 있다. 최근 오존을 이용한 신발 소독기가 개발되었는데 오존의 악취 제거 및 중금속 분해 효과를 이용한 것이다. 이 외에도 강력한 살균 효과로 공기 정화기, 냄새 제거기, 오존 정수기 등 우리 삶에 폭 넓게 사용된다. 이렇듯 위험하다고 생각했던 오존이 우리에게 이로운 존재가 되기도 한다.

➲ 중심 생각 Ranking 유형 (10) '이렇듯'에 해당한다.
'위험하다고 생각했던 오존이 우리에게 이로운 존재가 되기도 한다.'와 같은 의미를 선택지에서 고르면 된다.

37. ❷

건강을 위해 채식을 하고자 하는 사람들이 많아지고 있다. 그러나 무턱대고 채식을 하다 보면 영양소가 결핍될 수 있다. 예를 들어 단백질, 비타민 B 등은 동물성 식품에 풍부하기 때문에 채식만으로 충분한 영양 섭취가 어려울 수 있다. 부족해지기 쉬운 영양소는 다른 식품으로 대체하여 섭취해야 한다. 단백질은 콩이나 현미밥으로 비타민B는 해조류나 된장으로 보충할 수 있다. 이처럼 올바른 채식을 하려면 동물성 식품을 대체할 수 있는 식품을 통해 균형 잡힌 식사를 해야 한다.

➲ 중심 생각 Ranking 유형 (02) '아/어야 한다.'에 해당한다.
'올바른 채식을 하려면 동물성 식품을 대체할 수 있는 식품을 통해 균형 잡힌 식사를 해야 한다.'와 같은 의미를 선택지에서 고르면 된다.

38. ❹

오랜 기간 과학자들은 얼룩말의 줄무늬가 어떤 역할을 하는 것인지 의문을 품어 왔다. 맹수를 피하기 위한 위장용이라든지 온도를 떨어뜨려 더위를 견디게 한다는 등의 주장들이 제기됐지만 가설일 뿐이었다. 그러나 최근 과학자들의 새로운 주장이 제기되었다. 줄무늬가 피를 빨아먹는 흡혈 파리에 물리지 않기 위한 수단이라는 것이다. 줄무늬가 파리를 쫓는다는 것은 실험을 통해 증명되었는데 무엇보다도 대다수의 과학자들이 이 의견에 동의하고 있다.

➲ 중심 생각 Ranking 유형 (09) '무엇보다도'에 해당한다.
'대다수의 과학자들이 얼룩말 줄무늬에 대한 새로운 주장에 동의하고 있다.'와 같은 의미를 선택지에서 고르면 된다.

읽기 39번~41번 p.164

39. ❷

반영구적으로 쓸 수 있는 공책이 출시되어 화제가 되고 있다. (㉠) 이 공책은 특수 볼펜으로 필기를 한 후에 스마트폰으로 찍으면 자동으로 이미지나 문서 파일로 전환된다. (㉡) 필기한 내용은 물로 쉽게 지울 수 있으며 지운 후에는 새 공책처럼 쓸 수 있다. (㉢) 종이를 소비하지 않고도 많은 양의 필기를 할 수 있다는 것이 이 공책의 장점이다. (㉣)

보기
이렇게 전환된 파일은 스마트폰이나 컴퓨터에 저장할 수 있으며 이메일로 바로 전송도 가능하다.

➲ 〈보기〉의 지시어 '이렇게 전환된 파일'이라는 정보가 들어 있는 문장을 찾으면 (㉡) 앞에 '파일로 전환된다.'를 찾을 수 있다.

40. ❸

지진으로 인한 피해가 증가하고 있지만 지진이 발생할 지점과 시기를 정확하게 예측하는 것은 불가능하다. (㉠) 하지만 여러 가지 전조 현상으로 지진을 예보하는 데 도움을 받을 수 있다. (㉡) 그중 하나로 라돈은 지진이 발생하기 전에 공기 중에 포함된 함량이 급격히 늘어나는 특성이 있다. (㉢) 뿐만 아니라 지진 발생 전에 나타나는 동물의 행동을 파악해 예측하는 방법도 있다. (㉣) 동물은 공기의 변화, 미세한 진동 등에 민감하게 반응하기 때문이다.

이 특성을 이용하면 라돈 농도 측정을 통한 지진 발생 예측이 가능한 것이다.

● 〈보기〉의 지시어 '이 특성'이라는 정보가 들어 있는 문장을 찾으면 (ⓒ) 앞에 '특성이 있다.'를 찾을 수 있다. 그리고 '라돈은 지진이 발생하기 전에 공기 중에 포함된 함량이 늘어난다.'와 '라돈 농도 측정'도 같은 의미인 것을 확인할 수 있다.

41. ❸

1인 가구가 늘어나면서 혼자 식사를 하는 것은 이제 많은 사람들에게 일상적인 일이 되었다. (㉠) 30년 이상 요리 연구가로 활동한 저자가 펴낸 『건강한 혼밥 레시피』에서는 혼자서도 건강하고 맛있는 식사를 할 수 있도록 도와준다. (㉡) 기존에 출간된 대부분의 요리책에서는 2인분이나 4인분을 기준으로 재료와 조리 과정을 설명한다. (㉢) 특히 재료의 낭비를 막을 수 있도록 채소 보관법도 함께 소개하고 있다는 점이 돋보인다. (㉣)

그러나 이 책에서는 요리에 사용되는 모든 재료의 양과 조리법이 1인분을 기준으로 한다.

● 〈보기〉의 접속사 '그러나'와 지시어 '이 책에서는'과 상반되는 문장이 들어 있는 문장을 찾으면 (㉢) 앞에 '기존에 출간된 대부분의 요리책'을 찾을 수 있다. 그리고 '2인분이나 4인분을 기준'과 '1인분을 기준'에서도 상반 관계를 확인할 수 있다.

윤춘삼 씨는 그제야 소주를 한 잔 훅 들이켜고 다음을 계속했다. 섬사람들이 한창 둑을 파헤치고 있을 무렵이었다 한다. (중략) 웬 깡패같이 생긴 청년 두 명이 불쑥 현장에 나타나더니, 둑을 허물어뜨리는 광경을 보자, 이내 노발대발 방해를 시작하더라고. (중략) 그리곤 누굴 믿고 하는 수작일 테지만 후욕 패설을 함부로 뇌까리자, 순간 화가 머리끝까지 치밀었을 갈밭새 영감도, (중략) 덜렁 그 자를 들어 물 속에 태질을 해 버렸다는 것이다. ❹상대방은 '아이고' 소리도 못해 보고 탁류에 휘말려 가고, 지레 달아난 녀석의 고자질에 의해선지 이내 ❺경찰이 둘이나 달려왔더라고.
"내가 그랬소!"
갈밭새 영감은 서슴치 않고 두 손을 내밀었다는 거다. 다행히도 벌써 그 때는 둑이 완전히 뭉개지고, 섬을 치덮던 탁류도 빙 에워 돌며 뭉그적뭉그적 빠져 나가고 있었다는 것이다.
"정말, 우리 조마이섬을 지키다시피 해 온 영감인데…… 살인죄라니 우짜면 좋겠능기요?"
게까지 말하고 나를 쳐다보는 윤춘삼 씨의 벌건 눈에서는 어느덧 닭똥 같은 눈물이 뚝뚝 떨어지기 시작했다.

42. ❶

● 밑줄 친 부분의 앞 내용을 보면 윤춘삼 씨는 섬을 지키던 영감이 살인죄로 잡혀 갔다는 말을 들었고 이에 눈물을 흘렸다. 이때 윤춘삼 씨의 심정은 '괴롭다'가 자연스럽다.

43.

● ❶ 영감은 살인죄를 지었다.
  ➡ 정답
② 영감은 급류에 휩쓸려 내려갔다.
  ➡ (상대방이) 급류에 휩쓸려 내려갔다. not A
③ 영감은 경찰이 오기 전에 도망쳤다.
  ➡ 영감은 경찰이 오기 전에 (도망치지 않았다). not B
④ 영감은 청년들이 둑을 쌓는 것을 도왔다.
  ➡ 정보 없음

국제축구연맹에서는 축구 경기에 공정성을 더하기 위해 비디오 판독 시스템을 도입하였다. 명칭의 약자는 VAR로 비디오 보조 심판이라는 의미이다. 이 시스템은 심판이 명확히 잘못된 판정을 내렸을 때 이를 심판에게 알려주는 역할을 한다. 그러면 심판은 ❹'영상 자료를 다시 확인하고 최종 판정을 한다. 영상 자료에 의한 판정이다 보니 선수들의 항의도 없어 기존 판정보다 오히려 공정하다는 평가를 받고 있다. 사실 이 시스템은 이미 몇 년 전부터 준비된 상태였지만 심판의 고유 권한을 침범하며 축구 ❹"경기의 흐름에 방해가 된다는 이유로 도입을 보류해 왔다. 하지만 잘못된 판정의 횟수가 늘어나면서 이 시스템을 점차적으로 도입하게 된 것이다. 그러나 이 시스템을 도입한 후 경기 중간에 (❹중단 시간이 자주 생기고) 경기 막판 추가 시간이 최대 7~8분까지 늘어 재미가 줄었다는 지적도 있다. 이러한 지적에도 불구하고 축구 경기의 논란을 줄여 주고 공정한 결과를 이끌어 내 준다는 점에서 그 의미가 크다고 할 수 있다.

44. ❹

⇨ 중심 생각 Ranking 유형 (10) '두 문장 반복'에 해당한다.
'경기에 공정성을 더한다.'
'기존 판정보다 공정하다.'
'공정한 결과를 이끌어 내 준다.'와 같은 내용의 반복을 통해 중심 생각을 나타내고 있다.

45. ❸

⇨ 종합 유형으로 어떤 이유 때문에 추가 시간이 늘었고 그 결과 재미가 줄었는지를 생각해야 한다.

영상 자료 다시 확인   경기의 흐름 방해

❹화장품이 귀했던 옛날에는 자연의 재료로 화장품을 만들어 왔다. (㉠) 콩에 들어 있는 사포닌, 토코페롤 등의 물질이 피부의 보습, 미백, 해독 작용을 하므로 아주 좋은 화장품이 될 수 있다. 신라 시대에는 콩을 갈아서 가루를 내고 그 가루로 세수를 했다는 기록이 있다. (㉡) 이 ❸가루로 얼굴을 닦으면 얼굴에 윤이 나고 피부색이 하얘진다고 기록되어 있다. 가루가 아니더라도 단지 ❹콩이나 팥 삶은 물로 세수를 하는 것만으로도 피부가 매끄럽고 촉촉해진다. (㉢) 또 콩기름을 이용하여 화장을 지우고 콩가루를 비누 대신 쓰기도 한다. (㉣) 피부에 달라붙은 화장품 찌꺼기를 깨끗이 분해시켜 주는 것은 물론 피부 세포를 재생시켜주는 기능이 있어서 효과가 좋다.

46. ❶

> **보기**
>
> 주로 곡물 가루나 식물의 즙을 이용했는데 콩도 한국의 여인들이 오랫동안 사용해 온 화장품 재료 중의 하나이다.

⇨ 〈보기〉는 한국의 여인들이 과거에 사용해 온 화장품 재료를 나타낸다. (㉠) 앞에 자연의 재료로 화장품을 만들었다는 내용이 있고 (㉠) 뒤에 콩에 대한 내용이 시작되므로 〈보기〉의 문장은 (㉠)에 위치해야 한다.

47.

⇨ ① 옛날에는 ~~어디에서나 쉽게 화장품을 살 수 있었다.~~
    ➡ 옛날에는 (화장품이 귀했다). not A
② 콩가루로 세수를 하면 ~~피부에 해롭다는~~ 기록이 있다.
    ➡ 콩가루로 세수를 하면 (피부에 좋다는) 기록이 있다.
      not B
③ 콩을 삶은 물로 세수를 하는 것은 피부 미용에 도움이 ~~돼자 않는다.~~
    ➡ 콩을 삶은 물로 세수를 하는 것은 피부 미용에 도움이 (된다). not C
❹ 콩기름으로 화장을 지우면 화장품 찌꺼기를 깨끗하게 씻어 낼 수 있다.
    ➡ 정답

　　국가의 고위 공무원이 잘못을 저질렀을 때 국민들이 이를 심판할 수 있는 탄핵의 역사는 꽤 깊다. 실제 한국에서는 고려 시대에 주어진 책임을 잘 이행하지 못했다는 이유로 고위 공직자를 탄핵한 기록이 있다. 현대에도 탄핵 제도는 일반적인 절차에 따라 심판하기 어려운 국가 고위 공무원의 부정부패를 심판하는 방법으로 세계 여러 나라에서 시행되고 있다. 그러나 국가 원수에 대한 탄핵의 경우 모든 사소한 법 위반을 이유로 탄핵을 진행한다면 직무수행의 단절로 인한 국가적 손실이 예상된다. <u>게다가 탄핵을 지지하는 국민과 그렇지 않은 국민 간의 분열로 인한 정치적 혼란을 가져올 수 있다는 비판을 피할 수 없다.</u> 또한 국민이 선거를 통하여 대통령에게 부여한 정당성을 임기 중 다시 박탈하는 것이 과연 옳은지에 대한 논의도 지속적으로 있어 왔다. 하지만 다른 각도에서 보면 이것은 ❹탄핵의 (중요한 원칙을) 간과한 것이다. 법적으로 국가 원수의 정치적 무능력이나 정책 결정상의 잘못 등 직무 수행의 성실성 여부는 탄핵 심판 절차의 판단 대상이 되지 않는다. 따라서 직무 행위로 인한 모든 ❹'사소한 법 위반은 탄핵 사유가 될 수 없다. 국가 원수에 대한 탄핵 심판에서는 해당 직책을 유지하는 것이 더 이상 ❹''헌법 수호의 관점에서 용납 될 수 없거나 ❹'''대통령이 국민의 신임을 배신하여 국정을 담당할 자격을 상실한 경우에 한하여 탄핵할 수 있다는 조건이 있다.

48. ❷

◐ 글을 쓴 목적은 먼저 중심 생각(주제)를 찾아야 한다. 이 글은 중심 생각 Ranking 유형 (10) '두 문장 반복'으로 '<u>탄핵의 역할과 원칙</u>'에 대해 설명하고 있다. 이를 바탕으로 글을 쓴 목적을 고르면 답은 '❷탄핵의 기능을 설명하려고'가 된다.

49. ❷

◐ 종합 유형으로 '탄핵의 (무엇을) 간과한 것인지'를 찾아야 한다. 이와 같은 내용을 위에서 찾으면 다음과 같다.

　❹탄핵의 (중요한 원칙을) 간과한 것이다.
　　　　　　　↑ 원칙
　❹'사소한 법 위반은 탄핵 사유가 될 수 없다.
　❹''헌법을 위반할 경우 탄 핵할 수 있다.
　❹'''국민의 신임을 배신할 경우 탄핵할 수 있다.

50. ❶

◐ '국민간의 분열로 인한 정치적 혼란을 가져올 수 있다는 비판을 피할 수 없다.'에서 필자는 탄핵으로 인한 문제가 생길 수밖에 없다고 말하고 있다. 이와 같은 내용을 선택지에서 고르면 된다.

실전 2회 듣기 – 쓰기

듣기 1번~50번

1. ①	2. ④	3. ③	4. ①	5. ①
6. ③	7. ①	8. ②	9. ③	10. ②
11. ④	12. ③	13. ①	14. ①	15. ②
16. ②	17. ②	18. ④	19. ④	20. ①
21. ②	22. ②	23. ③	24. ③	25. ④
26. ③	27. ③	28. ④	29. ④	30. ③
31. ①	32. ④	33. ①	34. ②	35. ①
36. ①	37. ④	38. ④	39. ④	40. ②
41. ①	42. ③	43. ②	44. ①	45. ④
46. ②	47. ②	48. ④	49. ③	50. ④

듣기 1번~3번
p.173

1. ❶

남자: 가방이 무거워 보이는데 도와 드릴까요?

여자: 감사합니다. 그럼 저기 사무실까지만 좀 들어 주세요.

남자: 네, 들어 드릴게요. 이리 주세요.

⊙ 회사 복도
→ 큰 가방 든 여자
→ 가방을 들어 주려는 남자

2. ❹

여자: 여기 주차해도 될까요?

남자: 여기는 식당 입구라서 주차하시면 안 됩니다.

여자: 아, 알겠습니다.

⊙ 식당 입구
→ 주차하려는 여자
→ 안 된다고 이야기하는 안내원

3. ❸

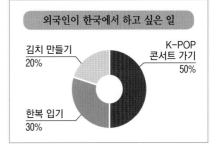

외국인이 한국에서 하고 싶은 일

김치 만들기 20%
K-POP 콘서트 가기 50%
한복 입기 30%

남자: 최근 한국을 방문하는 외국인 관광객들이 꾸준히 증가하고 있습니다. 그들이 한국에서 하고 싶은 일을 조사한 결과 K-POP 콘서트 가기가 1위를 차지했고 한복 입기, 김치 만들기가 그 뒤를 이었습니다.

⊙ 순위 그래프로 외국인이 한국에서 하고 싶은 일이 '1위 K-POP 콘서트 가기, 2위 한복 입기, 3위 김치 만들기'에 해당하는 그래프는 ③번이다. 변화의 경우 '한국을 방문하는 외국인 관광객이 꾸준히 증가하고 있다'인데 일치하는 것이 없다.

듣기 4번~8번
p.174

4. ❶

남자: 퇴근 시간도 아닌데 길이 많이 막히네요.

여자: 네, 교통사고가 난 것 같은데요. 아무래도 약속 시간에 늦겠어요.

남자: 지하철을 탈 걸 그랬어요.

⊙ 남자가 길이 많이 막힌다고 하자 여자는 약속 시간에 늦을 거 같다고 걱정하는 상황이다. 이때 남자는 지하철을 타지 않은 것에 대해 후회하는 것이 자연스럽다.

5. ❶

남자: 저는 내일 등산은 못 할 거 같아요. 다음에 같이 가요.

여자: 그래요? 무슨 일이 있어요?

남자: 운동하다가 다리를 좀 다쳤어요.

⊙ 남자가 내일 등산을 할 수 없으니 다음에 같이 하자고 이야기하고 있다. 이에 대해 여자는 무슨 일이 있는지 이유를 물어보는 상황이다. 이때 남자는 그 이유에 대해 설명하는 것이 자연스럽다.

6. ❸

여자: 저 신인 가수 알아? 우리 학교 축제에 공연하러 온대.

남자: 요즘 엄청 인기 있잖아. 이번에 새 노래도 나왔던데 들어 봤어?

여자: 응, 들어 봤는데 노래 정말 잘하더라.

◗ 여자가 남자에게 학교 축제에 공연하러 오는 신인 가수를 아는지 물어보고 있다. 이에 대해 남자도 인기 있는 가수라고 이야기하며 새로 나온 노래를 들어 봤는지 물어보는 상황이다. 이때 여자는 들어 봤다고 하거나 들어 보지 못했다고 대답하는 것이 자연스럽다.

7. ❶

남자: 얼마 전에 이직했다면서? 새로운 회사 생활은 어때?

여자: 적응하려고 노력 중인데 예전 회사와 분위기가 많이 달라서 쉽지 않네.

남자: 시간이 지나면 조금씩 나아질 거야.

◗ 남자가 여자에게 얼마 전에 이직한 회사에 대해 물어보고 있다. 이에 대해 여자는 예전 회사와 달라서 적응하기가 쉽지 않다고 대답하는 상황이다. 이때 남자는 여자에게 격려나 응원을 하는 것이 자연스럽다.

8. ❷

여자: 관리실이지요? 저, 어제부터 보일러를 켜도 뜨거운 물이 나오지 않아서요.

남자: 네, 그럼 저희가 직접 확인해 보겠습니다. 언제쯤 방문하면 될까요?

여자: 오후에 와 주시면 좋겠어요.

◗ 여자가 아파트 관리실에 보일러 고장을 신고하고 있다. 이에 대해 남자는 언제쯤 방문하는 게 좋은지 물어보는 상황이다. 이때 여자는 자신이 원하는 시간을 알려 주는 것이 자연스럽다.

듣기 9번~12번   p.175

9. ❸

여자: 오늘 저녁에 불고기 만들어 먹을까?

남자: 좋아. 집에 재료는 있어?

여자: 글쎄. 지금 냉장고 한번 확인해 볼게.

남자: 그래. 없으면 내가 나가서 사 올게.

◗ 유형 (5) 〈여자의 계획, 제안〉이다. 여자는 "지금 냉장고 한번

확인해 볼게."라고 말하고 있다. 이에 대해 남자는 "그래. 없으면 내가 나가서 사 올게."라고 대답했다.

10. ❷

남자: 회의 끝나고 갈 회식 장소는 예약했어요?

여자: 회의 자료만 복사하고 예약할게요.

남자: 회의 자료는 제가 방금 다 복사했으니까 지금 식당 좀 예약해 주세요. 저는 회의실에 가서 회의 때 쓸 컴퓨터를 확인해 볼게요.

여자: 그러세요. 식당에 전화만 하고 저도 금방 회의실로 갈게요.

◗ 유형 (2) 〈남자의 요구〉이다. 남자는 자신은 회의실에 가서 컴퓨터를 확인해 보겠다고 하면서 여자에게 "식당 좀 예약해 주세요."라고 요구했다. 이에 대해 여자는 식당에 전화만 하고 금방 가겠다고 대답했다.

11. ❹

남자: 발표 준비는 다 했어?

여자: 아니, 필요한 자료를 다 못 구했어. 지난번에 교수님이 말씀하신 책도 못 찾았고.

남자: 그 책 준기가 가지고 있는 거 같던데. 준기한테 빌려줄 수 있는지 한번 물어봐.

여자: 정말? 지금 준기한테 전화해서 알아봐야겠다.

◗ 유형 (6) 〈여자의 계획, 제안〉이다. 여자는 발표에 필요한 책을 준기가 가지고 있다는 말을 듣고 "준기한테 전화해서 알아봐야겠다."라고 말하고 있다.

12. ❸

여자: 과장님, 지난번에 말씀하신 신제품 제안서입니다. 한번 확인해 주세요.

남자: 네, 한번 봅시다. 음, 이 부분은 설명을 좀 더 보충했으면 좋겠어요. 영업팀 의견도 반영해서 넣고요.

여자: 네, 알겠습니다. 영업팀에도 제안서를 보내 놓았습니다.

남자: 좋아요. 다음 주 회의 전까지 마무리해야 하니 서둘러 주세요.

◗ 유형 (3) 〈남자의 요구〉이다. 남자는 여자의 제안서를 보고 설명을 더 보충했으면 좋겠다고 요구했다. 이에 대해 여자는 "네, 알겠습니다."라고 대답했다.

p.176

13.

남자: Ⓐ주말에 여행 잘 다녀왔어?

여자: 응. 경주에 갔다 왔는데 정말 좋았어.

남자: 뭐가 그렇게 좋았는데?

여자: Ⓑ역사적인 유적지와 볼거리가 모여 있어서 정말 좋았어. 특히 Ⓒ자전거 관람 코스가 있어서 정말 편리했어.

➡ ❶ 여자는 경주 여행에 만족하고 있다.

➡ 정답

② 남자는 여자와 경주 여행을 다녀왔다.

➡ 남자는 여자와 경주 여행을 (다녀오지 않았다). not A

③ 경주는 유적지들이 멀리 떨어져 있다.

➡ 경주는 유적지들이 (모여 있다). not B

④ 경주는 자전거 관람 코스를 준비 중이다.

➡ 경주는 (자전거 관람 코스가 있다). not C

14.

여자: (딩동댕) 저희 유원지를 찾아 주신 방문객 여러분께 안내 말씀드립니다. 오후 5시 현재 비가 많이 내리고 있습니다. Ⓐ일기예보에 따르면 자정까지 많은 비가 내린다고 합니다. Ⓑ계곡에 가깝게 텐트를 치신 방문객 여러분께서는 Ⓒ안전한 곳으로 텐트를 옮겨 주시기 바랍니다. 계곡물은 순식간에 불어나니 지금 바로 옮겨 주시기를 다시 한 번 부탁드립니다. (딩동댕)

➡ ❶ 방문객에게 텐트를 옮길 것을 부탁하고 있다.

➡ 정답

② 일기예보에서 비는 자정쯤에 내린다고 했다.

➡ 일기예보에서 비는 (자정까지) 내린다고 했다. not A

③ 유원지에는 안전한 야영 장소가 없다.

➡ 유원지에는 안전한 야영 장소가 (있다). not C

④ 유원지는 바다에 위치해 있다.

➡ 유원지는 (계곡에) 위치해 있다. not B

15.

남자: 최근 Ⓐ양파가 10년 사이 최고의 생산량을 기록하면서 가격이 큰 폭으로 떨어졌습니다. 이에 Ⓑ정부와 지방자치단체가 양파 소비를 활성화하기 위해 노력하고 있는데요. 경상남도 한 지방자치단체에서는 양파와 소주를 섞은 '양주'를 판매하여 양파 소비를 유도한다는 대안을 내놓았습니다. 한편 방송인으로도 유명한 한 요리사는 '만능 양파 볶음' 등의 메뉴를 선보이며 양파 소비에 동참하고 있습니다.

➡ ① 최근 양파의 가격이 크게 올랐다.

➡ 최근 양파의 가격이 크게 (떨어졌다). not A

❷ 양파를 활용한 새로운 메뉴가 나왔다.

➡ 정답

③ 양파를 구입하면 전통술을 선물로 준다.

➡ 정보 없음

④ 양파 소비를 위한 정부의 대책이 필요하다.

➡ 양파 소비를 (위해 정부에서 노력하고 있다). not B

16.

여자: 이번 행사에서 반려동물을 위한 특별한 제품을 선보인다고 들었는데요. 어떤 제품인지 소개 좀 해 주시겠습니까?

남자: 저희 회사에서는 Ⓐ이번에 반려동물을 위한 특별한 욕조를 개발했는데요. 이 제품을 이용하면 반려동물의 목욕이 끝난 후 이동하지 않고 그 자리에서 건조까지 해결할 수 있습니다. 특별히 이번 행사에는 체험 공간이 마련되어 제품을 무료로 이용해 보실 수 있는데요. Ⓑ반려동물 용품 시장에서 좋은 반응이 있을 것으로 기대하고 있습니다.

➡ ① 행사 참여 시 반려견 목욕 용품을 제공한다.

➡ 정보 없음

❷ 행사 기간 동안 제품 무료 체험이 가능하다.

➡ 정답

③ 반려동물 용품 시장에서 반응이 좋지 않았다.

➡ 반려동물 용품 시장에서 반응이 (좋을 것으로 기대한다). not B

④ 이 제품은 반려동물을 위한 욕조 모양의 침대이다.

➡ 이 제품은 반려동물을 위한 (욕조이다). not A

3급 1회 2회   4급 1회 2회   5급 1회 2회   6급 1회 2회   실전 모의고사 1회 2회 3회

17. ❷

남자: 여기도 무인 주문 기계로 주문을 해야 하는구나. (둘러보며) 그래도 여기는 직원이 몇 명 있네.

여자: 왜? 기계로 주문하면 편리하고 빠르잖아.

남자: 어, 며칠 전에 어머니께서 고속도로 휴게소 식당에서 무인 주문 기계 때문에 고생하셨다고 해서. 우리야 좋지만 기계에 익숙하지 않은 사람들은 불편할 것 같아.

○ 중심 생각 Ranking 유형 (7) '-(ㄴ/는)다고 생각하다.'에 해당한다. "무인 주문 기계에 익숙하지 않은 사람들은 불편할 거라고 생각한다."와 같은 내용을 선택지에서 고르면 된다.

18. ❹

남자: 건강을 위해서 요가를 배워 볼까 하는데 인터넷 강의로 배우는 거랑 학원에서 배우는 것 중에 어떤 게 더 괜찮을까?

여자: 내 친구가 인터넷으로 요가를 배우는데 별로라고 하더라. 학원에 가서 배우는 게 훨씬 효과적이래.

남자: 그래. 아무래도 직접 가서 배우는 게 낫겠지?

○ 중심 생각 Ranking 유형 (1) '-는 게 낫다.'에 해당한다. "요가를 학원에 직접 가서 배우는 게 낫다."와 같은 내용을 선택지에서 고르면 된다.

19. ❹

여자: 준기야, 옷장 안에 있는 옛날 교복들 이제 버려도 되지?

남자: 아니, 버리지 마. 누나. 나한테는 소중한 옷이야.

여자: 입지도 않는 옛날 교복이 왜 필요해? 쓸데없이 가지고 있지 말고 이제 좀 버려. 옷장 안에 옷이 너무 많아서 새 옷을 넣을 자리가 없잖아.

남자: 안 돼. 친구들과의 추억이 담긴 옷이란 말이야. 나한테는 정말 중요한 거니까 절대 버리면 안 돼.

○ 중심 생각 Ranking 유형 (5) '-아/어 보세요.'와 '유형 (10) 두 문장 반복에 해당한다. "추억이 담긴 옷을 절대 버리면 안 돼."와 같은 내용을 선택지에서 고르면 된다.

20. ❶

여자: 김승환 씨는 공연의 황제라는 별명답게 수많은 공연을 해 오셨는데요. 이번에 가수로서 30주년 기념 공연을 앞두고 있습니다. 늘 변함없이 최고의 무대를 보여 주시는 비결이 뭔가요?

남자: 그 비결은 바로 관객 여러분의 뜨거운 호응입니다. 제 공연에 오시는 분들은 이미 즐길 준비가 되어 있는 분들이지요. 저는 그 분들과 같이 느끼고 그냥 무대 자체를 즐길 뿐입니다. 결국 공연의 성공 비결은 무엇보다 가수와 관객의 호흡인 것 같습니다.

○ 중심 생각 Ranking 유형 (9) '무엇보다도'에 해당한다. "공연의 성공 비결은 무엇보다 가수와 관객의 호흡인 것 같습니다."와 같은 내용을 선택지에서 고르면 된다.

여자: ④연말이 되니 불우 이웃 돕기 관련 행사가 많이 보이네. 평소에는 기부라고는 하지 않다가 연말에 불우 이웃 돕기를 한답시고 생색내는 사람들을 보면 정말 별로야.

남자: 그렇긴 하지만 그나마 그런 사람들이라도 없다면 더 삭막하지 않을까?

여자: 그런 사람들이 기부하는 걸 보면 별로 하고 싶지도 않은데 형식적으로 기부한다는 느낌만 들어. 그런 기부가 무슨 의미가 있지?

남자: 어쨌든 안 하는 것보다는 나은 것 같아. 형식적으로라도 기부를 하면 그 돈으로 도움이 필요한 사람들을 도울 수 있으니까 말이야.

21. ❷

○ 〈의견〉을 말하는 상황으로 중심 생각 Ranking 유형 (1) '-는 게 낫다.'에 해당한다. 남자의 중심 생각은 '형식적으로라도 기부를 하는 게 안 하는 것보다는 낫다.'이다.

22.

○ ① 연말에는 불우 이웃이 많아진다.
　➡ 정보 없음
❷ 연말에만 기부하는 사람들이 있다.
　➡ 정답
③ 연말에는 불우 이웃 돕기 행사가 축소된다.
　➡ 연말에는 불우 이웃 돕기 행사가 (많아진다). not A
④ 연말에만 불우 이웃 돕기 행사에 참여할 수 있다.
　➡ 정보 없음

여자: 양 과장, **Ⓐ**이번에 우리가 새로 출간한 한국어능력시험 교재에 대한 반응이 어떤가요?

남자: 지금까지는 좋은 것 같습니다. **Ⓑ**출간한 지 두 달 만에 2쇄를 다시 찍어야 할 정도입니다. 구매 평가를 보면 다른 책들과 달리 학습자의 수준에 맞게 급수를 나누어 놓은 점이 아주 좋다는 반응입니다.

여자: 반응이 좋다니 다행이군요. 그런데 부정적인 의견은 없었나요?

남자: **Ⓒ**시험 문제 순서와 다르게 유형별로 나누었기 때문에 적응하는 데 시간이 걸린다는 의견이 좀 있었습니다.

23. ❸

◎ 남자는 여자에게 새로 출간한 한국어능력시험 교재에 대한 반응을 보고하고 있다.

24.

◎ ① 이 교재는 곧 출간을 할 예정이다.
    ➡ 이 교재는 (이미 출간을 했다). not A
② 이 교재의 구성 순서는 시험 문제 순서와 같다.
    ➡ 이 교재의 구성 순서는 시험 문제 순서와 (다르다). not C
❸ 이 교재는 학습자 수준에 맞게 급수를 나누었다.
    ➡ 정답
④ 이 교재는 한 달 만에 2쇄를 찍어야 할 정도이다.
    ➡ 이 교재는 (두 달 만에) 2쇄를 찍어야 할 정도이다. not B

여자: 오랜만에 새 작품으로 방송 드라마에 복귀하셨는데요. 어제 끝난 **Ⓐ**이번 드라마가 시청자들로부터 큰 사랑을 받았습니다. 작가님, 그 이유가 뭐라고 생각하시나요?

남자: 네. 보통 드라마가 사랑을 받는 이유는 드라마의 소재, 배우들의 연기력, 아름다운 영상미, 대본 등 여러 가지가 있습니다. 그런데 이번 드라마의 경우는 **Ⓑ**실제로 일어날 법한 일을 드라마 소재로 쓴 것이 이유라고 생각합니다. 다시 말해 우리 집 혹은 이웃집에서 일어날 것 같은 사실적인 이야기를 솔직하게 표현했습니다. 바로 내 이야기 같다는 느낌이 시청자들을 끌어들인 것 같습니다.

25. ❹

◎ 중심 생각 Ranking 유형 (7) '-(ㄴ/는)다고 생각하다.'에 해당한다. 여자는 남자가 쓴 드라마가 시청자들로부터 큰 사랑을 받은 이유를 질문하고 있다. 이에 대한 남자의 중심 생각은 '드라마가 시청자들로부터 사랑을 받은 이유는 실제로 일어날 법한 일을 드라마 소재로 쓴 것이라고 생각한다.'이다.

26.

◎ ① 이 드라마는 시청자들에게 외면을 받았다.
    ➡ 이 드라마는 시청자들에게 (사랑을) 받았다. not A
② 이 드라마는 아름다운 영상미가 돋보인다.
    ➡ 정보 없음
❸ 이 드라마는 남자가 오랜만에 쓴 작품이다.
    ➡ 정답
④ 이 드라마는 작가가 자신의 이야기를 소재로 했다.
    ➡ 이 드라마는 (실제로 일어날 법한 일을) 소재로 했다. not B

남자: 어제 마트에서 산 물건들을 종이 상자에 넣으려고 했더니 **Ⓐ**자율 포장대에 종이 상자만 있고 **Ⓑ**포장용 테이프와 플라스틱 끈이 없는 거야.

여자: 플라스틱 폐기물을 없애고 개인 장바구니 사용을 권장하려고 제공하지 않는 거래. 원래는 종이 상자까지 없애기로 했다가 테이프와 끈만 없앤 거라고 하더라.

남자: 무거운 물건을 테이프와 끈 없이 종이 상자에 넣으면 상자가 터지고 물건이 훼손될 거 아니야. 상자만 있는 게 무슨 소용이 있는 거야?

여자: 그냥 장바구니를 가지고 다니면 되잖아. 난 요즘 장바구니를 가지고 다니는데 생각보다 편해. 환경을 생각하면 좋은 방법인 것 같아.

27. ❸

◎ 말하는 의도는 중심 생각을 푸는 방법으로 답을 고르면 된다. 남자의 중심 생각은 Ranking 유형 (10) '두 문장 반복'에 해당한다. 남자는 마트에서 종이 상자만 남기고 테이프와 끈을 없앤 자율 포장 서비스에 대한 불만을 말하고 있다. 따라서 남자가 여자에게 말하는 의도는 자율 포장 서비스에 대한 불만을 나타내는 것이다.

28.

○ ① 자율 포장대에 종이 상자가 없다.
  ➡ 자율 포장대에 종이 상자가 (있다). not A
  ② 남자는 여자와 같이 마트에 갔다.
  ➡ 정보 없음
  ③ 마트에서 포장용 테이프를 제공한다.
  ➡ 마트에서 포장용 테이프를 (제공하지 않는다). not B
  ❹ 여자는 요즘 장바구니를 사용한다.
  ➡ 정답

듣기 29번~30번   p.180

여자: ❹이번 공연에서는 다른 공연장과 다르게 특별한 무대 배치를 시도하셨는데요. 이렇게 하신 특별한 이유가 있으십니까?

남자: 네, ❸일반적인 공연장은 주로 무대 앞쪽에 계단 형식으로 관람석을 배치합니다. ❸이러한 배치는 관객들의 시야를 확보하기에는 좋지만 관객과의 소통 면에서는 다소 어려움이 있지요. 그래서 이번 공연의 특징을 고려하여 새로운 무대 설치를 시도해 보았습니다.

여자: 무대를 둥글게 만들고 360도 회전이 되는 등 정말 신선했는데요.

남자: 감독님과 상의 끝에 관객과의 소통을 고려하여 무대를 둥글게 만들고 그 둘레에 관객석을 배치했습니다. 거기에 무대를 360도 회전시켜 출연자들이 모든 관객과 소통할 수 있게 하였지요. 뿐만 아니라 이 무대는 관객들의 시야도 충분히 확보할 수 있는 게 장점입니다.

29. ❹

○ 여자가 다른 공연장과 다르게 특별한 무대 배치를 시도한 이유를 질문했다. 그리고 남자가 공연의 특성을 고려하여 새로운 무대 설치를 시도해 봤다는 내용에서 남자의 직업을 알 수 있다.

30.

○ ① 일반적인 공연장은 무대 둘레에 관객석을 배치한다.
  ➡ 일반적인 공연장은 무대 (앞쪽에) 관객석을 배치한다.
    not B
  ② 이번 공연의 관람석 배치 방법은 일반 공연장과 동일하다.
  ➡ 이번 공연의 관람석 배치 방법은 일반 공연장과 (다르다). not A
  ❸ 무대 둘레에 관람석을 배치하면 관객과의 소통이 쉬워진다.
  ➡ 정답

④ 무대 앞쪽에 관람석을 배치하면 관객들의 시야 확보가 어렵다.
  ➡ 무대 앞쪽에 관람석을 배치하면 관객들의 시야 확보가 (쉽다). not C

듣기 31번~32번   p.180

여자: 미세먼지 저감 조치로 차량 2부제를 공공 기관에서 일반 시민까지 확대 실시한다고 하는데요. 과연 효과가 있을지 의문입니다.

남자: 미세먼지가 심한 날 차량 번호의 끝자리를 홀수와 짝수, 2부제를 실시하면 분명 효과가 있습니다. 다른 나라의 사례에서도 미세먼지 감소 효과를 확인할 수 있고요. 대중교통을 이용하여 차량 운행 수를 줄인다면 장기적으로 효과가 점점 커질 것으로 생각합니다.

여자: 글쎄요. 효과가 있더라도 아주 미비할 것 같은데요. 그리고 2부제를 지키지 않으면 벌금을 내야 한다는 건 더욱 이해가 되지 않아요.

남자: 건강을 위협할 정도로 미세먼지가 심각한 상황에서 최소한의 조치라도 해야 한다고 봅니다. 벌금을 부과하게 되면 참여율을 높이는 데 도움이 될 거고요.

31. ❶

○ 중심 생각 Ranking 유형 (2) '-아/어야 하다,'와 유형 (7) '-(ㄴ/는)다고 생각하다'에 해당한다. 남자의 생각은 차량 2부제로 인해 차량 운행 수가 줄어든다면 미세먼저 저감 효과가 있을 것이기 때문에 차량 2부제를 확대해서 실시해야 한다로 정리할 수 있다.

32. ❹

○ 차량 2부제를 확대 실시하는 것이 효과가 있을지 모르겠다는 여자의 의견에 대해 남자는 다른 나라의 사례를 통해 효과를 확인할 수 있다고 했다. 또한 벌금 부과에 대한 여자의 문제 제기에 벌금을 부과할 경우 참여율이 높아질 거라고 반박하고 있다.

여자: 여러분, 처음 겪는 일인데도 마치 과거에 경험했던 일처럼 느껴진 적이 있나요? 이와 같은 느낌을 '기시감'이라고 부르는데요. 일반적으로 이러한 현상은 인간의 뇌와 관련이 있다고 알려져 있습니다. 우리의 뇌는 일상생활에서 엄청난 양의 기억을 저장해야 하는데요. 기억을 저장하는 데는 한계가 있기 때문에 ④인간의 뇌는 기억을 간략하게 바꾸어 저장하게 됩니다. 이렇게 저장된 정보는 비슷한 기억이더라도 같은 기억으로 판단하기 때문에 처음 하는 일 같은데도 과거에 똑같은 일을 한 것처럼 느껴지게 되는 것이지요. ⑤보통 이러한 현상을 경험하는 사람들은 꿈속에서 같은 일을 한 적이 있는 것 같다고 이야기합니다.

33. ❶

⊙ 내용을 듣기 전 선택지를 확인하면 '기시감'이 주제이다. 그리고 내용에서는 기시감이 생기는 원인과 특징에 대해 설명하고 있다.

34.

⊙ ① 이 현상은 잠을 잘 때 주로 발생한다.
　　➡ 정보 없음
❷ 인간의 뇌는 기억을 저장하는 데 한계가 있다.
　　➡ 정답
③ 인간의 뇌는 기억을 복잡하게 바꾸어 저장한다.
　　➡ 인간의 뇌는 기억을 (간략하게) 바꾸어 저장한다. not A
④ 이 현상을 경험하는 사람들은 꿈을 꾸지 않는다.
　　➡ 이 현상을 경험하는 사람들은 (꿈속에서 같은 일을 한 것 같다고 한다). not B

남자: 얼마 전 저희 마을 앞바다에서 배가 부딪히는 사고로 인해 바다가 기름으로 오염되었습니다. 바다가 오염되면서 저희 지역 주민들 또한 큰 어려움을 겪게 되었습니다. 하지만 ④자원봉사단 여러분께서 최선을 다해 도와주신 덕분에 ⑤빠른 시일에 복구할 수 있게 되었습니다. 다시 한 번 주민들을 대표해서 진심으로 감사드립니다. 사고가 발생하자마자 사고 현장으로 달려와 차가운 날씨 속에서 피해 현장의 기름을 닦아 내고 갯벌을 지키기 위해 노력해 주신 점 깊이 감사드립니다. 여러분의 도움 덕분에 저희들의 마음에 많은 위로가 되었습니다. 여러분의 따뜻한 마음 언제까지나 기억하겠습니다.

35. ❶

⊙ 내용을 듣기 전 선택지를 확인하면 '피해 지역', '봉사'와 관련된 것이 주제이다. 남자는 주민을 대표해서 피해 지역 복구를 위해 노력해 준 봉사단에게 감사하다는 인사를 전하고 있다.

36.

⊙ ❶ 이번 사고로 바다가 심각하게 오염되었다.
　　➡ 정답
② 봉사 활동 기간 중 배가 부딪히는 사고가 있었다.
　　➡ 정보 없음
③ 추운 날씨 때문에 피해 복구가 제대로 되지 않았다.
　　➡ 추운 날씨 (속에서도 피해 복구가 빨리 이루어졌다). not B
④ 지역 주민들의 노력으로 사고 현장의 기름을 닦아 냈다.
　　➡ (자원봉사단의) 노력으로 사고 현장의 기름을 닦아 냈다. not A

여자: 박사님, 흔히 인간의 두뇌는 신체 성장이 멈춘 뒤에는 더 이상 발달하지 않는다고 알고 있는데요. 이게 사실인가요?

남자: 사실이 아닙니다. 인간은 어떤 활동을 반복하거나 꾸준히 하게 되면 그것을 담당하는 ④뇌 부위가 자극을 받게 됩니다. 활발한 움직임과 함께 그 크기도 커지고 기능도 발달합니다. 영국 런던의 택시 운전사의 두뇌 연구에서 확인된 바가 있는데요. ⑤택시 운전사가 도시의 모든 길을 외우는 데 보통 2~4년 정도가 걸린다고 합니다. 이 동안 운전사들의 뇌를 촬영한 결과 해마라는 부위가 커지는 것을 확인할 수 있었습니다. ⑥신체 성장이 멈추면 두뇌가 더 이상 발달하지 않는다는 이야기는 근거가 없습니다. 따라서 성인이 된 이후에도 특정 두뇌 활동을 반복하거나 꾸준히 해 준다면 발달의 정도가 달라질 수 있습니다.

37. ❹

⊙ 중심 생각 Ranking 유형 (3) '그래서'에 해당한다. 성인이 된 이후에도 특정 두뇌 활동을 반복해서 꾸준히 한다면 뇌의 발달 정도가 달라질 수 있다는 것이 남자의 중심 생각이다.

38.

⊙ ① 인간은 신체 성장이 멈추면 두뇌가 발달하지 않는다.
　　➡ 인간은 신체 성장이 (멈춰도 두뇌가 발달할 수 있다). not C
② 뇌 부위의 활발한 움직임과 기능 발달은 서로 관련이 없다.

➡ 뇌 부위의 활발한 움직임과 기능 발달은 서로 관련이 (있다). not A
❸ 택시 운전사들의 뇌를 촬영한 결과 뇌 부위에 변화가 생겼다.
➡ 정답
④ 택시 운전사들이 도시의 모든 길을 외우는 데 ~~1년~~ 정도 걸린다.
➡ 택시 운전사들이 도시의 모든 길을 외우는 데 (2~4년 정도) 걸린다. not B

듣기 39번~40번   p.182

여자: 우리가 먹고 있는 육류가 이렇게 열악한 환경에서 사육되고 있는지 몰랐습니다. 각종 질병에 걸렸던 가축이 우리의 식탁에 올라왔을 수도 있는 거네요.

남자: 네, 그렇습니다. 그뿐만이 아닙니다. ❹육류 소비의 증가는 식량 위기를 초래할 수 있는데요. 일반적으로 인간이 식량을 과잉 소비하기 때문에 식량 문제가 발생하는 것이라고 생각하는 경우가 많습니다. 하지만 사실 진짜 원인은 다릅니다. 육류 소비가 늘어나면 더 많은 양의 가축을 기를 수밖에 없습니다. 가축을 키우기 위해서는 가축이 먹을 곡물이 필요하고요. 인간이 먹어야 하는 곡물이 가축의 사료로 사용되는 것이지요. 게다가 가축을 사육할 때 생기는 배설물과 도축 과정에서 생기는 각종 부산물로 인해 환경 문제도 발생합니다.

39. ❹

◐ 여자는 우리가 먹고 있는 육류가 이렇게 열악한 환경에서 사육되고 있었는지 몰랐다고 하면서 대담을 시작한다. 이에 대해 남자는 그 사실을 인정하면서 육류 소비의 증가로 인해 생길 문제점에 대해 설명하고 있다.

40.

◐ ① 식량 위기로 많은 가축들이 굶어 죽고 있다.
➡ 정보 없음
❷ 사육 과정에서 질병에 걸리는 가축들이 있다.
➡ 정답
③ 육류 소비가 많아지면 식량 문제가 ~~해결된다~~.
➡ 육류 소비가 많아지면 식량 문제가 (초래된다). not A
④ 가축 사료로 사용되는 곡물의 양이 줄고 있다.
➡ 정보 없음

듣기 41번~42번   p.183

남자: 고대 왕이나 귀족들은 음식을 먹을 때 은으로 된 수저나 식기를 주로 사용했다고 하는데요. 왜 그랬을까요? 그건 바로 은이 가지는 살균 효과 때문입니다. ❹인류는 오래 전부터 은이 지닌 이러한 특징을 알고 있었는데요. 과거 미국에서는 물이나 우유를 마실 때 세균을 없애기 위해 가지고 다니던 은 동전을 넣어 마셨습니다. 지금도 음식을 담는 그릇이나 수저뿐만 아니라 동전이나 ❸소독제의 원료, 의약품 등 여러 분야에서 은이 활용되고 있습니다. 과거 한국에서는 ❻음식에 독이 있는지의 여부를 확인하기 위해 은수저를 사용했다고 하는데요. 모든 독에 은이 반응하는 것은 아니기 때문에 정확한 방법이라고 할 수는 없습니다.

41. ❶

◐ 중심 생각 Ranking 유형 (10) '두 문장 반복'에 해당한다.
"고대 왕이나 귀족들은 음식을 먹을 때 은을 사용했다."
"과거 미국에서는 물이나 우유를 마실 때 은 동전을 넣어 마셨다."
"지금도 여러 분야에서 은이 활용되고 있다."
"과거 한국에서는 음식에 독이 있는지의 여부를 확인하기 위해 은수저를 사용했다."
"이유는 은이 가지는 살균 효과 때문이다."와 같이 살균 효과가 있어서 실생활에 은이 사용된 예를 반복해서 설명함으로써 중심 생각을 나타내고 있다.

42.

◐ ① 은은 살균 소독제의 원료로 ~~사용되지 않는다~~.
➡ 은은 살균 소독제의 원료로 (활용되고 있다). not B
② 음식의 독을 확인하는 용도로 은이 ~~적합하다~~.
➡ 음식의 독을 확인하는 용도로 은이 (정확한 방법이라고 할 수 없다). not C
❸ 과거 미국에서는 우유에 은 동전을 넣어서 마셨다.
➡ 정답
④ ~~최근에 들어서야~~ 은의 살균 효과가 알려지기 시작했다.
➡ (오래 전부터) 은의 살균 효과가 알려지기 시작했다. not A

듣기 43번~44번   p.183

남자: 한국의 대표적인 습지인 우포늪. 습지는 물기에 젖어 있는 땅으로 환경 정화에 없어서는 안 되는 곳이다. 이곳은 국내 최대 규모로 원시적인 늪의 모습을 그대로 간직하고 있고 희귀 동식물이 서식하고 있어 1997년 생태·경관보전지역으로 지정되었다. 습지가 중요한 이유 중 하나는 습지에 사는 다양한 식물들이 환경을 정화하는 데 큰 영향을 미치기 때문이다. 먼저 습지 식물들의 호흡은 지구온난화의 원인인 이산화탄소의 양을 조절해 준다. 또 호흡 과정에서 나오는 공기는 근처의 공기를 깨끗하게 해 준다. 또한 습지 식물들은 장마와 같은 우기 때 습기를 빨아들여 홍수를 예방해 준다. 이처럼 습지는 생물의 다양성 측면뿐만 아니라 환경적인 측면에서도 매우 중요한 역할을 하고 있다.

43. ❷

⚬ 중심 생각 Ranking 유형 (10) '두 문장 반복'에 해당한다. '이처럼'은 앞의 내용을 다시 한 번 정리하고 반복할 때 사용한다. 따라서 '습지는 생물의 다양성 측면뿐만 아니라 환경적인 측면에서도 매우 중요한 역할을 하고 있다.'와 같은 내용을 선택지에서 고르면 된다.

44. ❶

⚬ '습지가 중요한 이유'에 대한 정보를 어느 부분에서 말하는지를 잘 들어야 한다. 습지가 중요한 이유를 '습지에 사는 다양한 식물들이 환경을 정화하는 데 큰 영향을 미치기 때문'이라고 설명하고 있다.

듣기 45번~46번   p.184

여자: 세상을 놀라게 한 ❹혁신적인 기술이라고 해도 사람들의 인정을 받지 못하는 경우가 있는데요. 예를 들어 화상 전화를 생각해 볼까요? 1960년대에 화상 전화가 처음 등장했을 때 많은 전문가들은 음성 전화가 화상 전화로 대체될 거라고 예상했습니다. 음성 전화보다 시각을 함께 사용하는 화상 전화가 통화자들의 사이를 더 가깝게 해 줄 거라고 생각한 거지요. 하지만 ❸화상 전화는 얼마 못 가 사라졌습니다. 왜 그랬을까요? 가장 큰 이유는 그 기술을 사용할 인간에 대한 이해가 부족했기 때문입니다. 당시 사람들이 전화에 바랐던 건 적절한 거리였는데 화상 전화는 오히려 사생활을 보여 주는 셈이 되었지요. 이러한 사례를 통해 우리는 결국 기술의 대중화를 위해서는 인간의 본성과 욕구에 대한 이해가 바탕이 되어야 한다는 것을 살펴볼 수 있었습니다.

45.

⚬ ① 사람들은 새로운 기능의 제품을 선호한다.
  ➡ 사람들은 (새로운 기능의 제품이라도 선호하지 않는 경우가 있다). not A
② 혁신적인 기술은 언제나 대중화로 이어진다.
  ➡ (혁신적인 기술이라고 해도 사람들의 인정을 받지 못하는 경우가 있다). not A
③ 화상 전화가 처음 나왔을 때 큰 인기를 끌었다.
  ➡ (화상 전화는 얼마 못 가 사라졌다). not B
❹ 사람들은 화상 전화가 사생활을 침해한다고 여겼다.
  ➡ 정답

46. ❷

⚬ 먼저 중심 생각을 찾아보는 것이 좋다. 중심 생각 Ranking 유형 (2) '-아/어야 하다.'로 중심 생각은 "기술의 대중화를 위해서는 인간의 본성과 욕구에 대한 이해가 바탕이 되어야 한다."이다. 여자는 화상 전화 사례를 통해 이러한 결론을 유도하고 있다.

듣기 47번~48번   p.184

여자: ❹최근 SNS를 통해 퍼지는 뉴스들을 살펴보면 사실 여부를 정확히 알 수 없음은 물론이고 특정인을 비방하는 경우도 많은데요. 현재 이러한 ❸가짜 뉴스를 거를 수 있는 제도가 없어 검열조차 이루어지지 않고 있습니다. 관련 법안의 제정이 시급하다고 봅니다.

남자: 맞는 말이지만 현실적으로 가짜 뉴스를 판별하는 기준을 마련하는 것이 쉽지 않을 겁니다. ❸언론사에서 의도적으로 가짜 뉴스를 퍼뜨리는 경우도 있고요. 저는 가짜 뉴스의 확산을 막기 위해서는 정보를 받아들이는 사람의 역할이 크다고 봅니다. 인터넷을 통해 전달되는 수많은 정보를 대할 때 출처를 확인하고 정보에 오류가 없는지 검토하는 태도가 필요합니다. 올바른 정보를 얻기 위한 노력이 가짜 뉴스의 확산을 막는 가장 좋은 방법이 아닐까요?

47.

⚬ ① 언론사에서는 가짜 뉴스를 막기 위해 여러 노력을 하고 있다.
  ➡ 언론사에서는 가짜 뉴스를 (의도적으로 퍼뜨리는 경우도 있다). not C
❷ 특정인을 비난하는 뉴스가 인터넷을 통해 퍼지기도 한다.
  ➡ 정답
③ SNS를 통해 퍼지는 뉴스는 사실 여부 확인이 끝났다.
  ➡ SNS를 통해 퍼지는 뉴스는 (사실 여부를 정확히 알 수

없다). not A
④ 가짜 뉴스를 판별할 수 있는 제도가 만들어졌다.
➡ 가짜 뉴스를 판별할 수 있는 제도가 (없다). not B

48. ④

◉ 여자는 가짜 뉴스를 거를 수 있는 제도와 관련된 법안의 제정이 시급하다고 하였다. 이에 대해 남자는 "맞는 말이지만"이라며 일부 동의하면서 "가짜 뉴스의 확산을 막기 위해서는 정보를 받아들이는 사람의 역할이 크다."라고 자신의 의견을 주장하고 있다.

듣기 49번~50번   p.185

여자: 농업이 주산업이었던 조선 시대에 곡물 가격은 국가 경제에서 중요한 부분이었습니다. 그래서 이를 담당하는 관청을 설치하여 곡물 가격을 조절하는 업무를 맡게 했지요. 이곳에서는 풍년이 들어 곡물 가격이 내려가면 비싼 값으로 곡물을 사들였습니다. 그리고 흉년이 들어 곡물 가격이 올라가면 싼 가격에 팔아 곡물 가격을 조절했습니다. 또 ❹흉년이나 자연재해로 인해 어려움을 겪는 백성들에게는 무료로 곡물을 나누어 주기도 했고요. 자연환경의 영향을 받을 수밖에 없는 농업 중심의 경제 구조에서 백성들의 기본적인 생활을 보장하기 위한 방법이었던 것이지요. 조선 시대에 ⑧재해를 입은 백성들의 기초 생활 보장 등에도 세심하게 신경 쓴 것을 보면 복지 정책의 역사가 꽤 깊다고 할 수 있겠습니다.

49.

◉ ① 이 관청에서는 형편이 어려운 백성들을 돕지 못했다.
➡ 이 관청에서는 형편이 어려운 백성들을 (도왔다). not A
② 이 관청에서는 흉년이 들면 백성들에게 곡물을 걷었다.
➡ 이 관청에서는 흉년이 들면 백성들에게 곡물을 (나누어 주었다). not A
❸ 이 관청에서는 풍년이 들면 비싼 가격으로 곡물을 샀다.
➡ 정답
④ 이 관청에서는 자연재해를 막기 위한 시설을 설치했다.
➡ 이 관청에서는 자연재해를 (입은 백성들을 돕기 위한 시설을) 설치했다. not B

50. ④

◉ 먼저 중심 생각을 찾아보는 것이 좋다. 중심 생각 Ranking 유형 (10) '두 문장 반복'으로 "조선 시대에 관청을 설치하여 곡물 가격을 조절하고 재해를 입은 백성들의 기초 생활 보장 등에도 세심하게 신경을 썼다."면서 이 기관에서 담당했던 업무에 대해 높이 평가하고 있다.

쓰기 51번~52번   p.186

51. ㉠ 방문한다고 했습니다 / 방문하기로 했습니다
ㄴ 자료를 전해 주시겠습니까

●●○○○ 📶   3:00 PM   77% 🔋
✉ 김준기 대리님   📞 🗑

김 대리님. 이민정입니다.
제가 출장 중이라 부탁드릴 일이 있어 문자 보냅니다.
오늘 오후쯤 거래처에서 회사를 (방문한다고 했습니다 / 방문하기로 했습니다).
거래처 직원이 방문하면 전해 줘야 할 자료가 있는데요.
저 대신에 (자료를 전해 주시겠습니까)?
자료는 제 책상 위에 놓여 있습니다.
번거롭게 해 드려서 죄송합니다.

◉ 개인적인 글
(1) -(스)ㅂ니다.
(2) 글을 쓰는 사람: 나
(3) 글을 읽는 사람: 대리님
(4) (㉠)의 뒤 문장에 '거래처 직원이 방문하면'이 있다. 거래처 직원과 한 약속이나 거래처 직원이 한 말을 써야 한다.
(5) (ㄴ)의 뒤에 물음표(?)가 있고 앞 문장에 전해 줘야 할 자료가 있다고 했다. 그 자료를 부탁하는 표현을 써야 한다.
(6) 높임말 사용

52. ㉠ 밤에 먹는다고 해서 몸에 해로운 것은 아니다
ㄴ 너무 많은 양을 먹는 것은 좋지 않다

❹밤에 먹는 사과가 ⑧몸에 해롭다고 생각하는 사람들이 많다. 그러나 꼭 (❹'밤에 먹는다고 해서 ⑧'몸에 해로운 것은 아니다). 오히려 밤에 사과를 먹으면 다음날 배변 활동에 도움이 될 뿐만 아니라 숙면을 취하는 데도 도움이 된다. 그렇지만 (ⓒ너무 많은 양을 먹는 것은 ⑩좋지 않다). 왜냐하면 한 번에 ⓒ'너무 많은 양을 먹으면 ⑩'밤중에 속이 쓰릴 수도 있기 때문이다.

◉ (㉠)
문법: -(ㄴ/는)다고 해서 -(으)ㄴ/는 것은 아니다.
대응: ❹밤에 먹는 사과가 ⑧몸에 해롭다고 생각하는 사람들이 많다.
(반의) 그러나 (❹'밤에 먹는다고 해서 ⑧'몸에 해로운 것은 아니다).

(㉡)
문법: –는 것은 좋지 않다.
대응: (ⓒ너무 많은 양을 먹는 것은 ⓓ좋지 않다).
　　　ⓒ'너무 많은 양을 먹으면 ⓓ'밤중에 속이 쓰릴 수도 있기 때문이다.

쓰기 53번 　　　　　　　　　　　　　　　　　　p.187

53.

1	인		가	구		비	율	의		변	화	를		살	펴	보	면	,	
1	인		가	구	의		비	율	은		20	08	년		16	.8	%	에	서
20	08	년		28	.6	%	로		지	난		10	년		동	안		10	%
이	상		증	가	하	였	다	.		이	러	한		증	가	의		원	인	으
로	는		결	혼	에		대	한		가	치	관	이		변	화	하	면	서
청	년	층	의		비	혼		인	구	가		증	가	한		것	을		들
수		있	다	.		또	한		부	모		부	양	에		대	한		책	임
약	화	로		독	거		노	인		세	대	가		증	가	한		것	도
1	인		가	구		증	가	에		큰		영	향	을		미	친		것
으	로		보	인	다	.		이	러	한		현	상	이		계	속		이	어
진	다	면		20	35	년	에	는		1	인		가	구	의		비	율	이
34	%	에		이	를		전	망	이	다	.								

쓰기 54번 　　　　　　　　　　　　　　　　　　p.187

54.

1. 서론: 창의적 사고가 필요한 이유
 - 지식이나 정보에 대해 접근성과 이해도가 높아졌다.
 - 지식이 많다거나 다른 사람과 비슷한 생각만으로는 경쟁에서 이길 수 없다.

2. 본론
(1) 창의적인 사고 능력의 개념
 - 기존의 지식이나 정보를 바탕으로 새로운 것을 생각해 내는 능력
(2) 기존의 지식이나 정보를 대하는 자세
 - 기존의 지식이나 정보에 사로잡히지 않는 자세
 - 새로운 것을 받아들일 수 있는 개방적 태도
 - 아이디어의 자발적 창출과 질문 태도

3. 결론
 - 창의성을 바탕으로 변화에 능동적으로 대응한다면 자신의 발전은 물론 사회와 국가 발전의 원동력이 될 것이다.

[서론]

지식과 정보가 넘쳐나는 현대 사회에서는 독서나 단순한 주입식 교육을 통한 지식 습득은 한계를 가지게 되었다. 지식이나 정보의 습득은 이미 다양한 매체를 통해 접근성과 이해도가 과거보다 높아졌기 때문이다. 따라서 지식이 많다거나 다른 사람들과 비슷하게 생각하는 것만으로는 경쟁에서 이길 수 없는 사회가 되었다. 바로 아이디어의 시대, 창의성이 필요한 시대가 된 것이다.

[본론]

창의적인 사고 능력이란 기존의 지식이나 정보를 바탕으로 새로운 작품이나 제도, 아이디어 등을 생각해 내는 능력을 말한다. 이러한 능력을 개발하기 위해서는 관습이나 원리, 법칙, 고정관념, 편견에 사로잡히지 않는 자세가 중요하다. 그리고 새로운 것을 받아들일 수 있는 개방적인 태도와 의식이 필요하다. 또한 아이디어를 자발적으로 창출하고 항상 주변의 사물이나 사실에 대해 의문을 가지고 질문을 제기하는 자세와 그 질문을 해결하기 위한 끈기가 필요하다.

[결론]

오늘날의 지식은 빠르게 변화하고 있으며 새로운 지식의 유효기간이 점차 짧아지는 사회가 되었다. 과거의 물고기를 잡아주는 방식이 아닌 물고기를 잡는 방법을 새롭게 생각해 내야 하는 시대가 된 것이다. 따라서 창의성을 바탕으로 변화에 능동적으로 대응한다면 자신의 경쟁력을 높여 주어 개인의 삶의 만족도를 높여 줄 것이다. 또한 창의적인 인재로서 사회와 국가 발전의 원동력이 될 수 있을 것이다.

읽기 1번~50번

1. ①	2. ④	3. ①	4. ④	5. ①
6. ②	7. ①	8. ④	9. ②	10. ③
11. ③	12. ④	13. ①	14. ④	15. ③
16. ②	17. ②	18. ④	19. ④	20. ②
21. ②	22. ③	23. ④	24. ②	25. ②
26. ②	27. ②	28. ①	29. ②	30. ④
31. ①	32. ②	33. ③	34. ②	35. ③
36. ②	37. ①	38. ①	39. ③	40. ③
41. ④	42. ③	43. ①	44. ④	45. ③
46. ③	47. ②	48. ④	49. ①	50. ④

읽기 1번~2번 p.191

1. ①

⬥ 어제는 비가 내렸다. ➡ 오늘은 바람이 심하게 분다.
'오늘은 바람이 심하게 분다.'는 현재 상황에 대해 말하고 있다. '어제 비가 내렸다.'는 상황과 현재 상황은 〈상반〉, 〈변화〉 등의 문법을 쓸 수 있다. 여기에서는 〈회상: 변화〉를 나타내는 '-더니'를 찾아야 한다. '-더니'는 말하는 사람이 관찰한 것을 회상하면서 뒤의 내용에서 변화된 상황을 나타낼 때 사용한다.

2. ④

⬥ 집 안이 조용한 걸 보니까 ➡ 아이들이 잔다.
앞의 내용인 '집 안이 조용한 걸 보니까'는 뒤의 내용을 추측하기 위한 근거를 나타낸다. 이때 호응하는 문법은 〈추측: 관찰〉을 나타내는 '-는 모양이다.'를 찾아야 한다. '-는 모양이다.'는 말하는 사람이 관찰한 것을 근거로 현재 상황을 추측할 때 사용한다.

읽기 3번~4번 p.191

3. ①

⬥ '-기 위해서'는 〈목적〉을 나타내는 문법이다. 생활비를 버는 것이 목적이고 그 목적에 맞는 계획이나 노력으로 주말마다 아르바이트를 한 것이다. 따라서 선택지 중에서 〈목적〉을 나타내는 문법인 '-(으)려고'를 찾아야 한다.

4. ④

⬥ '-(으)ㄹ 만하다.'는 〈가능〉을 나타내는 문법으로 그럴 가능성이 많이 있다고 생각할 때 사용한다. 따라서 선택지 중에서 〈가능〉을 나타내는 문법인 '-(으)ㄹ 수 있다.'를 찾아야 한다.

읽기 5번~8번 p.191

5. ①

> 머리끝부터 발끝까지 깨끗하고 선명하게~
> 외출 전 내 모습을 확인하세요.

⬥ 핵심어: 선명하다, 모습, 확인

6. ②

> 생활용품은 물론 간단한 식사, 택배 서비스까지!
> 가까운 곳 1년 365일 24시간
> 언제든지 열려 있습니다.

⬥ 핵심어: 생활용품, 간단한 식사, 택배 서비스,
1년 365일 24시간, 언제든지

7. ①

> 종이컵 대신 개인 컵으로!
> 환경을 살리는 작은 실천입니다.

⬥ 핵심어: 종이컵, 환경, 살리다

8. ④

> 상품을 원하시는 분은 아래 번호로 연락해 주십시오.
> 인터넷 홈페이지를 통해서도 주문하실 수 있습니다.
> ☎ 02-123-4567

⬥ 핵심어: 상품을 원하는 사람은 연락해 주십시오
인터넷 홈페이지를 통해서 주문할 수
있습니다

9.

> 은혜대학교 홈페이지 일시 중단 안내
>
> 홈페이지 보안 시스템 교체 작업으로 시스템이 일시적으로 중지됩니다.
>
> ◈ **Ⓐ**작업 시간: 3월 11일(월) 19:00∼**Ⓑ**19:30
> ◈ 작업에 따른 영향: **Ⓒ**작업 시간 내 일시적 접속 불가
>
> ※ 작업 시간은 상황에 따라 변동될 수 있습니다.
> ※ 많은 양해 바라며 업무에 참고하기 바랍니다.

➡ ① 이 작업은 오전 중에 진행될 예정이다.
  ➡ 이 작업은 (저녁 7시부터) 진행될 예정이다. not A
❷ 작업 시간은 사정에 따라 바뀔 수 있다.
  ➡ 정답
③ 작업 중에도 홈페이지에 접속할 수 있다.
  ➡ 작업 (중에는) 홈페이지에 접속할 수 (없다). not C
④ 이 작업으로 세 시간 동안 홈페이지를 이용할 수 없다.
  ➡ 이 작업으로 (삼십 분) 동안 홈페이지를 이용할 수 없다. not B

10.

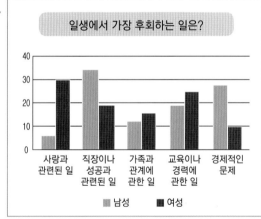

일생에서 가장 후회하는 일은?

■ 남성 ■ 여성

➡ 성별 비교
① 직장이나 성공과 관련된 일을 후회한다고 응답한 비율은 여성어 더 높았다.
  ➡ 직장이나 성공과 관련된 일을 후회한다고 응답한 비율은 (남성이) 더 높았다.
② 교육이나 경력에 관한 일을 후회한다고 말한 사람은 남성어 더 많았다.
  ➡ 교육이나 경력에 관한 일을 후회한다고 말한 사람은 (여성이) 더 많았다.
❸ 남성보다 여성이 사랑과 관련된 일을 더 후회하는 것으로 나타났다.
  ➡ 정답

④ 남성과 여성 모두 경제적인 문제를 가장 후회한다고 답했다.
  ➡ (남성은 직장이나 성공과 관련된 일을, 여성은 사랑과 관련된 일을) 가장 후회한다고 답했다.

11.

> **Ⓐ**길거리에서 갑작스럽게 쓰러진 행인을 시민들과 소방관이 살려내 화제가 되고 있다. 지난달 22일 오후 은혜동 대로변에서 길을 걷던 60대 남성이 갑자기 쓰러졌다. 그때 **Ⓑ**주변에서 그 광경을 목격한 한 여성이 달려와 심폐소생술로 응급처치를 하였다. 주위에 있던 시민들은 때마침 그곳을 지나던 소방차를 멈춰 세웠고 **Ⓒ**소방관들은 즉시 차 안에 있던 자동심장 충격기를 사용해 응급처치를 도와 극적으로 의식을 찾게 되었다.

➡ ① 행인은 평소에 심장 질환을 앓고 있었다.
  ➡ 행인은 (길거리에서 갑작스럽게 쓰러졌다). not A
② 여성은 쓰러진 남성을 발견하고 119에 신고했다.
  ➡ 여성은 쓰러진 남성을 발견하고 (응급 처치를 하였다). not B
❸ 자동 심장 충격기는 소방차 안에 구비되어 있었다.
  ➡ 정답
④ 쓰러진 행인은 응급 처치를 받은 후 의식을 찾지 못했다.
  ➡ 쓰러진 행인은 응급 처치를 받은 후 의식을 (찾게 되었다). not C

12.

> **Ⓐ**은혜시에서는 내년부터 택시 기사들의 최저 임금을 보장하는 제도를 시행한다. 그동안 **Ⓑ**택시 업체 소속 기사들은 자신의 운행 수입에 따라 각기 다른 수준의 임금을 받았다. 그러나 **Ⓒ**이 제도가 시행되면 택시 기사들은 소속 회사로부터 매달 일정 금액 이상의 월급을 받게 된다. 이 제도는 시행 여건을 갖춘 은혜시에 먼저 도입되고 시행 성과를 고려해 다른 도시에도 차츰 적용될 예정이다.

➡ ① 이 제도가 시행되면 택시 기사들은 소속 회사에 일정 금액을 내야 한다.
  ➡ 이 제도가 시행되면 택시 기사들은 소속 회사에 일정 금액 (이상의 월급을 받게 된다). not C
② 택시 기사들은 자신의 수입에 상관없이 같은 액수의 임금을 받아왔다.
  ➡ 택시 기사들은 자신의 수입에 (따라 각기 다른) 액수의 임금을 받아왔다. not B
③ 은혜시는 택시 기사들에게 월급을 주자는 요구를 거절했다.
  ➡ 은혜시는 택시 기사들에게 월급을 (보장하는 제도를 시행한다). not A

❹ 은혜시는 다른 도시보다 먼저 이 제도를 시행할 예정이다.
➡ 정답

읽기 13번~15번   p.195

13. ❶

◉ 정보 Ranking 유형 (05) 〈정보〉로 (가)와 (나) 중 첫 번째 문장
을 찾아야 한다. (가)와 (나)는 접속사, 지시어, 조사 등으로 첫
번째 문장을 찾기 어렵다. 따라서 이어질 수 있는 문장으로 찾
아야 한다. (가)의 '안전벨트를 천천히 당기면'과 (다)의 '빠르게
당기면'이 상반되는 문장으로 이어질 수 있다. 그리고 (나)가
(가)보다 의미가 포괄적이기 때문에 첫 번째 문장이다.
(나) 안전벨트는 사람을 보호하기 위해 좌석에 설치한 안전장
치인데 / (가) 천천히 당기면 줄이 잘 풀리는 반면에 / (다) 빠
르게 당기면 줄이 더 이상 당겨지지 않는다. / (라) 그 이유는
사고가 났을 때 몸이 앞으로 튕겨 나가지 않게 하기 위해서이
다. / 로 내용이 구성된다.

14. ❹

◉ 정보 Ranking 유형 (03) 〈일화〉로 (다)와 (라) 중 첫 번째 문장
을 찾아야 한다. (다)의 문장에서는 '포도를 발견했다.'가 나오
고 (라)의 문장에서는 '포도를 먹으려도 열심히 뛰어올랐다.'가
나온다. 따라서 내용의 순서상 (다)가 첫 번째 문장이다.
(다) 배고픈 여우가 포도를 발견한 후 / (라) 포도를 먹으려고
노력했지만 너무 높아서 딸 수 없었다. / (나) 그러자 여우는
저 포도가 아직 안 익었을 거라고 말하며 돌아갔다. / (가) 이
이야기는 자신의 능력이 부족할 때 시기를 핑계로 댄다는 것
을 우화로 나타낸 것이다. / 로 내용이 구성된다.

15. ❸

◉ 정보 Ranking 유형 (04) 〈건강〉으로 (나)와 (라) 중 첫 번째 문
장을 찾아야 한다. (나)의 문장에서 '오히려'는 예상과 다른 의
외의 상황을 설명할 때 사용하기 때문에 앞에 다른 내용이 있
어야 한다. 따라서 첫 번째 문장이 아니고 (라)가 첫 번째 문장
이다.
(라) 비타민 C를 섭취하면 감기 예방 효과가 있다고 생각하는
사람들이 많으나 / (가) 연구에 따르면 큰 효과가 없다. / (나)
과도한 비타민 C 섭취는 오히려 부작용을 유발한다. / (다) 따
라서 감기를 예방하기 위해 다량의 비타민 C를 섭취하는 것은
좋지 않다. / 로 내용이 구성된다.

읽기 16번~18번   p.196

16. ❷

사람들은 발의 크기가 일정할 것이라고 생각한
다. 하지만 발의 크기는 시간대에 따라 달라진다.
그래서 신발을 살 때에 알맞은 시간대가 있다. 사
람은 저녁 시간대가 되면 ❹(신발이 작아진 듯한)
느낌을 받는다. 왜냐하면 ❹'오랜 시간 서 있거나
앉아서 일할 경우 혈액순환이 잘 되지 않아 ❹"발
이 붓기 때문이다. 따라서 신발은 아침보다 저녁에
사는 것이 좋다.

◉ 종합 유형

❹(신발이 작아진 듯한) 느낌을 받는다.
어떤 느낌?

❹'   ❹"
오랜 시간 서 있거나   ⟶   발이 붓는다
앉아서 일한다

17. ❷

연극이나 무용을 할 때 얼굴을 가려 변장을 하
기 위해 흔히 가면을 쓴다. 그런데 먼 옛날에는 연
극이나 무용을 위해서가 아니라 ❹(강하게 보이
려고) 가면을 썼다. 당시 남자들은 사냥이나 전쟁
을 할 때 ❹'상대에게 위협적으로 보이기 위해 얼
굴에 가면을 썼다. 또 ❹"귀신에게 겁을 줘서 쫓기
위한 주술적인 용도로 가면을 쓰기도 했다.

◉ 종합 유형

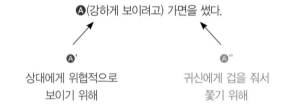

❹(강하게 보이려고) 가면을 썼다.

❹'   ❹"
상대에게 위협적으로   귀신에게 겁을 줘서
보이기 위해   쫓기 위해

18. ❹

❹'국수 먹는 날'은 ❸바로 (남녀가 결혼하는) 날
을 가리키는 말이다. 옛날에는 국수가 아주 귀한
음식이었기 때문에 특별한 날에만 국수를 먹었다.
특히 결혼식 날 국수를 먹었는데 길이가 긴 국수
처럼 신랑 신부의 사랑이 오래 이어지기를 바랐기
때문이다. 그래서 ❸'언제 결혼할 거냐는 뜻으로
❹'국수 언제 먹여 줄 거냐고 묻는다.

◉ 대응 유형으로 비슷한 표현을 활용하여 빈칸에 들어갈 알맞은
내용을 찾으면 된다.

Ⓐ'국수 먹는 날'은 Ⓑ(남녀가 결혼하는) 날이다.
Ⓑ'언제 결혼할 거냐는 뜻으로 Ⓐ'국수 언제 먹여 줄 거냐고 묻는다.

읽기 19~20번   p.197

지구의 정반대 쪽에 있는 남극과 북극은 혹독한 추위의 극지방이어서 별다른 차이점이 없을 것으로 생각한다. 하지만 생각보다 훨씬 큰 차이가 있다. 남극은 아주 Ⓐ두꺼운 얼음으로 덮인 큰 대륙으로 평균 기온이 영하 49도로 지구에서 가장 추운 지역이다. (   ) 북극은 Ⓑ바다 위에 떠 있는 얼음덩어리로 겨울에는 영하 30~40도까지 내려가지만 Ⓒ여름에는 따뜻한 바닷물의 영향으로 기온이 영상까지 오른다.

19. ④

◎ 빈칸 앞에서는 남극의 특징을 설명하고 있고 빈칸 뒤에서는 북극의 특징을 설명하고 있다. 상반된 내용을 설명하고 있기 때문에 '④반면'이 정답이다.

20.

◎ ① 남극은 여름이 되면 기온이 영상으로 오른다.
    ➡ (북극은) 여름이 되면 기온이 영상으로 오른다. not C
❷ 북극은 바닷물 때문에 남극보다 춥지 않다.
    ➡ 정답
③ 남극은 바다 위에 떠 있는 얼음 섬이다.
    ➡ (북극은) 바다 위에 떠 있는 얼음 섬이다. not B
④ 북극은 얼음으로 덮여 있는 대륙이다.
    ➡ (남극은) 얼음으로 덮여 있는 대륙이다. not A

읽기 21번~22번   p.198

날씨가 건조해지면 산불 사고가 많이 일어나게 된다. 산불은 나무를 모두 태울 뿐만 아니라 우리에게 다른 피해도 주게 된다. 최근 이상 기후로 자주 발생하는 홍수도 빗물을 막아주는 나무가 없어서 일어나는 것이다. 그러다 보니 피해를 복구하는 데 드는 경제 비용도 큰 부담이다. 여전히 (   ) 식으로 피해와 복구를 반복하고 있다. 이러한 상황을 반복하지 않기 위해서는 그 원인을 미리 차단하는 것이 중요하다. 따라서 등산을 할 경우 흡연을 삼가고 될 수 있으면 산에서 불을 사용하는 일이 없도록 해야 한다.

21. ❷

◎ 산불로 인한 피해와 나무가 없어서 발생하는 홍수가 자주 발

생하고 있어 피해 복구에 드는 경제 비용이 큰 부담이다. 그런데도 여전히 (어떤) 식으로 피해와 복구를 반복하고 있다. 이때 (어떤)의 의미는 '피해를 복구하지만 또다시 피해를 입고 있다.'의 내용이 자연스럽다. 따라서 '일이 이미 잘못된 후에는 후회해도 소용이 없다.'는 의미의 속담인 '소 잃고 외양간 고친다.'가 자연스럽다.

22. ❸

◎ 중심 생각 Ranking 유형 (02) '-아/어야 한다.'에 해당한다. '등산을 할 경우 흡연을 삼가고 될 수 있으면 산에서 불을 사용하는 일이 없도록 해야 한다.'와 같은 의미를 선택지에서 고르면 된다.

읽기 23번~24번   p.199

아파트 엘리베이터를 타다 보면 자주 만나는 사람들이 있다. 얼굴은 익숙하지만 잘 알지 못하는 사람들이 좁은 공간에 함께 있으면 얼마나 어색한지 모른다. 그래서 Ⓐ나는 다른 사람들과 눈을 마주치지 않고 거울이나 휴대 전화를 보며 시간을 보낸다. 그런데 겨우 돌이 지난 나의 아들은 사람들을 만날 때마다 눈을 떼지 않고 빤히 쳐다보았다. 그러던 어느 날 여느 때처럼 엘리베이터에 사람들이 탔다. 자주 봤지만 늘 그냥 지나쳤던 부부였다. 나는 평소처럼 인사를 나누지 않고 거울을 보며 도착하기를 기다렸다. 그런데 Ⓑ아들은 익숙한 얼굴을 보자 반갑게 웃으며 손을 흔들었다. Ⓒ나는 그 부부가 인사를 받아주지 않아 아이가 민망해 할까봐 걱정했는데 오히려 부부는 웃으며 말했다. "안녕. 반가워. 얼굴 안다고 인사도 하고 우리 애들보다 낫네." 어느새 그들의 얼굴에는 웃음꽃이 피었다. <u>아들을 보고 있는 내 얼굴에도 미소가 지어졌다.</u>

23. ④

◎ 밑줄 친 부분 '아들을 보고 있는 내 얼굴에도 미소가 지어졌다.'의 앞의 내용을 보면
앞: 엘리베이터 안에서 인사를 나누지 않는 요즘 분위기에서 아들이 이웃을 알아보고 인사를 했고, 거기에 이웃의 부부가 아이를 칭찬하고 있다.
이때 등장인물의 심정은 어떨까? '미소가 지어졌다.'는 표현에서 알 수 있는 것처럼 긍정적인 의미일 것이다. 따라서 '자랑스럽다.'가 가장 자연스럽다.

24.

◎ ① 아이는 자주 만나는 부부에게 꽃을 선물했다.
    ➡ 아이는 자주 만나는 부부에게 (웃으며 손을 흔들었다).
    not B
❷ 아이 덕분에 엘리베이터 안의 분위기가 밝아졌다. ➡ 정답

③ 부부가 아이의 인사를 받아주지 않아서 속상했다.
➡ 부부가 아이의 인사를 받아주지 (않을까 봐 걱정했다).
not C
④ 나는 엘리베이터에서 잘 모르는 이웃을 만나도 반갑게 인사한다.
➡ 나는 엘리베이터에서 잘 모르는 이웃을 만나도 (인사하지 않는다). not A

읽기 25번~27번 p.200

25. ❸

김준기 선수 축구 결승전 2골 '맹활약'

☺ 긍정적 상황 ─── ☺ 긍정적 상황

◉ 신문기사 제목 Ranking 유형 (06) 스포츠
김준기 선수가 축구 결승전에서 두 골을 넣으면서(긍정적 상황) 뛰어난 모습을 보였다(긍정적 상황)고 보도하고 있다.

26. ❷

발길 끊는 여행객, 관광 업계 '끙끙'

☹ 부정적 상황 ─── ☹ 부정적 상황

◉ 신문기사 제목 Ranking 유형 (02) 경제 관련
'발길을 끊다.'는 '오지 않다.'의 의미로 여행객이 줄어들었다(부정적 상황)는 의미이다. '끙끙'은 '아프거나 힘들 때 자꾸 내는 소리'라는 의미로 관광 업계가 어려운 상황이다(부정적 상황)는 의미이다.

27. ❷

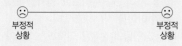

어젯밤 집중 호우, 남부 지방 가옥과 도로 침수

☹ 부정적 상황 ─── ☹ 부정적 상황

◉ 신문기사 제목 Ranking 유형 (04) 날씨 정보
어젯밤 비가 많이 내려서(부정적 상황) 남부 지방의 주택과 도로가 물에 잠겼다(부정적 상황)고 보도하고 있다.

읽기 28번~31번 p.201

28. ❶

병원에서는 근육에 주사를 놓는 경우 팔보다 엉덩이에 많이 놓는다. 그 이유는 엉덩이에 혈관과 근육이 더 많아서 약효가 더 빨리 나타나기 때문이다. 또한 ❹근육이 적은 팔에 주사를 맞으면 자칫 ❸근육에 무리가 갈 수도 있기 때문이다. 하지만 ❹'엉덩이 근처에는 신경이 지나가 ❸'(신경 손상의 위험이 있기) 때문에 엉덩이 주사를 거의 놓지 않는 나라도 있다. 그런데 독감 예방 주사는 근육 주사인데도 엉덩이가 아니라 팔에 맞는다. 이는 많은 사람에게 빠르게 접종하기 위한 편의적인 조치이다.

◉ 대응 유형으로 비슷한 표현을 활용하여 빈칸에 들어갈 알맞은 내용을 찾으면 된다.
❹근육이 적은 팔에 주사를 맞으면 ❸근육에 무리가 갈 수 있다.
❹'엉덩이 근처에는 신경이 지나가 ❸'(신경 손상의 위험이 있다).

29. ❷

옹기는 입자가 고르지 않은 흙으로 만들기 때문에 구울 때 여드름 자국 같은 기포 덩어리가 생긴다. 이 기포 덩어리가 바로 옹기의 숨구멍이다. ❹이 구멍들은 공기는 통하지만 물은 통과할 수 없다. 그래서 김치나 된장과 같은 ❸발효 음식을 오래 보관하는 데 매우 적합하다. 옹기의 ❹'숨구멍은 내부에 산소를 공급하여 발효 음식을 숙성시켜 준다. 또한 발효 과정에서 생긴 불순물을 밖으로 밀어 내어 ❸'오랫동안 (신선하게 저장할 수 있도록) 해 준다.

◉ 대응 유형으로 비슷한 표현을 활용하여 빈칸에 들어갈 알맞은 내용을 찾으면 된다.
❹이 구멍들은 ❸오래 보관하는 데 매우 적합하다.
❹'숨구멍은 ❸'오랫동안 (신선하게 저장할 수 있도록) 해 준다.

30. ❹

몸의 색깔이나 무늬로 자신의 생명을 보호하는 바닷속 동물들이 있다. 해류를 타고 이동하는 ❹고등어는 ❹'(천적의 공격을 피하기) 위해서 등이 ❹"바닷물과 비슷한 푸른색을 띤다. 또한 ❸문어는 ❸'자신을 지키기 위해 ❸"바닷속 환경에 따라 몸의 색깔을 바꾼다. 바위 옆에서는 바위와 비슷한 색으로, 산호초 옆에서는 산호초 색으로 몸의 색깔을 바꿔 적에게 쉽게 발견되지 않는다.

◐ 종합 유형
몸의 색깔로 자신의 생명을 보호하는 동물

Ⓐ고등어   Ⓑ문어
↓   ↓
Ⓐ'(천적의 공격을 피해)   Ⓑ'자신을 지키기 위해
↓   ↓
Ⓐ"바닷물과 비슷한 푸른   Ⓑ"바닷속 환경에 따라
색을 띤다.   몸의 색깔을 바꾼다

31. ❶

축구공의 이미지를 생각하면 대부분 정오각형의 검은색과 정육각형의 하얀색으로 이루어진 점박이 모양을 떠올린다. 사실 이 모양은 흑백텔레비전과 관련이 깊다. 그전까지 Ⓐ축구공은 갈색이었는데 축구공이 Ⓑ희미하게 보이는 단점이 있었다. 그래서 Ⓐ'검은색과 하얀색의 대비가 분명하게 디자인을 하였는데 이 공은 흑백텔레비전에서 Ⓑ'(상당히 명확하게) 보였다. 이후 만화 등에 이 디자인이 사용되면서 전 세계인에게 축구공의 대표적인 이미지로 자리 잡게 된 것이다.

◐ 대응 유형으로 반대 표현을 활용하여 빈칸에 들어갈 알맞은 내용을 찾으면 된다.
Ⓐ갈색 축구공은 Ⓑ희미하게 보였다.
Ⓐ'검은색과 하얀색의 대비가 분명한 축구공은 Ⓑ'상당히 명확하게) 보였다.

읽기 32번~34번   p.203

32.

낙타는 사막에서 사는 대표적인 동물이다. 주변 환경이 온통 모래인 Ⓐ이곳에서 낙타가 살 수 있는 이유는 특이한 신체 구조 때문이다. 먼저 낙타의 Ⓑ속눈썹은 길고 굵어서 강한 모래바람을 걸러 시야를 확보해 주고 뜨거운 태양으로부터 눈을 보호해 준다. 그리고 귀는 안쪽까지 털로 덮여 있어 모래를 막아 주고 코는 자신이 원하는 대로 여닫을 수 있어 콧속으로 모래가 들어오는 것을 막아 준다. 또 Ⓒ발은 넓고 스펀지처럼 푹신해서 모래 속에 발이 빠지지 않고 쉽게 걸을 수 있다.

◐ ❶ 낙타는 콧속으로 모래가 들어가지 못하게 콧구멍을 닫을 수 있다.
➡ 정답
② 낙타는 길고 굵은 속눈썹이 시야를 가려 앞을 잘 보지 못한다.
➡ 낙타는 길고 굵은 속눈썹이 시야를 (확보해) 앞을 (잘 볼 수 있다). not B

③ 낙타의 발은 크고 딱딱해서 모래 속에서도 잘 걸을 수 있다.
➡ 낙타의 발은 (넓고 푹신해서) 모래 속에서도 잘 걸을 수 있다. not C
④ 낙타는 사막에서 살기 힘든 신체 구조를 가지고 있다.
➡ 낙타는 사막에서 (살 수 있는) 신체 구조를 가지고 있다. not A

33.

야외 활동을 하다 보면 뱀한테 물리는 경우가 있다. 독이 없는 뱀한테 물렸을 때는 크게 문제가 되지 않지만 독을 가지고 있는 Ⓐ독사한테 물리게 되면 심한 경우 사망에 이를 수 있다. 독사한테 물리게 되면 움직임을 자제하고 Ⓑ물린 부위를 심장 높이보다 낮게 유지하며 음식물 섭취를 제한해야 한다. 또한 반지, 팔찌 등 액세서리를 제거하고 Ⓒ물린 부위의 위쪽을 끈이나 천을 이용하여 가볍게 묶고 나서 최대한 빠른 시간 안에 병원 진료를 받아야 한다.

◐ ① 독사한테 물려도 크게 문제가 되지 않는다.
➡ 독사한테 (물리면 심한 경우 사망에 이를 수 있다). not A
② 독사한테 물리면 물린 곳 아래쪽을 묶어야 한다.
➡ 독사한테 물리면 물린 곳 (위쪽을) 묶어야 한다. not C
❸ 독사한테 물렸을 때는 심하게 움직이지 않아야 한다.
➡ 정답
④ 독사한테 물리면 물린 부위를 심장보다 높게 해야 한다.
➡ 독사한테 물리면 물린 부위를 심장보다 (낮게) 해야 한다. not B

34.

사람은 사물을 인식할 때 양쪽 눈 중 주로 사용하는 눈이 있다. 사람마다 오른손잡이, 왼손잡이가 있는 것과 마찬가지로 주로 사용하는 눈에 따라 오른눈잡이, 왼눈잡이가 있다. Ⓐ주로 사용하는 눈은 다른 한 쪽 눈보다 시야가 넓고 선명하게 보인다. Ⓑ이를 확인하는 방법이 있는데 하나의 물건을 3~5m 앞에 두고 두 눈으로 바라본다. 그런 다음 두 팔을 쭉 펴고 양손으로 삼각형을 만들어 물건을 그 안에 보이게 한다. 끝으로 한쪽 눈으로 번갈아 봤을 때 물건의 위치가 변하지 않는 쪽이 주로 사용하는 눈이다.

◐ ① 오른손잡이는 오른눈잡이일 가능성이 높다.
➡ 정보 없음
❷ 사람은 사물을 볼 때 주로 사용하는 한쪽 눈이 있다.
➡ 정답
③ 주로 사용하는 눈은 시야가 좁아 자세하게 볼 수 있다.
➡ 주로 사용하는 눈은 시야가 (넓고 선명하게) 볼 수 있다. not A

④ 주로 사용하는 눈을 확인하려면 정밀 검사를 받아야 한다.
➡ 주로 사용하는 눈을 확인하려면 (간단하게 확인해 볼 수 있다). not B

읽기 35번~38번 p.204

35. ❸

대화란 두 사람 이상이 서로 이야기를 주고받는 행위를 말한다. 대화를 할 때 자신의 생각을 말로 잘 표현하는 것은 중요하다. 그러나 무엇보다도 중요한 것은 상대방의 말에 귀를 기울이는 것이다. 사람들 사이의 불화는 상대방의 말을 경청하지 않는 데서 시작한다고 해도 과언이 아니다. 상대방이 말하는 동안 내가 계속 말을 하면 대화 자체가 성립될 수가 없기 때문이다. 다른 사람의 말을 경청하는 것은 훌륭한 대화를 위해 반드시 필요한 자세이다.

◐ 중심 생각 Ranking 유형 (09) '무엇보다도'와 유형 (04) '반드시 필요한 자세이다.'에 해당한다.
– 상대방의 말에 귀를 기울이는 것
– 다른 사람의 말을 경청하는 것은 훌륭한 대화를 위해 반드시 필요한 자세이다.
이 두 문장과 같은 내용을 선택지에서 고르면 된다.

36. ❷

곤충 치유법은 곤충과의 정서적 교류를 통해 마음을 위로해 주는 치유법이다. 최근 한 초등학교에서 4주가량 호랑나비를 키우며 관찰하는 곤충 치유 학습을 실시했다. 분석 결과 프로그램에 참여한 학생들의 생활 만족도는 그렇지 않은 학생들보다 높아졌고 인지 능력도 20% 이상 향상된 것으로 나타났다. 이처럼 호랑나비를 이용한 치유 효과가 확인됨에 따라 최근 이런 프로그램을 활용하려는 학교가 증가하고 있다.

◐ 중심 생각 Ranking 유형 (10) '이처럼'에 해당한다.
'호랑나비를 이용한 치유 효과가 확인됨에 따라 최근 곤충 치유법을 활용하려는 학교가 증가하고 있다.'와 같은 내용을 선택지에서 고르면 된다.

37. ❶

인간은 주변 환경에 관계없이 자신에게 필요한 정보를 가려낸다. 가령 지하철에서 졸다가 내려야 할 역의 안내 방송을 듣고 갑자기 잠이 깨는 경우가 있다. 소란스러운 환경에서도 자신과 관련된 정보는 잘 들리는 것이다. 이 때문에 시끄러운 파티에서도 참석자들은 자신과 대화를 나누는 사람의 목소리를 분별해 낼 수 있다. 또한 수업 시간에 미리 알고 있는 내용을 들으면 집중이 더 잘 되는 것도 같은 원리라고 할 수 있다.

◐ 중심 생각 Ranking 유형 (10) '두 문장 이상 반복'에 해당한다.
'인간은 주변 환경에 관계없이 자신에게 필요한 정보를 가려낸다.'가 중심 생각으로 나머지 내용은 예를 들어 설명하고 있다. 따라서 이와 같은 내용을 선택지에서 고르면 된다.

38. ❶

한 영국 축구 감독은 집중력 향상을 위해 경기마다 껌을 씹는 것으로 유명하다. 실제로 껌을 씹는 것이 집중력을 높이는 데 도움이 된다는 연구 결과가 있다. 껌을 씹으면 뇌로 가는 혈액의 양이 늘어나 산소 공급이 더 원활해지고 이로 인해 뇌 기능도 활성화되기 때문이다. 단, 너무 오래 씹는 것은 턱관절에 무리가 올 수 있어 피해야 한다. 일반적으로 전문가들은 껌을 씹는 시간이 10분을 넘지 않는 것이 건강에 좋다고 한다.

◐ 중심 생각 Ranking 유형 (09) '–는 데 도움이 된다.'에 해당한다.
'껌을 씹는 것이 집중력을 높이는 데 도움이 된다.'와 같은 내용을 선택지에서 고르면 된다.

읽기 39번~41번 p.206

39. ❸

사직단은 조선 시대 토지신과 곡물신에게 제사를 지내던 곳이다. 조선 시대는 농업 중심 국가로 토지와 곡식은 국가와 경제의 근본이었다. (㉠) 그래서 국가의 안녕과 풍요를 비는 의식을 행할 장소를 설치한 것이다. (㉡) 사직단은 수도뿐만 아니라 각 고을에도 설치하도록 하였는데 당시 농업의 중요성이 얼마나 높았는지 짐작할 수 있다. (㉢) 그리고 각 단은 오색토라고 하여 각 방위에서 가져온 다섯 가지 색깔의 흙으로 덮었다. (㉣) 동은 청색, 서는 백색, 남은 적색, 북은 흑색, 중앙은 황색 흙으로 하였다. 이렇게 각 방향에서 가져온 흙을 뿌린 이유는 음양오행설에 따른 것이었다.

> **보기**
>
> 사직단의 구조는 동쪽에는 토지신을 위한 사단을 두고, 서쪽에는 곡물신을 위한 사단을 두었다.

◐ 〈보기〉는 사직단의 구조를 설명하고 있는데 전체적인 설명 순서에 따라 '목적–의미–위치–구조–각 단의 특징'으로 설명할 것이다. 따라서 〈보기〉의 문장은 (ⓒ)이 들어가기에 가장 알맞은 곳이다.

40. ❸

두 명의 공범이 경찰에 체포된 후 각각 분리되어 조사를 받게 된다. 경찰로서는 두 명의 공범을 기소하기 위한 증거가 부족한 상황이다. 또한 두 사람이 함께 범죄 사실을 숨기면 둘 다 형량이 낮아질 수가 있다. (㉠) 이럴 경우 경찰은 공범들에게 동일한 제안을 한다. (㉡) 다른 한 명의 공범에 대해 자백을 하면 자백한 그 사람은 가벼운 형량을 받는 반면 다른 공범은 무거운 형량을 받게 된다는 것이다. (㉢) 범인 두 명 모두 자신의 이익만을 고려한 선택을 했다가 자신뿐만 아니라 상대방에게도 불리한 결과를 유발하게 되는 것이다. (㉣)

> **보기**
>
> 이때 공범들은 상대방이 먼저 배신할 수도 있다는 두려움으로 결국 자백을 하게 된다.

◐ 〈보기〉의 지시어 '이때'와 '자백을 한다.'라는 정보가 들어 있는 문장은 (㉢) 앞에서 찾을 수 있다. 따라서 〈보기〉의 문장은 (㉢)이 들어가기에 가장 알맞은 곳이다.

41. ❹

만화가 권태성의 과학 만화 『과학병원 38.5』가 학부모와 아이들에게 관심을 불러일으키고 있다. 이 책은 과학적 이론을 바탕으로 동물들의 이야기를 담아낸 동물 병원 만화이다. (㉠) 아이들이 좋아하는 동물과 인체 과학 지식을 접목시킨 학습 만화로 동물 병원에서 벌어지는 일들을 그리고 있다. (㉡) 특히 상세한 진료 과정을 통해 동물과 인체에 대한 관심을 유도한다. (㉢) 이런 진료 과정은 현직 수의사 오승섭 씨가 감수하여 사실성도 높여 준다. (㉣) 나아가 사람과도 비교해 볼 수 있다는 점이 꽤 흥미롭다.

> **보기**
>
> 이렇게 수의사 선생님이 들려주는 이야기를 통해 만화에 나오는 동물의 상태나 질병에 대해 자세히 알아볼 수 있다.

◐ 〈보기〉의 지시어 '이렇게 수의사 선생님이 들려주는 이야기'라는 정보가 들어 있는 문장을 찾으면 (㉣)앞에 '수의사 오승섭 씨가 감수하여'를 찾을 수 있다. 따라서 〈보기〉의 문장은 (㉣)이 들어가기에 가장 알맞은 곳이다.

읽기 42번~43번   p.208

전화를 받은 주인 영감님이 좀 생기가 나더니 계산서를 작성해 주면서 ××상회에 20W 형광 램프 다섯 상자만 배달해 주고 오란다. 가까운 데 있는 소매상에서는 이렇게 전화 주문으로 배달까지를 부탁해 오는 수가 많다. ❹수남이는 자전거도 잘 타 배달이라면 문제도 없다.

〈중략〉 형광 램프를 ××상회에 부리고 나서 수금하는 데 또 한참이 걸린다. 장사꾼의 생리란 묘한 데가 있다. 수남이는 아직도 그 생리만은 이해가 안 될 뿐더러 문득문득 혐오감까지 느끼고 있다. ❸금고에 돈을 수북이 넣어 놓고도 ❻꼭 땡전 한 푼 없는 얼굴을 하고 도무지 돈을 내주려 들지를 않는다. 조금 있다 오란다. 그 동안에 수금이 되면 주겠다는 것이다. 〈중략〉

"아유, 오늘 더럽게 장사 안 된다."

××상회 주인은 니코틴이 새까맣게 달라붙은 이빨 안쪽을 드러내고 크게 하품을 한다. 돈을 빨리 안 주는 변명 같기도 하고, '인석아, 하루 종일 기다려 봐라, 누가 돈을 호락호락 내줄 줄 아니.' 하는 공갈 같기도 하다. 그러나 수남이는 들은 척도 안 하고 장승처럼 버티고 서 있다. 〈중략〉 이럴 때 수남이는 이 세상에 장사꾼처럼 징그러운 족속이 또 있을까 싶은 생각이 나서 한숨이 절로 난다.

42. ❸

◐ 밑줄 친 부분의 앞 내용과 밑줄 친 부분의 내용을 보면 (1) 장사꾼이 이해가 안 되고 (2) 혐오감을 느끼고 (3) 장사꾼의 행동을 생각하면 한숨이 난다. 이때 수남의 심정은 '못마땅하다'가 자연스럽다.

43.

◐ ❶ 수남의 가게는 전화로 주문을 받는다.
　➡ 정답
② 수남은 아직 자전거를 잘 타지 못한다.
　➡ 수남은 자전거를 잘 (탄다). not Ⓐ
③ 상회 주인은 장사가 안 돼서 금고에 돈이 없다.
　➡ 상회 주인은 금고에 돈이 (많다). not Ⓑ
④ 상회 주인은 수남에게 돈을 빨리 주고 싶어 한다.
　➡ 상회 주인은 수남에게 돈을 빨리 주고 싶어 (하지 않는다). not Ⓒ

등하교 시간 초등학교 근처에서는 학생들의 교통 지도를 하는 어머니들을 쉽게 볼 수 있다. 이들은 녹색어머니회로 초등학생들이 등하교 때 안전하게 학교 주변 길을 건널 수 있게 돕는 일을 한다. 원래 이 단체는 초등학생 어머니 중 원하는 사람이 자원봉사 형식으로 참여하는 방식이었다. 그러나 최근 이 녹색어머니회에 대한 논란이 끊이지 않고 있다. 맞벌이 가정이 많아짐에 따라 활동 지원자를 구하기가 어려워진 일부 학교에서 (Ⓐ녹색어머니회 참여를 의무화한) 것이다. 물론 등하교 시간 어린이 교통안전이 중요한 것은 두말할 필요도 없다. 그러나 이를 Ⓐ'학부모의 몫으로 볼 수는 없다. 자녀들의 안전을 핑계로 학부모에게 교통 지도 Ⓐ" 봉사를 요구하는 것은 Ⓐ"'학교와 지방자치단체가 자신의 책임을 회피하는 것이다. 이 문제가 해결되기 위해서는 무엇보다 관련 기관이 이 일에 책임 의식을 가지고 적절한 대응 방안이 마련될 수 있도록 힘써야 할 것이다.

44. ❹

❏ 중심 생각 Ranking 유형 (10) '두 문장 반복'에 해당한다.
'학부모의 몫으로 볼 수는 없다.'
'관련 기관의 대응 방안이 마련되어야 한다.'와 같은 내용의 반복을 통해 중심 생각을 나타내고 있다.

45. ❸

❏ 종합 유형으로 활동 지원자를 구하기가 어려워진 일부 학교에서 어떻게 한 것이 문제가 되었는지 생각해야 한다.

백제의 수도가 한성, 지금의 서울 위례성에 위치했을 때 축조한 성곽을 보면 Ⓐ당시 백제인의 건축 기술이 상당한 수준이었음을 알 수 있다. (㉠) 일반적으로 성곽하면 돌로 쌓은 석성이 가장 먼저 떠오르지만 당시에는 적을 방어할 목적으로 흙으로 만든 토성이 많이 지어졌다. (㉡) 토성의 성곽은 비교적 견고하여 오랜 시간을 견딜 수 있고 성 안팎으로 생긴 구덩이로 방어력을 높일 수 있다. 특히 백제 토성의 성곽은 돌로 쌓은 성곽만큼 견고하다. (㉢) Ⓑ흙에 석회, 소금물 등을 섞으면 점성이 높아져서 시멘트 벽과 같이 견고해진다. 또한 토성을 쌓을 때 Ⓒ나뭇잎을 이용하여 배수도 잘 되게 설계했기 때문에 여름철 폭우에도 대비할 수 있었다. (㉣) 이처럼 백제의 토성은 천 년 전에 지어진 유적이지만 그 속에 숨어 있는 백제인의 지혜를 발견할 수 있다.

46. ❸

보기
　흙으로 만들었음에도 불구하고 단단할 수 있었던 것은 석회를 이용했기 때문이다.

❏ 〈보기〉는 토성이 단단한 이유를 나타낸다. (㉢) 앞에 토성이 단단하다는 내용이 있고 (㉢) 뒤에 석회에 소금물을 섞으면 단단해진다는 내용이 있으므로 〈보기〉의 문장은 (㉢)에 위치해야 한다.

47.

❏ ① 백제 시대에는 건축 기술이 아직 발달되지 못했다.
　　➡ 백제 시대에는 건축 기술이 (상당히 발달되었다). not A
　❷ 석회를 이용하면 토성을 견고하게 쌓을 수 있다.
　　➡ 정답
　③ 나뭇잎을 이용하여 토성을 쌓으면 물이 잘 빠지지 않는다.
　　➡ 나뭇잎을 이용하여 토성을 쌓으면 물이 (잘 빠진다).
　　　not C
　④ 백제 토성의 성곽은 돌을 쌓아 만들었기 때문에 매우 단단하다.
　　➡ 백제 토성의 성곽은 (석회를 이용했기) 때문에 매우 단단하다. not B

p.211

    직장생활 경험이 있는 20~64세 남녀 1500명을 대상으로 직장 내 괴롭힘을 당한 적이 있는지에 대해 조사한 결과 73.7%가 직장 내 괴롭힘 피해 경험이 있다고 대답했다. 이에 근로자가 직장에서 다른 근로자에게 신체적·정신적 고통을 주는 행위 등을 금지하는 '직장 내 괴롭힘 금지법'이 시행되었다. 직장 내 괴롭힘이 발생하는 경우 즉시 이를 조사하고 Ⓐ'피해 직원의 희망에 따라 근무 장소 변경, Ⓐ"유급 휴가 명령 등 Ⓐ(적절한 조치를 취하도록) 했다. 만약 직장 내 괴롭힘 발생 사실을 Ⓐ'''신고하였음을 이유로 불이익을 주는 경우에는 3년 이하의 징역 또는 3000만 원 이하의 벌금에 처하도록 하였다. 하지만 '직장 내 괴롭힘 금지법' 시행 이후에도 여전히 많은 소규모 사업장이 사각지대에 놓여 있다. 10인 미만의 사업장은 법의 적용 대상에서 빠졌기 때문이다. 모든 사업장에 적용되지 않는다면 '직장 내 괴롭힘 금지법 시행'이 무슨 의미가 있겠는가? 소규모 사업장 노동자의 노동권을 보장하기 위해 소규모 사업장의 관리자들도 근로 관련 교육을 의무적으로 이수하게 하는 등 구체적인 제도가 마련되어야 할 것이다.

48. ❹

⭕ 글을 쓴 목적은 먼저 중심 생각(주제)를 찾아야 한다. 이 글은 중심 생각 Ranking 유형 (2) '-아/어야 하다'에 해당한다. 따라서 중심 생각은 '소규모 사업장 노동자의 노동권을 보장하기 위해 구체적인 제도가 마련되어야 한다.'이다. 이를 바탕으로 글을 쓴 목적을 고르면 답은 '❹소규모 사업장의 노동자에 대한 제도 마련을 요구하기 위해'가 된다.

49. ❶

⭕ 종합 유형으로 '직장 내 괴롭힘이 발생하는 경우 (무엇을) 했는지'를 찾아야 한다. 이와 같은 내용을 위에서 찾으면 다음과 같다.

Ⓐ(적절한 조치를 취하도록) 했다.
↑ 적절한 조치
Ⓐ'피해 직원의 희망에 따라 근무 장소 변경
Ⓐ"유급 휴가 명령
Ⓐ'''신고한 직원에게 불이익을 주는 경우 3년 이하의 징역 또는 3000만 원 이하의 벌금

50. ❹

⭕ 필자는 '모든 사업장에 법이 적용되지 않는다면 무슨 의미가 있겠는가?'라는 반어적 의문문을 통해 '모든 사업장에 법이 적용되어야 한다.'라는 점을 강조하고 있다. 이와 같은 내용을 선택지에서 고르면 된다.

듣기 1번~50번

1. ③	2. ②	3. ①	4. ②	5. ③
6. ④	7. ①	8. ④	9. ①	10. ④
11. ②	12. ④	13. ②	14. ②	15. ③
16. ①	17. ③	18. ④	19. ①	20. ④
21. ④	22. ②	23. ①	24. ②	25. ④
26. ④	27. ③	28. ②	29. ④	30. ①
31. ①	32. ③	33. ③	34. ②	35. ③
36. ③	37. ③	38. ②	39. ④	40. ①
41. ④	42. ③	43. ③	44. ②	45. ②
46. ④	47. ①	48. ③	49. ①	50. ①

듣기 1번~3번   p.215

1. ❸

남자: 이것만 실으면 돼요?

여자: 네. 짐이 별로 없어요.

남자: 이 가방은 제가 넣을게요. 앞에 먼저 타세요.

➡ 승용차 트렁크 문이 열려 있음.
남자는 여행 가방을 들고 서 있고 여자가 그 오른쪽에 서 있음.

2. ❷

여자: 저기요. 음식이 너무 많이 남았는데 포장해 주실 수 있어요?

남자: 네. 잠시만 기다리세요.

여자: 감사합니다.

➡ 식당 안. 손님 남녀
식탁 위에 음식이 많이 남음.
여자가 앉아서 남자 종업원에게 포장을 부탁.

3. ❶

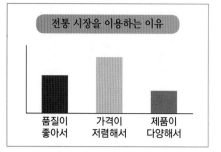

전통 시장을 이용하는 이유

품질이 좋아서 / 가격이 저렴해서 / 제품이 다양해서

남자: 2015년 이후 전통 시장을 이용하는 사람들이 계속해서 증가하고 있습니다. 전통 시장을 이용하는 이유로는 '가격이 저렴해서'가 가장 많았고 '품질이 좋아서', '제품이 다양해서'가 그 뒤를 이었습니다.

➡ 순위 그래프로 전통 시장을 이용하는 이유가 '1위 가격이 저렴해서, 2위 품질이 좋아서, 3위 제품이 다양해서'에 해당하는 그래프는 ①번이다. 변화의 경우 '전통 시장을 이용하는 사람들이 계속해서 증가하고 있다'인데 일치하는 것이 없다.

듣기 4번~8번   p.216

4. ❷

남자: 이번 방학에 제주도에 한번 가 볼까?

여자: 좋아. 근데 비행기 표가 얼마 정도야?

남자: 내가 한번 알아볼게.

➡ 남자가 여자에게 방학에 제주도에 가자고 제안을 하고 여자는 좋다고 하면서 비행기 표 가격을 물어보는 상황이다. 이때 남자는 한번 알아보겠다고 대답하는 것이 자연스럽다.

5. ❸

여자: 눈이 오는데 등산 가려고요?

남자: 조금밖에 안 오잖아요.

여자: 그래도 눈 그치면 가는 게 어때요?

➡ 여자는 남자에게 눈이 오는데도 등산을 할 거냐고 물어보고 있다. 이에 대해 남자는 눈이 조금밖에 안 온다고 대답하는 상황이다. 이때 여자는 눈이 그치면 가는 것이 좋겠다고 권유하는 것이 자연스럽다.

6. ❹

남자: 내가 지난주에 빌려준 카메라 오늘 줄 수 있어?

여자: 아, 집에 있는데… 오늘 필요해?

남자: 응. 오늘 여자 친구랑 한강에 가기로 했거든.

🔸 남자는 여자에게 지난주에 빌려준 카메라를 돌려줄 수 있는지 물어보고 있다. 이에 대해 여자는 카메라가 집에 있다고 하면서 오늘 필요한지 물어보는 상황이다. 이때 남자는 오늘 카메라가 필요하다고 하면서 그 이유를 말하는 게 자연스럽다.

7. ❶

여자: 선배, 지금 활동하시는 동아리 어때요?

남자: 다른 과 친구들도 사귈 수 있고 스트레스도 풀 수 있어서 좋아. 너도 가입할래?

여자: 네, 저도 가입해 볼까 해요.

🔸 여자는 남자에게 지금 활동하는 동아리가 어떤지 물어보고 있다. 이에 대해 남자는 동아리의 장점을 이야기하면서 여자에게 가입할 생각이 있는지 물어보는 상황이다. 이때 여자는 자신의 계획을 이야기하는 것이 자연스럽다.

8. ❹

남자: 이민정 씨, 내가 급하게 해외지사에 다녀와야 해서 워크숍 날짜를 다음 주 금요일로 바꿔야겠어요.

여자: 네. 그런데 금요일에는 예약한 워크숍 장소를 이용할 수가 없는데 다른 곳으로 알아볼까요?

남자: 시간이 얼마 안 남았으니까 빨리 알아보세요.

🔸 남자가 여자에게 워크숍 날짜를 바꿔야 한다고 이야기하고 있다. 이에 대해 여자는 날짜를 바꾸면 예약한 장소를 이용할 수 없다고 하면서 다른 장소를 알아봐야 하는지 물어보는 상황이다. 이때 남자는 빨리 알아보라고 하는 것이 자연스럽다.

듣기 9번~12번   p.217

9. ❶

여자: 이번 동창 모임에 30명 정도 참석할 수 있대.

남자: 그럼 식당 예약부터 해야겠다.

여자: 지난번에 갔던 장소 그대로지? 내가 할게.

남자: 그래. 그럼 난 친구들한테 장소랑 시간 알려줄게.

🔸 유형 (5) 〈여자의 계획, 제안〉이다. 여자는 동창 모임을 위한 식당을 예약해야 한다는 말을 듣고 "내가 할게."라고 대답하고 있다.

10. ❹

여자: 저, 홍보부 이민정인데요. 홍보 자료 다 만들었는데 부장님이 자리에 안 계시네요.

남자: 잠깐 나가셨어요. 2시쯤 오실 거예요.

여자: 그럼 이 자료 좀 전해 주시겠어요?

남자: 네. 저한테 주세요. 이따 오시면 전해 드릴게요.

🔸 유형 (4) 〈남자의 요구〉이다. 여자가 남자에게 자료를 대신 전해 달라고 부탁하자 남자는 자기한테 자료를 달라고 했다.

11. ❷

남자: 주말이라 그런지 식당에 사람도 많고 주차할 데도 없네요.

여자: 좀 멀지만 저쪽 주차장으로 가야 할 것 같아요.

남자: 그럼 먼저 내려서 줄 서 있을래요? 주차하고 올게요.

여자: 그게 좋겠어요. 제가 줄 서 있을 테니까 주차하고 식당으로 오세요.

🔸 유형 (2) 〈남자의 요구〉이다. 남자가 자신은 주차하고 오겠다고 하면서 여자에게 "먼저 내려서 줄 서 있을래요?"라고 요구했다. 이에 대해 여자는 "그게 좋겠어요."라고 대답했다.

12. ❹

여자: 팀장님. 보고서를 이메일로 보냈는데 올해 매출이 아니라 작년 매출 결과로 잘못 작성했습니다.

남자: 잘 확인했어야지요.

여자: 죄송합니다. 올해 매출로 다시 작성해서 이메일로 보내겠습니다.

남자: 알겠어요. 이메일 보내고 나서 연락하세요.

🔸 유형 (5) 〈여자의 계획, 제안〉이다. 여자는 보고서 내용을 올해 매출로 다시 작성해서 이메일로 보내겠다고 말하고 있다. 이에 대해 남자는 "알겠어요."라고 대답했다.

p.218

13.

여자: 오빠, Ⓐ저녁을 너무 많이 먹었더니 체했나 봐.

남자: 집에 약 없지? Ⓑ내가 지금 사 올게.

여자: 일요일에 약국 문 닫잖아.

남자: 편의점에서도 소화제 파니까 걱정하지 마. 금방 갔다 올게.

➡ ① 여자는 저녁에 약을 많이 먹었다.
　➡ 여자는 저녁에 (밥을) 많이 먹었다. not A
　❷ 남자는 편의점에서 약을 사려고 한다.
　➡ 정답
　③ 여자는 소화제를 사러 나가려고 한다.
　➡ (남자는) 소화제를 사러 나가려고 한다. not B
　④ 남자는 여자에게 소화제를 사 주었다.
　➡ 남자는 여자에게 소화제를 (사 주려고 한다). not B

14.

여자: (딩동댕) 기숙사 학생들에게 공동 세탁실 이용과 관련된 몇 가지 안내 말씀을 드리겠습니다. Ⓐ세탁실은 오전 7시부터 오후 11시까지 이용 가능하며, Ⓑ사용료는 세탁기, 건조기 각각 천 원입니다. Ⓒ세탁실에는 세제가 구비되어 있지 않으니 직접 구매하여 사용해야 합니다. 마지막으로 세탁실은 공동 시설이므로 사용 후에는 뒷정리와 쓰레기 처리를 해 주시기 바랍니다. (딩동댕)

➡ ① 세탁실은 24시간 사용이 가능하다.
　➡ 세탁실은 (오전 7시부터 오후 11시까지) 사용이 가능하다. not A
　❷ 공동 시설이므로 사용 후 뒷정리를 해야 한다.
　➡ 정답
　③ 1,000원으로 세탁기와 건조기를 사용할 수 있다.
　➡ (2,000원으로) 세탁기와 건조기를 사용할 수 있다. not B
　④ 세탁실에 세제가 구비되어 있어 준비할 필요 없다.
　➡ 세탁실에 세제가 구비되어 (있지 않아 직접 구매해야 한다). not C

15.

남자: 어제 열린 남자 테니스 경기에서 김정현 선수가 Ⓐ3회전에서 아쉽게 탈락했습니다. 지난해 세계 랭킹 10위권까지 올랐던 그가 여러 부상으로 성적이 좋지 않았는데요. 그래서 Ⓑ현재는 랭킹이 170위까지 떨어진 상태입니다. 하지만 이번 대회를 통해 2회전에서 세계 랭킹 7위를 이기는 성과를 올렸습니다. 비록 3회전에서 세계 랭킹 2위에게 패하긴 했지만 자신감과 실력을 되찾아 가는 것으로 보입니다.

➡ ① 이 선수는 3회전에서 승리하였다.
　➡ 이 선수는 3회전에서 (탈락하였다). not A
　② 이 선수는 현재 세계 랭킹 10위이다.
　➡ 이 선수는 현재 세계 랭킹 (170위이다). not B
　❸ 이 선수는 최근 성적이 좋지 않았다.
　➡ 정답
　④ 이 선수는 이번 대회를 끝으로 은퇴할 예정이다.
　➡ 정보 없음

16.

여자: 이번 영화의 음향 제작을 맡으셨다고 들었는데요. 음향 기사를 꿈꾸는 분들을 위해 어떤 준비를 해야 하는지 한 말씀 부탁드립니다.

남자: Ⓐ주인공이 걷는 소리나 때리는 소리처럼 크게 들릴 것 같지만 실제로 잘 들리지 않는 소리를 만들어야 하기 때문에 소리에 대한 감각이 필요합니다. Ⓑ청각도 좋아야겠지요. 또한 Ⓒ음향 장비를 설치하고 조작할 수 있는 능력이 필요합니다.

➡ ❶ 남자는 소리를 제작하는 일을 한다.
　➡ 정답
　② 소리를 만들려면 시각이 좋아야 한다.
　➡ 소리를 만들려면 (청각이) 좋아야 한다. not B
　③ 실제로 주인공이 걸을 때 큰 소리가 난다.
　➡ 실제로 주인공이 걸을 때 큰 소리가 (나지 않는다). not A
　④ 음향 기사는 음향 장비를 다룰 수 없어도 된다.
　➡ 음향 기사는 음향 장비를 다룰 수 (있어야 한다). not C

17. ③

남자: 민정이가 남자 친구랑 헤어졌대.

여자: 그래? 혼자 있으면 우울할 텐데 만나자고 연락해 볼까?

남자: 지금은 혼자 생각을 정리할 시간이 필요할 거야. 나중에 연락하는 게 좋을 것 같아.

➡ 중심 생각 Ranking 유형 (1) '-는 게 낫다.'에 해당한다. "나중에 연락하는 게 좋을 것 같아."와 같은 내용을 선택지에서 고르면 된다.

18. ④

남자: 민정 씨, 5월에 결혼한다면서요? 신혼집은 구했어요?

여자: 아니요. 부모님을 모시고 살지 남편하고 둘이 살지 아직 못 정해서 신혼집을 알아보지 못하고 있어요.

남자: 결혼 후에도 계속 일을 해야 하는데 부모님과 같이 사는 게 어때요? 나중에 아이 낳으면 봐 주실 수도 있잖아요.

➡ 중심 생각 Ranking 유형 (5) '-는 게 어때요?'에 해당한다. "결혼 후에도 부모님과 같이 사는 게 어때요?"와 같은 내용을 선택지에서 고르면 된다.

19. ①

여자: 너도 말하기 대회에 참가했지? 오늘 발표 순서 나오는 날인데 확인해 봤어?

남자: 확인해 봤는데 내가 마지막이야.

여자: 근데 왜 그렇게 슬퍼해. 마지막에 발표하면 긴장도 풀리고 좋지 않아?

남자: 먼저 발표를 해야 마음 편하게 다른 사람들 발표를 들을 수 있잖아.

➡ 중심 생각 Ranking 유형 (2) '-아/어야'에 해당한다. "먼저 발표를 해야 마음 편하게 다른 사람들 발표를 들을 수 있다."와 같은 내용을 선택지에서 고르면 된다.

20. ④

여자: 불편하신 몸으로 개인 방송을 시작하게 된 특별한 이유가 있으신가요?

남자: 보시다시피 저는 장애가 있습니다. 휠체어가 없으면 생활할 수 없지요. 사람들은 이런 저를 안타까운 시선으로 바라봅니다. 하지만 장애인도 보통 사람들과 결코 다르지 않습니다. 평범하고 즐거운 저의 일상을 있는 그대로 방송함으로써 장애인에 대한 편견을 없애고 싶어 방송을 시작하게 되었습니다.

➡ 중심 생각 Ranking 유형 (6) '-고 싶다.'에 해당한다. "장애인에 대한 편견을 없애고 싶어 방송을 시작했다."와 같은 내용을 선택지에서 고르면 된다.

여자: 난 성격이 꼼꼼하지 않아서 그런지 실수를 너무 많이 하는 것 같아. 어제도 중요한 서류를 처리 안 해서 부장님께 엄청 혼났어.

남자: 사람은 누구나 실수를 하기 마련이야. 하지만 실수를 하지 않도록 노력하는 자세는 필요해.

여자: 나도 알아. 그런데 자꾸 똑같은 실수를 반복하니까 주변 사람들이 많이 피곤해 하더라고. 그러다 보니 자신감도 없어지고 말이야.

남자: 똑같은 실수를 반복하지 않으려면 실수를 하게 되었을 때 왜 실수를 했는지, 무엇이 문제였는지에 대해 꼼꼼히 따져보는 것이 중요해. 그래야 똑같은 실수를 반복하지 않을 수 있어.

21. ④

➡ 〈의논〉을 하는 상황으로 중심 생각 Ranking 유형 (4) '-는 게 중요하다.'에 해당한다. 남자의 중심 생각은 '똑같은 실수를 반복하지 않으려면 왜 실수를 했는지, 무엇이 문제였는지 따져보는 것이 중요하다.'이다.

22.

➡ ① 여자는 회사 동료들에게 인기가 많다.
　　➡ 정보 없음
　② 여자는 회사에서 실수를 자주 하는 편이다.
　　➡ 정답
　③ 여자는 어제 피곤해서 서류를 처리 못했다.
　　➡ 정보 없음
　④ 여자는 자신감을 얻기 위해 노력하고 있다.
　　➡ 정보 없음

여자: 요즘 아이들이 크니까 생활비가 많이 들더라고 요. 지금까지 🅐아이들을 위해서 든 보험만 여섯 개인데 매달 보험료 나가는 게 여간 부담되는 게 아니에요.

남자: 그러면 한 달 보험료도 만만치 않겠네요. 음, 🅑수입에 비해서 보험료 지출도 많으신 편이고 요. 몇 개는 정리하는 게 좋을 것 같은데요.

여자: 그렇겠지요? 그런데 막상 지금 정리하려니 지금까지 낸 보험료가 너무 아까워요.

남자: 당장은 그렇게 느낄 수도 있지만, 매달 나가는 보험료를 생각해 보세요. 🅒보험은 한두 개로만 정리하시고요. 보험료로 나가던 돈으로 적금 통장을 만드는 게 훨씬 나을 거예요.

23. ❶

⯈ 여자는 매달 나가는 보험료가 부담스러워 남자와 보험에 대한 상담을 하고 있다.

24.

⯈ ① 여자는 보험을 하나 더 들 것이다.
　　➡ 여자는 보험을 (한두 개로 정리할 것이다). not C
　❷ 여자는 최근 생활비 지출이 늘었다.
　　➡ 정답
　③ 여자의 현재 보험료 지출은 적당하다.
　　➡ 여자의 현재 보험료 지출은 (너무 많다). not B
　④ 여자는 자녀들을 위해서 보험을 들지 않았다.
　　➡ 여자는 자녀들을 위해서 보험을 (들었다). not A

남자: 박사님께서는 그림을 이용해서 심리를 치유하는 '미술 치료'를 하신다면서요?

여자: 네. 현대인들은 작든 크든 마음의 병을 가지고 살아갑니다. 겉으로는 아무 문제가 없는 것처럼 살아가지만 🅐사실은 마음속의 상처를 드러내지 못하는 경우가 많지요. 이런 사람들에게 미술 치료는 효과적입니다. 왜냐하면 마음의 상처를 밖으로 나타내는 것만으로도 효과가 있기 때문입니다. 참여자는 그림을 그리면서 현재 자신의 삶을 탐색하고, 있는 그대로의 자신을 표현합니다. 🅑그러한 과정을 전문가와 함께하면서 마음의 병을 치유하는 거지요. 그림에 반영된 나의 상태가 정상적인지 아닌지를 살펴볼 수 있고 마음의 병

을 표현함으로써 치유의 방법을 찾을 수 있는 것입니다. 이처럼 마음의 병은 방치하거나 숨기면 안 되고 심각한 경우 전문가의 도움을 받아야 합니다. 이러한 도움은 자신이 기대하는 건강한 삶을 살 수 있는 길을 열어 줍니다.

25. ❹

⯈ 중심 생각 Ranking 유형 (2) '아/어야 한다.'에 해당한다. 남자는 그림을 이용해서 심리를 치유하는 미술 치료에 대해 질문하고 있다. 이에 대한 여자의 중심 생각은 '마음의 병은 방치하거나 숨기면 안 되고 전문가의 도움을 받아야 한다.'이다.

26.

⯈ ① 마음의 병을 가지고 살아가는 사람이 줄고 있다.
　　➡ 정보 없음
　② 참여자는 전문가에게 그림을 그리는 방법을 배운다.
　　➡ 참여자는 (전문가와 함께 마음의 병을 치유한다). not B
　③ 현대인들은 과거와 달리 마음속 상처를 잘 표현한다.
　　➡ 현대인들은 (마음속 상처를 잘 표현하지 못한다). not A
　❹ 그림을 통해 참여자의 심리 상태를 확인할 수 있다.
　　➡ 정답

여자: 난 불꽃축제 볼 때마다 그냥 아까운 돈을 낭비한다는 느낌이 들더라.

남자: 그래도 세계 여러 나라가 참가하는 국제적인 행사잖아. 🅐시작한 지 15년이 넘은 의미 있는 축제기도 하고. 🅑1년에 한 번 있는 대표적인 축제인데 그 정도 돈은 써야 하는 거 아닌가?

여자: 여러 나라가 참가한다고 하지만 🅒실제로 한국을 포함해서 두세 나라밖에 참가 안 하던데.

남자: 그래? 그래도 이미 많은 사람들이 즐기는 축제가 됐고 도시의 야경도 즐길 수 있어서 좋은 것 같은데.

여자: 니 말이 맞긴 한데, 이때만 되면 도로도 막히고 쓰레기 문제도 심각하잖아. 그리고 밤늦은 시간까지 행사를 하니까 주변에 사는 사람들에게 피해도 주고.

27. ❸

⯈ 말하는 의도는 중심 생각을 푸는 방법으로 답을 고르면 된다. 여자의 중심 생각은 Ranking 유형 (10) '두 문장 반복'에 해당한다. 여자는 불꽃축제의 문제점과 불편한 점을 여러 번 반복

해서 말하고 있다. 따라서 여자가 남자에게 말하는 의도는 '불꽃축제의 문제점'을 지적하는 것이다.

28.

- ① 이 축제는 ~~2년에~~ 1번 열린다.
  - ➡ 이 축제는 (1년에) 1번 열린다. not B
- ❷ 이 축제는 밤늦은 시간까지 진행된다.
  - ➡ 정답
- ③ 이 축제는 시작한 지 ~~10년이 안 됐다.~~
  - ➡ 이 축제는 시작한 지 (15년이 넘었다). not A
- ④ 이 축제에는 ~~매년 15개국 이상이 참가한다.~~
  - ➡ 이 축제에는 (두세 나라밖에 참가 안 한다). not C

듣기 29번~30번   p.222

여자: 운동선수들이 훈련 이외에도 심리적 안정을 위해 상담을 많이 받는다고 알고 있는데요. 주로 어떤 점을 상담하고 계신가요?

남자: 운동선수들은 징크스와 관련된 상담이 제일 많습니다. ❹징크스란 틀림없이 안 좋은 결과가 생길 거라는 불길한 느낌을 말하는데요. 언젠가 한 선수가 면도를 하고 시합을 하면 언제나 지는 징크스를 가지고 있다고 상담을 받으러 온 적이 있습니다.

여자: 그런 경우에는 어떤 방식으로 상담을 해 주시나요?

남자: 사실 징크스 때문에 지면 어쩌나 걱정을 하다 보니 경기에 집중을 하지 못하고 실제로 지게 될 가능성도 높아지는 겁니다. 심리적인 문제이기 때문에 면도와 시합이 관련이 없다는 점, 혹은 면도를 하고 시합을 해도 반드시 이길 수 있다는 점을 강조합니다. 그리고 승리할 수 있다는 자신감을 심어 주는 방향으로 상담을 진행합니다.

29. ❹

- 여자가 첫 번째 질문에서 운동선수들이 심리적 안정을 위해 주로 어떤 부분에서 상담을 받고 있는지 질문했다. 그리고 남자가 운동선수들이 징크스와 관련된 상담을 제일 많이 한다고 대답하는 부분에서 남자의 직업을 알 수 있다.

30.

- ❶ 운동선수들은 징크스에 대한 고민이 많다.
  - ➡ 정답
- ② 징크스는 습관을 ~~바꾸면 쉽게 해결할 수 있다.~~
  - ➡ 정보 없음
- ③ 징크스는 ~~행운이 올 거라고 믿는~~ 느낌을 뜻한다.

- ➡ 징크스는 (안 좋은 결과가 생길 거라는) 느낌을 뜻한다.
  - not A
- ④ 운동선수들은 ~~훈련보다 상담을 중요하게 생각한다.~~
  - ➡ 정보 없음

듣기 31번~32번   p.222

여자: 요즘 벽화를 보기 위해서 우리 마을을 방문하는 사람들이 많은데요. 밤낮없이 찾아오는 사람들 때문에 소음 문제가 심각해졌습니다. 특히 밤에는 시끄러워서 잠을 잘 수 없을 지경입니다.

남자: 그 부분은 너무 늦은 시각에는 마을 출입을 통제하는 조치 등을 통해 앞으로 나아질 수 있다고 생각하는데요.

여자: 그렇게 한다고 해도 주민들의 사생활 침해 문제는 해결되기 힘들 거 같습니다. 지금도 개인적인 공간을 들여다본다거나 심지어 사진을 찍는 경우도 있지 않습니까?

남자: 하지만 벽화 덕분에 우리 마을이 유명해지고 있고 지역 상권도 활성화되고 있습니다. 과거에 비해 주거 환경도 많이 개선되었고요. 이런 이익을 생각하면 어느 정도의 불편함은 감수해야 한다고 생각합니다.

31. ❶

- 중심 생각 Ranking 유형 (7) '-(ㄴ/는)다고 생각하다'에 해당한다. 남자의 생각은 벽화 덕분에 마을이 유명해지고 지역 상권이나 주거 환경이 좋아지는 등 여러 이익이 발생했기 때문에 어느 정도의 불편함은 감수해야 한다로 정리할 수 있다.

32. ❸

- 벽화를 보기 위해 밤낮없이 마을을 찾아오는 사람들 때문에 불편하다는 여자의 의견에 대해 남자는 그 부분은 앞으로 나아질 수 있다고 말했다. 또한 주민의 사생활이 침해된다는 여자의 지적에 벽화로 인해 마을이 얻는 이익을 언급하면서 현재 마을의 상황을 긍정적으로 평가하고 있다.

남자: ❹자동차 타이어가 처음 개발되었을 때에는 무
늬가 없는 매끄러운 형태로 고무가 재료였습니
다. 그러다가 차의 안전성을 높이기 위해 타이어
에 세로줄 무늬와 가로줄 무늬를 새기었습니다.
❺먼저 세로로 된 무늬는 회전이 부드러워져서
차의 승차감을 높여 줍니다. 그리고 ❻가로로 된
무늬는 달리는 차가 멈출 때 제동력을 높여 미끄
러지지 않습니다. 또 타이어는 자동차의 무게를
지지해 주고 노면에서 발생하는 충격을 줄여 주
는 역할도 합니다. 그런데 최초의 재료였던 고무
는 강도가 약해서 타이어의 수명이 짧았습니다.
그래서 까만색 탄소 가루인 '카본'이라는 화학 첨
가물을 넣어 강도를 높였습니다. 그래서 모든 자
동차의 타이어 색상이 까만색입니다.

33. ❸

⭕ 내용을 듣기 전 선택지를 확인하면 '자동차 타이어'가 주제이
다. 그리고 내용에서는 자동차 타이어가 처음 개발되었을 때
어땠고 시간이 지나면서 어떻게 달라졌는지 변화 과정을 설명
하고 있다.

34.

⭕ ① 타이어는 개발했을 때부터 무늬를 새기었다.
➡ 타이어는 (처음 개발되었을 때 무늬가 없었다). not A
❷ 타이어는 노면으로부터 충격을 완화시켜 준다. ➡ 정답
③ 타이어에 세로 무늬를 넣으면 잘 미끄러지지 않는다.
➡ 타이어에 (가로 무늬를) 넣으면 잘 미끄러지지 않는다.
not C
④ 타이어에 가로 무늬를 새기면 승차감이 우수해진다.
➡ 타이어에 (세로 무늬를) 새기면 승차감이 우수해진다.
not B

남자: 오늘 졸업식을 맞이한 졸업생들에게 먼저 축하의
말을 전하고 싶습니다. 졸업을 앞두고 있는 여러
분에게 제가 지금 하고 싶은 말은 ❹최고가 되기
보다는 최선을 다하는 사람이 되라는 말입니다.
최고의 자리에 올라가지 못해도 그때그때 주어진
일에 최선을 다하는 사람이 진정으로 아름다운
사람입니다. 살면서 수많은 어려움이 있겠지만 절
대 포기하지 않고 매순간 최선을 다한다면 반드
시 성공의 날이 올 것입니다. 그러니 여러분 모두
언제나 최선을 다하는 아름다운 사람이 되기 바
랍니다. 다시 한 번 졸업을 진심으로 축하합니다.

35. ❸

⭕ 내용을 듣기 전 선택지를 확인하면 '졸업'이 주제이다. 남자는
졸업생들에게 축하한다고 이야기를 하면서 최선을 다하면서
살아가는 것의 중요성을 강조하고 있다.

36.

⭕ ① 최선을 다하면 누구나 최고가 될 수 있다.
➡ 정보 없음
② 최고가 되지 못하면 경쟁에서 밀릴 수밖에 없다.
➡ 정보 없음
❸ 어려움을 이겨 내고 노력한다면 성공할 수 있다.
➡ 정답
④ 최선보다는 최고를 향해 나아가는 것이 중요하다.
➡ (최고가 되기보다는 최선을 다하는 것이) 중요하다.
not A

남자: 양파만큼 다양한 요리에 활용되는 채소가 없을
듯한데요. 맵고 단 맛을 내는 ❹양파가 요즘에는
요리 이외에 건강을 위한 양파즙으로도 인기를
끌고 있습니다. 박사님, 구체적으로 양파가 어떤
효능을 가지고 있는 건가요?

여자: 네. 양파는 여러 면에서 건강에 도움이 되는데
요. 먼저 양파는 혈액 속의 불필요한 지방과 콜
레스테롤을 감소시켜 줍니다. 우리 몸의 피를 맑
게 해 주고 혈액 순환을 도와줍니다. 그래서 동
맥 경화나 고혈압 예방에 좋습니다. 또 양파의 매
운 성분은 수면 장애를 겪는 사람에게 큰 효과가
있습니다. ❺이런 사람들은 물에 씻지 말고 껍질
만 까서 드시거나 잠을 잘 때 양파를 잘라서 머
리 근처에 두면 좋습니다. 양파의 매운 맛이 정신
을 안정시켜 편안하게 잠이 들 수 있도록 도와주
기 때문입니다. 이처럼 양파는 건강을 지키는 데
유용한 채소라고 할 수 있습니다.

37. ❸

⭕ 중심 생각 Ranking 유형 (10) '이처럼'에 해당한다. 양파의 효
능에 대한 질문에 남자는 양파가 건강에 좋은 이유를 구체적
인 예를 들어 설명하고 있다.

38.

⭕ ① 최근 양파로 만든 즙에 대한 연구가 진행됐다.
➡ 정보 없음
❷ 양파의 매운 성분은 수면을 유도하는 데 효과가 있다.
➡ 정답

③ 양파를 활용한 요리법어 사람들에게 인기를 끌고 있다.
➡ (양파로 만든 즙이) 사람들에게 인기를 끌고 있다. not A
④ 수면 장애를 겪는 사람은 양파를 물에 씻은 후에 먹는 것이 좋다.
➡ 수면 장애를 겪는 사람은 양파를 물에 (씻지 말고) 먹는 것이 좋다. not B

듣기 39번~40번   p.224

여자: 혼자 사는 노인이 사망할 경우 이를 발견하기가 쉽지 않다는 것이네요. 독거노인에 대한 사회적 관심이 필요할 것 같습니다.

남자: 네, ❹독거노인은 매년 증가하고 있고 약 15년 후에는 현재보다 3배나 증가할 것으로 예상하고 있습니다. 독거노인은 다른 연령대의 1인 가구보다 빈곤과 안전 문제에 취약한데요. 가족의 사망으로 인해 혼자 살게 된 노인의 경우 우울증과 같은 정신 질환을 겪는 경우도 많다고 합니다. 이를 해결하기 위해 현재 정부에서는 ❸독거노인을 위한 노인돌보미를 배치하여 안전과 건강을 수시로 확인하는 서비스를 제공하고 있습니다. 또한 ❹경제적인 어려움을 겪는 독거노인을 위해 일자리를 제공하고 기초생활비 지원 대상을 확대하는 방안을 검토 중입니다.

39. ❹

◐ 여자는 혼자 사는 노인이 사망할 경우 이를 발견하기가 쉽지 않다고 하면서 대담을 시작한다. 이에 대해 남자는 독거노인 가구에 대한 정부의 대책을 설명하고 있다.

40.

◐ ❶ 우울증과 같은 정신 질환을 가지고 있는 독거노인이 많다.
➡ 정답
② 앞으로 15년 후에는 독거노인의 수가 줄어들 것으로 전망된다.
➡ 앞으로 15년 후에는 독거노인의 수가 (늘어날 것으로) 전망된다. not A
③ 독거노인의 건강을 수시로 확인하는 서비스가 진행될 예정이다.
➡ 독거노인의 건강을 수시로 확인하는 서비스가 (진행 중이다). not B
④ 경제적인 어려움을 겪는 노인을 위해 노인돌보미 서비스를 제공한다.
➡ 경제적인 어려움을 겪는 노인을 위해 (일자리를 제공하는 방안을 검토 중이다). not C

듣기 41번~42번   p.225

여자: 사람은 누구나 살다 보면 다른 사람을 설득해야 하는 상황이 생기기 마련입니다. 이런 상황이 생긴다면 여러분은 어떻게 하시겠습니까? 지금부터 흥미로운 인간의 심리에 대해 이야기해 보려고 합니다. 상대방을 설득하려면 먼저 호감을 얻어야 합니다. 상대방에게 호감을 얻을 자신이 없다면 설득을 포기하는 것이 낫습니다. ❹호감을 얻는 방법은 결코 어렵지 않습니다. ❸사람은 자신과 닮은 사람에게 호감을 갖게 됩니다. 그것은 외모뿐만이 아닙니다. ❹외모가 될 수도 있고 말투가 될 수도 있으며 고향, 생활 습관이 될 수도 있습니다. 그러므로 누군가에게 호감을 얻고 싶다면 그 사람과의 공통점을 찾아보십시오.

41. ❹

◐ 중심 생각 Ranking 유형 (2) '-아/어야 하다.'와 유형 (5) '-아/어 보세요.'에 해당한다.
"상대방을 설득하려면 먼저 호감을 얻어야 한다."
"누군가에게 호감을 얻고 싶다면 그 사람과의 공통점을 찾아보십시오."와 같은 내용을 선택지에서 고르면 된다.

42.

◐ ① 상대방의 호감을 얻기는 쉽지 않다.
➡ 상대방의 호감을 얻기는 (어렵지 않다). not A
② 고향어 같아야 상대방을 설득할 수 있다.
➡ (외모가 될 수도 있고 말투가 될 수도 있으며 고향, 생활 습관이 될 수도 있다). not C
❸ 다른 사람을 설득해야 하는 상황을 피할 수 없다.
➡ 정답
④ 사람은 자신과 비슷한 사람에게 호감을 느끼지 않는다.
➡ 사람은 자신과 닮은 사람에게 호감을 (갖게 된다). not B

남자: 자율주행자동차 한 대가 멈춰 선 후 문이 열리자 로봇이 접힌 팔다리를 펴고 차에서 내린다. 그런 다음 두 손으로 물품을 들고 두 발로 걸어서 주택 문 앞까지 이동을 한다. 이 로봇은 최근 공개된 택배 배송 로봇이다. 인간처럼 직립 보행을 하는 이 로봇은 최대 18킬로그램 중량의 물품을 운반할 수 있다. 카메라와 감지 센서를 장착하여 장애물이나 계단 등을 인식할 수 있다. 그렇다면 걸어 다니는 로봇으로 개발한 이유는 무엇일까? 그것은 대부분의 주택에 있는 계단 때문이다. 바퀴로 이동하는 로봇을 이용할 경우에는 계단을 올라갈 수 없다. 바로 이 문제를 해결하기 위해 계단을 올라갈 수 있는 직립 보행 로봇이 필요했던 것이다.

43. ❸

◯ 중심 생각 Ranking 유형 (10) '두 문장 반복'에 해당한다.
'두 손으로 물품을 들고 두 발로 걸어서 주택 문 앞까지 이동을 한다.'
'인간처럼 직립 보행을 하는 이 로봇은 물품을 운반할 수 있다.'
'직립 보행 로봇은 계단을 올라갈 수 있다.'와 같이 직립 보행 로봇이 물건을 배달하는 데에 활용되는 것을 반복해서 설명함으로써 중심 생각을 나타내고 있다.

44. ❷

◯ '걸어 다니는 택배 로봇을 개발한 이유'에 대한 정보를 어느 부분에서 말하는지를 잘 들어야 한다. 걸어 다니는 택배 로봇을 개발한 이유를 '계단을 올라갈 수 없는 문제를 해결하기 위해서'라고 설명하고 있다.

여자: 목표를 달성하기 위해 필요한 것이 무엇일까요? 성공한 사람들에게서 공통적으로 나타나는 한 가지 특징이 있는데요. 바로 결과에 대한 높은 기대와 자신감입니다. 보통 기대치가 높은 만큼 그 결과도 달라진다고 합니다. 목표를 세울 때 결과에 실망할까 봐 기대치를 낮추는 경우가 있습니다. 그러나 ❹성공한 사람들은 결과가 두려워 기대치를 무조건 낮추는 것은 좋지 않다고 말합니다. 오히려 ❸높은 기대치를 가지고 꾸준히 노력하는 것이 성공에 유리하다는 것이지요. 또 결과에 대한 높은 기대 못지않게 중요한 것이 자신감입

니다. ❹목표를 달성하는 과정에서 어려운 일이 생길 수 있는데요. 그때마다 '할 수 있다'고 생각하는 자신감이 성공의 원동력이 될 수 있다는 것입니다.

45.

◯ ① 높은 기대치를 가지면 ~~실패할 가능성이 많아진다.~~
　　➡ 높은 기대치를 가지면 (성공에 유리하다). not B
　❷ 결과에 대한 자신감을 가지면 성공할 가능성이 높다.
　　➡ 정답
　③ 성공한 사람들은 결과에 실망할까 봐 기대치를 ~~낮춘다.~~
　　➡ 성공한 사람들은 결과에 실망할까 봐 기대치를 (낮추지 않는다). not A
　④ 성공한 사람들은 목표 달성 과정에서 ~~어려움을 겪지 않는다.~~
　　➡ 성공한 사람들은 목표 달성 과정에서 (어려운 일이 생길 수 있다). not C

46. ❹

◯ 먼저 중심 생각을 찾아보는 것이 좋다. 중심 생각 Ranking 유형 (10) '두 문장 반복'으로 중심 생각은 "목표를 달성하기 위해 높은 기대치와 자신감이 중요하다."이다. 여자는 성공한 사람들의 공통적인 특징을 제시하여 목표를 달성하기 위해 필요한 것에 대해 이야기하고 있다.

여자: 법안이 개정되면서 앞으로는 대학 강사들에 대한 처우가 달라질 것이라고 하는데요.

남자: 네, 이번 개정은 ❹대학 강사들의 고용 안정성을 보장하기 위한 취지에서 이루어졌는데요. 대학에서 감당해야 하는 재정적인 부담으로 인해 여러 문제를 낳고 있습니다. 대학에서 재정 부담을 줄이기 위해 수업의 정원을 늘리고 강의를 통폐합하게 된 것인데요. 이렇게 되면 많은 ❸강사들이 일자리를 잃게 될 뿐만 아니라 ❹학생들에게도 양질의 교육을 제공할 수 없게 됩니다. 이 문제를 해결하기 위해서는 우선 대학의 현 실정과 강사들의 요구, 그리고 학생들의 교육 환경을 충분히 검토해야 할 것입니다. 그 후에 논의 내용을 바탕으로 하루 빨리 법안이 보완되어야 한다고 봅니다.

47.

◯ ❶ 법안 개정 후 대학에서는 강좌 수를 줄였다.
　　➡ 정답
　② 법안 개정 후 학생들의 교육 환경이 ~~더 나아졌다.~~

➡ 법안 개정 후 학생들의 교육 환경이 (나빠졌다). not C

③ 이 법안으로 인해 많은 강사들이 새로 임용되었다.

➡ 이 법안으로 인해 많은 강사들이 (일자리를 잃었다). not B

④ 이 법안은 대학의 경제적인 부담을 덜기 위한 것이다.

➡ 이 법안은 (대학 강사들의 고용 안정성을 보장하기) 위한 것이다. not A

48. ❸

⬭ 여자는 법안이 개정된 뒤 대학 강사들의 처우가 달라지는 것에 대해 언급하였다. 이에 대해 남자는 마지막 문장에서 "하루 빨리 법안이 보완되어야 한다."면서 문제에 대한 보완책을 촉구하고 있다.

듣기 49번~50번   p.227

여자: 농산물 이력 추적 관리 제도는 농산물의 생산·유통·판매까지 각 단계별로 정보를 관리하여 ❹농산물의 안정성을 높이고자 도입한 제도입니다. 안정성 등에 문제가 발생했을 경우 해당 농산물의 이력을 조사하여 원인을 찾고 필요한 조치를 하는 것이지요. 생산과 유통 과정의 신뢰도를 높이고 안전한 먹을거리를 제공할 수 있다는 점에서 의미가 있습니다. 이 제도는 2004년 이전부터 일부 유통 회사들을 중심으로 ❸자율적으로 시행되던 것을 발전시킨 것인데요. 2006년 1월부터 모든 농산물에 적용되어 본격적으로 시행하고 있습니다. ❻농산물의 종자와 재배 방법, 원산지, 유통 과정 등이 바코드에 기록되기 때문에 소비자들이 안심하고 구매를 할 수 있게 되었습니다. 또 누구나 스마트폰을 이용해 바코드를 검색할 수 있어 더욱 편해졌습니다.

49.

⬭ ❶ 농산물 이력을 추적할 때 스마트폰으로 확인할 수 있다.

➡ 정답

② 농산물 이력은 상품에 붙어 있는 설명으로 확인할 수 있다.

➡ 농산물 이력은 상품에 붙어 있는 (바코드로) 확인할 수 있다. not C

③ 농산물 이력 추적 제도는 유통 회사들의 자율에 맡겨고 있다.

➡ 농산물 이력 추적 제도는 (유통 회사들의 자율에 맡기다가 2006년부터 모든 농산물에 적용되었다). not B

④ 농산물 이력 추적 제도는 농산물의 선선도를 높이고자 도입되었다.

➡ 농산물 이력 추적 제도는 농산물의 (안정성을) 높이고자 도입되었다. not A

50. ❶

⬭ 먼저 중심 생각을 찾아보는 것이 좋다. 중심 생각 Ranking 유형 (10) '두 문장 반복'으로 "농산물 이력 추적 관리 제도는 생산과 유통 과정의 신뢰도를 높이고 안전한 먹을거리를 제공할 수 있다는 점에서 의미가 있고 2004년 이전부터 일부 유통 회사들을 중심으로 자율적으로 시행되던 것을 2006년 1월부터 본격적으로 시행하고 있다."면서 제도의 의의와 시행 과정을 설명하고 있다.

쓰기 51번~52번   p.228

51. ㉠ 국제 교류 프로그램을 실시하려고 합니다
     ㉡ 신청해 주시기 바랍니다

제목 : 국제 교류 프로그램 실시

안녕하세요. 은혜대학교 국제교류처 이민정입니다.
이번 주 토요일 9시에 유학생과 한국 학생의 문화 교류를 위한 (국제 교류 프로그램을 실시하려고 합니다).
우리 학교 학생이면 누구든지 참여할 수 있습니다. 이번 행사에 관심이 있는 학생들은 아래 이메일로 (신청해 주시기 바랍니다).

신청 이메일: topikrecipe@gachon.ac.kr

⬭ 공개적인 글
(1) -(스)ㅂ니다.
(2) 글을 쓰는 사람: 국제교류처 직원
(3) 글을 읽는 사람: 나
(4) (㉠)의 동사는 제목을 통해 '국제 교류 프로그램을 실시하다'임을 알 수 있다.
(5) (㉡)의 뒤에 신청하는 데 필요한 이메일 주소가 있다.
(6) 높임말 사용

52. ㉠ 건강을 해칠 수 있다
     ㉡ 맞는 차를 마시는 것이 좋다

건강에 좋은 음식이라고 해서 모든 사람에게 이로운 것은 아니다. 우리가 자주 마시는 차도 마찬가지이다. ❹모든 차가 ❸다 건강에 좋은 것은 아니다. ❹'❻'자기에게 맞지 않는 차를 계속 마시다가는 ❸'❻오히려 (건강을 해칠 수 있다). 건강에 좋다고 해서 무조건 아무 차나 마시기보다는 ❻'나에게 (맞는 차를 마시는 것이 좋다).

◐ (㉠)

대응: ⓐ모든 차가 ⓑ다 건강에 좋은 것은 아니다.
ⓐ'자기에게 맞지 않는 차를 계속 마시다가는 ⓑ'오히려
(건강을 해칠 수 있다).

(㉡)

문법: -는 것보다는 -는 것이 좋다
대응: ⓒ자기에게 맞지 않는 차를 계속 마시다가는 ⓓ오히려
건강을 해칠 수 있다.
아무 차나 마시기보다는 ⓒ'나에게 (맞는 차를 마시는
것이 좋다).

쓰기 53번 p.229

53.

반	려	동	물		인	구	의		변	화	를		살	펴	보	면	,	반

반려동물 인구의 변화를 살펴보면, 반려동물 인구 수는 2014년 1000만 명에서 2016년 1300만 명, 2018년에는 1600만 명으로, 지난 4년 동안 꾸준히 증가하였다. 이러한 변화의 이유로는 1인 가구가 증가한 것과 소득 수준이 향상된 것을 들 수 있다. 앞으로 이러한 현상이 계속 이어진다면 2020년대에는 반려동물 인구가 2000만 명이 넘을 것으로 보이며 이에 따라 반려동물 산업 규모도 확대될 것으로 전망된다.

쓰기 54번 p.229

54.

1. 서론: 다른 문화에 대한 이해가 필요한 이유
   - 세계화 시대
   - 다문화 사회

2. 본론: 다른 문화를 이해하지 못하면 생기는 문제
   - 다름을 인정하고 받아들이기 어렵다.
   - 국제 교류가 힘들어진다.
   - 다양한 갈등이 생겨 공동체의 삶에 악영향을 끼칠 수
     있다.

3. 결론: 다른 문화에 대한 열린 자세를 갖기 위한 노력
   - 다른 문화를 가진 사람들의 입장에서 이해해야 한다.
   - 서로의 문화를 존중하면서 자신의 문화도 소중히 가
     꾸어 나가야 한다.

서론

교통수단과 정보 통신 기술의 발달로 이미 세계 여러 나라는 가까워졌다. 활발한 국제교류로 인해 다양한 분야에서 서로 영향을 주고받으며 세계화 시대를 살아가고 있다. 게다가 유학, 이민 등 인적 교류도 활발하게 진행되고 있어 다양한 문화가 혼재된 다문화 사회를 살아가고 있다. 따라서 다른 문화에 대해 이해하고 존중하려는 열린 자세를 가지는 것이 필요한 시대가 된 것이다.

본론

모든 나라는 각각의 자연 환경, 역사 등 여러 가지 요인 때문에 자신만의 고유한 문화를 가지고 있다. 이처럼 다양한 문화적 배경을 가진 사람들이 함께 어울려 살아가는 상황에서 자신의 관점에서만 다른 문화를 바라보고 평가한다면 다름을 인정하고 받아들이기 어려울 수 있다. 또 다른 문화에 대한 편견이 있으면 교류하기도 힘들어진다. 그리고 서로의 문화를 이해하지 못한다면 다양한 갈등이 생길 수도 있다. 예를 들어 한국에서 생활하는 다른 나라의 사람들과 문화적인 문제로 갈등이 생긴다면 결국 공동체의 삶에 악영향을 끼칠 수도 있다.

결론

따라서 다른 문화에 대한 열린 자세를 갖기 위해서는 다른 문화를 가진 사람들의 입장에서 문화를 바라보고 이해해야 한다. 각각의 문화는 나름대로의 특성과 가치를 가지고 있기 때문이다. 이처럼 문화에는 우월한 것도 열등한 것도 없기 때문에 서로의 문화를 존중해 주며 동시에 우리의 문화도 소중히 가꾸어 나간다면 세계화 시대를 조화롭게 살아갈 수 있을 것이다.

읽기 1번~50번

1. ②	2. ①	3. ①	4. ③	5. ①
6. ①	7. ④	8. ③	9. ③	10. ④
11. ③	12. ③	13. ③	14. ③	15. ②
16. ①	17. ④	18. ④	19. ②	20. ①
21. ①	22. ②	23. ①	24. ③	25. ②
26. ②	27. ④	28. ①	29. ③	30. ②
31. ④	32. ②	33. ④	34. ③	35. ④
36. ③	37. ③	38. ④	39. ①	40. ④
41. ③	42. ④	43. ②	44. ④	45. ③
46. ②	47. ②	48. ③	49. ①	50. ①

읽기 1번~2번   p.233

1. ②

◉ 어디로 여행을 가다. ➡ 아직 정하지 못했다.
빈칸 앞에 의문사가 나오면 문법은 〈선택: 무관〉의 '-든지', 〈선택: 고민〉의 '-(으)ㄹ지', 〈확인〉의 '-(으)ㄴ/는지'이다. 뒤에 '아직 정하지 못했다.'는 고민의 내용이 나오기 때문에 〈선택: 고민〉을 나타내는 '-(으)ㄹ지'를 찾아야 한다.

2. ①

◉ 옷이 너무 비싸서 살까 말까 고민하다가 ➡ 결국 샀다.
선택지 모두 과거이지만 부사 '결국'은 '마지막'이라는 의미로 행동이 완료되는 내용이 자연스럽다. 따라서 〈행동: 완료〉의 문법인 '-아/어 버렸다.'를 찾아야 한다. '-아/어 버렸다.'는 행동이 다 끝난 후 말하는 사람의 감정을 나타낼 때 사용한다.

읽기 3번~4번   p.233

3. ①

◉ '-는 길에'는 〈진행: 이동 중〉을 나타내는 문법이다. 선택지 중에 〈진행〉을 나타내는 문법이 없지만 의미가 가장 비슷한 문법은 〈행동: 전환〉을 나타내는 '-다가'이다.

4. ③

◉ '-에 달려 있다.'는 〈조건: 관건〉을 나타내는 문법이다. '얼마나 어떻게 연습하느냐에 따라 결과가 달라진다.'는 의미이다. 따라서 선택지 중에서 〈조건〉을 나타내는 문법인 '-기 나름이다.'를 찾아야 한다.

읽기 5번~8번   p.233

5. ①

> 결혼식을 더욱 뜻깊게~
> 사랑하는 사람의 손을 더욱 빛나게~

◉ 핵심어: 결혼식, 손, 빛나다

6. ①

> 특별한 날 가족, 친구, 연인과 함께 한 장!
> 소중한 추억을 액자에 담으세요.

◉ 핵심어: 특별한 날, 한 장, 소중하다, 추억, 액자

7. ④

> 공공장소에서 담배는 안 돼요!
> 당신의 습관이
> 다른 사람의 건강을 해칠 수 있습니다.

◉ 핵심어: 공공장소, 담배는 안 된다

8. ③

> ① 건조하고 서늘한 곳에 두십시오.
> ② 내용물이 얼지 않도록 주의하십시오.

◉ 핵심어: 건조하고 서늘한 곳에 두십시오.
얼지 않도록 주의하십시오.

읽기 9번~12번   p.235

9.

은혜산성 공원 주차장 요금표

◈ 오는 Ⓐ9월 1일(토) 01:00부터 아래와 같이 이용 요금이 변경됩니다.

차종별	현행	변경 후
소형차	1,000원	Ⓐ평일 3,000원
		Ⓑ공휴일 5,000원
중·대형		Ⓒ평일 6,000원
		Ⓒ공휴일 10,000원

◉ ① 9월 1일부터 주차 요금이 인하된다.
➡ 9월 1일부터 주차 요금이 (오른다). not A
② 변경 후 주차 요금은 공휴일이 더 싸다.
➡ 변경 후 주차 요금은 공휴일이 더 (비싸다). not B

3급 1회 2회 / 4급 1회 2회 / 5급 1회 2회 / 6급 1회 2회 / 실전 모의고사 1회 2회 3회

❸ 현행 요금은 차종과 관계없이 주차 요금이 같다.
➡ 정답
④ 현행과 변경 후 요금 차이는 소형차가 가장 크다.
➡ 현행과 변경 후 요금 차이는 (중·대형이) 가장 크다.
not C

10.

취미로 배우고 싶은 것

◎ 연도별 비교
① ~~2016년과 2018년~~에 가장 배우고 싶은 취미 활동은 ~~요리~~
~~이다.~~
➡ (2016년은 음악, 2018년은 운동이) 가장 배우고 싶은 취미 활동이다.
② 2016년에는 음악보다 운동을 배우고 싶어 하는 사람의 비율이 ~~높았다.~~
➡ 2016년에는 음악보다 운동을 배우고 싶어 하는 사람의 비율이 (낮았다).
③ 2018년에는 미술을 배우고 싶어 하는 사람이 2016년에 ~~비해 늘어났다.~~
➡ 2018년에는 미술을 배우고 싶어 하는 사람이 2016년에 비해 (줄어들었다).
❹ 2018년에는 운동을 배우고 싶어 하는 사람의 비율이 2016년보다 두 배 이상 증가했다.
➡ 정답

11.

무화과는 맛도 좋고 건강에도 좋은 과일이다. 무화과에는 식이섬유가 풍부하여 ❹변비를 예방해 주고 피부 미용에 도움이 되는 영양 성분이 들어 있어 젊음을 유지할 수 있다. 그러나 무화과는 ❸빨리 상하기 때문에 오래 보관하기가 힘들다. 무화과를 많이 구입했을 때는 설탕을 넣고 끓여 ❻잼으로 만들면 오래 두고 먹을 수 있다.

◎ ① 무화과를 잼으로 만들면 ~~빨리 상한다.~~
➡ 무화과를 잼으로 만들면 (오래 두고 먹을 수 있다).
not C
② 무화과는 많이 먹으면 ~~변비에 걸릴 수 있다.~~

➡ 무화과는 많이 먹으면 (변비를 예방해 준다). not A
❸ 무화과를 먹으면 피부 노화를 예방할 수 있다.
➡ 정답
④ 무화과는 잘 썩지 않기 때문에 오랫동안 먹을 수 있다.
➡ 무화과는 잘 (썩기 때문에 오랫동안 보관하기 힘들다).
not B

12.

앞으로는 출산 휴가 기간에 급여를 받는 여성들이 늘어날 전망이다. 지금까지는 ❹고용보험에 가입되지 않은 여성들의 경우 일을 하고 있어도 출산 휴가 기간 동안 급여를 지급받을 수 없었다. 그러나 다음 달부터는 ❸고용보험이 없는 여성 직장인도 출산 후 신청을 하면 최대 월 50만 원 씩 3개월 동안 총 150만 원의 급여를 지원받을 수 있게 된다. ❻신청은 가까운 고용센터나 인터넷을 통해 하면 된다.

◎ ① 급여 지원 신청은 ~~인터넷으로만~~ 가능하다.
➡ 급여 지원 신청은 (고용센터나 인터넷을 통해) 가능하다. not C
② 고용보험이 ~~없는 여성들은 일을 할 수 없다.~~
➡ 고용보험이 (없어도 여성들은 일을 할 수는 있었다).
not A
❸ 출산 후 석 달 동안 급여를 지원받을 수 있다.
➡ 정답
④ 출산을 한 ~~모든~~ 여성들은 ~~매달~~ 돈을 받게 된다.
➡ 출산을 한 (직장) 여성들은 (3개월 동안) 돈을 받게 된다. not B

읽기 13번~15번   p.237

13. ➋

◎ 정보 Ranking 유형 (03) 〈일화〉로 (가)와 (라) 중 첫 번째 문장을 찾아야 한다. (라)의 문장에 〈포함〉을 나타내는 '자기도'가 있기 때문에 첫 번째 문장이 아니다. 따라서 (가)가 첫 번째 문장이다.
(가) 여우 한 마리가 나무 밑을 지나가다가 자고 있는 뱀을 보았는데 / (라) 자기도 뱀처럼 몸이 길면 좋겠다는 생각을 했다. / (다) 그래서 자신의 몸을 늘여 보기로 하고 여러 번 힘을 주다가 / (나) 허리가 부러지고 말았다. / 로 내용이 구성된다.

14. ➌

◎ 정보 Ranking 유형 (06) 〈정책〉으로 (나)와 (라) 중 첫 번째 문장을 찾아야 한다. (나)에서 '제도'에 대한 구체적인 설명이 없기 때문에 첫 번째 문장이 아니다. 따라서 (라)가 첫 번째 문장이다.
(라) 최근 유기견의 수가 증가하고 있어 문제가 되고 있는데 / (다) 정부에서는 이미 반려견을 의무적으로 등록하도록 제도화하였다. / (가) 이 등록제는 동물 보호와, 유기, 유실을 방지

144 정답 및 해설

하기 위해 시행해 왔는데 / (나) 제도를 강화하고자 앞으로는 동물 등록을 안 할 경우 과태료를 높이기로 하였다. / 로 내용이 구성된다.

15. ❷

➡ 정보 Ranking 유형 (02) 〈인간 관련〉으로 (나)와 (다) 중 첫 번째 문장을 찾아야 한다. (다)의 문장에 지시어 '이 부분이' 있기 때문에 첫 번째 문장이 아니다. 따라서 (나)가 첫 번째 문장이다.
(나) 사람의 뼈 사이에는 물렁한 부분이 있는데 / (다) 서서 활동하는 낮에는 무게 때문에 이 부분이 눌리고 / (가) 밤에 누워 있으면 원래대로 펴진다. / (라) 그래서 사람은 저녁보다 아침에 키가 크다. / 로 내용이 구성된다.

읽기 16번~18번   p.238

16. ❶

일반적으로 사람들은 고개를 숙인 자세로 머리를 감는다. 그러나 미용실에 가면 누운 자세로 머리를 감게 된다. 이는 ❹고개를 숙인 채로 머리를 감게 되면 ❸물에 화장이 지워질 수 있기 때문이다. 여성이 주 고객층인 미용실에서 손님의 ❸'(화장이 지워지는) 것을 막기 위해 ❹'누워서 머리를 감게 하는 것이다.

➡ 대응 유형으로 반대 표현을 활용하여 빈칸에 들어갈 알맞은 내용을 찾으면 된다.
❹고개를 숙인 채로 머리를 감게 되면 ❸물에 화장이 지워질 수 있다.
❸'(화장이 지워지는) 것을 막기 위해 ❹'누워서 머리를 감게 하는 것이다.

17. ❹

건물의 용도에 따라 천장의 높이와 모양이 각각 다르다. 은행의 천장은 다른 건물에 비해 높게 만든다. 그 이유는 ❹'감시 카메라를 높이 설치해서 은행 안의 모든 장소를 촬영하기 위한 것이다. 또 공연장의 천장이 둥근 이유는 ❹''음악 소리가 구석구석까지 골고루 퍼져 나갈 수 있도록 한 것이다. 이처럼 건물의 천장은 ❹(사용하는 용도를 생각하여) 만들어진다.

➡ 종합 유형

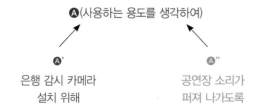

| ❹(사용하는 용도를 생각하여) |
| ❹' | ❹'' |
| 은행 감시 카메라 설치 위해 | 공연장 소리가 퍼져 나가도록 |

18. ❹

우리가 흔히 사용하는 주름 빨대는 미국의 한 아버지가 발명한 것이다. 이것은 어린 딸이 식탁 위에 빨대가 꽂힌 음료수를 먹기 위해 애쓰는 모습에서 영감을 얻었다고 한다. 빨대의 높이보다 키가 작은 딸이 ❹편하게 마시게 할 방법이 없을까 고민한 끝에 ❹'윗부분을 구부릴 수 있는 빨대를 발명해 낸 것이다. 이처럼 ❸'우리가 사용하는 물건들 중에는 생활 속의 ❸(불편함을 해결하기) 위한 고민의 결과가 꽤 많다.

➡ 종합 유형

❹편하게 마시게 할 방법이 없을까 고민	❸(불편함을 해결하기) 위한 고민
↓	↓
❹'윗부분을 구부릴 수 있는 빨대를 발명	❸'물건 발명

읽기 19~20번   p.239

동물의 눈동자를 보면 그 동물이 대개 어떤 먹이를 먹는지 알 수 있다. ❹육식 동물의 눈동자는 가늘면서 위아래로 긴 모양을 하고 있는 경우가 많다. ❸주변 시야가 제한되기는 하지만 먹이의 움직임을 파악한 후 사냥하기에 적합하다. (   ) ❸초식 동물은 대부분 옆으로 긴 눈동자를 가졌다. 넓은 시야를 확보할 수 있어서 주변을 항상 경계하면서 포식자의 접근을 감시하기에 적합하다. 이처럼 각각의 동물들은 생존을 위해 자신에게 더 유리한 모양으로 진화된 것이다.

19. ❷

➡ 빈칸 앞에서는 육식 동물의 눈동자의 특징을 설명하고 있고 빈칸 뒤에서는 초식 동물의 눈동자의 특징을 설명하고 있다. 상반된 내용을 설명하고 있기 때문에 '❷ 그러나'가 정답이다.

20.

➡ ❶ 눈동자의 모양에 따라 시야의 폭이 다르다.
➡ 정답
② 시야가 좁으면 주변을 경계하기에 유리하다.
➡ 시야가 좁으면 (사냥을 하기에) 유리하다. not B
③ 위아래로 긴 눈동자를 가진 동물은 대부분 풀을 먹는다.
➡ 위아래로 긴 눈동자를 가진 동물은 대부분 (육식을 한다). not A
④ 코카를 먹고 사는 동물은 옆으로 긴 눈동자를 가졌다.
➡ (초식) 동물은 옆으로 긴 눈동자를 가졌다. not C

3급 1회 2회

4급 1회 2회

5급 1회 2회

6급 1회 2회

실전 모의고사

1회 2회 3회

읽기 21번~22번 p.240

냉장고는 세균의 활동을 완전히 막아 주지 못하기 때문에 냉장고를 너무 과신하면 식중독에 걸릴 위험이 있다. 특히 여름철에 냉장고에 음식을 넣었다고 해서 절대로 마음을 놓아서는 안 된다. 자칫하면 (   ) 수가 있다. 냉장고는 음식이 상하는 기간을 늦추어 줄 수는 있지만 세균을 없애거나 부패를 방지하는 것은 아니다. 따라서 냉장고에 음식을 넣을 때는 너무 오래 보관하지 않도록 해야 한다.

21. ①

⟳ 여름철에 냉장고에 음식을 넣었다고 해서 절대로 마음을 놓아서는 안 된다. 자칫하면 (어떻게 되다) 수가 있다. 이때 (어떻게 되다)의 의미는 '음식이 상하다.'가 자연스럽다. 따라서 '잘 될 거라고 믿었던 일이 오히려 피해를 입게 된다.'는 의미를 나타내는 속담은 '믿는 도끼에 발등 찍힌다.'이다.

22. ②

⟳ 중심 생각 Ranking 유형 (02) '–아/어야 한다.'에 해당한다. '냉장고에 음식을 넣을 때는 너무 오래 보관하지 않도록 해야 한다.'와 같은 의미를 선택지에서 고르면 된다.

읽기 23번~24번 p.241

고등학생이 된 후 첫 음악 실기 시험이었다. 이번 음악 실기 시험은 교과서에 나오는 노래 중 하나를 골라 부르는 것이었다. 중학교 때 반에서 노래를 잘하는 축에 들었던 나는 이번 실기 시험도 자신 있었다. 시험이 시작되고 친구들은 한 명씩 나와서 노래를 부르기 시작했다. 그런데 ⓐ반 친구들의 실력이 너무 좋았다. 노래 부르는 자세는 물론 목소리도 훌륭했고 음정과 박자도 완벽한 것 같았다. 중학교 때 같은 반 친구들의 실력과는 비교가 되지 않을 정도였다. ⓑ그동안 나름 자신 있었던 내 노래 실력이 우습게 느껴졌다. '노래할 때 실수하면 어떡하지? 내 노래를 듣고 친구들이 비웃으면 어떡하지?' ⓒ나는 다음 달 수학여행 장기자랑에서도 우리 반 대표로 노래를 하기로 되어 있었다. '내 노래를 듣고 나서 친구들이 반 대표로 노래할 사람을 바꾸자고 할지도 몰라.' 점점 친구들의 노래 소리가 들리지 않았다. 내 차례가 점점 가까워질수록 가슴이 마구 뛰었다. 갑자기 배도 아픈 것 같았다. 순간 등 뒤로 땀이 흘러 내렸다.

23. ①

⟳ 밑줄 친 부분의 '순간 등 뒤로 땀이 흘러내렸다.'의 앞의 내용을 보면

앞: 음악 시험을 보는데 친구들의 실력이 좋고 자신의 차례가 올수록 가슴이 뛰고 배도 아픈 것 같았다.
이때 등장인물의 심정은 어떨까? '땀이 흘러내렸다.'는 표현에서 불안하다는 것을 알 수 있다.

24.

⟳ ① 친구들은 노래를 할 때 실수를 했다.
   ➡ 친구들은 노래를 할 때 (실력이 너무 좋았다). not A
   ② 나는 친구들의 노래를 듣고 크게 웃었다.
   ➡ 나는 친구들의 노래를 듣고 (자신이 우습게 느껴졌다). not B
   ❸ 나는 중학교 때 노래를 잘하는 편이었다.
   ➡ 정답
   ④ 친구들은 내가 노래를 못한다고 생각한다.
   ➡ 친구들은 내가 노래를 (잘한다고) 생각한다. not C

읽기 25번~27번 p.242

25. ②

전기차 판매량 해외에서 5년 새, 단숨에 5위로 '껑충'

⟳ 신문기사 제목 Ranking 유형 (01) 최신 화제
전기차 판매량이 해외에서 5년 사이에 5위로 올랐다(긍정적 상황)고 보도하고 있다. '껑충'은 순위가 한번에 많이 올랐을 때 사용하는 부사이다.

26. ②

관광지로 탈바꿈, 폐광이 다시 뜬다

⟳ 신문기사 제목 Ranking 유형 (05) 관람 정보
광산이 관광지로 새롭게 바뀌면서(긍정적 상황) 인기를 끌고 있다(긍정적 상황)고 보도하고 있다. '탈바꿈'은 '새롭게 바꾸다.'는 의미이고 '뜨다'는 '인기를 얻게 되어 유명해지다.'는 의미이다.

27. ④

줄줄이 인상되는 공공요금, 서민 경제 '휘청'

◯ 신문기사 제목 Ranking 유형 (02) 경제 관련
공공요금이 계속 오르면서(부정적 상황) 서민 경제가 어려워지고 있다(부정적 상황)고 보도하고 있다. '휘청'은 '어려운 상황에서 힘없이 흔들리는 모양'이라는 의미이다.

읽기 28번~31번   p.243

28. ❶
원근법은 ❹'가까운 것은 크게 보이고 먼 것은 작게 보인다는 원리를 바탕으로 표현하는 미술 기법이다. 사람의 눈에 보이는 3차원의 세계를 2차원의 종이 위에 ❹(입체적으로 재현한) 것이다. 이러한 원근법은 주로 풍경화 등 넓은 ❹"공간을 표현할 때 가장 효과적인 방법으로 각광을 받았다. 그러나 현대에는 작품의 목적, 의도, 작가의 개성에 따라서 원근법이 무시되는 경우도 있다.

◯ 종합 유형

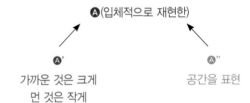

29. ❸
겨울철에 입는 외투는 두꺼워서 고기 냄새가 잘 밴다. 외투는 냄새가 난다고 해서 쉽게 빨기도 어렵고 매번 세탁소에 맡길 수도 없다. 이때 냄새를 없애기 위해 섬유 탈취제를 많이 사용하는데 섬유 탈취제가 없어도 냄새를 없앨 수 있는 방법이 있다. 외투를 ❹바람이 잘 통하는 곳에 하루쯤 걸어 두면 ❸냄새가 없어진다. 또는 ❹'샤워를 한 후 욕실에 걸어 두는 방법도 있다. 수증기가 마르면서 옷에 밴 ❸'냄새가 함께 (공기 중으로 날아가기) 때문이다.

◯ 대응 유형으로 비슷한 표현을 활용하여 빈칸에 들어갈 알맞은 내용을 찾으면 된다.
❹바람이 잘 통하는 곳에 하루쯤 걸어 두면 ❸냄새가 없어진다.
❹'샤워를 한 후 욕실에 걸어 두면 수증기가 마르면서 ❸'냄새가 함께 (공기 중으로 날아간다).

30. ❷
한국의 전통 가옥 중에는 지역에 따라 독특한 가옥들이 있다. 이는 지역의 날씨나 땅의 모양, 주변에서 ❹쉽게 구할 수 있는 재료에 따라서 다양한 집을 짓고 살았기 때문이다. 그 중 ❹'강원도에서는 오래된 소나무를 쪼개서 지붕으로 만든 너와집을 많이 지었다. 강원도는 ❹"산간 지방이 많아서 초가집의 재료인 볏짚은 (구하기 힘들었기) 때문이다. 그리고 바람이 강하게 불기 때문에 너와 위에 돌을 눌러 놓아 쪼개진 나무가 날아가지 않도록 하였다.

◯ 종합 유형
❹전통 가옥: 쉽게 구할 수 있는 재료로 집을 지음
↓
❹'강원도: 소나무로 지붕을 만듦
↓
❹"이유: 산간 지방이 많아서 볏짚을 (구하기 힘듦)

31. ❹
악어는 먹이를 먹을 때 꼭 눈물을 흘린다. 슬프지도 않으면서 우는 척하는 행동을 표현하는 '악어의 눈물'이라는 말은 여기에서 생긴 것이다. 실제로 악어가 눈물을 흘리는 이유는 생리작용에 의한 결과일 뿐이다. 악어는 다른 동물들과 달리 ❹눈물샘과 침샘이 매우 가까이 붙어 있어서 ❸먹이를 먹을 때 (침과 눈물이 같이 나오기) 때문이다. 다시 말해서 ❹'침샘이 분비되면 눈물샘을 자극하게 되고 ❸'그 영향으로 눈물을 흘리는 것이다.

◯ 대응 유형으로 비슷한 표현을 활용하여 빈칸에 들어갈 알맞은 내용을 찾으면 된다.
❹눈물샘과 침샘이 매우 가까이 붙어 있어서 ❸(침과 눈물이 같이 나온다).
❹'침샘이 분비되면 눈물샘을 자극하게 되고 ❸'그 영향으로 눈물을 흘리는 것이다.

p.245

32.

> 겨울이 되면 주머니에 넣고 다니는 일회용 손난로가 많이 팔린다. 손난로에는 철가루가 들어 있는데 이 철가루가 공기 중의 산소와 반응하여 **Ⓐ**녹이 슬 때 생기는 열을 이용한 원리이다. **Ⓑ**손난로를 사용할 때 몇 번 흔들면 금세 따뜻해지는 것도 산소와의 반응을 촉진시키려고 하는 것이다. 원래 **Ⓒ**철은 녹이 슬 때 그 과정이 매우 느린데 손난로는 철가루를 이용하여 그 과정을 빠르게 하여 열을 내는 것이다.

➡ ① 철은 녹이 스는 과정이 매우 ~~빠르다.~~
　　➡ 철은 녹이 스는 과정이 매우 (느리다). not C
❷ 손난로는 철과 산소의 반응을 이용한 것이다.
　　➡ 정답
③ 철에 녹이 스는 ~~것을 막는 것~~이 손난로의 원리이다.
　　➡ 철에 녹이 (슬 때 생기는 열을 이용하는) 것이 손난로의 원리이다. not A
④ 손난로는 흔든 후 ~~시간이 오래 지나야~~ 온도가 올라간다.
　　➡ 손난로는 흔든 후 (금세) 온도가 올라간다. not B

33.

> '석방렴'은 해안에 반원형이나 ㄷ자형의 돌담을 쌓아 밀물과 썰물을 이용해 물고기를 잡는 **Ⓐ**한국의 전통적인 고기잡이 방식이다. **Ⓑ**밀물 때에 돌담 안으로 바닷물과 함께 들어온 물고기들을 가두었다가 썰물이 되어 바닷물이 줄어들었을 때 돌담 속에 갇힌 고기를 그물로 떠올려 잡았다. 주로 작은 물고기를 잡을 때 사용했는데 **Ⓒ**경사가 완만한 곳에 설치하는 것이 좋다. 오늘날 석방렴은 거의 사라지고 제주도와 서해안 지역에 일부 남아 있다.

➡ ① 돌담은 주로 경사가 ~~가파른~~ 곳에 설치해야 한다.
　　➡ 돌담은 주로 경사가 (완만한) 곳에 설치해야 한다. not C
② 석방렴은 오늘날 ~~새로 개발된~~ 고기잡이 방식이다.
　　➡ 석방렴은 (전통적인) 고기잡이 방식이다. not A
③ 밀물 때 물고기가 돌담 안으로 들어오면 ~~바로 잡아야 한다.~~
　　➡ 밀물 때 물고기가 돌담 안으로 들어오면 (가두어 둔다). not B
❹ 제주도에서는 지금도 석방렴 방식으로 물고기를 잡는 곳이 있다.
　　➡ 정답

34.

> 요즘에는 스마트폰을 이용해 음식을 배달시킬 정도로 배달 문화가 발달했다. 그런데 이런 **Ⓐ**배달 문화의 역사는 조선 시대까지 거슬러 올라간다. **Ⓑ**기록에 나오는 최초의 배달 음식은 바로 냉면이다. 조선 후기 실학자 황윤석이 쓴 **Ⓒ**'이재난고'를 보면 과거 시험을 본 다음 날 점심에 냉면을 배달해 먹었다는 기록이 나온다. 또한 조선 말기 문신 이유원의 '임하필기'에 따르면 순조가 즉위 초, 달구경을 하던 중 냉면을 시키라고 했다는 기록이 남아 있다.

➡ ① 요즘과 달리 ~~과거에는~~ 음식을 시켜 먹을 수 ~~없었다.~~
　　➡ 요즘과 (마찬가지로 과거에도) 음식을 시켜 먹을 수 (있었다). not A
② 조선 시대의 문헌에는 냉면에 대한 기록이 남아 ~~있지 않다.~~
　　➡ 조선 시대의 문헌에는 냉면에 대한 기록이 남아 (있다). not B
③ '이재난고'에는 ~~과거 시험 당일~~에 냉면을 시켜 먹었다는 기록이 있다.
　　➡ '이재난고'에는 (과거 시험을 본 다음 날에) 냉면을 시켜 먹었다는 기록이 있다. not C
❹ 스마트폰을 활용해 음식을 배달 시켜 먹는 서비스가 이용되고 있다.
　　➡ 정답

p.246

35. ❹

> 갯벌은 우리 몸의 콩팥처럼 바다에 흘러 들어오는 오염 물질을 정화해 준다. 각종 오염 물질이 바다로 흘러 들어갈 때 갯벌의 퇴적층은 거름종이처럼 이러한 오염 물질을 걸러 낸다. 이렇게 걸러진 것들은 갯벌에 사는 각종 동식물에 의해 분해되어 수질을 개선하는 효과가 있다. 또한 갯벌은 지구의 모든 생물을 살아 숨 쉬게 하는 허파의 역할도 한다. 갯벌 흙에는 1그램당 수억 마리의 식물 플랑크톤이 있어서 이것들이 광합성을 통해 많은 양의 산소를 만들어 낸다. 이처럼 갯벌은 인간에게 많은 편익을 제공하는 소중한 공간이다.

➡ 중심 생각 Ranking 유형 (10) '이처럼'에 해당한다.
'갯벌은 인간에게 많은 편익을 제공하는 소중한 공간이다.'와 같은 내용을 선택지에서 고르면 된다.

36. ❸

주식과 채권 등의 발행, 유통, 권리 행사가 전자 등록 방식으로 이뤄지는 전자증권제도가 시행에 들어갔다. 기존 종이 증권은 위조 및 도난 가능성이 있고 관리를 위한 추가 비용이 발생하는 등 비효율적인 부분이 많았다. 그러나 전자증권제도가 시행되면 증권의 도난이나 위조에 대한 우려가 사라지고 증권 관련 업무 처리 시에도 시간 단축, 비용 절감 등의 효과가 있을 것으로 예상된다. 앞으로 추가적인 시스템 안정화 작업을 통해 이 제도가 정착된다면 각 기업과 금융권을 포함하여 사회 전반에 큰 혁신이 있을 것으로 기대하고 있다.

◎ 중심 생각 Ranking 유형 (10) 두 문장 이상 반복에 해당한다.
- 전자증권제도가 시행되면 생길 장점
- 전자증권제도가 정착된다면 생길 혁신
이 두 문장과 같은 내용을 선택지에서 고르면 된다.

37. ❹

성공적인 사회생활을 위해서 인간관계를 잘 맺고 유지시켜 나가는 것은 매우 중요하다. 그런데 이때 인맥이 넓은 것과 구별할 필요가 있다. 왜냐하면 인맥이 넓다고 해서 꼭 인간관계가 좋은 것은 아니기 때문이다. 인맥을 넓히는 것에 집중하다 보면 깊은 관계를 맺기가 쉽지 않다. 따라서 많은 사람을 한 번씩 만나는 것보다 자신에게 꼭 필요한 사람을 많이 만나는 것이 더 현명하다. 다시 말해 인간관계에서는 양보다 질이 더 중요하다.

◎ 중심 생각 Ranking 유형 (01) '-는 게 좋다(-는 것이 현명하다).'와 유형 (10) '이렇듯(다시 말해)'에 해당한다.
- 많은 사람을 한 번씩 만나는 것보다 자신에게 꼭 필요한 사람을 많이 만나는 것이 현명하다.
- 인간관계에서는 양보다 질이 더 중요하다.
이 두 문장과 같은 내용을 선택지에서 고르면 된다.

38. ❹

훌륭한 상사는 부하 직원에게 일을 맡길 때 그 권한과 한계를 분명히 한다. 부하 직원에게 일의 진행 상황을 처음부터 끝까지 보고를 받는다거나 맡긴 일에 대해 지나친 간섭을 하지 않는다. 그리고 부하 직원의 결정을 존중해 주고 권위 의식도 내세우지 않는다. 어느 정도 지침을 내리고 통제를 하기는 하되 일을 맡은 사람이 나름대로 융통성을 발휘할 수 있게 해 준다. 이렇듯 일의 전반적인 것들을 이끌어 나가면서도 동시에 부하 직원에게 재량권을 주는 상사라야 좋은 상사라고 할 수 있다.

◎ 중심 생각 Ranking 유형 (10) '이렇듯'에 해당한다.
'일의 전반적인 것들을 이끌어 나가면서도 동시에 부하 직원에게 재량권을 주는 상사라야 좋은 상사라고 할 수 있다.'와 같은 내용을 선택지에서 고르면 된다.

읽기 39번~41번   p.248

39. ❶

키친타월은 일반 휴지에 비해 상대적으로 질긴 종이로 만든 일종의 수건이다. 키친타월은 주로 기름을 흡수하기 위한 용도로 사용된다. (㉠) 그런데 생각보다 다양한 방면에 사용할 수 있다. (㉡) 음료나 맥주를 물에 적신 키친타월로 감싼 후 냉동실에 넣으면 빨리 시원해진다. (㉢) 야채를 보관할 때에도 용기 바닥에 키친타월을 깔아두면 습기를 빨아들여 오랫동안 신선하게 보관할 수 있다. (㉣) 또한 설탕통에 키친타월을 넣어 두는 것도 같은 원리이다.

> **보기**
> 일반 휴지에 비해 질기고 조직이 잘 풀어지지 않으며 흡수력이 좋기 때문이다.

◎ 〈보기〉의 '일반 휴지에 비해 질기다.'와 '흡수력이 좋다.'라는 정보가 들어 있는 문장을 찾으면 (㉠) 앞의 두 문장에서 찾을 수 있다. 따라서 〈보기〉의 문장은 (㉠)이 들어가기에 가장 알맞은 곳이다.

40. ❹

한 마을에 가축에게 풀을 먹일 수 있는 목초지가 있었다. 마을 주민들은 이 공동의 목초지를 이용하는 데 비용이 들지 않기 때문에 경쟁적으로 더 많은 양을 방목했다. (㉠) 결국 목초지는 양들로 붐비게 되었고 풀이 자라는 속도보다 양이 풀을 뜯어 먹는 속도가 더 빨라졌다. (㉡) 그 결과 목초지는 풀이 거의 없는 황무지로 변하고 말았다. (㉢) 이 이야기는 누구나 자유롭게 사용할 수 있는 공공자원은 사람들의 남용으로 쉽게 고갈될 수 있다는 이론이다. (㉣)

> **보기**
> 다시 말해 개인의 사리사욕이 극대화되면 공동체는 물론 자연까지 파괴될 수 있음을 경고하는 것이다.

◎ 〈보기〉의 '개인의 사리사욕이 극대화되면 공동체는 물론 자연까지 파괴될 수 있다.'라는 정보가 들어 있는 문장을 찾으면 (㉣) 앞에 '누구나 자유롭게 사용할 수 있다.'와 '사람들의 남용으로 쉽게 고갈될 수 있다.'를 찾을 수 있다. 따라서 〈보기〉

의 문장은 (ㄹ)이 들어가기에 가장 알맞은 곳이다.

41. ❸

> 　　신경외과 전문의가 쓴 『생각을 바꾸면 건강해진다』는 만성 두통에 시달리는 현대인들을 위한 책이다. (㉠) 이 책은 단순히 눈에 보이는 증상뿐만 아니라 신경 조절, 호르몬 균형 등 몸 전체를 과학적으로 들여다보고 질병의 근본 원인을 찾아 치료하는 방법을 소개하고 있다. (㉡) 또한 환자가 스스로 식습관과 생활 습관을 바꿔야 하는 이유에 대해서도 실려 있다. (㉢) 이 책을 통해 환자들은 만성 두통의 해결 방법을 확실히 찾을 수 있을 것이다. (㉣)

> **보기**
> 　　환자에게 스스로 변화하려는 동기를 부여하는 것이다.

◐ 〈보기〉의 '환자에게 스스로 변화하려는 동기를 부여하는 것'이라는 정보가 들어 있는 문장을 찾으면 (㉢) 앞에 '환자가 스스로 식습관과 생활 습관을 바꿔야 하는 이유'를 찾을 수 있다. 따라서 〈보기〉의 문장은 (㉢)이 들어가기에 가장 알맞은 곳이다.

읽기 42번~43번 　　　　　　　　　　　　p.250

> 　　눈이 멈추고 며칠이 지났다. 나는 현아가 내 시집을 받고 어떤 반응을 보였을까 궁금해서 안달이 났다. 그러나 다른 때와 달리 현아네 집에 가 보기가 망설여졌다. 학교는 이미 겨울방학이어서 친구를 학교에서 볼 일도 없었다. 몇 번씩이나 ❹현아네 집 골목에 들어섰다가 발길을 돌리곤 했다. 오다가다 우연히라도 현아를 만나기를 바랐지만 그런 기적은 일어나지 않았다. ❸현아에게서 아무런 반응을 못 들은 나는 더 이상 시를 쓸 수가 없었다. (중략) 그때부터 난 몹시 추운 겨울을 보내야 했다. ❹대학 입시가 끝나고 고등학교 졸업식까지 끝난 겨우내 찬바람을 가슴에 안은 채 거리를 쏘다니며 막 입에 대기 시작한 술을 마구 마시고 홀로 자취방에 돌아와 울며 지냈다. 그러면서도 현아를 직접 찾아갈 용기는 내지 못했다. 내 딴에는 이 세상에서 가장 감동스런 시를 써 주었는데도 아무런 반응을 보이지 않은 현아에 대한 원망이 치솟을 대로 치솟아서 그랬는지도 모른다. 그 일을 계기로 다시는 잠언 시고 연애 시고 내 안에서는 시 비슷한 것조차도 나오지 않았다. 그래서 모든 걸 잊기로 했다. 시 나부랭이 같은 건 다시는 쓰지 않으리라! 시도 밉고 여자도 밉고, 나아가 세상이 다 미웠다.

42. ❹

◐ 밑줄 친 부분의 앞 내용과 밑줄 친 부분의 내용을 보면 (1)방학이라서 볼 수도 없었고 (2)집 골목에 들어섰다가 돌아오고 (3)우연히라도 만나기를 바랐지만 만나지 못했다. 이때 나의 심정은 '아쉽다'가 자연스럽다.

43.

◐ ① 나는 현아의 집이 어디인지 모른다.
　➡ 나는 현아의 집이 어디인지 (안다). not A
❷ 나는 현아에게 직접 시를 써서 선물했다.
　➡ 정답
③ 나는 겨울방학이 끝난 후에 현아와 연락했다.
　➡ 나는 (대학 입시가 끝나고 졸업을 할 때까지 현아와 연락하지 못했다). not C
④ 나는 대학 입시가 끝난 후 시를 짓기 시작했다.
　➡ 나는 (더 이상 시를 쓸 수가 없었다). not B

읽기 44번~45번 　　　　　　　　　　　　p.251

> 　　은혜시가 상수도 문제를 해결하기 위한 개선 방안을 발표하였다. 특히 최근 발생한 붉은 수돗물 문제가 대두되면서 상수도의 관리와 개선에 대한 관심이 커지고 있는 상황이라 더욱 주목을 끌고 있다. 각 지방자치단체에서는 수질 개선을 위해 노력하고 있지만 수질 개선을 어렵게 만드는 구조적인 문제점이 여전히 남아 있다. 먼저 상수도 요금이 생산 비용보다 싸기 때문에 적자가 발생한다는 것이다. 다음으로 상수도 노후시설 개선을 위한 예산을 마련하기 힘들다는 점이다. 마지막으로 상수도 관리 체계가 너무 세분화되어 발빠른 대응이 어렵다는 점이다. 이에 은혜시에서는 시민에게 부담을 주지 않는 범위에서 근본적인 개선책을 마련하였다. 그것은 생활에 필수적인 기본 사용량 이상일 때 사용료를 많이 내게 해 예산을 마련하겠다는 것이다. 또 관리 체계를 일원화하여 수질을 엄격히 감시하는 방안도 수립했다고 한다. 이에 대해 ❹각 지방자치단체에서 은혜시의 정책 성공 여부에 대해 주목을 하고 있고 ❹'(성공적인 정책으로 자리를 잡게 되면) ❹"전국적인 확대도 기대되고 있다.

44. ❷

◐ 중심 생각 Ranking 유형 (10) '두 문장 반복'에 해당한다.
'은혜시가 상수도 문제를 해결하기 위한 개선 방안을 발표하였다.'
'은혜시에서는 근본적인 개선책을 마련하였다.'와 같은 내용의 반복을 통해 중심 생각을 나타내고 있다.

45. ❸

➥ 종합 유형으로 빈칸의 앞, 뒤 내용을 통해 빈칸에 들어갈 알맞은 내용을 찾으면 된다.

Ⓐ각 지방자치단체에서 은혜시의 정책 성공 여부에 대해 주목
↓
Ⓐ'(은혜시에서 성공적인 정책으로 자리를 잡게 되면)
↓
Ⓐ"전국적인 확대

읽기 46번~47번 p.252

최근 근로자의 **Ⓐ**정년을 65세까지 연장하는 방안을 정부가 2022년부터 추진하기로 했다. 2016년 60세로 상향 조정된 법정 정년은 그대로 두되 기업이 정년 이후에도 근로자가 계속 일할 수 있도록 채용을 의무화한다는 것이다. (㉠) 정부가 정년 연장을 추진하는 것은 저출산과 고령화로 일할 수 있는 인구가 줄고 있어서다. (㉡) 하지만 정년 연장이 청년들의 새 일자리를 잠식할 것이란 우려가 나온다. 기업에서는 임금은 높은 데 비해 생산성이 떨어지는 고령층을 계속 채용하려면 결국 **Ⓑ**청년 일자리를 줄일 수밖에 없고, 이럴 경우 청년과 고령층 사이 세대 갈등이 격화될 것이라는 우려마저 나온다. (㉢) 이에 대해 정부는 기업 지원금으로 '계속 고용'을 유도하겠다는 방침이지만 기업, 근로자, 세대 간의 우려의 목소리가 높다. (㉣) 이러한 **Ⓒ**이해 당사자들의 갈등에 대해서도 사회적 합의를 이끌어 내는 데 더 노력을 해야 할 때이다.

46. ❷

생산 인구가 감소하는 상황에서 일할 수 있는 기간을 늘려 생산성 저하를 최소화하려는 취지이다.

➥ 〈보기〉는 정년을 연장하는 취지를 나타낸다. 인구가 감소하는 상황에서 일할 수 있는 기간을 늘린다고 했다. (㉡) 앞에 인구가 줄고 있다는 내용이 있으므로 〈보기〉의 문장은 (㉡)에 위치해야 한다.

47.

➥ ① 정년을 ~~육십 오세에서 육십 세로 줄어가로~~ 했다.
   ➡ 정년을 (65세까지 연장하기로 했다). not A
❷ 기업은 정년이 된 근로자를 의무적으로 채용해야 한다.
   ➡ 정답
③ ~~이 정책은 청년 일자리를 늘릴 수 있는 기회가 될 것이다.~~
   ➡ (이 정책으로 인해 청년 일자리가 줄게) 될 것이다. not B
④ 이 정책은 ~~인력 부족~~ 문제가 해결되지 않으면 성공하기 힘들다.

➡ 이 정책은 (세대 간의 갈등) 문제가 해결되지 않으면 성공하기 힘들다. not C

읽기 48번~50번 p.253

최근 온실이나 과수원 등에 인공지능 기술을 결합하여 온도나 습도, 이산화탄소 등을 자동으로 분석, 관리하는 스마트팜(Smart farm)이 새로운 농업 기술로 떠오르고 있다. 과거에는 농업에 과학 기술을 이용한다고 해도 농민이 직접 자신의 스마트폰을 통해 비닐하우스의 온도, 습도 등을 파악하고 이를 원격 조정하는 정도에 그쳤다. 그러나 현재는 인공지능이 작물의 생체 정보와 성장 속도를 자동으로 분석하여 작물 재배를 위한 최적의 환경을 알아서 제공할 수 있을 정도로 기술이 발달했다. 스마트팜(Smart farm)은 **Ⓐ**인간의 노동력에 의존하는 생산 방식에서 벗어날 수 있을 뿐만 아니라 **Ⓑ**적은 비용의 투자로도 (생산량을 늘릴 수 있어) **Ⓐ**'편리함과 **Ⓑ**'생산성 두 마리 토끼를 다 잡을 수 있는 미래 농업의 청사진으로 주목받고 있다. 현재 농업 인구의 대다수는 65세 이상으로 농촌 사회는 급속히 고령화되고 있으며 이런 상황이 계속 된다면 곡물자급력은 점점 떨어질 수밖에 없을 것이다. 앞으로 스마트팜 시스템이 각 농가에 안정적으로 보급된다면 이러한 농촌의 현실을 바꾸는 해결책이 될 수 있을 것으로 보인다.

48. ❸

➥ 글을 쓴 목적은 먼저 중심 생각(주제)를 찾아야 한다. 이 글은 중심 생각 Ranking 유형 (10) '두 문장 반복'에 해당한다. 따라서 중심 생각은 '스마트팜 시스템이 농촌의 현실을 바꾸는 해결책이 될 수 있다.'이다. 이를 바탕으로 글을 쓴 목적을 고르면 답은 '❸스마트팜 도입의 필요성을 강조하려고'가 된다.

49. ❶

➥ 대응 유형으로 비슷한 표현을 활용하여 빈칸에 들어갈 알맞은 내용을 찾으면 된다.
Ⓐ노동력에 의존하는 생산 방식에서 벗어날 수 있고 **Ⓑ**(생산량을 늘릴 수 있다).
Ⓐ'편리함과 **Ⓑ**'생산성 두 마리 토끼를 다 잡을 수 있다.

50. ❶

➥ '현재 농업 인구의 대다수는 65세 이상으로 농촌 사회는 급속히 고령화되고 있으며 이런 상황이 계속 된다면 곡물자급력은 점점 떨어질 수밖에 없을 것이다.'에서 필자는 곡물자급력이 떨어지게 될 상황에 대해 우려하고 있다. 이와 같은 내용을 선택지에서 고르면 된다.

실전 모의고사 | 3회 **151**

3급 1회 2회
4급 1회 2회
5급 1회 2회
6급 1회 2회
실전 모의고사 1회 2회 3회